经济法论丛
Series of Economic Law

网上支付中的法律问题研究

Studies on Legal Issues of Internet Payment

钟志勇 著

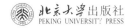
北京大学出版社
PEKING UNIVERSITY PRESS

图书在版编目(CIP)数据

网上支付中的法律问题研究/钟志勇著.—北京:北京大学出版社,2009.5
(经济法论丛)
ISBN 978-7-301-15127-3

Ⅰ.网… Ⅱ.钟… Ⅲ.因特网-应用-银行业务-银行法-研究-中国 Ⅳ.D922.281.4

中国版本图书馆CIP数据核字(2009)第052205号

书　　　名：网上支付中的法律问题研究
著作责任者：钟志勇　著
责 任 编 辑：李燕芬
封 面 设 计：独角兽工作室
标 准 书 号：ISBN 978-7-301-15127-3/D·2273
出 版 发 行：北京大学出版社
地　　　址：北京市海淀区成府路205号　100871
网　　　址：http://www.pup.cn
电　　　话：邮购部 62752015　发行部 62750672　编辑部 62752027
　　　　　　出版部 62754962
电 子 邮 箱：law@pup.pku.edu.cn
印 刷 者：北京宏伟双华印刷有限公司
经 销 者：新华书店
　　　　　　650毫米×980毫米　16开本　24.75印张　410千字
　　　　　　2009年5月第1版　2009年5月第1次印刷
定　　价：45.00元

未经许可,不得以任何方式复制或抄袭本书之部分或全部内容。
版权所有,侵权必究
举报电话:010-62752024　电子邮箱:fd@pup.pku.edu.cn

目录

前言／1

第一章　绪论／1
第一节　网上支付概述／1
第二节　网上支付中的法律问题概述／17

第二章　网上支付当事人之间的法律关系／27
第一节　银行卡当事人之间的法律关系／27
第二节　电子货币当事人之间的法律关系／36

第三章　网上支付中的安全问题／57
第一节　信用卡之风险与管理／57
第二节　电子货币之安全风险与安全措施／60

第四章　网上支付中的消费者保护问题／77
第一节　消费性支付责任之理论基础／77
第二节　网上支付中的责任承担规则／100
第三节　网上支付中的信息披露制度／113
第四节　网上支付中的错误处理程序／125

第五章 网上支付中的电子货币政策问题 / 132
　　第一节　欧盟《电子货币指令》述评 / 132
　　第二节　电子货币之定义 / 169
　　第三节　电子货币发行商的资格问题 / 185

第六章 网上支付中的电子货币监管问题 / 204
　　第一节　电子货币业务风险及管理 / 204
　　第二节　电子货币监管机构之监管目标
　　　　　　与规则 / 211
　　第三节　电子货币发行商之资本要求 / 224
　　第四节　电子货币发行商浮存额之管理 / 229
　　第五节　电子货币发行商之业务限制和
　　　　　　并表监管 / 242
　　第六节　电子货币发行商之系统控制制度 / 248
　　第七节　小规模电子货币发行商 / 254

第七章 网上支付中的电子货币隐私权与
　　　　 反洗钱问题 / 261
　　第一节　电子货币中的隐私权问题 / 261
　　第二节　电子货币中的反洗钱问题 / 280

第八章 网上支付中的私人电子货币与
　　　　 跨国问题 / 295
　　第一节　私人电子货币的产生及问题 / 295
　　第二节　电子货币中的跨国问题 / 318

第九章 我国网上支付法律制度中的若干问题 / 322
　　第一节　完善我国银行卡法律制度的
　　　　　　若干构想 / 322
　　第二节　建立我国电子货币法律制度的
　　　　　　若干构想 / 348

主要参考文献 / 378

后记 / 384

前　　言

　　专家预言,电子商务作为一种全新的商业运作模式,将成为21世纪国际商务往来的主流和各国经济活动的核心。最高级的电子商务系统应能利用互联网进行全部贸易活动,即在网上将信息流、资金流和部分物流完整地实现,而资金在网上的流动有赖于网络银行与网上支付制度的建立。

　　总的说来,学者们对网络银行所下的定义大同小异。[①] 例如,有学者将网络银行界定为借助客户的个人电脑、通讯终端或其他智能设备,通过银行内部计算机网络或专用通讯网络、因特网或其他公共网络,向客户提供金融产品与服务的银行[②],但是,有的学者在网络银行与电子银行之间画等号。[③] 笔者认为,网络银行是指通过开放式网络如互联网向客户提供各种金融服务的银行。网络银行可分为"网上银行"(internet banking)和"虚拟银行"。网上银行属于传统银行业务的一种制度创新,实际上是银行业务在网络上的延伸,如中国银行的网上服务,英文 internet banking 直译为网上银行业务[④],表达的正是这个意思,而虚拟银行是银行体制上的一种制度创新,是只在网络上存在的看不见的银行,因此又译为互联网银行,如美国安全第一网络银行。[⑤]

---

① 张素华著:《网络银行风险监管法律问题研究》,武汉大学出版社2004年版,第3—6页。
② 王远均著:《网络银行监管法律制度研究》,法律出版社2008年版,第4页。
③ 杨坚争、杨晨光著:《电子商务基础与应用》(第3版),西安电子科技大学出版社2001年版,第259页。
④ 余素梅著:《网上银行业务安全的法律保障机制研究》,武汉大学出版社2006年版,第1—3页。
⑤ 安全第一网络银行于1995年10月18日宣告开业,是全球第一家虚拟银行,也是目前最成功的一家虚拟银行。它属于全新的银行模式,完全在互联网上运作,除了设在亚特兰大的总部外,没有任何"钢筋水泥"式的营业大厅和分支机构。参见张卓其主编:《电子银行》,高等教育出版社2002年版,第290—291页。

网络银行业务的一般理解是利用互联网开办的银行业务,如发布静态信息;公布动态信息,提供交互式的信息查询;在线查询账户信息;提供在线交易(存款、支付、转账等)。有的学者甚至认为,应包括银行利用互联网为自身服务的一切手段:消息发布、信息收集、业务咨询、产品营销、金融服务乃至新产品的创新和设计等。①

网络银行是以计算机网络与通讯技术为依托,以金融服务业为主导的现代化银行,它与传统银行的区别主要有:网络银行突破了传统银行业务在时间上的限制;网络银行能降低成本,提高效益;网络银行实现了交易无纸化、业务无纸化和办公无纸化;网络银行实现了传统银行机构的虚拟化;网络银行通过计算机网络提供金融服务;网络银行改变了传统金融机构的结构和运行模式;网络银行将带来手段更新、内容更丰富的服务;网络银行将带来货币形式的本质性变化,电子货币将取代现金与支票的主导地位等。②

近年来,我国网络银行的规模正在迅速扩大,开展实质性网络银行业务的分支机构达五十余家。2000年6月,在中国人民银行的倡导下,12家商业银行联合共建的中国金融认证中心,正式挂牌运行。截至2006年底,我国借记卡发卡量10.8亿张,信用卡发卡量近5000万张。2006年,我国银行卡支付的消费交易额为1.89万亿元,同比增长97%,占全国社会消费品零售总额的比重达到17%。③ 此外,中国人民银行等九部门于2005年还联合发布了《关于促进银行卡产业发展的若干意见》。因而可以肯定的是,未来几年,我国网络银行将会得到较快的发展。

与网络银行相近的一个概念是电子银行。关于电子银行的定义,归纳起来有两种:广义说与狭义说,广义说大致认为,电子银行是指利用各种电子设备办理银行业务的银行;狭义说认为,电子银行就是指网络银行。笔者认为,网络银行是银行业务电子化的最新发展,广义的电子银行包括但不限于网络银行;至于狭义的电子银行就指网络银行。

国内很少有学者界定网上支付,大多数学者只界定了电子支付。有的学者认为,电子支付指参加电子商务活动的一方当事人向另一方付款的过

---

① 唐旭著:《金融理论前沿课题》,中国金融出版社1999年版,第230页。
② 谢康、肖静华编著:《网络银行》,长春出版社2000年版,第46—50页。
③ 《中国人民银行首次发布中国支付体系发展报告》,载 http://www.pbc.gov.cn/detail.asp?col=100&ID=2152&keyword=电子支付,2008年8月15日上网。

程。① 该定义取决于"电子商务"的解释,而事实上,电子商务有两种理解。广义的电子商务包括使用一切"电子手段"②进行的商务活动;狭义的电子商务主要指利用开放式网络如互联网进行的电子交易。③

一些学者对电子支付作广义解释,因而没有把电子支付限定在互联网上,并将电子支付分为互联网环境下的电子支付和非互联网环境下的电子支付。前者包括银行卡在互联网上的直接使用和电子货币等;后者指自动柜员机转账、销售点终端转账、电子资金划拨等。④ 有的学者虽然认为,电子支付又称网上支付,但也没有把网上支付限定在互联网上⑤;还有的学者认为,狭义的电子支付主要指电子资金划拨业务;广义的电子支付,除资金划拨之外,还包括网上银行所开展的许多新型金融服务,如电子现金、电子钱包、信用卡等。⑥

2005年10月,中国人民银行发布《电子支付指引(第一号)》,该指引第2条将电子支付界定为单位、个人直接或授权他人通过电子终端发出支付指令,实现货币支付与资金转移的行为,并按电子支付指令发起方式分为网上支付、电话支付、移动支付、销售点终端交易、自动柜员机交易和其他电子支付。显然,该指引在界定电子支付时采用广义解释。

笔者认为,广义的电子支付指利用各种电子设备进行的支付,因而包括但不限于网上支付,实质是支付方式的电子化;狭义的电子支付仅指网上支付。网上支付指利用计算机网络进行的支付,而计算机网络有开放式网络和封闭式网络两种,前者如互联网,后者如票据交换所银行间支付系统和全球银行业内金融电讯协会等各种专用网络。⑦ 在本书中,网上支付仅指利用开放式网络如互联网进行的支付,不包括利用银行专用网络进行的支付。

---

① 方美琪主编:《电子商务概论》,清华大学出版社1999年版,第149页。
② 按照世界贸易组织电子商务专题报告的定义,电子商务包括以下六种实现途径,即电话、传真、电视、电子支付及货币流通系统、电子数据交换系统和互联网。
③ 李重九编著:《电子商务教程》,浦东电子出版社2000年版,第2页。
④ 王春和编著:《网络贸易》,河北人民出版社2000年版,第216页。
⑤ 蒋志培主编:《网络与电子商务法》,法律出版社2001年版,第393页。
⑥ 张楚著:《电子商务法初论》,中国政法大学出版社2000年版,第236页。
⑦ 票据交换所银行间支付系统(Clearing House Inter-Bank Payments System)是设在美国纽约的一个组织,它通过电子系统传递和记录美国最重要的银行和许多外国银行在纽约分行之间大部分的美元国际转账;而全球银行业内金融电讯协会(Society for Worldwide Inter-Bank Financial Telecommunications)是一个设于比利时,约40个国家九百多家会员银行参加的,传送和记录国际收支的组织。

电子商务分为"商户对商户"（BtoB）电子商务、"商户对消费者"（BtoC）电子商务和"消费者对消费者"（CtoC）电子商务，相应地，网上支付亦应分为商户对商户网上支付、商户对消费者网上支付和消费者对消费者网上支付。商户对商户之间的支付如采用电子手段一般属于大额电子资金划拨，因而将主要在银行专用网络而不是开放式网络上传输，因此，商户对商户之间的支付一般不属于本书所界定的网上支付，本书亦不涉及这种支付。实际上，网上支付主要是小额电子资金划拨和零星电子资金划拨，即小额支付和零星支付。

网上支付中的法律问题既涉及网络法、电子商务法，又涉及货币金融法，网络法涉及域名、网站及其运营商、网络服务商、网络身份认证、网络安全、网络隐私权、网络犯罪等法律问题[1]；电子商务法涉及电子签名、电子认证、电子合同、电子税收、电子知识产权、电子证据、在线争端解决机制等法律问题[2]，但这些法律问题不具有特殊性，因而本书不准备涉及上述问题。实际上，网上支付中的法律问题主要探讨网络背景之下支付法律应如何调整甚至建立新的法律制度。

资金能否在网上流动关键在于是否存在合适的网上支付工具，是否存在合适的法律规则分配网上支付风险。到2000年为止，在美国互联网商业中，绝大多数零售业使用信用卡，此外，还有少量互联网交易使用借记卡[3]。在英国和澳大利亚，除使用银行卡外，尚有少量互联网交易使用电子货币[4]。根据英国、美国和澳大利亚的实践，本书主要涉及信用卡、借记卡和电子货币网上支付中的法律问题[5]。

值得一提的是，现实中还存在虚拟货币，不过，虚拟货币是指网络服务

---

[1] 张楚主编：《网络法学》，高等教育出版社2003年版。
[2] 李双元、王海浪著：《电子商务法若干问题研究》，北京大学出版社2003年版。
[3] 〔美〕简·温·本杰明·赖特著：《电子商务法》（第4版），张楚等译，北京邮电大学出版社2002年版，第173页。
[4] Survey of Developments in Electronic Money and Internet and Mobile Payments, 2004, available at http://www.bis.org.
[5] 近几年，国内出现了一些第三方支付工具，如支付宝、安付通、e拍通、易支付等。由于其为非金融机构发行、市场份额非常小且主要是解决信用担保问题，本书将不涉及。参见黄建水、尹猛：《第三方网上支付法律问题及其对策研究》，载《河南政法管理干部学院学报》2007年第6期；高富平、苏静、刘洋：《首信第三方支付模式法律研究报告》，载高富平主编：《网络对社会的挑战与立法政策选择：电子商务立法研究报告》，法律出版社2004年版；姚雪娇：《网上支付付款中间人相关法律问题研究》，载吉林大学法学院2007年硕士学位论文。

商发行的能够在互联网上存在的、购买自己或签约服务商所提供的商品或服务的一种电子数据。虚拟货币与电子货币存在着明显的不同,主要表现在:首先,虚拟货币的发行主体是网络服务商,即非金融机构;其次,虚拟货币回赎性完全受限;最后,虚拟货币并非完全意义上的"预付价值产品"。基于以上原因,本书将不涉及虚拟货币。①

笔者认为,网上支付中的法律问题主要有:安全问题;消费者保护问题;电子货币政策问题;电子货币监管问题;电子货币中的隐私权问题;电子货币中的反洗钱问题;私人电子货币问题;电子货币中的跨国问题等。网上支付中的最大问题是安全问题,而安全问题是一个技术问题,亦是一个法律问题。从技术角度来看,先进的网上支付工具有助于减少安全风险;从法律角度来看,在安全风险不可能消除时,建立一套合适的风险分配机制有利于网上支付及电子商务的发展。

本书重点以欧盟、英国、美国和澳大利亚的立法与司法实践作为研究对象,这主要考虑到英国、美国和澳大利亚都是发达国家,都是英美法系最具有代表性的国家,但在银行卡和电子货币法律制度上所采取的立法政策迥然有别。在银行卡法律制度上,由于英国银行业有良好的自律传统,主要依赖英国《银行业守则》、司法判例及少量立法,如英国《消费者信贷法》和《不公平合同条款法》,行政执法作用有限;而美国国会通过了《信贷诚实法》(Truth In Lending Act)和《电子资金划拨法》(Electronic Fund Transfer Act),联邦储备委员会(以下简称美联储)通过了 Z 条例和 E 条例、发表了官方注释并制定了示范性条款,对信用卡和借记卡进行严密规范,行政执法发挥的作用较大。在电子货币制度上,由于英国受欧盟《电子货币指令》约束等原因,通过了相关立法,但美国联邦政府一直采取观望态度,至今未通过任何立法②,而澳大利亚对银行卡和电子货币合并立法,统一适用《电子资金划拨行为法》(Electronic Funds Transfer Code of Conduct),但该法仅涉及一种电子货币,即储值卡。此外,本书还涉及国际清算银行、巴塞尔银行委员会和欧盟所公布的一系列有关电子货币的研究报告与立法,以及我国香港和台湾地区有关银行卡和电子货币的法律制度。

本书仅涉及信用卡、借记卡和电子货币法律制度,运用的方法主要有规

---

① 张楚主编:《电子商务法》(第 2 版),中国人民大学出版社 2007 年版,第 148—152 页。
② 有必要说明的是,美国大多数州政府针对货币汇兑业和货币服务业制订了相应规则,这些立法亦可以适用于发行电子货币的非银行机构。

则分析法、比较分析法和法律的经济分析法等。本书共分为九章,拟从公平与效益的角度来研究英美理论学说和立法实践,试图确立一些合适的规则来解决网上支付中的特殊法律问题。

第一章主要介绍欧盟、英国、美国、澳大利亚和我国的网上支付及立法情况,并认为网上支付中的法律问题有安全问题、消费者保护、电子货币政策、电子货币监管、电子货币隐私权问题、电子货币反洗钱问题、私人电子货币问题、电子货币中的跨国问题等。

第二章探讨持卡人、发卡银行和特约商户之间的法律关系,并研究持卡人的选择权、信用卡持卡人的抗辩权和发卡银行的必要费用偿还请求权及发卡银行与特约商户之间法律关系的性质。本章还探讨持有人、电子货币发行商和特约商户之间的法律关系,并重点研究电子货币之产生、法律适用、转移时间、终结性、权利异议、伪造电子货币中的权利问题与赎回义务。

第三章介绍信用卡之风险及管理,并从技术角度探讨电子货币产品的结构与功能、安全风险与安全措施及电子货币系统的安全目标。

第四章从经济学原理角度阐述损失分散原则、损失减少原则和损失执行原则,说明三个原则之间的相互作用,提出相应的法律规则,并分析法律规则在支付发动、支付传输、支付处理、支付处理后和支付撤回中的适用问题。该章还介绍英国、美国、澳大利亚银行卡及电子货币责任承担规则、信息披露制度与错误处理程序。

第五章探讨电子货币立法的必要性,介绍欧盟《电子货币指令》的主要内容、实施情况、初步评估与修订方向,并比较美欧电子货币立法。该章重点介绍国际清算银行、欧盟及其成员国对电子货币的界定,探讨几种产品是否构成电子货币。该章还分析电子货币与货币及存款的关系,并认为电子货币发行机构的选择取决于一系列因素,不仅涉及法律规定本身,而且还要考虑电子货币的发展状况和各国监管体制。

第六章介绍电子货币业务风险及管理,英国金融服务局之监管目标与规则及两者之间的关系,英国《电子货币专业手册》中的资本要求、浮存额管理、业务限制、并表监管、系统控制和小规模电子货币发行商制度。

第七章阐述电子商务及电子货币中的隐私权问题产生的根源,介绍欧盟、英国和美国隐私权保护立法,分析美国电子货币适用现行立法之不足并提出完善建议。该章还阐述电子货币中的反洗钱问题之产生,介绍欧盟、英国和美国反洗钱立法,分析美国电子货币中的洗钱问题及其解决途径。

第八章介绍电子货币的历史演进与非国家化理论后,重点研究私人电子货币的产生、营销、存在理由、与政府权力及政府监管之间的关系。该章还介绍国际清算银行和欧盟中央银行对电子货币中的跨国问题所持的观点,并提出解决途径。

第九章重点研究我国银行卡中的责任承担规则,特别是民事归责原则在银行卡中的适用性问题,信息披露制度与错误处理程序及信用卡中的两个特殊问题,并提出完善我国银行卡法律制度的若干构想。该章还探讨我国电子货币立法之理论问题、电子货币界定、发行商资格、电子货币法律关系中的特殊问题、消费者保护、监管问题、隐私权和反洗钱等问题,以期对我国未来电子货币立法有所裨益。

第一章 绪　　论

第一节　网上支付概述

资金能否在网上流动关键在于是否存在合适的网上支付工具,是否存在合适的法律规则分配网上支付风险。到 2000 年为止,在美国互联网商业中,绝大部分零售业使用信用卡,此外,还有少量互联网交易使用借记卡。[①]在英国和澳大利亚,除使用银行卡外,尚有少量互联网交易使用电子货币。[②] 在全球范围内,新型网上支付工具层出不穷,但消失得亦快,因而市场份额几乎可以忽略不计,因此,本书只涉及信用卡、借记卡和电子货币。

一、网上支付工具

（一）信用卡

网上使用信用卡主要有两种方式：

1. 商户主导型(merchant-initiated credit systems)

持卡人选择好需要购买的商品后,根据计算机屏幕上的指示,将有关信用卡信息通过互联网传递给特约商户。在传送信息时,信息一般不加密或只是简单地使用

---

① 〔美〕简·温、本杰明·赖特著：《电子商务法》(第 4 版)，张楚等译，北京邮电大学出版社 2002 年版，第 173 页。

② Survey of Developments in Electronic Money and Internet and Mobile Payments, 2004, available at http://www.bis.org.

浏览器上提供的"安全套接层"①技术加密。然后,特约商户将信用卡信息传递给收单行处理,确认是否为真实信用卡,有关信息是否正确,如果正确,特约商户就确认交易,然后发货。特约商户传递信息时或通过私人电话线或通过互联网,通过互联网传递时,涉及将信息传递给"计算机网关服务器"②,由后者将信息传递给特约商户或收单行处理。在这种方式中,特约商户所起的作用比较大,而且特约商户可以看到信用卡信息,这对持卡人不利,因为信用卡未被亲自提交,使用该方式的网络特约商户要向收单行支付更高的折扣费率。

2. 买方主导型(purchaser-initiated credit systems)

在这种方式中,选择商品、使用有关信用卡支付同前一种系统都一样。唯一不同的是持卡人在传送有关信用卡信息时使用一种称作"钱包"的特殊软件,该软件将信用卡信息加密,然后传递给特约商户,这样特约商户就看不到信用卡信息,然后,特约商户通过互联网将信用卡信息以加密形式传递以便处理。与前一种方式不同的是,特约商户在买方主导型中没有办法了解信用卡信息,只起到转送信息的作用,持卡人起了主要作用。"安全电子协议"③就使用钱包软件加密信息,以防止信息在互联网上被他人截取,但增加了特约商户及买方身份的认证,这需要建立"认证机构"④。充分实施安全电子协议后,特约商户有可能支付比面对面交易更低的折扣费率。

(二) 借记卡

以借记为基础的体系主要满足银行账户开户人通过互联网转移资金,处理交易一般通过传统银行支付系统。从特约商户的角度看,借记交易比信用交易更有优势,如费用更低、"扣回风险"⑤更少,而且特约商户可以提

---

① 安全套接层(secure socket layer)是网景公司推出的一种安全通信协议,它能对银行卡和个人信息提供较强保护。安全套接层强调特约商户对客户的认证,但整个过程中缺少客户对特约商户的认证,因此,安全套接层有利于特约商户而不利于客户。

② 计算机网关服务器(gateway computer server)是连接银行专用网络与互联网的一组服务器,主要作用是完成两者之间的通信、协议转换和数据的加密与解密,以保护银行内部网络的安全。

③ 安全电子协议(secure electronic transaction)由维萨(Visa)公司和万事达(Master)公司联合开发,主要为解决网上银行卡支付的安全而设计,它能保证支付信息的机密、特约商户及持卡人的合法身份等。安全电子协议在保留对客户认证的同时,又增加了对特约商户身份的认证。

④ 认证机构(certificate authority)是为确认交易各方身份及保证交易不可否认而设立的机构,它发放电子安全证书来达到以上目的。认证机构承担网上安全电子交易认证服务,能签发数字证书,并能确认用户身份。

⑤ 扣回风险(risk of chargeback)指持卡人对借记交易提出异议后,收单行从特约商户账户内"扣回"已付金额的风险。

供一些价值较低的物品。从持卡人的角度来看,借记交易使得在特约商户不愿意接受信用卡时也能实现网上支付。实践中,以借记为基础的互联网交易主要使用网上借记卡,网上借记卡只是将现实中的借记卡移植到互联网上使用而已,借记卡信息通过互联网传送,而结算仍然通过传统结算体系。在互联网上使用借记卡的具体操作程序为买方向特约商户发送与自动柜员机卡共享的账户信息及个人辨认密码,然后,特约商户将信息通过互联网传递给借记服务提供者,由后者向自动柜员机网络发送信息,借记买方账户并贷记特约商户账户。

(三) 电子货币

卡基产品(card-based product),亦称多用途预付卡或电子钱包,旨在作为纸币和硬币的替代物而用于小额支付,卡基产品旨在补充而不是取代传统支付工具如支票、信用卡和借记卡;与此相似,以网络或软件为基础的产品旨在作为开放式网络上信用卡的替代物,用于电讯网络如互联网上的小额支付。与许多现行只有单一用途的预付型卡基产品相比,电子货币是一种普遍适用的多用途支付工具。电子货币与所谓"存取产品"(access product)亦不同,后者通常允许消费者使用电子通讯以获得传统支付服务,例如,一般的在线银行业务可以使用信用卡支付。

电子货币指一种持有人拥有存储在电子设备上的资金或价值并运用于多种场合的储值型或预付型产品。[①] 该定义既包括预付卡,又包括使用计算机网络的预付型软件产品。就卡基产品而言,预付价值通常存储在微处理芯片中,而后者内嵌于一张塑料卡中,此即智能卡。另一方面,以软件为基础的产品使用一种装载于个人计算机上的特殊软件来存储价值。

卡基电子货币在澳大利亚、巴西、法国、德国、日本等国家和我国内地及香港和台湾等地区都运作得很成功。许多国家逐步接受卡基电子货币,但在其他国家,例如加拿大、英国和美国,亦有一些卡基电子货币产品已终止发行。卡基电子货币一般只在某国或某地区或城市发行,公共运输公司、公用电话公司、停车场及自动售货机运营商发行的卡基电子货币比较成功。

---

① 欧盟将电子货币定义为持有人拥有的一种货币价值请求权:(1) 存储在电子设备上;(2) 收取的资金不少于已发行的货币价值;(3) 并被发行商之外的其他企业接受为支付方式。See Directive 2000/46/EC of the European Parliament and of the Council of 18 September 2000 on the Taking up, Pursuit of and Prudential Supervision of the Business of Electronic Money Institutions, available at http://www.eu.int.

与卡基电子货币相比，以网络或软件为基础的电子货币发展缓慢。少数国家，如意大利、韩国、俄罗斯等正在运作或试验以软件为基础的电子货币，但用途和地域均有限。牙买加和新加坡两国正在试验以网络为基础的电子货币。

不同电子货币差异极大，不同国家之间的电子货币差异亦很大。大多数电子货币可以充值，这使得通过自动柜员机或偶尔通过电话或互联网就能完成充值。所有电子货币均设立了最高金额限制，而且该限额相对较低，通常只有几百美元。事实上，没有发行商的介入，所有电子货币均不可能成功地将价值从一种产品转移至另一种产品。在某些国家，电子货币与具有其他功能的产品如信用卡或借记卡结合在一起。在几个国家中，卡基电子货币经过某些调整后被用于网上支付。

在许多卡基电子货币中，发卡数量及接受电子货币的商用终端数量均很庞大，但在大多数情况下，电子货币未用余额均很小。与此类似，因使用频率不高且每项交易平均金额不高，通常只有几美元，每日成交金额亦很低。就软件为基础的电子产品而言，虽然在未用余额、交易数量及金额等指标上难以获取数据，但已有数据也足以表明数量很低。①

二、网上支付概况

网上支付发展迅速并在电子支付领域中占据重要地位。为满足客户的需要，有数个新方案同时采用信息技术和通讯技术。现在，客户可以从一系列支付方式中选择最佳方案。据国际清算银行报告，67个国家已存在网上支付。以下简要介绍欧盟、美国、澳大利亚和我国网上支付情况。

（一）欧盟网上支付概况

1. 网上支付

欧盟内部存在众多旨在实现互联网支付的新方案，大多数方案处在发展早期，有些已取得一些成功，而另一些不得不关闭。在这些方案中，有一部分是为适应电子商务的特点而做了某些调整的传统支付工具，但另一部分是为解决互联网支付问题而设计的专门工具。第一类方案只是将现有支付工具移植于新市场而不作或只做少量调整；第二类方案旨在提供额外利益或为某些市场如网上拍卖市场提供支付工具。

---

① Survey of Developments in Electronic Money and Internet and Mobile Payments, 2004, available at http://www.bis.org.

（1）传统支付工具

在欧盟，可以适用于互联网支付的传统工具有信用卡、贷记划拨和借记工具，如直接借记、借记卡和支票。目前，信用卡是使用最为普遍的网上支付工具，大量使用信用卡的原因在于，顾客非常熟悉且特约商户普遍接受。在许多欧盟国家，信用卡欺诈责任由特约商户或银行/信用卡公司承担，这使得信用卡对于付款人具有极大的吸引力，付款人知道，只要履行相应义务就不会因欺诈而蒙受损失。欧洲大多数银行已向顾客提供电子银行业务，这包括在线"贷记划拨"[①]。电子银行业务正在普及，而欧盟亦正在制订共同标准，然而，尽管在北欧国家有些贷记划拨系统非常成功，但网上购物使用贷记划拨的数量仍然不多。

在部分欧盟国家，"直接借记"[②]亦可运用于互联网。直接借记在程序上与信用卡网上支付大致相同，付款人将银行账号等信息发送至受益人或受益银行，并由银行借记相应账户。直接借记通常只能在一国境内使用，不太适合于跨国电子商务的需要。在部分欧盟国家，网上商店还使用借记卡，网上使用借记卡与直接借记相似，但借记卡的存在使支付更为安全，消费者在与计算机相连的读卡器帮助下可以确定身份。在欧盟，网上借记卡的使用仍然非常有限。电子支票模仿纸质支付工具，只不过命令使用电子形式而不是书面形式。在某些国家，无书面形式可能导致分类不同。在大多数欧盟国家，支票作用有限，而在广泛使用支票的国家也已开发其他支付工具以满足电子商务的需要。

（2）新型支付工具

新型工具使用电子货币或其他方式来支付，它们使用传统工具不可能运用的信息技术和通讯技术。互联网上拍卖网站的成功产生了为个人之间提供支付服务的服务商，这些方案一般被称为网上个人支付方案。它们与银行存款的运作相似，即顾客在服务商处开设专门账户，并运用其中的资金来进行网上支付，主要创新之处在于运用电子邮件和服务商的网站来交流，而且开设新账户非常容易。由于银行监管原因，只有商业银行和电子货币机构（electronic monetary institution，ELMI）才能在欧盟境内运作以上方案，

[①] 贷记划拨是指付款人向银行发出的借记其账户并贷记受益人账户的指令。
[②] 直接借记是由受益人发动并事先经付款人同意借记其银行账户的支付方式。直接借记通常用于支付一些重复发生的款项，如公用事业账单或用于付款人和受益人之间无直接联系的一次性支付。

这意味着需获得银行执照或电子货币机构执照。

2. 电子货币

对电子货币进行准确分类是一件不太容易的事情,不同机构有不同的分类。然而,一般而言,依据存储货币价值的工具的不同,电子货币可以分为两类:卡基电子货币与以服务器为基础(server-based)的电子货币。①

(1) 卡基电子货币

当市场上第一次出现电子货币时,智能卡形式的电子钱包占主导。卡基电子货币的购买力一般储存于芯片中,并在硬件上采取安全措施。欧盟许多电子货币方案在20世纪90年代末启动,并由银行或在银行的参与之下发起。卡基电子货币一般旨在支付数量有限的金额,拥有钞票和硬币不具有的优势,特别是在无人看守的场所,如自动售货机、停车场、自动售票机处进行小额支付时更是如此。由于无需在线授权,与信用卡或借记卡比,电子钱包使得发行商能以低成本方式完成交易,然而,大多数欧洲国家电子货币发展缓慢。因此,整体而言,电子货币的市场占有率低。

在欧盟,卡基电子货币数据可以从欧盟中央银行支付与证券清算系统蓝皮书上获得。截至2003年的数据显示,电子货币数量仅有少量增长。1999年,电子货币在所有非现金交易中占0.4%;而2003年为0.7%。②该数据有可能被夸大,原因在于用加权平均法获得。该数据不包括希腊、爱尔兰、意大利和英国发行的电子货币,这些国家要么不存在卡基电子货币,要么数量很少。欧盟中央银行还就欧元区中流通的以硬件为基础的电子货币总量发布月度统计数据,这些数据大致代表了欧盟的整体情况,因为在非欧元区中流通的以硬件为基础的(即卡基)电子货币很少。在过去的三年中,欧元区中流通的卡基电子货币年均增长约20%,然而,流通中的电子货币总量仍然较低,截至2005年9月,流通量为4.53亿欧元。

欧盟还开发了与卡基电子钱包类似的以软件为基础的产品,与以服务器为基础的系统不同的是,货币价值通过特殊软件直接存储在个人计算机上。这些产品还不如芯片卡电子货币成功,截至2005年9月,流通量仅为

---

① Evaluation of the E-money Directive (2000/46/EC): Final Report, 2006, available at http://www.eu.int.

② 截至2007年年底,欧元区电子货币发行量在钞票和硬币中所占比例不到0.1%,该数据与2000年底相比增加了0.04%。See Phoebus Athanassiou & Natalia Mas-Guix, Electronic Money Institutions: Current Trends, Regulatory Issues and Future Prospects, *Legal Working Paper Series* No. 7, 2008, available at http://www.ecb.int.

400万欧元。芯片卡电子货币在比、荷、卢三国最成功。2003年的数据显示,电子货币流通量最高的国家是荷兰、卢森堡、比利时、奥地利和德国,然而,德国和奥地利实际使用这些卡片的频率比其他三国低得多。

具有代表性的卡基电子货币包括比利时的普罗顿(Proton)、荷兰的茄普利普(Chipknip)、德国的吉尔德卡特(Geldkarte)和法国的蒙内欧(Moneo)。根据欧盟中央银行的统计,普罗顿在2003年是欧洲使用最广泛的电子货币。普罗顿由银行系统(Banksys)公司运营,而该公司由34家比利时银行发起设立。大约1000万张卡片具有普罗顿功能,其中有20%交易活跃。普罗顿主要用于以下三种场合:大公司的咖啡厅和自动售货机;公用电话;具备一般用途的自动售货机和停车场。普罗顿的最终目标为每年交易量10亿笔,然而,2002年最高交易量达到1.2亿笔后开始下降,此后交易量缓慢下降。

荷兰的茄普利普于2000年开始发行,而其前身早在1996年就发行了。现行茄普利普既有可充值型,亦有一次性预付型。可充值型由银行发行,并有80%左右的茄普利普与借记卡合为一体。两种茄普利普都主要用于停车场、自动售货机和餐厅。在过去的几年中,交易量年均增长率为15%,到2005年有望达到1.5亿笔。

就卡片数量而言,德国的吉尔德卡特是欧洲最大的电子货币,其流通量将近达6300万张。然而,电子货币芯片被内置于银行发行的借记卡中,实际使用电子货币功能的持卡人不到5%。吉尔德卡特现有受理点超过30万,主要用于自动售货机和停车场。

法国的蒙内欧由一家信贷机构代表所有参与银行发行,但目前尚未普及。现有3000万张银行卡具有蒙内欧功能,但仅有30万持卡人积极使用,而受理点大约只有10万个。据说交易成本和终端成本是广为接受和使用的主要障碍。

(2)以服务器为基础的电子货币

以服务器为基础的电子货币的产生几乎与卡基电子货币同时,这在很大程度上归功于互联网提供的机会。近年来,出现了一些以服务器为基础的产品,并在迎合特定市场需要上相对成功,这包括个人之间的互联网交易、在线游戏、为没有银行账户或信用卡的年轻人或移民提供支付工具。到目前为止,最成功并广为知晓的以服务器为基础的电子货币方案实质上属于预付型个人化在线支付方案。该方案使用个人化在线账户上的资金而不是传统银行存款进行支付，一般通过互联网浏览器、电子邮件和/或移动电话短消息进入账户，并能在私人之间及消费者与商家之间实现支付。这种产品的使用量增长很快，以至于有人将预付型在线支付系统称为"新型"电子货币。

现有预付型个人化在线支付方案包括"支付之友"（PayPal）和"货币订购者"（Moneybookers）。支付之友公司于1999年在美国成立，今天在全球拥有8600万个账户。支付之友（欧洲）有限公司于2004年成立，持有英国金融服务局颁发的电子货币机构执照，并利用单一执照进入了所有欧盟成员国。支付之友主要在伊贝（eBay）公司网上拍卖平台上使用，其业务量大约占全部业务的70%。

货币订购者于2001年成立，并且是获得英国金融服务局颁发的第一张电子货币机构执照的公司，业务范围包括个人之间通过电子邮件进行的资金划拨和个人与在线商家之间的支付。公司现拥有近130万个账户，大多数属于德国、英国和法国客户开立。

以服务器为基础的电子货币方案还有许多其他类型，多数情况涉及卡的使用，然而，与卡基电子钱包不同的是，资金实际上并未在卡上而是在服务器上存储，这些产品通常需要转移事先购买的、集中存储的匿名价值请求权。现存产品类型中最重要的有：一次性网上购物预付卡；以移动电话为基础的零星支付方案；预付型借记卡；电子旅行支票。

以上支付工具和产品的统计数据无法从官方渠道获得，然而，电子货币协会于2005年5月从其成员处收集的数据显示，当月将近增加93万个新账户。照此速度，年内其消费者数量将翻一番，而当月营业额超过3.7亿欧元。由于无法获得其他数据，该数据可能最接近欧盟非银行发行的以服务器为基础的电子货币总额，该数据几乎包含所有以服务器为基础的方案所发行的电子货币及几乎所有豁免机构发行的同类电子货币。

（3）电子货币发行商的数量

根据各国提供的报告，截至2005年年底，欧盟共有9家获得执照的电子货币机构，另外挪威亦有3家，至少有72家机构依据欧盟《电子货币指令》豁免条款在发行电子货币。① 电子货币机构最多的国家是英国，截至

---

① 2006年年初，欧盟境内比较活跃的6家电子货币机构是：Moneybookers Ltd. (UK); Neteller UK Ltd. (UK); PayPal Europe Ltd (UK); Prepay Technologies Ltd (UK); NCS Mobile Payment Bank GmbH (Germany); Interpay Elektronisch Geldinstelling B. V. -InterEGI (Netherlands)。

2005年11月，英国境内所有电子货币机构未偿余额总计为1.34亿英镑。有趣的是，4家活跃的电子货币机构中有3家并非英国公司，支付之友起源于美国，勒特纳（Neteller）原本为加拿大公司，而货币订购者为一群德国人设立。英国实施欧盟《电子货币指令》采用务实做法，而英国金融服务局采用加权风险监管办法均在一定程度上影响到公司是否在英国运营，当然，其他因素，如语言或英国金融业的自律传统亦很重要。

英国共有33家豁免公司，即持有小规模电子货币发行商证书的机构。部分公司相当活跃，发展很快，有少数可能不久就会申请电子货币机构执照；而其他机构是小型的地方性公司。有相当多的公司，甚至可能是大部分公司实际上处于"休眠"状态。截至2005年11月，英国境内所有小规模发行商未偿电子货币余额总计为306万英镑。英国金融服务局称，还有许多人有兴趣成为豁免公司，但到底有多少申请者最终获得豁免很难预料。

英国网上支付的主要工具是银行卡，而这些银行卡并不是专门为网上支付而设计。大约有90%的互联网交易使用银行卡，其中2/3左右使用信用卡，其余使用借记卡，然而，英国为使银行卡能更好地适用于网上支付环境而采取了一些举措。譬如，加强了安全性，万事达公司的安全编码卡（SecureCode Card）使用智能卡技术并要求客户输入密码，这有助于金融机构句特约商户确认在线使用的银行卡目前是否有效。① 近年来，一些专门为网上支付而设计的产品进入英国市场。尽管几乎找不到相关数据，但人们一般认为，到目前为止，这些产品所占份额可以忽略不计——也许在所有非现金交易中远远不到1%。

在英国，有几家公司以账户为基础提供在线电子支付服务以便于实现个人之间的直接支付，例如，国民西敏寺银行的快速支付法（NatWest Fast-Pay）、汇丰银行的雅虎直接支付法（Yahoo! PayDirect）等。亦有某些网上支付服务不需要受款人加入支付系统，并通过自动清算所或受款人指定的任一英国银行账户来支付，而且，某些网上支付服务不需要消费者拥有银行账户或支付卡。譬如，斯普赖希信用卡（Splash Plastics）为网上购物所提供的支付服务主要针对年轻人，并可以使用现金在某些商店充值。

捷克24家豁免公司中有22家属于公交公司，其他公交公司亦接受上述公司发行的卡片。一家公司拟扩展其卡片功能，以便市民可以支付其他

---

① 银行卡的最新发展是维萨直接支付卡（Visa Direct Card）和万事达货币输送卡（MasterCard MoneySend Card）的引入，它们均能完成卡与卡之间的支付，包括个人之间的支付和跨国支付。

服务,如电影票、戏票、球票及停车费。在将来,亦可能使市民运用卡片向地方政府支付,如纳税。其他两家公司规模均比较小,其中一家属于在线支付机构,而另一家为雇员福利卡公司。捷克所有豁免公司在2003年12月至2005年6月之间发行的电子货币总量约为1.35亿捷克克朗,合465万欧元。

迄今为止,很少有公司利用欧盟《电子货币指令》单一执照条款。两家以英国为基地的公司,即支付之友和勒特纳已进入了所有欧盟成员国;一家来自挪威的电子货币机构已进入德国和英国;一家电子货币机构正在发送通知以表明其有意进入另一成员国,并计划最终将其业务扩展至部分成员国;另一家电子货币机构称其有意在将来利用单一执照条款,但总体而言,无法获得进入其他成员国的机构所发行的电子货币数据。

电子货币机构和豁免公司在以服务器为基础的电子货币市场中占据了主导地位,而传统信贷机构发行的卡基电子货币数量最大。原因可能是,与服务器为基础的电子货币相比,卡基电子货币需要昂贵的基础设施投资。现目前为止,非银行发行的重要卡基产品只有公交公司的智能卡。

由于缺乏全面统计,很难提供欧盟境内电子货币流通量的准确数据。信贷机构发行的电子货币最佳数据只能依赖欧盟中央银行每月发布的欧元区卡基电子货币流通量;该数据几乎全部来自于大型跨国银行。在欧元区之外,银行所发行的电子货币数量可以忽略不计。[①] 因此,欧盟银行在2005年年底所发行的电子货币流通量很可能接近4.5亿欧元。

至于电子货币机构和豁免公司,只能获得英国电子货币机构发行的电子货币数据。截至2005年11月,英国电子货币流通量总计为1.37亿英镑,约合2亿欧元。依据估计和在访谈中收集到的数据,所有其他欧盟国家的电子货币流通量很可能在1500—2500万欧元之间。因此,在欧盟《电子货币指令》之下运营的公司所发行的电子货币流通量估计为2.15—2.25亿欧元。[②]

---

① 欧盟中央银行2003年发表的支付与证券清算系统蓝皮书显示,在非欧元区国家中只有丹麦的电子货币流通量比较大。然而,丹麦电子货币方案已停止运营。
② 据欧盟中央银行统计,2005年底,欧元区欧元计价的以计算机硬件和软件为基础的电子货币流通额为4.97亿;2006年底为7.38亿;2007年底为6.92亿;2008年6月底为6.47亿。资料来源于https://stats.ecb.europa.eu/stats/down/oad/bsi-emoney/bsi-emoney/bsi.emoney.pdf,2008年8月22日访问。

(4) 原因分析

大多数利害关系人认为,近年来,电子货币在某些局部市场上取得了重大发展,但从整体上看,远远未能达到其可能达到的规模。影响电子货币更快发展的因素包括:第一,市场仍然处于相对幼稚和不成熟时期。有人就指出,支付工具的发展需要时间,就信用卡而言,20 年后市场才全面接受。第二,消费者和商家缺乏兴趣。由于根深蒂固的支付习惯,要说服消费者和商家接受一种新的支付工具很困难,即使存在明显优势,心理障碍亦很大。第三,在线支付所需求的电子货币量取决于电子商务规模,而这在欧盟成员国中间差异极大。显然,就电子商务的扩展而产生的电子货币需求量而言,南部成员国低于北部成员国,后加入的 10 个成员国低于原 15 个成员国。第四,已存在一系列地位牢固的支付服务提供者。许多情况下,存在与电子货币相近的替代品,它们通常由地位牢固的机构提供并利用现有网络。第五,缺乏清晰的营业计划。就部分电子货币而言,其成本结构(含费用和管理成本)要么对客户和商家不具有吸引力,要么不能够为发行商带来足够利润。第六,电子货币机构受到的限制太多,监管太严。部分利害关系人声称,欧盟《电子货币指令》所确立的法律框架中有部分条款过于严厉而与风险不相称。第七,某些商业模式和运营商是否要适用欧盟《电子货币指令》具有不确定性,这阻碍了某些产品的发展并扭曲了竞争。[①]

(二) 美国网上支付概况

根据美国人口统计局的调查,在 2003 年第二季度,全国电子商务零售额为 124,770 亿美元,与 2002 年同期相比增长 27.8%。[②] 关于这些网上交易所使用的支付工具,人们无法获得全面数据,然而,据报道,随着网上购物的增加,网上支付数量亦在增加。信用卡是网上购物的主要支付工具,但以签名为基础的借记卡、自动清算所交易,甚至支票亦有不同程度的使用,一些新型支付工具也投入了商业使用。此外,金融机构和其他组织已开始透

---

① 还有学者认为,技术障碍和心理障碍是导致电子货币所占市场份额进展不大的主要原因:第一,电子货币方案之间缺乏标准化和兼容性;第二,电子货币交易的安全性和使用者的匿名性没有办法得到有效确保;第三,对这些新支付工具缺乏市场信心。此外,法律因素也是导致电子货币发展缓慢的一个原因。See Phoebus Athanassiou & Natalia Mas-Guix, Electronic Money Institutions: Current Trends, Regulatory Issues and Future Prospects, *Legal Working Paper Series* No. 7, 2008, available at http://www.ecb.int.

② Survey of Developments in Electronic Money and Internet and Mobile Payments, 2004, available at http://www.bis.org.

过互联网提供电子账单支付(electronic bill presentment and payment)服务，这些服务主要依赖自动清算所或信用卡公司。

  传统电子钱包如比利时的普罗顿从未在美国市场上取得一定地位。[①] 尽管一些灵通卡(如蒙得克斯)在20世纪90年代中晚期做过市场试验，但未获接受并很快销声匿迹。然而，近年来另一种"电子货币"[②]卡即所谓的"储值卡"获得了长足的发展，这种"笼统"的术语包括拥有一些基本特征的所有产品。从本质上说，货币价值并未直接存储在卡片上，而储值卡只是允许持卡人使用存储在"中央服务器"[③]上的金额。储值卡是美国金融业发展最快的产品之一，但各种储值卡差异较大而功能亦不尽相同。不过，大部分储值卡使用磁条技术，使用芯片技术的储值卡非常少。

  储值卡大致可以分为开放式系统产品和封闭式系统产品(即只为一个商家或只在一个地点接受的产品)。开放式储值卡包括预付式借记卡、工资卡和旅游卡等，这些产品之间的界线有时很模糊，大多是传统信用卡和借记卡的延伸产品，并利用已建立的银行卡网络。部分储值卡针对"无银行账户"或"信用不佳"的客户，其他储值卡针对"精打细算"的人，因为预付型产品可以将开销控制在预付金额以内。因此，开放式储值卡可以只存储少量金额，亦可以存储较大金额，这些卡一般通过信用卡或银行账户充值，限额从200美元到10,000美元不等。

  尽管大多数开放式储值卡近年来有了长足的发展，但整个市场仍然是一个不成熟市场，市场占有率亦不高。与此同时，封闭式储值卡市场的发展更快，而据部分业内代表的说法，达到了"令人称奇"的地步。封闭式储值卡的表现形式为礼物卡或积分/优惠卡，为经常购物者使用并能提供方便。封闭式礼物卡越来越成功，因为有相当数量的消费者将这种只能在某商店或连锁店使用的卡片作为礼物来赠送。零售商亦极力推销这些卡，因为利润率高，还因为总有部分资金不会被使用。实践中，礼物卡面值从10美元到1,000美元不等。

  美国公共机构亦发行储值卡，其中既有开放式亦有封闭式储值卡。据

---

  ① Evaluation of the E-money Directive (2000/46/EC): Final Report, 2006, available at http://www.eu.int.
  ② 应当注意的是，在美国立法和市场研究中并不经常使用"电子货币"一词。
  ③ 或者，更准确地说，存储在服务器上的仅仅是银行账户信息，持卡人可以运用该信息进行电子支付。

美国财政部金融管理局职员介绍,现在美国政府是储值卡的最大发行者,特别是军队发行量大,目的是在军事基地和战舰上创造一个无现金的环境。不同机构亦发行目的各异的一次性或可充值的借记卡,包括福利卡、旅行卡甚至救济卡。

在网上支付市场中,支付之友是唯一一家成功地确立了其地位的非银行机构,其提供的支付服务受到网上拍卖市场中的卖方及其他小型在线商家青睐。支付之友是信用卡之外的主要支付工具,但在所有在线支付中所占份额仍然较小。支付之友允许拥有电子邮件地址的顾客在线付款和收款,对于在该公司开设账户的顾客而言,系统将实时借记和贷记顾客账户。这意味着资金在顾客之间的转移几乎同时发生。可通过信用卡、支票和自动清算所向支付之友账户划入资金,而透过自动清算所或纸质支票可从账户中提取资金。顾客亦可获得一张与支付之友账户相连的自动柜员机卡或借记卡,并可在自动柜员机上提款或在接受借记卡的地方购物。顾客可决定是否要求支付之友将资金投入货币市场账户或银行账户以获得联邦存款保险公司的保险。支付之友于2002年成为公开上市公司,随后被伊贝公司收购,后者为世界上最大的互联网拍卖公司。

市场上还有一些其他支付服务提供商,但都不太成功,然而,部分观察家认为,支付之友的新竞争对手,包括某些著名的技术公司很有可能在未来几年进入网上支付市场。2001年有两家在线支付公司倒闭,但其中只有一家提供的支付工具勉强符合电子货币定义。至于其他形式的电子货币,包括移动电话支付,迄今为止还未出现。

(三)澳大利亚网上支付概况

在澳大利亚,智能卡正处于发展时期。迄今为止,智能卡主要用于车船票和公路收费站。澳大利亚及全世界的许多城市都有澳大利亚公司在设计、生产和经营车船票电子化项目,而属于非政府组织的澳大利亚标准化组织已于2004年发布一项新的智能卡国家标准。该标准拟首先适用于车船票电子化项目,并最终适用于金融业和零售业,采用该标准能使不同的智能卡联网通用。但以网络和软件为基础的电子支付产品在澳大利亚使用非常有限,早些时候试用的一些网络电子支付产品已不再存在。

网上支付在澳大利亚越来越普及。近年来,互联网上的直接贷记数量有了实质性的增长,这种增长与澳大利亚网上银行业务的增长一致,而允许客户网上核对并支付账单的电子账单支付系统亦有数家。这些系统利用现有远程支付方式,如直接借记、直接贷记和使用借记卡及信用卡,国际及国内支付服务商还提供以电子钱包为媒介的网上支付。这些系统不仅能完成消费者之间的贷记支付,还能使网上特约商户接受货款或服务费。譬如,瞬间支付(PaybySnap)就专门为网上特约商户和金融机构提供服务;而技术现金(TechnoCash)公司亦扩大了以互联网为基础的电子支付产品使用范围。

（四）我国网上支付概况

总的来说,与网上支付相比,我国的卡基电子货币刚刚投入使用且只在特定地区试用,而相关法律和法规尚在草拟之中。

大多数卡基电子货币发行商是非金融机构。在某些城市,如上海和厦门,卡基产品被引入公共交通领域、连锁餐饮企业等。人们相信卡基电子货币将逐渐在收费站、汽车出租业、旅行社、停车场、加油站和超市中得以推广,甚至还可能用于支付公用企业账单。发行商为特约商户处理交易数据,并通过结算银行实现自己与特约商户之间的资金划拨。卡基电子货币定价尚未统一,大体而言,消费者无需支付任何佣金;而特约商户要以交易量或交易金额的一定比例支付佣金;发行商则需要向结算银行支付结算金。

网上支付的提供者主要是银行并使用银行卡,现有12家国内银行,包括国有银行和股份制获准开展网上银行业务。大约有400万客户在使用网上银行业务,而2003年的网上支付金额为5万亿元左右。网上银行业务的使用者可透过互联网24小时不间断地从事商户与商户之间的交易或商户与顾客之间的交易。网上支付使用者依据相关法规向银行支付手续费,大多数银行把我国金融认证中心作为认证机构以保护网上银行业务系统。[1]

三、网上支付立法概况

数个国家针对网上支付通过了专门立法[2],在没有专门立法的国家则适用现行法律。在欧盟,网上支付及电子货币的立法就包括数个指令。[3] 一般而言,立法主要涉及客户及电子货币发行商的权利和义务、消费者保护规定

---

[1] Survey of Developments in Electronic Money and Internet and Mobile Payments, 2004, available at http://www.bis.org.

[2] 近年来,针对网上支付问题通过新的立法或修改现行立法的国家有澳大利亚、希腊、印度、日本、菲律宾和南非等国。

[3] 《电子商务指令》,即《欧洲议会和欧盟理事会关于协调内部市场信息服务,特别是电子商务服务的某些法律的第2000/31号指令》;《电子货币指令》;《电子签名指令》,即《欧洲议会和欧盟理事会关于电子签名的共同法律框架的第99/93号指令》。

和电子签名的承认问题;在某些情况下还可能规定欺诈的处罚。

发行电子货币将产生发行商监管,支付系统监督及消费者保护、数据保护和执法等问题。在欧元体系内,针对接受存款机构和电子货币机构发行电子货币问题已建立一个综合性并具有统一性的法律框架,该法律框架由两项欧盟指令组成,即《欧洲议会和欧盟理事会关于从事和开办电子货币业务及其审慎监管的第 2000/46 号指令》(以下简称《电子货币指令》)和《欧洲议会和欧盟理事会关于修正开办和从事信用业务的第 2000/12 号指令之第 2000/28 号指令》。据欧盟各国中央银行报告,欧盟各国国内立法已与上述两项欧盟指令一致。最近,我国香港地区和马来西亚针对电子货币问题已修改相关立法,而韩国和俄罗斯等国亦正在考虑修改相关立法或通过专门立法。

欧盟《电子货币指令》监管电子货币的发行并允许设立电子货币机构,该机构是一种新的非接受存款类信用机构,一旦获准设立可享受单一执照所带来的好处,即可在欧盟所有成员国境内发行电子货币。2002 年 4 月,英国正式实施欧盟《电子货币指令》并由金融服务局负责监管。实施条例对电子货币机构提出了审慎要求,并对电子货币"浮存额"(float)投资实施限制。小规模电子货币发行商可申请豁免,但不能利用单一执照。银行,即传统意义上的接受存款机构可继续在现行监管体制之下发行电子货币,但在英国应获得金融服务局的明示许可。然而,条例的实施必然存在困难,欧盟内部就监管方式问题亦正在进行热烈的讨论。讨论的问题包括哪些电子支付产品应作为电子货币来监管及现行监管框架是否需要根据支付服务的创新而做相应调整。① 有必要说明的是,英国银行家协会于 2008 年修订了《银行业守则》,并对信用卡、借记卡和电子钱包作出了专门规定。

1996 年 4 月,美联储提出部分储值卡应豁免适用 E 条例中的许多规则,并就此提议公开征求意见。E 条例是美联储为实施美国《电子资金划拨法》而制订的规章,美联储 E 条例规定了众多消费者保护规则,并适用于借记卡等小额资金划拨。② 1996 年 9 月,美国国会要求美联储提交报告以评估储值卡适用美国《电子资金划拨法》是否会对这种产品的成本、发展和运

---

① 譬如,欧盟委员会于 2003 年发布题为《内部市场支付系统新法律框架》的咨询文件。该文件探讨在面临大量新的支付服务及市场需要的情况下欧盟现行法律框架是否需要调整。

② 国内已有小额资金划拨的法学专著,参见张德芬著:《小额电子资金划拨法研究》,郑州大学出版社 2007 年版。

作带来不利影响,该报告研究了各种监管方式的成本和效益,但未支持任何一种方式,亦未提出任何具体行动建议。迄今为止,美联储还未就1996年的建议采取进一步行动,但美联储一直在密切关注储值卡的发展及带来的问题,而美国联邦存款保险公司于1996年指出,存款机构所发行的部分储值卡不构成美国《联邦存款保险法》之下的存款,因此不在存款保险范围之列。此外,美国《信贷诚实法》及美联储Z条例对信用卡作了规定。

由于美国联邦政府无机构负责监管提供支付服务的非银行服务商,审慎监管的责任落在州银行监管机构身上。与欧盟通过《电子货币指令》不同的是,在美国,对非银行发行电子货币(包括储值卡)进行监管是现有法律自然延伸的结果而不是通过新的立法。大多数州早就通过了监管某些非银行支付服务提供商的法律;这些服务商被称为货币服务商或货币汇兑商,而法律为《货币服务法》或《货币汇兑商法》。美国统一州法全国委员会(National Conference of Commissioners on Uniform State Law)于2000年修订的《货币服务示范法》规定,货币服务商通常可以从事以下活动:货币汇兑,如电报划拨;销售支付工具,如汇款单、旅行支票和储值卡;支票兑换;外汇兑换。多数情况下,货币汇兑一词亦包括以上服务,但通常不包括支票兑换和外汇兑换。美国货币汇兑商监管者协会于2005年修订的《货币汇兑商示范法》将货币汇兑定义为,通过任何方式,包括但不限于电报划拨、传真划拨或电子划拨,从事支付工具的销售或发行或接受划拨过来的货币或货币价值。[1]

澳大利亚证券与投资委员会于2001年发布《电子资金划拨行为法》,该法第一编题为调整使用电子工具接入账户的电子资金划拨中用户与账户机构之间关系的规则与程序,旨在规范借记卡和信用卡交易,而第二编题为调整消费性储值工具与储值交易的规则,旨在规范属于电子货币的储值卡交易。作为自律规则的一部分,澳大利亚银行家协会于2004年发布最新修订的《银行惯例守则》,该守则一并适用于借记卡、信用卡和储值卡。

在我国香港特别行政区,监管卡基电子货币或"多用途储值卡"发行的法律框架是《银行业条例》。要点如下:(1)完全牌照银行发行普遍接受的多用途储值卡时视为已获批准;(2)主要目的是发行多用途储值卡的特定目的机构可依据香港《银行业条例》申请成为吸收存款公司;(3)当某一储值卡使用有限且对支付系统和存款人而言风险较小时,香港金融管理局可

---

[1] Evaluation of the E-money Directive (2000/46/EC): Final Report, 2006, available at http://www.eu.int.

宣布其不是多用途储值卡；(4) 依据香港《银行业条例》，由发卡人提供货物或服务的单一用途卡不需批准。香港金融管理局于2002年发布的《申请授权指南》专章阐述在授权发行多用途储值卡时所遵循的原则和标准。香港《银行业条例》中关于多用途储值卡的法律框架只调整卡基多用途电子储值卡方案，香港金融管理局正在考虑是否需要将以网络/软件为基础的电子货币方案纳入该法律框架。此外，香港银行公会于2001年发布经修正的《银行运营守则》，并得到了香港金融管理局的认可，该守则对银行卡和储值卡作了专章规定。

我国台湾地区于2001年发布"银行发行现金储值卡许可及管理办法"，根据该办法，非银行不得发行储值卡形式的电子货币，而银行可以。发行电子货币构成吸收存款，而依据台湾地区"存款保险法"应投保。1999年，我国台湾地区发布"个人计算机银行业务及网络银行业务服务契约范本"，而2000年还发布了"金融机构办理电子银行业务安全控管作业基准"。2003年，我国台湾地区发布"信用卡业务机构管理办法"，并同时发布"信用卡定型化契约范本"，对信用卡做了较详细的规范。

在我国内地，尚无法律或法规界定电子货币的法律地位，然而，中国人民银行一直密切关注电子货币的发展，正在研究并起草针对卡基电子货币和网上支付的规章。1999年，中国人民银行发布《银行卡业务管理办法》，2005年10月发布《电子支付指引（第一号）》；而2004年8月，全国人民代表大会常务委员会通过了《电子签名法》。

第二节 网上支付中的法律问题概述

网上支付涉及许多法律问题，如电子签名、电子认证、电子合同、电子税收、电子知识产权等等，但这些问题亦是电子商务面临的主要法律问题，不具有特殊性，因而本书不准备涉及上述问题。[①] 笔者认为，网上支付中的法律问题主要有：安全问题；消费者保护问题；电子货币政策问题；电子货币监管问题；电子货币中的隐私权问题；电子货币中的反洗钱问题；私人电子货

---

① 参见李双元、王海浪著：《电子商务法若干问题研究》，北京大学出版社2003年版；张楚主编：《网络法学》，高等教育出版社2003年版；张楚著：《电子商务法》，中国人民大学出版社2001年版等。

币问题;电子货币中的跨国问题等。

一、安全问题

网上支付的安全问题主要关注如何防止滥用,并减少未获授权者的欺诈。在透过互联网直接进入银行账户时,安全程度要求更高,以网络为基础的支付方法运用各种措施如使用密码技术。[1] 可以预料的是,随着各国于2005年普遍采用EMV标准[2],信用卡和借记卡除磁条外还会有芯片,这同样会增加信用卡在互联网上使用的安全性,因为芯片可以有效地防止复制或窜改密码,然而,电子支付安全国际标准之开发与使用仍有进一步提升的空间。欧元区各国中央银行在全面评估电子支付和网上交易安全时考虑了一系列因素,诸如可获取性、真实性/授权性、完整性、不可否认性和保密性。近来,欧盟国家银行和卡类服务提供者在欧洲支付理事会的指导下,开始采取积极措施以防止欺诈。

金融机构和新支付服务的监管者都认为应解决好安全问题。解决安全问题时可以采取一系列普遍适用的措施,如使用抗干扰芯片和运用复杂的密码技术,而且,对存储在客户和特约商户电子设备上的价值进行限制、对每项交易金额进行限制、授权充值和/或发出支付指令时使用密码均被广泛用于减少出现安全问题时的损失。国际清算银行于1996年发表题为《电子货币安全》的报告,强调了电子货币的设计特征和功能,并分析了这些产品的特殊技术风险;欧盟中央银行于2003年发表题为《电子货币系统安全目标》的报告,分析了电子货币风险/威胁,并列举了发行商应达到的安全目标,欧元区各国中央银行在监管电子货币时可参考该报告。新加坡金融管理局要求发行商达到一定的安全标准,并以此评估发行银行防止伪造和欺诈的安全系统是否强而有力。在评估支付系统的操作规程和技术安全特征时,奥地利中央银行得到了相关技术组织的协助。

金融机构监管者和新支付系统管理者均要求英国电子货币机构采取适当的安全措施。新产品是否在监管水平和安全标准都较低的国家开发,是否必须将某些服务外包是两个值得考虑的重要因素,而且,国际合作对于提升互联网支付服务市场的信心和安全均极为重要。

---

[1] 为了确保网上支付安全,安全电子协议使用公共密钥设施,而安全套接层是一种广泛使用的密码技术,它能确保顾客与特约商户之间的通讯安全。

[2] 该标准由"欧陆信用卡"(Eurocard)公司、万事达公司和维萨公司共同开发。

香港金融管理局要求电子货币发行商满足调查表中所规定的安全标准,该调查表由多用途储值卡发行商提出申请时填写。安全标准包括:(1)采用足够的安全措施以防范伪造或干扰及采用有效方式以发现并计算出欺诈金额;(2)采用足够的安全措施以防范洗钱活动;(3)建立充分的安全程序以确保准确记录已发行的电子货币数量及未偿余额;(4)建立充分的审计追踪程序以减少争议及系统违约时的成本和不便;(5)制订合适并有效的应急计划以防止主要系统失灵或遭受重大损失,如因重大欺诈而蒙受损失。持续评估电子货币发行方案的安全措施是否充分非常重要,为此,香港金融管理局将在现场检查和非现场检查中评估有关安全控制措施是否妥当,如有必要,多用途储值卡发行商应任命专家协助评估电子货币发行方案是否安全。[1]

二、消费者保护问题

绝大多数国家并未针对互联网上使用信用卡和借记卡通过专门立法而是适用现有法律。为限制银行等金融机构滥用优势地位及维护消费者权益,各国对银行卡中的消费者保护问题作了必要规定。目前,各国的保护政策大致有以下三种:(1)立法保护。通过立法增加强制性规定,撰写法定合同条款。(2)行政保护。建立行政主管机关对标准合同的事先审核或事后监管制度。(3)司法保护。由法院审查格式合同条款的效力。各种保护方式的效果,因各国法律传统不同而不同,但总体而言,最终也是最有效的保护仍然是立法保护和司法保护。有些国家法律传统与法律意识较完备,这使得行业自律规则已逐渐具有实质上的法律效力,在这些国家,自律规则亦有消费者保护内容。

英国主要是通过行业自律规则来保护银行卡(含网上银行卡)消费者权益。在英国,几乎没有有关银行卡的成文法和判例法,主要依赖行业自律来规范市场。1992年,英国银行家协会公布《银行业守则》,该守则于2008年做了最近一次修订。值得注意的是,英国《银行业守则》只适用于个人客户而不适用于公司、合伙等。美国主要通过联邦立法来保护银行卡消费者权益。调整银行卡的联邦立法主要有:美国《电子资金划拨法》及美联储E条例;美国《借贷诚实法》及美联储Z条例。此外,许多州制定了类似立法以

---

[1] Survey of Developments in Electronic Money and Internet and Mobile Payments,2004,available at http://www.bis.org.

规范银行卡的使用、限制银行等金融机构的权利以保护消费者权益。在澳大利亚,《电子资金划拨行为法》是规范消费性电子资金划拨的主要法律。在我国香港地区,有关消费者保护问题主要适用2005年修订的《银行营运守则》;而在我国台湾地区,信用卡中的消费者保护问题主要适用2003年修订的"信用卡业务机构管理办法"及"信用卡定型化契约范本"。在我国内地,中国人民银行于1999年发布《银行卡业务管理办法》,规范了发卡银行与消费者的权利义务,其中就含有保护消费者权利的规定。

电子货币的使用会对消费者日常经济交易之成本、利益和风险产生影响。对消费者而言,潜在利益包括可获得成本更低、速度更快且更为便利的支付工具,增加不同情况下具有不同偏好的消费者所享有的支付选择权。由于无任何电子货币得到大规模使用,因而消费者使用电子货币所承担的风险及享受的好处均具有不确定性。不同电子货币可能风险不同,然而,正如现行支付机制所面临的风险类型一样,这些风险亦可能做相同的分类。与现行支付方式相比,在某些情况下使用电子货币给消费者带来的风险实际上更低,譬如,在建立电子货币发行商担保计划时就是如此。消费者在使用电子货币时的风险主要有:第一,如同使用任何支付方式一样,消费者面临经济损失的风险;第二,与任何支付工具一样,即使拥有充足资金,消费者仍面临不能按指定数量、时间和地点完成支付的风险;第三,消费者在使用电子货币时面临以下风险:相关信息未经同意就被披露并被用于欺诈或以有违其利益的方式使用。①

三、电子货币政策问题

在电子货币监管问题上,美国联邦政府采取"等待和观望"的态度,而欧盟采取积极调整的态度。美联储反对将美国《电子资金划拨法》适用于电子货币产品,主要理由是:第一,过早颁布法律调整电子货币将影响其发展方向和速度,甚至完全阻碍某些电子货币的开发;第二,电子货币存在网络外部效应;第三,区别对待不同电子货币会造成不公平竞争。②

欧盟中央银行认为,货币政策问题与电子货币的发展息息相关,原因在

---

① Electronic Money: Consumer Protection, Law Enforcement, Supervisory and Cross Border Issues, 1997, available at http://www.bis.org.
② Report to the Congress on the Application of the Electronic Fund Transfer Act to Electronic Stored-value Products, 1997, available at http://www.federalreserve.gov.

于需要维持物价稳定,亦需要保持货币的记账单位功能。此外,有一系列问题与电子货币发行商的监管有关,诸如维持支付系统有效运行及对支付工具的信心、保护客户和特约商户、维护金融市场的稳定、避免电子货币被犯罪分子利用及避免市场失灵。①

电子货币的界定是一个难题,原因不仅在于电子货币处在发展时期,而且还在于各国宽严不一的界定反映电子货币政策不一。如果对电子货币采取严格管制的政策,可能会将电子货币界定得宽泛些,即使同一国家或国际组织在不同时期对电子货币的界定亦不尽相同,这反映随着电子货币的发展,人们的认识也在不断地深化。

此外,欧盟只允许接受存款机构和获得授权的电子货币机构发行电子货币,所有成员国均已将欧盟两个相关的指令并入国内法律。② 与此类似,澳大利亚要求支付服务商获得许可或豁免。在我国香港地区,主要业务为发行多用途储值卡的特别机构可与银行一样,依据香港《银行业条例》申请成为接受存款机构。在印度、墨西哥和新加坡等国家,只有银行才能发行电子货币;而在加拿大、瑞士和美国等国家,电子货币的发行并不局限于某一类机构。在数个其他国家如泰国、委内瑞拉,政策指南正在制定之中。

美联储并未建议只能由某一类机构发行电子货币,发行电子货币可以采取多种形式,譬如联邦银行业监管机构已批准银行和银行控股公司投资于非银行发行商。这些投资要受某些条件的限制,而被投资者可以发行具备一般用途的储值卡,这些发行商及投资安排通常要接受投资银行或银行控股公司之主要监管者的检查和监督。储值卡或其他电子货币之非存款机构发行商可能要适用各州现行条例,而这些条例同样适用于货币汇兑商和支付工具如旅行支票的发行商。这些条例通常涉及州银行业监管机构之检查、资产投资组合限制、审计要求和报告要求。

在我国香港地区,多用途储值卡发行商为完全牌照银行和特定目的机构。在构建多用途储值卡法律框架时,金融管理主要考虑以下因素:(1)维持支付及金融体系的稳定。因此,金融管理局允许其他机构进入专属于完全牌照银行的支付系统时需要特别谨慎。(2)法律框架保持某种程度的灵活性同样重要,这样服务提供者能利用电子货币技术提高服务效率。

---

① Report on Electronic Money, 1998, available at http://www.ecb.int.
② Survey of Developments in Electronic Money and Internet and Mobile Payments, 2004, available at http://www.bis.org.

(3) 上述两个因素表明,非银行发行商应获准在某种范围内发行多用途储值卡,但发行限制应多于完全牌照银行。只有完全牌照银行发行的多用途储值卡具有普遍接受的特点,更能作为纸币或活期存款的替代品。(4) 确保卡类电子货币发行商能履行债务这一点非常重要。(5) 多用途储值卡立法关注的主要问题与现金和存款类似。

在我国内地,电子货币发行商基本上是非金融机构,这些发行商通常得到了地方政府的大力支持,然而,在资金管理和使用上遇到了一些问题。因此,中国人民银行正在研究电子货币发行市场之准入条件、最佳惯例等问题。

四、电子货币监管问题

网上支付的数量和价值均较低,因而中央银行在监管时并未遇上特别问题,但支付的安全和效率要求中央银行关注形势的发展以切实履行好监管职能。大多数中央银行拥有监管支付系统的权力,同时监管电子货币并分析其发展,这包括收集数据并定期会晤电子货币发行商。此外,为了解发行商的组织结构、法律问题、管理与控制、技术及安全特征,中央银行从事了一系列研究。在欧元体系内,为履行监管职能,各国在电子货币技术安全标准的确定和评估上采取相同做法。①

上述两项指令为欧盟监管电子货币机构提供了一个综合性的法律框架。在捷克和马来西亚等国,电子货币发行商业已受到监管。印度和尼日利亚等国已制定了指南,或者通过立法授权中央银行监管电子货币。美国联邦银行监管机构正在修订检查程序,旨在将电子货币及相关风险纳入检查范围。在韩国和泰国,中央银行已经建议修改现行法律以明确授权中央银行监管电子货币。在其他国家,监管职能由其他机构来履行。② 还有一些国家,例如墨西哥和瑞士还未就电子货币发行问题制定特别条例。

英格兰银行支付政策和监管焦点集中在金融稳定上,这意味着监管的强度应与金融风险大小相适应。目前,英国使用电子货币及电子支付相当有限,因而英格兰银行并未正式监管电子货币及类似产品,然而,如果新产品有了实质性增长并由此产生风险,英格兰银行就有必要调整监管支付系

---

① See Report on Electronic Money, 1998; Electronic Money System Security Objectives, 2003, available at http://www.ecb.int.

② 例如,在澳大利亚,监管机构为审慎监管局。

统的方式和强度。如果是新的支付方式,将考虑新的支付媒介是否会带来潜在风险如风险管理是否与其活动相称;或在新系统与传统支付系统相互作用时是否会产生风险如是否会产生信誉风险或安全风险。

在美国,电子货币产品非常有限,而提供该产品的机构亦少得可怜,但随着时间的推移,很有可能需要针对电子货币制定特别监管指南。

我国香港地区零售性支付系统有三个主要的政策目标:(1)增加支付系统及其服务的透明度;(2)监督各种收费;(3)促进市场准入、竞争和效率。达到这些目标又能增加我国香港地区支付系统的效率和竞争力,因此,有人建议提高监管水平并引入自律机制。行业协会可以起草惯例守则,并由香港金融管理局来监督行业协会。

在我国内地,中国人民银行负责支付系统的平稳运行,监管支付系统是其主要职责之一。为此,中国人民银行设立了支付与结算司,负责支付及相关领域事务,特别是监管支付工具、支付系统及相关风险。最近,中国人民银行特别关注支付方式的创新,清算机构的监管问题及支付和结算系统中的相关风险。中国人民银行正计划监管卡基电子货币的发行、发行商的业务活动、作为发行价值之一部分的风险担保资金。①

五、电子货币隐私权问题

与其他电子支付方式比,先进的密码技术能在更大程度上确保隐私权不受侵犯,然而,不同电子货币在保护持有人隐私权的程度上差异很大。例如,某些电子货币允许持有人将经过发行机构运用加密函数证实的电子符号转移给他人时不披露身份,其他电子货币允许持有人购买存储在电子设备上的余额时不披露身份,如在自动售货机上购买。

大多数电子货币禁止外部当事人未经授权获取交易信息,有时还会以加密方式传送信息。当然,持有人身份信息不会出现在交易信息中,而且,特约商户一般也难以获取交易当事人的身份信息。特约商户会记录持有人电子设备的序列号,但无法将该序列号与某一自然人联系起来,然而,持有人可能自愿向特约商户提供个人信息以便参加折扣计划。

选择交易的匿名性还是由中央运营商或电子货币发行商来记载交易取决于一系列因素,如系统的逻辑设计、支付信息的加工程度及持有人或电子

---

① Survey of Developments in Electronic Money and Internet and Mobile Payments, 2004, available at http://www.bis.org.

设备是否在发行商处登记。如果所有交易信息均传送至某一中央机构,发行商很可能有能力将交易与某一消费者联系起来,与传统支付方式相比,这将降低持有人隐私权保护程度。部分电子货币提供商表示将保存这些详细的交易信息,但只会提供给执法机构。①

六、电子货币反洗钱问题

目前,网上支付产品的特点难以吸引洗钱者,电子货币的许多安全特征如限制存储在卡内的金额使其对洗钱活动不具有吸引力。反洗钱的现行法律适用于网上支付,反洗钱的现行法律同样适用于电子货币,因为在许多国家电子货币的唯一发行商是信用机构。作为支付系统监督的一部分,人们强调研究电子货币的特征以确保不被刑事犯罪分子所利用。电子货币应保持的特征有:做好审计追踪记录;确认顾客身份;限制向相关信用机构账户持有人发行卡基电子货币。

而且,国际合作对于支付服务市场的信心和安全尤为关键,譬如,应在切断恐怖分子资金渠道和反洗钱问题上加强国际合作。欧盟正在考虑实施"洗钱问题金融行动特别工作组"(Financial Action Task Force on Money Laundering)的建议以解决支付信息中的发起人身份和哪些支付工具应受管制的问题,但这些建议能否适用于新支付服务亦需要仔细研究。

1999年,美国财政部下属金融犯罪执法网(FinCEN)发布最终条例,界定了货币服务业并要求货币经纪商、支票兑换商、旅行支票发行商、销售商和兑换商,货币汇兑商在财政部注册。2000年,美国金融犯罪执法网又发布要求某些货币服务业提交可疑活动报告的最终条例,这些条例包括在货币服务业定义之下的储值卡发行商、销售商和兑换商,因而这些机构应遵守可以适用的反洗钱条例,但明确豁免注册要求和可疑活动报告要求。

电子货币可能被用于洗钱,这使得多功能储值卡的发行有必要限制在受监管的机构范围之内。电子货币的出现为洗钱者提供了一个便利的工具,无需携带大量现金就可以转移资金。作为批准发行多功能储值卡的标准之一,香港金融管理局要求电子货币发行机构采取充分措施以防范洗钱活动,香港金融管理局要求采取的措施包括:(1)审计追踪;(2)限制进出储值卡的金额;(3)要求储值卡充值时应与特定银行账户相连;(4)限制可

---

① Survey of Developments in Electronic Money and Internet and Mobile Payments, 2004, available at http://www.bis.org.

以与特定账户交换的金额;(5)监督交易行为并报告可疑活动。反洗钱、反欺诈、反会计错误等方面的现行法律同样适用于电子货币。

卡基电子货币具有匿名性和便捷性,可能会成为洗钱、逃税和行贿受贿的工具,因此,中国人民银行正在考虑加强储值卡最高限额的管理,并在充值时检查持有人的身份证。①

七、私人电子货币问题

从历史角度来看,货币并非一直由政府垄断发行。在过去,货币曾一度由私人机构即私人银行发行,私人银行所发行的银行券是货币的主要形式。在电子货币产生后,私人银行和电子货币机构成为主要的发行商。

1997年,美国政府提出:首先,私人企业应在互联网发展中起主导作用,政府应紧跟并提供支持,但不得制造障碍。根据美国前总统克林顿的说法,互联网取得爆炸性成功部分归功于分散性质和自下而上的管理传统。其次,互联网是一个独一无二的市场,因为它是世界性的。考虑到这一点,支撑互联网商业交易的法律框架在不同州、不同国家应保持一致,这样,不管买方或卖方居住在哪个国家,可预见的结果具有一致性。考虑到以上两点,电子商务可能要求私营企业提供面向全球市场的货币,此种货币即"世界性私人电子货币"。②

由于互联网是一个电子环境,社区型商务的发展需要应用电子支付手段,因此,可用储值卡、电子现金及以美元或其他政府货币标价的电子方法支付。然而,还有一种更为激进的选择,即私人可以开发、发行并使用仅在社区流通的电子货币,即"社区型私人电子货币"。

不论是世界性私人电子货币,还是社区型私人电子货币,由此产生的法律问题有私人电子货币存在的必要性、法律地位、与政府权力之间的关系、与政府监管之间的关系等。

八、电子货币跨国问题

目前,多数网上支付产品只在一国境内使用,如果网上支付服务商位=

---

① Survey of Developments in Electronic Money and Internet and Mobile Payments, 2004, available at http://www.bis.org.

② Kerry Macintosh, How to Encourage Global Electronic Commerce: The Case for Private Currencies on the Internet, 11 *Harvard Jorunal Law & Technology*(1998), pp.740—779.

欧盟境内,则适用服务自由流动原则。以网络为基础且旨在全球范围内提供支付服务的公司,如支付之友就允许跨国支付。大多数国家尚未提出跨国支付会面临哪些特殊问题,而另一些国家则认为,有必要在主管机构之间开展国际合作。

在已报道的电子货币方案中,跨境支付尚不普遍。尽管欧盟《电子货币指令》中规定了单一执照条款,允许已获授权并受到监管的机构在其他成员国境内提供服务,包括发行电子货币,但绝大多数电子货币局限于一国境内。[①]

[①] Survey of Developments in Electronic Money and Internet and Mobile Payments, 2004, available at http://www.bis.org.

第二章 网上支付当事人之间的法律关系

第一节 银行卡当事人之间的法律关系

一般而言,银行卡业务涉及发卡银行、持卡人、担保人、特约商户等当事人。由于银行卡的功能具有多样性,因此银行卡法律关系亦具有多样性,而银行卡在互联网上使用还会涉及认证中心、网络运营商等机构,法律关系更为复杂。本节仅探讨持卡人、发卡银行和特约商户三者之间的法律关系,并重点研究持卡人的选择权、信用卡中的抗辩权和必要费用偿还请求权及信用卡发卡银行与特约商户之间法律关系的性质。

一、主要当事人之间的法律关系概述

(一)持卡人与发卡银行

持卡人与发卡银行是银行卡业务中的基本当事人,也是最重要的当事人,它们之间的法律关系随着银行卡运用不同而有所变化,一般会有以下两种法律关系:

1. 存款或借贷关系

借记卡具有存款功能,持卡人凭卡可在发卡银行处存取款项,同时借记卡中的款项视同活期存款,按活期利率计付利息,从这个意义上说,持卡人与发卡银行之间的法律关系是一种存款关系。因此,借记卡持卡人是债权人而发卡银行是债务人。信用卡与借记卡不同,持卡人在购物时由发卡银行提供信用,即提供消费信贷,此时,持卡人与发卡银行之间发生借贷法律关系,持卡人是债务人而发卡银行是债权人。

2. 委任关系

持卡人在购物、消费中利用银行卡转账结算时,持卡人与发卡银行之间的关系是一种委任关系,即持卡人自己不与有关特约商户办理结算事宜而委托发卡银行处理。换言之,持卡人在特约商户处购物、消费后,特约商户通过开户银行凭持卡人签字的凭证办理进账手续,发卡银行根据凭证从持卡人账户中划出或自行垫付资金。在这种转账结算关系中,持卡人是委托人而发卡银行是受托人,发卡银行在持卡人授权范围内处理有关结算事务而产生的权利义务由持卡人承担,并有权获得相应报酬。[①]

法律关系的内容就是各自享有的权利和应履行的义务。持卡人享有的权利主要有:选择权;知情权;查询修改权[②];挂失权;抗辩权等;持卡人应履行的义务主要有:提供真实资料;遵守银行卡章程及合约;情况变化及时通知等。发卡银行享有的权利主要有:向申请人发卡并确定信用卡透支额度的审查决定权;信用卡透支额及必要费用偿还请求权;取消持卡资格权等;发卡银行应履行的义务主要有:提供银行卡使用说明资料;设立投诉制度;提供对账单;提供挂失服务;密码重要性的说明义务;保密义务等。

(二) 持卡人与特约商户

持卡人利用银行卡在特约商户处购物或消费时,与上述特约商户之间只是一般的商品或劳务买卖关系,即持卡人作为商品的买方或劳务的需求方在取得商品或接受劳务后,有义务向特约商户支付货款或劳务款。与票据关系有点相似,持卡人与特约商户之间的买卖合同关系是基础,但它又独立于银行卡交易,从而使银行卡法律关系具有独立性。持卡人和特约商户发生基础合同如商品质量、服务质量方面的纠纷,一般不得作为拒绝支付所欠银行款项的抗辩理由。

另外,由于特约商户由发卡银行指定,特约商户只是发卡银行的代理人,因此,在持卡人与特约商户之间不存在直接的代理合同关系。如果特约

---

① 吴志攀著:《金融法概论》(第 4 版),北京大学出版社 2000 年版,第 204 页。
② 有关知情权和查询修改权,请参见本书第四章第三节和第四节。

商户无理拒绝银行卡交易,这并不是对持卡人而是对发卡银行的违约行为。① 遇到这种情况,持卡人只能向发卡银行投诉,并要求发卡银行承担一定的责任,然后再由发卡银行追究特约商户的违约责任。

(三) 发卡银行与特约商户

借记卡发卡银行与特约商户之间一般无直接的法律关系,发卡银行对特约商户更无给付义务,因为发卡银行仅仅是接受持卡人委托办理结算事宜的受托人,所以此处不准备探讨借记卡发卡银行与特约商户之间的法律关系。信用卡发卡银行与特约商户之间法律关系的内容主要有:发卡银行对特约商户负有给付义务并享有返还请求权;而特约商户负有接受持卡人签单及不得提高买卖价格的义务并有权要求发卡银行付款。

二、持卡人的选择权

银行卡是一种电子支付工具且与持卡人账户相连,如果未经持卡人要求而发行银行卡,可能会给持卡人带来意想不到的责任、强迫或痛苦。② 因此,各国一般通过立法或自律规则保护持卡人在支付工具上的选择权。

在英国,除非经持卡人请求或更换持卡人已拥有之银行卡,否则不得发行银行卡,这意味着禁止未经持卡人请求而向其邮寄银行卡,但该禁止规定不包括电子钱包,亦不包括为营销目的而邮寄试用卡或样卡。③ 此外,英国1974年《消费者信贷法》第51条亦明文禁止未经消费者请求而邮寄银行卡。

美联储Z条例规定,不管用途如何,不得向任何人发行信用卡,除非应口头或书面申请,或对"已接受的信用卡"④续期或更换,而美国《电子资金划拨法》和美联储E条例均规定,任何人不得向消费者发行旨在发动电子资金划拨且与账户相连的借记卡,除非应消费者请求或申请,或对已接受的借记卡续期或更换。此时,不管原始发行人还是继任发行人均可发行借记卡,但满足下列条件时可以例外:(1) 借记卡尚未生效;(2) 发行时已详细披露

---

① 周晓刚:《消费性电子资金划拨基本法律问题研究》,载张平主编:《网络法律评论》第3卷,法律出版社2003年版,第180页。
② 刘颖著:《电子资金划拨法律问题研究》,法律出版社2001年版,第94页。
③ The Banking Code and Its Guidance for Subscribers, 2008, available at http://www.bba.org.uk.
④ 已接受信用卡是指消费者已提出要求或申请,并收到或签署、使用或授权他人使用以获取信用的信用卡。因续期或更换而发行的信用卡在消费者收到时成为已接受信用卡。

借记卡生效后消费者的权利和义务;(3)发行借记卡时已清楚地说明,根据美联储条例,借记卡尚未生效,并解释了如果消费者不想使借记卡生效时可采取的处置办法;(4)借记卡只有在经消费者请求并证明身份后才能生效。

关于持卡人的选择权,我国香港地区《银行营运守则》规定得很简单,发卡机构符合下列条件时方可向客户发卡:(1)客户要求发卡机构发出新卡;或(2)为取代已发行的卡或为已发行的卡续期。

而我国台湾地区"信用卡业务机构管理办法"的规定比较详细,发卡机构未接到申请人书面或电子申请前,不得制发信用卡,但已持有原发卡机构制发之信用卡且有下列情形之一者,不在此限:(1)因持卡人的信用卡发生遗失、被窃、遭制作伪卡或有遭制作伪卡的危险等情形或污损、消磁、刮伤或其他原因致信用卡不能使用而补发新卡;(2)因信用卡有效期间届满时,持卡人未终止契约而续发新卡;(3)因联名卡、认同卡或店内卡合作契约终止,依发卡机构与持卡人原申请契约换发新卡;(4)因原发卡机构发生分立、合并或其他信用卡资产移转等情形而换发新卡;(5)因发卡机构将信用卡由磁条卡升级为芯片卡或将芯片卡功能调整而换发新卡。最后三种情形应由发卡机构事先通知,但持卡人于一定期间未表示异议,即视为同意。

三、信用卡中的抗辩权和必要费用偿还请求权

(一)持卡人之抗辩权

持卡人的抗辩权是指持卡人在买卖合同中享有对特约商户的抗辩可向发卡银行主张的权利。[①] 法律一旦承认该权利,持卡人无需支付争议金额。有些学者认为,信用卡只是代替现金的支付工具,功能并未超过现金,而一般人以现金交易时,只和商店接触,所以纵然以信用卡消费而与特约商户因商品本身品质发生争议,应与发卡银行无关。[②] 但有的学者认为,特约商户由发卡银行选择,是发卡银行的代理人,所以代理人的产品或服务如果出现问题,发卡银行当然要负责,而且发卡银行监督及控制产品或服务品质的能力亦比持卡人强,所以应赋予持卡人拒付权。上述两种见解均有一定的合理性,前者从信用卡交易的顺畅及安全来考虑,后者从保护持卡人利益来考

[①] 如果发卡银行在与持卡人订立的信用卡合同中规定,持卡人不得以其与特约商户之间所发生的事由抗辩发卡银行并主张拒绝付款,该条款通常被称为"抗辩切断条款"。

[②] 李凌燕著:《消费信用法律问题研究》,法律出版社2000年版,第113页。

虑。英美两国的主张均偏向后者。

1. 英国

英国《消费者信贷法》将消费信贷分为关联信贷和非关联信贷。所谓关联信贷,指提供信用的贷款人和货物或服务供应商是同一人或有业务上的联系。对于这种关联信贷,该法规定,如果消费者有权对货物供应商主张虚假陈述或违约,则对贷款人有同样的权利:(1)根据特定用途的信贷协议提供信用,贷款人与供应商之间有业务联系;(2)根据用途不限的信贷协议提供信用,贷款人与供应商之间有业务联系,而且贷款人知道消费者将该笔贷款用于与该供应商之间的交易。该条不仅适用于消费者通过个别协商从贷款人处获得的融资交易,也适用于使用信用卡发生的货物买卖。因此,消费者可向特约商户主张的权利,如合同不成立、可撤销、虚假陈述、违约等均可向发卡银行主张而拒绝付款。①

2. 美国

当特约商户未能满意地解决一项源于使用信用卡购买货物或服务的消费信用纠纷时,消费者可向发卡银行主张源于该交易并与特约商户有关的所有要求和抗辩,但侵权赔偿除外。消费者可拒付该笔货物或服务价款及由此产生的融资费用或其他费用,在争议解决或法院判决前,发卡银行不得将消费者拒付的交易价款作为拖欠款而报告给信用评估机构。消费者的抗辩权必须满足以下条件:第一,为解决与特约商户之间的争议,消费者已善意地做过努力;第二,导致消费者提出请求或抗辩的财产或服务价值超过50美元,而且争议交易发生地与消费者指定的有效通讯地址位于同一州,或如果不在同一州,争议交易地距离有效通讯地不超过100英里。如果存在以下情形,不适用第二个条件:(1)特约商户与发卡银行为同一人;(2)发卡银行直接或间接控制特约商户;(3)第三人直接或间接控制特约商户,亦直接或间接控制发卡银行;(4)特约商户直接或间接控制发卡银行;(5)特约商户是发卡银行产品或服务的特许经营商;(6)特约商户的争议交易订单是通过邮件方式招揽来的,而发卡银行制作或参与了该招揽邮件。②

(二)发卡银行之必要费用偿还请求权

发卡银行为持卡人处理委托事宜并收取年费作为报酬,发卡银行为持

---

① 覃有土、邓娟闰:《论信用卡消费者的抗辩权》,载《法学》2000年第7期,第37页。
② Truth in Lending Act and Regulation Z, available on http://www.federalreserve.gov.

卡人处理事务而支出的必要费用,持卡人应予以返还。① 根据我国《合同法》第 399 条规定,受托人应当按照委托人的指示处理委托事务,所以,为处理委托人指示所支出的费用才是必要费用。在信用卡合同中,以签账单上是否有持卡人的签名为准,如果持卡人对于发卡银行请求偿还垫款有争议时,发卡银行应举证该笔款项是依持卡人指示所为,即应举出持卡人的签名为请求依据;如果发卡银行支出的费用不是依持卡人指示所为,发卡银行对于持卡人并无必要费用偿还请求权,冒用风险原则上须由发卡银行承担。

　　发卡银行具有预防信用卡冒用的专业能力与经济能力,较一般持卡人具有专业素养及训练,并可借保险或其他方式转嫁风险,如与特约商户约定风险分担比例。信用卡交易风险难以避免,唯一能规避与防范此种风险的当事人是特约商户。发卡银行是特约商户的选任人,或为选任特约商户之收单银行的合同相对人,可以控制特约商户之选任、监督及刷卡流程。相对于持卡人而言,发卡银行处于防范风险的优势地位。如果发卡银行不考虑以监督特约商户审查签账单上签名与信用卡上的签名是否相符,或通过保险来分散风险,而将冒用风险以格式化条款的方式强加于持卡人,持卡人在信用卡冒用风险上须承担"无过错责任"。这与民法基本原则"过错责任"有所违背,即属以格式化条款强加于持卡人,属违反平等互惠原则之不合理的危险转嫁,依我国《消费者权益保护法》应为无效条款。

　　依据我国《合同法》第 398 条规定,委托人应当预付处理委托事务的费用。受托人为处理委托事务垫付的必要费用,委托人应当偿还该费用及其利息。该规定含有风险分配之意,即如果无法证明有委托人的指示存在时,受托人所支出的费用就非必要费用,而必须承担无法请求偿还的风险。在信用卡领用合同中,发卡银行向持卡人请求返还代垫签账款时,应向持卡人证明该垫款确是基于持卡人的指示(签名)所为。如果持卡人否认签名的真实性,发卡银行应负举证责任;如果发卡银行不能证明,该垫款就不能认为是处理委任事务的必要费用而不得向持卡人请求偿还;如果发卡银行以格式化条款做与我国《合同法》第 398 条相反的约定,应认为与立法意旨相矛盾而推定无效。②

---

　　① 发卡银行在借记卡交易中无需垫付资金,并可直接从持卡人账户中扣除交易额及银行手续费,因此,不需要请求持卡人偿还必要费用,但在认定是否存在指示这个问题上应适用与信用卡相同的规则。
　　② 陈俐茹:《论信用卡交易制度及其法律关系》,载《比较法研究》2004 年第 5 期。

至于特约商户是发卡银行的履行辅助人,应尽善良管理人的注意义务,以肉眼辨认签账单上签名是否与信用卡上的签名相符。虽然特约商户往往不具有辨认签名是否相符的专业能力,但也不能认为特约商户在无过失时就由持卡人承担风险。信用卡遗失或被盗并不意味着持卡人有过失,如果此时信用卡被他人盗用,显然特约商户是防范冒用风险的最佳当事人。如果盗用者伪造的签名极其逼真,无法用肉眼辨认出来,由此产生的损失应由发卡银行与特约商户协商分担,或转嫁给保险公司,而不应将冒用风险转嫁给持卡人。

四、信用卡发卡银行与特约商户之间法律关系的性质

关于信用卡发卡银行与特约商户之间法律关系的性质,主要有以下几种学说:

(一) 委托代理说

1. 发卡银行为委托人

有的学者主张,特约商户是接受发卡银行的委托而处理有关信用卡业务,因此,特约商户可请求发卡银行偿还必要的费用。但代理人(特约商户)处理信用卡交易事务,不仅无报酬请求权,反而须支付一定比率的签单金额给发卡或收单银行,这与典型代理契约代理人的权利义务不符。所以,很难认定特约商户是接受发卡银行的委托而放弃以现金收款方式与持卡人进行交易。

2. 特约商户是委托人

有的学者主张,信用卡交易是由特约商户将持卡人因刷卡所生的价金或酬金委托发卡银行代为收取,发卡银行向持卡人请求还款时是特约商户的代理人。依据此说,信用卡交易关系中仅有持卡人与特约商户之间的原因关系,发卡银行与收单机构之间的给付关系,而持卡人与发卡银行之间无直接法律关系。但该说无法解释发卡银行愿意在给付特约商户后承担持卡人清偿不能的风险,更难解释发卡银行与持卡人之间关于年费、循环信用、利息等相关问题的约定。此外,如果持卡人向发卡银行主张买卖契约无效或商品有瑕疵,发卡银行势必陷入原因关系所生纠纷之泥潭当中。此与金融机构从事信用卡业务,均不欲介入交易双方之纷争,仅充当交易中非现金支付工具之目的更是大相径庭。①

---

① 还有人认为发卡银行受持卡人和特约商户的委托办理他们之间的转账结算事宜或提供其他服务。

（二）债务承担说

1. 免责的债务承担说

债务承担可分为免责的债务承担与并存的债务承担。免责的债务承担系指发卡银行承担原持卡人对于特约商户所负的价金,而持卡人对于特约商户的债务归于消灭。但在实务中,发卡银行与特约商户之间的合同通常约定,如果特约商户不按合同约定处理信用卡业务,发卡银行无义务支付该笔账款。此时,如果特约商户丧失请求权,原来对持卡人的价金债权又归于消灭,不仅与债务承担的原理有违,对特约商户而言极为不利,而且与特约商户加入信用卡交易之目的有违。

2. 并存的债务承担说

有的学者主张,在信用卡交易中,应由发卡银行加入原来特约商户与持卡人之间的基础法律关系而成为债务人,但持卡人对特约商户的给付义务并不消灭,而构成特约商户就同一债权得分别向发卡银行及持卡人主张。由于持卡人与发卡银行为同一债务的债务人且不可分割,所以属于连带债务。发卡银行可以持卡人得向特约商户主张的抗辩事由对抗特约商户,但如果发卡银行能主张持卡人所有抗辩,信用卡交易所欲达到的"类似现金交易之功能"即荡然无存。而且,在以金融机构所主导的信用卡交易业务中,认定发卡银行与特约商户的给付关系属于并存的债务承担,显属违背金融机构经营信用卡交易业务的功能与作为纯粹支付工具的经济目的。

（三）债权买卖说

债权买卖说系指特约商户与发卡银行以特约商户对持卡人的签账金额为标的成立买卖契约,特约商户为履行债权出卖人的给付义务,将对持卡人所享有的签账单债权让与发卡银行。签账单金额扣除手续费后的余额,即为发卡银行须付给特约商户的债权买卖价格,但如果持卡人与特约商户之间的基础法律关系发生争议时就较难处理。例如,持卡人可能主张买卖契约系受特约商户之诈欺而已向后者主张撤销买卖契约,或信用卡签账买受的商品有瑕疵而主张解除契约并拒付签账款。而且,如果采取债权买卖说,将使特约商户亦须负担信用卡冒用所生之损害。譬如,信用卡被第三人窃走并持之向特约商户消费,因不属持卡人的签账,特约商户就无对持卡人的债权,即无债权可让与发卡银行。此时,特约商户应负权利瑕疵担保责任,发卡银行即可向特约商户主张返还签账款或损害赔偿。

（四）票据转让说

票据转让说,又称票据贴现说,该说认为信用卡交易系由特约商户将以持卡人为出票人的票据权利转让给发卡银行,发卡银行向持卡人请求付款是行使受让的票据权利。与一般债权让与不同,作为票据债务人的持卡人不得以对抗特约商户的抗辩事由对抗发卡银行,但由于我国立法尚不允许自然人发行票据,故票据转让难以成立。

(五) 独立担保说

依据独立担保说,发卡银行对特约商户所负的担保付款义务属于独立于持卡人与特约商户之间基础原因关系的担保付款责任。此担保契约系以一定事由发生,即持卡人依照规定使用信用卡时,发卡银行即应负付款义务,而不问持卡人与特约商户之间的基础原因关系是否成立,或有其他抗辩事由,如买卖之物有瑕疵。一般而言,特约商户受领信用卡为支付工具时,通常希望能达到与受领现金同样的效果。①

本书认为,发卡银行对特约商户的给付义务在解释上应重点考虑信用卡交易的特殊目的,即持卡人利用发卡银行信用而向特约商户交易取得商品、服务的功能。特约商户愿意接受信用卡为支付工具,乃在于信用卡具有代替现金的功能,发卡银行对特约商户之给付义务,即发卡银行本身须担保特约商户如同收受现金一般收取债权。

在信用卡交易中,出卖人在交付标的物之时尚未收取价金,亦即出卖人有先为给付的义务。出卖人(特约商户)所享有的仅有发卡银行所提供的担保,而此担保之目的即在使发卡银行的给付等同于交付现金。发卡银行承办信用卡业务,亦不愿介入持卡人与特约商户之间的争议。此时,只有独立于原因关系始能使发卡银行担当纯粹支付工具的角色,并使特约商户不受原因关系影响,仅凭签账单即取得向发卡银行请求付款的权利。

此外,在信用卡实务中,发卡银行与特约商户之间的合同通常规定,特约商户对销售或提供的商品或劳务应负瑕疵担保责任,如因商品或劳务之品质、数量等发生争议时,发卡银行可拒绝付款。此种抗辩延伸条款似乎与独立担保说不符,但本书认为,发卡银行仅承担持卡人清偿不能的风险,而不承担因持卡人与特约商户有争议而拒绝给付风险。因此,抗辩延伸条款并非与独立担保说不符。

---

① 参见杨淑文著:《新型契约与消费者保护法》,中国政法大学出版社 2002 年版,第 60—89 页。

第二节 电子货币当事人之间的法律关系

一般而言,电子货币法律关系中存在三个基本当事人:电子货币发行商、持有人和特约商户。① 发行商即发行电子货币的机构,发行商可以自己亦可委托其他机构代理销售电子货币;持有人是从发行商处购买电子货币用于支付的人;而特约商户是销售货物或提供服务,接受持有人用电子货币支付的机构。电子货币当事人之间的法律关系涉及电子货币的发行、转让和赎回三个环节。本节拟探讨持有人、电子货币发行商和特约商户三者之间的法律关系,并重点研究电子货币之产生、法律适用、转移时间、终结性、权利异议、伪造电子货币中的权利问题与赎回义务。

一、主要当事人之间的法律关系概述

（一）持有人与电子货币发行商

持有人与发行商是电子货币法律关系中最重要的当事人,他们之间可能存在以下三种关系:买卖关系、存款关系、委任关系。②

1. 买卖关系

持有人欲取得电子货币,必须向发行商通过转账或直接付款支付相应代价。围绕电子货币资金的支付,持有人与发行商之间形成了购买电子货币的合同关系,这一合同关系的主要内容是申请人向发行商支付一定代价,发行商向申请人发行电子货币。一方面,申请人有权自主决定以法定货币或账户存款或债权等作为电子货币资金,还有权在特定情况下要求把电子货币回赎为法定货币;另一方面,发行商对电子货币资金的支付形式也有选择权。

2. 存款关系

电子货币发行商与持有人之间是否存在存款关系,在国际上并没有明

---

① 有关当事人还包括商户开户行、认证机构、通讯服务商等,参见张德芬著:《小额电子资金划拨法研究》,郑州大学出版社 2006 年版,第 37 页。

② 有的学者将发行商与持有人之间的法律关系归纳为:使用电子货币作为支付结算工具的合同关系;以法定货币购买电子货币的合同关系;储蓄存款关系;转账结算关系。参见张德芬:《电子货币交易的法律关系及法律规制》,载《法学》2006 年第 4 期,第 87—88 页。

确一致的看法。美国相关法律和澳大利亚《电子资金划拨行为法》对此并没有提及,而美国联邦存款保险公司1996年指出,存款机构所发行的部分储值卡不构成美国《联邦存款保险法》之下的存款。① 但欧盟《电子货币指令》中有明确的界定:第一,电子货币若在发行机构的账户上形成一个贷方余额,则构成接受存款或其他可偿付资金;第二,鉴于电子货币作为钞票和硬币之替代品,倘若收取的资金立即兑换成电子货币,则电子货币的发行本质上不构成吸纳存款活动,持有人与电子货币发行商之间亦就不会产生存款关系。

3. 委任关系

申请人购买电子货币时与发行商同时达成协议,持有人购买货物或接受服务时,由发行商将相应电子货币转移给卖方或服务提供者,由此构成持有人委托发行商代其结算的委任关系。根据这种合同关系,发行商同意持有人利用其电子货币系统,有义务为持有人提供能够安全运转的电子系统,持有人有义务接受利用该系统技术规则及其运作的最后结果。不过,由于持有人与发行商之间存在买卖关系,持有人获得的电子货币已归其所有,发行商仅代其保管而已。持有人与卖方或服务提供者达成电子货币支付的合意后,实质是要转移电子货币的所有权,要求发行商协助转移并承认卖方或服务提供者为新的所有者。②

(二) 持有人与特约商户

持有人和特约商户之间存在基础的货物买卖或提供服务关系,持有人使用电子货币取得货物或服务,特约商户接受持有人的支付,这实际上是持有人转让对电子货币发行商的债权,也是发行商存储义务的转移。存储义务的转移涉及电子货币之法律适用、转移时间、终结性、权利异议与伪造电子货币的权利问题等。

(三) 电子货币发行商与特约商户

电子货币发行商与特约商户之间的权利义务主要涉及存储义务的赎回,即特约商户出示存储装置中的信息,由发行商支付相应金额,通常是在

---

① Federal Deposit Insurance Corporation General Counsel's Opinion No. 8: Stored Value Cards, 1996, available at http://www.fdic.gov.
② 有学者亦认为账户依存型电子货币存在有偿委托关系及双方就电子货币系统提供与使用而形成的关系。此外,现金型电子货币存在以下合同关系:使用电子货币作为支付结算工具;支付电子货币资金;无因债权债务关系。参见侯向磊:《电子支付法律问题研究》,载武汉大学法学院2003年博士论文,第78—80页。

特约商户账户上记载适当金额,这个过程为支付义务的赎回。此外,一般而言,持有人从发行商处取得电子货币后,亦可以要求发行商赎回,但有的电子货币模式不允许这样做。此时,持有人和发行商也产生相应的权利义务并且基本原理一致。

二、电子货币之产生与法律适用

（一）产生

从发行商的角度来看,电子货币的产生就是其义务的产生。在电子货币交易中,买卖双方通过使用电子货币而试图加以消灭的债务为金钱义务;而存储在电子货币中,当一方使用电子货币时所转让的无形义务为"存储义务"[①],其实质为持有人拥有的针对发行商的债权。以下从义务人的角度阐述电子货币的成立时间和义务人的识别。

1. 存储义务的成立时间

存储义务何时成立,直接关系到发行商何时开始负有赎回电子货币的义务。这种合同关系的成立时间虽然目前没有比较明确的规则,但从总体上来看,可以适用一般的合同成立规则。一般而言,存储义务的成立时间为持有人使用货币交换电子货币的时间,持有人可以使用现金从发行商或其代理人处购买电子货币,或用现金从自动售货机中购买储值卡,亦可通过自动柜员机或网络将本人账户上的资金转移至储值卡中或转移给发行商。关于存储义务成立的时间有两个例外:第一,表见代理。如果发行商的代理人以某种方式销售电子货币,并使持有人相信此人是电子货币发行商的代理人,发行商仍负有赎回义务。第二,技术故障。由于技术上的故障使得持有人没有支付对价而获得电子货币,而发行商亦无法阻止存储义务的转让或向持有人追偿,发行商仍负有赎回义务。因此,存储义务的成立可能与一般合同关系亦有所不同:发行商可能并不一定知悉存储义务的成立,同时亦不一定获得相应对价。

2. 义务人的识别

识别义务人即识别发行电子货币从而负有赎回义务的人具有重要意义。义务人的身份对于持有人衡量电子货币的风险,从而决定是否使用具有决定性意义,但义务人的识别可能并不是一件很容易的事。首先,从电子

---

① 唐应茂著:《电子货币与法律》,法律出版社2002年版,第65—67页。

货币的组织结构来看,一般持有人可能很难知道谁是发行商。例如,在蒙得克斯卡(Mondex)的发行组织结构中,每一个国家有一个发行商在发行,但不是直接向最终持有人而是向成员银行发行,成员银行再发行给最终持有人。从成员银行购买蒙得克斯卡时,持有人可能根本不知道成员银行并不是发行商,可能根本不知道真正的发行商是谁。第二,从推销电子货币的角度考虑,发行商通常会在电子货币,特别是卡类电子货币上印有许多其他组织的名字,比如其他成员银行、技术厂商等,使电子货币具有品牌效应和网络组织结构。通过这种方式促销,持有人更能相信和接受电子货币,这样亦使得持有人很难了解谁是真正的发行商。如果发行商与持有人签订的合同中没有明确披露身份和责任从而出现争议时,法院很可能根据一般的法律原理,比如代理、甚至背书等原则,判定受到损害的持有人可向其中的任何人求偿,理由是在储值卡上印有名字的机构被看做没有披露身份的被代理人,代理人和被代理人应承担连带责任,除非代理人能够证明持有人知道其是为他人利益而订立合同。

(二) 法律适用

电子货币流通中的关键阶段是电子货币从一人之手转入另一人之手,特别是从持有人手中转入特约商户手中。由于转让发生在电子货币系统内,转让比发行或赎回会产生更为复杂的问题。下文以美国为例分析探讨现行支付法律及银行券法律的可适用性问题。

1. 现行支付法律之适用性

美国《统一商法典》第 3 编适用于传统支付工具如支票、汇票和本票,其适用范围取决于流通票据定义。流通票据指经发票人签名并支付固定金额的无条件书面允诺或命令,而允诺或命令不受任何其他协议的影响,但允许存在某些有限例外。第 3 编适用于经过签名的书面支付工具,这将货币价值的电子表现形式如电子货币排除在外。美国《统一商法典》第 4 编适用于通过银行系统托收支票和其他支付工具,而第 4 编的适用范围取决于支付工具定义。尽管支付工具一词比第 3 编中的流通票据概念要广泛些,但最自然的解释表明第 4 编仅适用于纸质支付工具。[①] 因此,第 4 编难以自动适用于电子货币的转让。

美国《统一商法典》第 4A 编为"批发性电子资金划拨"建立了一套综合

---

① 美国《统一商法典》第 4-104 条第 1 款第 9 项规定,支付工具指通过银行托收或付款而支付一定金额的工具或允诺或命令。

性的商法制度,第 4A 编的适用范围主要取决于"支付命令",而第 4A-103 条第 1 款第 1 项规定为:(1) 发送方向接受银行发出指令;(2) 指令以口头、电子或书面方式传递;(3) 向受益人支付或使另一家银行支付一笔固定金额或可确定金额的命令;(4) 除支付时间外,向受益人传递的支付命令并无其他条件;(5) 根据有关安排,接受银行将通过借记发送方账户或以其他方式获得补偿;(6) 支付命令由发送方直接送达给接受银行,或通过代理人、资金划拨系统或通讯系统向接受银行传递。第 1 个和第 6 个条件将第 4A 编的适用范围限制在通过银行系统划拨的资金上。尽管第 4A 编事实上可适用于资金从个人流向银行,必要时从一家银行流向另一家银行及从银行流向另一个人的任何支付安排,但资金流向与电子货币资金流向不一。电子货币资金的流向是从银行系统到付款人,然后直接流向受款人,再流向银行系统之外的另一个人或流回银行系统。因此,转让电子货币不符合第 4A 编支付命令定义,因为电子货币的转让全部发生在银行系统之外而不是向银行发送指令而转让。

美国《电子资金划拨法》及美联储 E 条例规定了消费者在使用电子手段从银行账户中划入或划出资金时所享有的权利。美联储 E 条例针对的典型交易包括自动柜员机交易、借记卡在销售点的使用及直接存入工资或其他资金。如果消费者使用电子手段从银行账户中划出资金来购买电子货币,美联储 E 条例适用于电子货币的发行,但是,美联储 E 条例不适用于电子货币的转让。

美联储 E 条例适用于授权金融机构借记或贷记消费者账户的任何电子资金划拨。电子资金划拨指通过电子终端、电话、计算机或磁带以命令、指示或授权金融机构借记或贷记账户的任何资金划拨。只有在以电子货币形式存储的价值本身构成"账户"以便消费者在转移电子货币时能借记账户,将电子货币转移给另一人以完成支付的交易才有可能属于电子资金划拨。"账户"或"存款账户"概念在是否适用银行业和支付系统的众多监管规定和商法制度中起着关键性作用。例如,美国联邦存款保险公司或类似保险制度是否包括某些银行债务通常与存款账户概念紧密相关。因此,美联储 E 条例仅适用于导致消费者账户被借记或贷记的支付系统。

从账户一词的日常含义及在支付法律中的特定用法来看,将某种安排归类为"存款"至少应满足两个条件:首先,从词源学上看,账户一词是在"计算"意义上使用,因此可以认为,除非金融机构有办法计算,否则不可能构成账户,即银行债务数量取决于银行记录;其次,正如支付法律中的含义一样,存款账户即意味着所涉银行债务总是与某一当事人联系在一起。因此,存款账户一词即意味着银行本身记录就足以确定每一客户的存款金额。

甚至存款账户的最低要求亦将电子货币排除在外,电子货币的主要特征是允许持有人通过银行系统之外的途径转移货币价值。即使发行银行要求持有人披露身份,这仅意味着银行记录能辨认出电子货币最初持有者的身份。银行没有办法了解到电子货币将转让给何人,因此,银行不可能实时辨别出电子货币持有人的身份。因而,从会计角度而言,银行发行的所有电子货币未偿余额体现在银行账簿上是一些未确定持有人身份的债务。

使用存款账户的支付系统不仅让银行有能力确定对所有客户的负债总额,而且还有能力确定每一客户的存款金额。例如,美国联邦存款保险公司只对每个账户承保一定金额而不承保所有存款。但如果电子货币能够成为承保对象,美国联邦存款保险公司就没有办法事先确定潜在责任,因为无法确定每一名持有人所持电子货币金额。美联储E条例只适用于旨在为个人或家庭提供服务的"账户"。电子货币可在持有人之间自由转移,部分持有人旨在为个人或家庭提供服务,而其他人具有商业目的,然而,发行银行无法区分特定电子货币是持有人还是特约商户持有。因此,美联储E条例不适用于电子货币的转让。

2. 银行券法律之适用性及其主要内容

现代支付法律无法适用于电子货币通常意味着,如果电子货币发生纠纷,法院将面临一个全新的问题,然而,该结论忽略了一个早已确立的法律体系,即银行券流通法律。电子货币系统的实质是发行商承诺向最初的持有者或转让后的任何人支付一定金额,就发行商和持有人而言,关键之处在于电子货币是一种交易媒介。电子货币系统的主要特征是发行商对受让电子货币的任何人负有支付义务,因此无需通过银行系统结算,受让人就能成为新的电子货币持有者而转让人不再拥有任何权利。

这种机制并无创新之处,原因在于电子货币系统的主要特征与19世纪上半叶美国已确立的支付系统,即银行券流通系统十分相似。唯一的区别在于银行券采用书面形式,而电子货币采用电子形式。不太清楚的问题是,交易媒介不同为什么会导致法律适用不一,或者交易媒介的差异为什么意味着早已存在的银行券流通法律不能适用而要为电子货币制订一套新法。毕竟英美私法制度建立在先例之上,在这种制度中,银行券流通法律比较古老但并不足以认定与现代交易无关。因此,为电子货币设计提供服务的律师及裁判电子货币争议的法官不能忽略早已确立的支付法律,特别是19世纪确立的银行券流通法律。

在英国,银行券适用票据法一般规定,但在美国,特别是在19世纪30年代和40年代,大量案例探讨了破产银行的银行券偿还债务是否有效这一问题。此时,法院需要决定普通票据规则是否适用或旨在作为钞票流通的银行券是否需要特别规则。

关于该问题,经常被援用的案例之一是1834年纽约州安大略银行诉莱特伯迪(Lightbody)案。如果适用普通票据法,案件很简单,安大略银行因莱特伯迪开立账户并存入款项而欠后者一笔钱。安大略银行以富兰克林银行券抵债,但富兰克林银行券价值远远低于面值。依据沃德诉伊文斯案(Ward v. Evans)判决,安大略银行试图转让富兰克林银行券来偿还"已发生债务"(precedent debts),因此在富兰克林银行倒闭时安大略银行仍需对原债务承担责任。

然而,纽约州法院并未据此判案,法院考察了旨在作为货币流通的银行券偿还债务的商业惯例。显然,正如交易当事人可以明确地将任何东西作为支付手段一样,整个社区亦可以通过商业惯例将转让银行券作为支付手段而偿还同时发生债务和已发生债务。尽管安大略银行案所采用的方法将产生一个简单规则,即转让银行券将清偿任何债务,但纽约州法院的分析更为复杂。法院认为,一旦银行破产,银行券不再是货币的等价物,即使双方未意识到在银行券转让时银行已破产亦然。人们认为安大略银行案所采用的方法是合适的,因为如果采用相反规则将鼓励不诚实行为,即银行券持有者很可能在银行倒闭之前将其转让出去。

但是,安大略银行案所采用的方法并未得到普遍遵守;相反,有些法院将票据法的一般规则适用于银行券,采用该方法最有名的案例是科比特(Corbit)诉斯麦那(Smyrna)银行案。特拉华州法院明确拒绝安大略银行案所采用的方法,并裁定应将银行券与任何其他支付工具一视同仁。因此,转让银行券将清偿同时发生的债务,但不能清偿已发生的债务。

科比特案所采用的方法确保了破产银行所带来的损失由接受银行券的当事人承担,不管接受行为发生在银行倒闭之前或之后均是如此。科比特案产生的另一后果是,转让银行券不构成已发生债务的最终清偿,然而,转让破产银行的银行券以清偿已发生债务的问题很可能在19世纪上半叶的案例法中能找到相关规则。据此,转让银行券将产生最终清偿已发生债务或同时发生债务的效力,无论银行券转让行为发生在银行破产之前还是之后均是如此。转让银行券具有最终清偿效力的代表性案例有两个,这两个案例于同一年即 1835 年作出裁判,一个是田纳西州的斯库格斯(Scruggs)诉盖斯(Gass)案,另一个是阿拉巴马州的罗瑞(Lowery)诉马瑞尔(Murrel)案。

在田纳西州案件中,盖斯于 1832 年早些时候从斯库格斯手中购得一批货物。当年 9 月,盖斯用梅肯(Macon)银行券清偿该笔债务,双方均不知道梅肯银行已于 7 月倒闭。考虑到这些特定事实,依据安大略银行案或者科比特案所采用的方法,卖方均会败诉,然而,田纳西州最高法院裁定债务已清偿。法院认为,适用于伪造银行券的规则不应适用于破产银行的银行券,并将该案当成交易已完成但一方后来反悔的简单案件,而且,法院注意到允许卖方追偿可能会产生难以解决的实际困难,因为一般认为银行券价值会随着银行声誉的变化而不断波动。阿拉巴马州法院在罗瑞诉马瑞尔案中的裁判理由几乎与盖斯案相同。罗瑞欠马瑞尔一笔钱并以一家佐治亚州银行的银行券清偿债务,但后来发现发钞银行已破产。阿拉巴马州法院认定,接受银行券的卖方或其他债权人承担银行破产风险,这和买方承担所购货物价值风险并无二致。

1841 年,宾夕法尼亚州最高法院在伯纳德(Bayard)诉夏克(Shunk)案中碰到同样的问题,但不赞成纽约州在安大略案中所采用的方法。法院注意到田纳西州法院在斯库格斯案中所得出的结论正好与纽约州规则相反,并援引了马塞诸塞州法官在一个著名判例中所发表的附论。宾夕法尼亚州法院在很大程度上还参照了曼斯菲尔德勋爵(Lord Mansfield)于 1758 年在米勒(Miller)诉赖斯(Race)案中发表的著名附论。在米勒案中,法院不同意将动产的真正所有者可向任何人包括窃贼追偿的一般规则适用于英格兰银行券。审理伯纳德案的法院强调,米勒诉赖斯案的重要意义在于适用于动产的一般规则不应适用于作为货币表现形式的银行券。因此,宾夕法尼亚州法院认为,沃德诉伊文斯案中的流通票据规则或安大略银行案区分银行券在银行倒闭之前还是之后转让的做法均不符合商业现实,因为银行券通常是作为一种支付媒介而转让。最后,法院判决债务已合法清偿完毕。①

---

① James Rogers, The New Old Law of Electronic Money, 58 *SMU Law Review*(2005), pp.1253—1264.

三、电子货币之转移时间与终结性

(一) 转移时间

电子货币转移完成时间对于损失风险的承担和持有人的金钱义务是否解除具有重要意义,电子货币从持有人处转移给特约商户后,双方之间有关支付部分的权利义务就履行完毕。确定电子货币转移的完成时间有以下两种规则:

1. 客观规则

电子货币转移完成时间是持有人转移行为发生时间,这种规则类似于英美法中订立合同的投邮规则。客观规则强调行为人的转移行为,在实践中表现为持有人完成一系列简单的步骤:持有人将储值卡插入特约商户的销售终端,或用卡在特定的机器上扫描,卡上的电子货币就转移至特约商户的机器中。也可能是在计算机上敲几个键或者点几下鼠标,计算机上的电子货币就通过网络转移至特约商户的计算机上。除这些简单步骤外,为进一步增加安全性,还可能涉及键入密码、使用加密技术和数字签名认证身份等程序。完成这些程序之后,电子货币就被认为已完成转移。

2. 主观规则

电子货币转移完成时间为特约商户收到资金的时间,主观规则强调特约商户的计算机必须要认可对方转移的电子货币,转移才算完成。电子资金划拨采用主观规则,比如调整大额电子资金划拨的美国《统一商法典》4A-104条规定,受益人银行接到划拨的资金时,划拨被认为完成。英国没有专门调整大额电子资金划拨的法律,有关的案例和规则表明:在银行之间的电子资金划拨中,受款人银行收到付款人银行的支付指令,并决定无条件向受款人账户增加相关金额时,资金划拨被认为已完成。[①]

主观规则和客观规则在消费领域可能并没有多大的区别,持有人在使用电子货币时,资金通过电子网络瞬间就可以到达对方,两种规则的区分看起来可能并没有多大的意义。但考虑到电子货币的技术特性,货币传输过程中如果出现故障,可能会出现持有人的储值卡或计算机上显示资金已划拨,而特约商户的终端却没有显示收到相应金额。这种情况在使用以计算机为基础的电子货币,或使用储值卡并透过互联网从事远程交易时就会显

---

① 唐应茂著:《电子货币与法律》,法律出版社2002年版,第72—73页。

得比较突出,此时,适用哪一种规则直接关系到双方责任的分担。比较而言,主观规则更为合理,今后的立法也很可能采用主观规则,或法院裁判时亦很可能采用主观规则。

(二) 电子货币之终结性(finality)

终结性是支付工具经常遇到的问题,它通常指当事人使用的工具因为某些原因不能支付时,持有人是否会被追偿。如果某种支付工具具有终结性,那么持有人的支付义务就解除,不会再被追偿;如果不具有终结性,持有人的支付义务就没有解除,支付只能被看做是"有条件"的,可能会被追偿并重新支付。

在现金交易中,现金具有终结性。在银行本票交易中,银行本票同现金一样具有终结性。如果银行破产,收取本票的特约商户只能对破产银行享有债权,如果债权不能满足,只能自己承担损失。但是,支票不具有终结性,支票本身只是出票人要求银行或其他机构无条件支付的指令,这只是指令,并不构成付款银行的义务,即卖方虽然接受支票,但卖方对支票上写明的付款银行没有合法请求权。信用卡和借记卡交易具有终结性。在信用卡交易中,通常需要发卡银行的授权,如果银行对交易授权,卖方接受了买方签名的销售单据,双方的金钱义务也就此解除,卖方对发行信用卡的银行享有请求权。借记卡交易时,通常输入密码经过确认后,交易瞬间就完成。在美国,这两种卡都具有终结性,一旦卖方接受了信用卡和借记卡,买方的支付义务就完成,卖方只对发卡银行享有债权。

如果将电子货币同现金类比,两者最大的区别就在于电子货币是私人机构而不是中央银行发行的支付工具,不是一种法定偿付手段。电子货币同支票亦有区别,支票是出票人指示银行支付一定金额的指令,它不是支票上注明的付款银行的义务,而电子货币是发行商作出的在请求赎回时支付的承诺,这是发行商的义务。信用卡本身同电子货币之间在交易流程上存在很大差异,电子货币交易瞬间就完成,而信用卡的最后结算却往往需要很长一段时间。借记卡虽然同电子货币一样瞬间即可完成交易,但借记卡只是通过电子手段指令银行从持有人账户上扣除相应的金额,交易时本身不涉及货币的转移。同电子货币特点最为相近的是本票,因为电子货币从特性来看是替代现金的支付工具,但同时又由私人机构发行,这两个特点同本票都非常类似。因此,本票的终结性规则应适用于电子货币交易,电子货币转移完成的后果是持有人的金钱义务终止,即持有人和特约商户之间的义务解除。如果出现意外情况,如发行商在此期间破产,特约商户只能承担由此造成的损失,而不能再向持有人追索。

上述分析表明,电子货币具有终结性,但在缺乏明确的立法规定时,一般倾向于由电子货币发行商通过合同来规定。也不能排除有的交易规则规定电子货币不具有终结性,这要求电子货币具有追踪的能力,像支票一样,能够追索前手,这样的电子货币系统必然有中央数据库记录交易,同时,每一次使用的电子货币都能同持有人对上号。从技术上来看,这是可能的,但这种电子货币本身已失去了许多货币应具有的特性,特别是匿名性,不能算作真正意义上的电子货币。①

如果适用19世纪银行券法律,电子货币是否具有终结性就可以看得更清晰。假设当事人以电子货币清偿债务,但后来发现发行商已倒闭,并由此产生争议,21世纪的法院该如何处理这种案件? 在基础交易债权人对债务人提起的诉讼中,债务人可能以电子货币工具的转让构成基础债务的履行为由进行抗辩。法院难以认为这是一个全新的问题,相反,电子货币案件中的问题与许多19世纪案件中的问题相同,这些案件涉及在第三方已破产时转让其发行的银行券是否构成基础债务的履行。值得注意的是,权利异议规则很简单,但19世纪有关银行券转让是否构成债务清偿的规则相当复杂。

在电子货币转让是否构成基础债务的清偿这一问题上,法院可以采用的方法之一是区分已发生债务和同时发生债务。特拉华州法院在科比特案中就采用该方法,即将票据法的一般规则适用于银行券,该方法能合理解决使用电子货币所产生的许多问题。就电子货币系统作为普通零售交易的支付工具而言,电子货币通常在提供货物或服务的同时转移。此时,电子货币转移即可推定为基础债务清偿完毕,当然,这需要区分已发生债务和同时发生债务,并判断何种证据可推翻推定而证明电子货币转移构成已发生债务履行完毕。

然而,特拉华州在科比特案中所作判决仅代表了少数人的观点,即无需为银行券建立特别规则。正如以上所述,19世纪的大多数法院认为银行券需要特别规则。纽约州银行在安大略案中所采用的方法是,转让破产银行的银行券构成债务的有效清偿,但在银行已破产之后再转让银行券则不能

---

① 唐应茂著:《电子货币与法律》,法律出版社2002年版,第74—76页。

构成债务的有效清偿,然而,要认定银行券转移发生在银行破产之前还是之后面临重大困难。其他州,包括田纳西州、阿拉巴马州和宾夕法尼亚州采用更简单也可能是更合理的方法,即不管是同时发生债务还是已发生债务,也不管银行券转移发生在银行破产之前还是之后,转移银行券即意味着基础债务的履行。

19世纪上半叶的所有案件有一个明显特征,即为银行券建立特别规则的理由与现代法律中的银行票据特别规则存在理由完全不同。美国《统一商法典》第3编规定,转让银行承担责任的票据即意味着基础债务的履行,人们通常将该规定的理由"解释"为银行破产不太可能。在19世纪上半叶,这种看法是荒谬的,因为银行破产极其普遍,因此,19世纪上半叶的案例为银行票据是否及为何需要特别规则提供了一个理由更为充分的解释。事实上,美国各州都认为需要特别规则,并一致认为建立特别规则的理由不是银行破产不太可能而是银行券被当成了一种普遍使用的支付媒介。

也许探寻当事人意图能统一解释19世纪案例中所采用的各种方法。19世纪案例采用的所有方法至少从理论上来说不过是在无证据表明当事人意图时建立的违约规则,然而,一般规则对于如何依据当事人意图来判案并未提供多少指导。在无其他证据的情况下,重要的问题是哪些交易特征表明双方"意在"将银行票据的转让视为最终支付。

在这个问题上,可以考察19世纪纽约州法院的两个判决,即托贝(Tobey)诉巴贝尔(Barber)案和霍尔(Hall)诉史蒂文斯(Stevens)案。在1809年判决的托贝案中,有人出租一家农场,而承租人试图以转让部分收费公路公司股票和第三方票据来偿付租金。在承租人转让的票据无法兑付时,出租人起诉要求支付未付租金。法院适用了沃德诉伊文斯案所确立的规则,并认定票据转让并不构成已发生债务的最终清偿。尽管法院试图将判决建立在双方的意图之上,但商业环境可能更为重要。在托贝案中,承租人试图转让一些东西的所有权来偿付租金,这在今天看来很奇怪。为什么承租人采用如此古怪的方式而不是使用通常视为交易媒介的工具?答案在于当时并无"通行"的交易媒介。在现代银行业务发展之前,债务人提供如此古怪的方式来偿付债务根本不罕见,债权人除了接受之外别无选择。考虑到缺乏现实的选择机会,不难理解为什么会产生转让各种物品只能视为付款尝试而不是付款本身。

在霍尔案中,一个农场主卖牛得到了一张无法兑现的银行汇票。农场主特别问到买方的付款方式,在讨论能否以现金付款后,卖方最终接受了一张买方不是当事人的银行汇票。从案例报告中可以看出农场主同意接受银行汇票,并表示"我想你无法获得现金",这是问题的关键所在。农场主不太愿意接受汇票显然是因为意识到银行存在破产风险,而如果坚持现金付款,则无需承担该风险。另一方面,农场主很可能意识到坚持用现金支付可能延误交易,甚至可能导致买方拒绝该笔交易。农场主选择了银行汇票,但现在后悔了。

现在考察电子货币作为21世纪的交易媒介或清偿已发生债务的情况。卖方或债权人可以接受的支付形式有多种,如现金、支票、信用卡、借记卡、电子资金划拨或其他形式,每一种支付形式的方便程度、费用和风险均不同。如果卖方或债权人接受电子货币,是否意味着选择了电子货币?这种情况与霍尔案中农场主选择接受银行汇票一致,但与托贝案中债务人转让各种物品以清偿债务有所不同。卖方或债权人接受电子货币是因为方便或商业上具有合理性,并因此未坚持使用其他支付方式。考虑到这种情况,完全有必要将19世纪案例中的法律规则适用于电子货币,即如果选择电子货币作为交易媒介,必须承担发行商破产的风险;如果不愿意承担该风险,应坚持使用其他支付方式。①

四、权利异议与伪造电子货币中的问题

(一) 电子货币之权利异议

假设在某一阶段,电子货币未经权利人同意就转让给了另一个人,最简单的情况是恶作剧者掌握了转移电子货币的工具并将盗来的电子货币转让给他人,更为复杂的情况是因欺诈、错误或其他原因而转让电子货币。因此,转让人可能要求撤销交易并追回电子货币。还有,权利人可能自愿转让电子货币,但他人在转让人持有电子货币时获得了质权或其他利益,并试图向受让人主张这些权利。此时,有人可能对受让人持有的电子货币提出异议,如果异议成立,电子货币作为货币的一种形式可能会受到严重损害。

如果受让人接受电子货币时支付了对价且不知道存在权利争议,权利人提出异议肯定会失败,除非能够证明受让人持有的电子货币与转让人先前持有的电子货币是"同一货币"。权利人仅提出以下论点是不够的:要不

---

① James Rogers, The New Old Law of Electronic Money, 58 *SMU Law Review*(2005), pp. 1270—1281.

是他人转让电子货币,受让人不会持有电子货币。权利人必须成功地证明其电子货币与受让人持有的电子货币具有"同一性",这一点非常难以证明。即使权利人成功地证明某人持有的电子货币就是其先前拥有的电子货币,普通法规则认为不得向支付了对价且不知情的受让人提出异议,权威案例是1758年英国王座法庭判决的米勒诉赖斯案。

在米勒案中,英格兰银行券在邮寄过程中被盗并转让给一个支付了对价且不知道此情况的人。当受让人提示并要求付款时,英格兰银行拒绝付款且未将银行券归还给受让人。受让人提起了诉讼,而根据王座法庭的意见,受让人获得了完全所有权。米勒案认为,如果真实货币被盗并转让给一个支付了对价且不知情的人,遗失货币的人无法追回。关于这一规则,没有人会提出异议,英国和美国在随后的判决中均遵守该规则。英国通过票据法时,米勒案所确立的规则不仅适用于银行券,而且还适用于所有流通票据,该规则还适用于其他形式的财产,例如虽然不是交易媒介但经常在匿名市场交易的投资证券。

假设法院需要裁判他人对电子货币权利提出异议的案件,这种案件很可能会援引米勒案,因为是否可以援用该案不取决于票据形式,而取决于在商业惯例上是否可以作为交易媒介并适用货币转让规则这一事实。显然,发行电子货币旨在作为交易媒介使用且可以适用货币转让规则。就此,米勒案可适用于电子货币被盗并转让给一个支付了对价且不知情的人。相信没有任何法院如此大胆以至于要推翻250年前确立的先例,至于电子货币与纸质票据不同而适用法律亦不同的观点并无说服力。

(二) 伪造电子货币中的权利问题

电子货币可能被伪造,例如持有人可能增加电子货币面值或转让复制的假电子货币并保留真电子货币。这些似乎是新技术带来的新问题,但19世纪的银行券亦经常被伪造。今天,纸币由政府机构垄断发行,纸币形式众所周知,而政府为使货币难以伪造付出了很大努力。与此相反,在19世纪,数量众多的银行和其他商业企业都可发行作为交易媒介的流通券,而各种流通券的形式及反伪造措施均有差异。接受银行券付款的当事人可能以前从未看到过该银行发行的银行券,因而难以判断真伪。

从19世纪初开始,美国法院判决了无数涉及伪造银行券的案件。基本规则早已确立,即使用伪造银行券不构成有效付款,该规则得到了各级法院的普遍遵守,然而,正如使用破产银行的真实银行券一样,伪造银行券规则亦不能不考虑接受者的行为后果。例如,在1825年宾夕法尼亚州判决的雷蒙德(Raymond)诉芭拉(Baar)案中,店员接受了一张银行券。两周后,店主第一次看到这张银行券并认定为伪造银行券,然而,直到6个月以后,店主才向转让伪造银行券的当事人主张权利并提起诉讼。宾夕法尼亚州法院毫不迟疑地认定,延误导致接受伪造银行券的当事人无法享受一般规则所带来的利益。在19世纪,有无数案件是因接受伪造银行券的当事人未能及时对转让人提起诉讼程序而丧失权利。

除未能及时对转让人提起诉讼外,接受伪造银行券的当事人亦可能因疏忽未能在转让时发现伪造而丧失权利。疏忽包括两个方面:一方面是未能发现一文不值的银行券;另一方面是未能及时向转让人提出。如果接受伪造银行券的当事人未能在转让时尽到合理注意,从而亦未发现伪造情形,就不能追偿。如果伪造银行券正好转让给发行银行而后者未发现,所有法院均判决银行不得追偿。例如,在格劳克斯特(Gloucester)银行诉沙隆(Salem)银行案中,沙隆银行持有格劳克斯特银行发行的银行券8500美元,沙隆银行在营业时间后将银行券交给了格劳克斯特银行。第二天,格劳克斯特将银行券放在一边并保管起来;大约两周后,格劳克斯特银行发现其中有大量伪造银行券。格劳克斯特银行在诉讼中败诉,原因是尽管格劳克斯特银行可能需要花费一二天时间来验证这些银行券的真伪,但两周之后才发现自己发行的银行券系伪造,这种迟延导致无法追偿。

美国联邦最高法院在美洲银行诉佐治亚银行案中遇到了类似问题,美洲银行向佐治亚银行提交了后者发行的银行券,并被贷记在银行之间的往来账户上。佐治亚银行后来发现银行券遭到故意窜改,5美元变成了50美元而10美元变成了100美元。美洲银行就此提起诉讼,要求追偿更改之后的差额,美国联邦最高法院判决美洲银行胜诉。斯托雷(Story)法官撰写的法院意见认为,该问题不是转让伪造银行券而产生的一般债务问题,而是银行在接受本身发行的银行券后才发现窜改是否可以追偿差额的问题。尽管佐治亚银行接受银行券的时间和发现窜改的时间相差几个星期,但法院认为重要的事实不是接受银行券后很久才发现窜改,而是银行本身未能在提交银行券时发现窜改。斯托雷法官指出,银行接受自身发行的银行券应在接受时发现伪造等情形,因为银行拥有辨别真伪的手段。如果不使用这些手段,银行显然违反公众有权要求履行的义务。

如果电子货币系统适用19世纪伪造银行券规则,伪造风险似乎先由接受电子货币的当事人承担,然而,伪造银行券案件中发展起来的勤勉规则导致实际结果正好相反。首先考察电子货币的最终阶段,即提示并要求发行商以其他货币形式赎回的阶段,假设发行商赎回电子货币后才发现伪造,发行商能否追偿错误赎回的伪造电子货币?格劳克斯特银行案和美洲银行案中的判决似乎具有决定性作用,在这些案件中,法院认定银行未能在接受本身发行的银行券时发现伪造就不能追偿。与19世纪发行银行券相比,电子货币发行商还要保证其系统采用足够的安全措施,如果安全措施不充分导致发行银行赎回伪造的电子货币,根据格劳克斯特银行案和美洲银行案的判决,发行银行不得追偿。

其次,另一个重要阶段是电子货币的转让。如果以电子货币清偿债务,但后来发现电子货币系伪造,受让人能否追偿?正如以上所述,有关规则认为转让伪造银行券和货币不构成债务的有效清偿,然而,如果受让人在接受电子货币时未能尽合理注意或未及时向转让人报告伪造情形,受让人无权依据基础交易提起诉讼。关键问题在于如何界定勤勉行为,电子货币系统中所使用的安全措施可能提供了答案。事实上,每一种电子货币系统均采取了一些安全措施,并能判断真伪,因此,受让人只有在发行商采取足够的安全措施时才会接受电子货币。应当注意的是,在现代社会中,当事人可从众多支付形式中选择一种,如果当事人选择电子货币,并在电子货币系统采取足够的安全措施后接受电子货币支付,有关伪造银行券判例规则中的勤勉原则禁止事后主张电子货币系伪造。[①]

五、电子货币之赎回义务

(一) 赎回义务之确立

欧盟中央银行于1998年发表《电子货币报告》,并认为电子货币的可赎回性是最低要求。在持有人提出要求时,发行商负有以中央银行货币平价赎回电子货币的法律义务,如果发行商只有义务赎回零售商而拒绝赎回客户持有的电子货币,在发行商出现财务问题时,零售商只会接受折扣后的电子货币。此时,私人货币的交易媒介功能和价值储藏功能与公众要求货币具有的计价标准功能出现背离,而且,如果电子货币不与中央银行货币紧密相连,发行商可能会无限制地发行电子货币,这将产生通货膨胀的压力。因

---

① James Rogers, The New Old Law of Electronic Money, 58 *SMU Law Review* (2005), pp. 1290—1311.

此，必须从法律上要求电子货币以平价赎回，这有助于确保由私人提供货币（包括电子货币）所带来的经济效率不会阻碍货币计价标准功能产生的外部效应①，而合适的投资政策有利于确保赎回义务的履行并确立发行商的信誉。②

2000年，欧盟通过《电子货币指令》，指令序言强调有必要确立电子货币赎回义务，这有助于增加持有人的信心。可赎回性本身并不意味着发行电子货币所获得的资金应视为存款，赎回应理解为平价赎回。指令第3条规定，电子货币持有人可以在有效期内要求发行商以硬币和钞票或银行转账方式平价赎回，而且除收取赎回成本外不得收费。电子货币发行商和持有人之间的合同应清楚地规定赎回条件，还可以规定最低赎回额，但不得超过10欧元。③

澳大利亚《电子资金划拨行为法》第15条亦规定了储值卡的赎回问题。储值卡消费者有权要求发行商承认储值卡中的价值并予以赎回，但可收取合理费用，消费者可以选择下列两种赎回方式：如果存储价值以实际货币单位计价，应向消费者支付等值的实际货币；或将与存储价值等值的金额记入发行商向消费者提供的可用于同一用途的其他储值卡。当储值卡价值不能再用于支付时，只要发行商可利用自有设备确定储值卡价值，消费者就可以要求赎回，但赎回权应在不能使用之日起的特定期限内（不得少于12个月）行使。如果储值卡发行商能够证明：（1）该存储价值并不是由经授权的系统参与者制造；（2）该存储价值的复制品此前已被赎回过；或（3）消费者要求赎回存储价值并非出于善意，储值卡发行商可拒绝赎回。此外，储值卡发行商还可规定赎回方式，并且可以特别规定当存储价值系统由于安全原因暂停或终止时，消费者必须在得知该系统暂停或终止后的合理期限内行使赎回权。

立法规定电子货币的可赎回性，主要原因有以下几个方面：其一，维护中央银行的货币政策。电子货币的发行由于具有民间性质，因而对货币政

---

① 应具体规定赎回细节，例如，为避免繁琐的程序，在电子货币持有人提出赎回要求之前，发行商可以考虑制定收费规则或设置最低赎回额。此外，允许以银行存款方式赎回可以克服某些具体困难。
② Report on Electronic Money, 1998, available at http://www.ecb.int.
③ Directive 2000/46/EC of the European Parliament and of the Council of 18 September 2000 on the Taking up, Pursuit of and Prudential Supervision of the Business of Electronic Money Institutions, available at http://www.eu.int.

策可能会造成一定的影响,对货币政策目标的实现存在潜在的威胁,法律强制电子货币发行商对持有人承担等额货币的赎回义务,就使私人发行的电子货币成为等额的中央银行货币的替代品,从而有利于减少电子货币对货币政策目标的影响。其二,维护货币充当经济交易价值尺度的功能。立法规定电子货币所标明的金额与货币具有等值的关系,就使法定货币作为价值的标准具有统一性。其三,保护消费者的权益。由于电子货币不是法定货币,因而不具有法偿性,电子货币发行取决于发行商和一定范围内的持有人之间的合同安排,对约定范围外的使用者而言,电子货币不具有偿付功能和流通性,故可以拒收。但规定电子货币的可赎回性,就可以使电子货币的最终取得者向发行商兑换成等额的法定货币,从而确保了电子货币的支付功能,增强消费者对电子货币及整个支付系统的信心。[1]

英国金融服务局于 2001 年发表题为《电子货币发行商之监管》的咨询文件,该文件指出,欧盟《电子货币指令》赋予合法持有人要求发行商平价赎回的权利。赎回权有助于增加持有人对电子货币的信心,发行商在收到请求后 3 个营业日内完成赎回程序,赎回最低限额为 10 欧元或等值的其他货币,低于 10 欧元时电子货币发行商有权拒绝。电子货币发行商必须确保任何享有赎回权的人在行使权利时不存在不合理的困难。[2]

2002 年,英国金融服务局又公布上述咨询文件之反馈意见,在该意见中,有人认为在 3 个营业日内完成赎回程序使得电子资金划拨难以按期完成,而 5 个营业日可能更为现实。赎回可能因以下情形而出现延迟:合理的结算周期的延迟;因实行风险管理及其他操作与防止欺诈检查而导致的延迟;或有理由相信发生犯罪活动并从事调查而产生的延迟。还有人认为,坚持以标明电子货币价值的实际货币赎回过于严格,如果以当地货币赎回更有效率,应允许顾客提出此种要求,所以,英国金融服务局的规则已超越欧盟《电子货币指令》的规定。因此,英国金融服务局应删除该规则或者加上"或以持有人提出请求时所在地货币赎回",而为防止欺诈性赎回,电子货币发行商应建立核查机制。

英国金融服务局认为,持有人应有权要求发行商以标明电子货币价值的实际货币赎回,还应有权要求发行商立即以钞票和硬币或传统银行转账方式赎回。"立即"指完成必要的核查程序以防止洗钱或欺诈后,或在证实

---

[1] 张德芬:《电子货币交易的法律关系及法律规制》,载《法学》2006 年第 4 期,第 90 页。
[2] The Regulation of Electronic Money Issuers, 2001, available at http://www.fsa.gov.uk.

电子货币持有人拥有赎回权后,发行商尽快发出支付指令。英国金融服务局建议修正相关规则,要求发行商在发出支付指令后5个而不是3个营业日内将资金划入电子货币持有人账户,除非出现发行商无法控制的情形。

然而,规则并不要求发行商以持有人不愿意接受的方式赎回电子货币,因此,如果持有人希望以不同货币赎回,在发行商也愿意时可以不同货币赎回。与此同时,持有人亦可要求电子货币发行商以钞票或硬币或传统银行转账之外的方式赎回,这也意味着发行商可允许持有人在自动柜员机上以标明价值的实际货币之外的其他货币购买电子货币。如果款项未到达客户账户的原因在于资金划拨中第三方行为所致,而且电子货币发行商无法控制其行为,不能认定发行商有过错。赎回义务亦有例外:如果发行商已发送适当的通知,告知持有人电子货币在某一期间后不再有效,则无赎回义务。英国金融服务局已在相关规则中加入一项要求,即不得发行有效期低于一年的电子货币。

赎回义务假定享有请求权的人有能力提示电子货币,然而,如果客户遗失电子货币卡,相关规则并不要求发行商补偿持有人或赎回,但该项例外并不影响发行商的其他义务。英国金融服务局在咨询文件中建议,电子货币发行商必须确保享有赎回权的人在行使权利时不会遇上不合理的困难,如果不允许持有人在可以提取现金的任一自动柜员机上赎回电子货币,发行商并未违反以上要求。因此,英国发行商可以允许电子货币持有人在国外的自动柜员机上提取现金,但可以禁止持有人在国外的自动柜员机上赎回电子货币。①

发行商有义务在持有人提出要求时按面值赎回电子货币,持有人应合法持有电子货币,并且是发行商的相对人或任何其他当事人,但以持有电子货币不违反发行规则为限,例如,接受电子货币支付的特约商户即是其他当事人。对于行使赎回权的当事人,发行商必须以计价货币赎回电子货币,如果以现金方式赎回电子货币,在程序完成后,发行商应立即向行使赎回权的当事人发放现金;如果以非现金方式赎回,在程序完成后,发行商应立即发出必要的支付指令,并确保资金在指令发出后5个营业日内到达电子货币持有人账户。这说明向电子货币持有人支付可能难以即时完成,原因在于零售性支付之结算需要时间。

---

① The Regulation of Electronic Money Issuers: Feedback on CP117, 2002, available at http://www.fsa.gov.uk.

（二）赎回义务之程序

赎回程序是指在防止洗钱或欺诈或核实电子货币持有人是否拥有赎回权而实施的必要检查程序。发行商应尽快完成检查程序，如果资金未能及时到达电子货币持有人账户是参与资金划拨的第三人行为所致，而且发行商无法控制该第三人的行为，不能认为发行商违反赎回义务。此外，发行商不得采取以下行为：（1）法律所禁止的行为；（2）英国《反洗钱条例》所禁止的行为；（3）依据英国法律，构成刑事犯罪的行为；（4）依据英国之外的赎回地所在国法律，构成刑事犯罪的行为。

如果被赎回的电子货币价值少于 10 欧元或等值的其他货币且发行规则有明文规定，发行商则无赎回义务，而且，赎回义务要求赎回的人有能力提交或使用电子货币。因此，如果是卡基电子货币而持有人遗失该卡，不得要求发行商补偿或赎回。在持有人遗失电子货币卡或电子货币被他人盗用时，发行商应考虑是否有补偿义务，例如，卡类电子货币发行商应考虑在支付卡被盗用时，特别是存储在塑料卡中的电子货币被盗用时，依据英国 2000 年《消费者保护（远程交易）条例》第 21 条是否有义务重新贷记消费者账户或返还交易金额。如果发行规则规定某一期间后电子货币不再有效，赎回权在该期间后将会丧失，但是，发行商不得发行有效期低于 1 年的电子货币。如果发行商向银行或其他分销商发行，并由后者向公众推销，发行商应努力确保公众购买到的电子货币有效期至少在 1 年以上。

对于行使赎回权的当事人，电子货币发行商应以下述方式使其获得赎回价值：（1）现金；或（2）以电子方式将资金划拨至指定银行或其他金融机构账户，这也是欧盟《电子货币指令》第 3 条第 1 款的要求。发行商应确保赎回权的行使不至于太困难，在此前提下发行商可以选择赎回方法。如果发行商选择的赎回方法与向公众推销电子货币的方法相同，赎回方法很可能是合理的；如果发行商通过银行分行分销电子货币，将电子货币的赎回限制在分行所在地很可能亦是合理的；如果发行商允许电子货币持有人在自动柜员机上提取现金，但不允许通过自动柜员机赎回电子货币，这并不必然违反赎回义务，譬如，发行商在英国发行的电子货币可在国外的自动柜员机上提取现金，但不能在国外的自动柜员机上行使赎回权，这应该是合理的。

发行商不得在电子货币持有人行使赎回权时收取任何费用，但如果满足以下条件则例外：（1）电子货币发行规则规定发行商有权收费；（2）在电子货币持有人提出要求后赎回程序完成前被告知收费金额；（3）电子货币持有人接到收费通知后有机会在赎回程序完成前撤回要求;(4)收费与电子货币发行商通常收取的赎回费一致;(5)收费不超过发行商完成赎回程序所需成本,而且,收费绝对不能超过要求赎回的电子货币价值。

  只要电子货币发行商是相关合同当事人或能够控制合同内容,发行商应确保电子货币发行遵守法律规定。发行商应确保在每一电子货币发行计划中,发行商与以下当事人之间存在合同关系:(1)电子货币发行的相对人;(2)对发行商拥有赎回权的任何其他当事人。发行商与相对人之间的合同在发行电子货币时必须生效,而发行商与其他当事人之间的合同,在拥有赎回权的当事人获得电子货币之前或之后最短的时间内生效。生效时间还可以考虑应适用的法律及电子货币发行计划的性质,但无论如何不得迟于赎回时间。上述合同须将发行商赎回义务作为合同条款之一写入合同,对电子货币持有人而言,该合同条款应有强制执行力并将赎回权作为持有人拥有的权利之一。[①]

[①] Electronic Money Sourcebook Instrument 2002, available at http://www.fsa.gov.uk.

第三章　网上支付中的安全问题

第一节　信用卡之风险与管理

信用卡风险是指信用卡在使用和交易的过程中,可能给发卡银行、持卡人和特约商户造成资金损失的危险程度。[①]

一、信用卡风险类型

信用卡业务由于涉及主体多、范围广,法律关系比较复杂,因此信用卡风险产生的原因也多种多样。按风险来源,信用卡风险大致可分为:来自持卡人的风险;来自发卡银行的风险;来自特约商户的风险;来自不法分子的欺诈风险。

来自持卡人的风险主要表现有:(1)持卡人资信变化带来的风险;(2)持卡人保管和使用不当形成的风险。发卡银行对信用卡风险防范知识全面系统宣传不够,导致出现以下情况:当持卡人信用卡丢失后未能及时办理挂失手续;信用卡账号、密码泄露;持卡人支付观念不强,盲目购物后,未能在发卡银行规定的期限内偿还;持卡人

[①] 张炜主编:《个人金融业务与法律风险控制》,法律出版社2004年版,第134—153页。

将信用卡出租或出借,由此产生保管和使用不当风险[①];(3)持卡人恶意透支的风险。

来自发卡银行的风险主要表现有:(1)持卡人资信审查难;(2)内部控制不严;(3)发卡银行对特约商户缺乏有效的监督。发卡银行与特约商户之间的关系主要通过签订协议的方式来规范,当特约商户不遵守双方协议的约定时,发卡银行唯一选择是解除双方合作关系,取消特约商户的特约资格。由于发卡银行对特约单位缺乏行之有效的监督管理,因特约商户不作为等原因,很有可能给发卡银行、特约商户与持卡人造成风险。

来自特约商户的风险主要有:(1)特约商户受理信用卡后没有认真核对卡号、身份证件与预留签名而接受了伪卡或冒用卡;(2)明知信用卡已被止付,特约商户采用倒签日期的手法将实际交易日期提前至下发止付单前,损害发卡银行利益;(3)特约商户采取分次压卡、分单填写的形式将需要索授权的交易,分别填写多张签购单以规避向发卡银行索授权;(4)违反规定,以压卡、签单的方式向持卡人支付现金。

来自不法分子的欺诈风险主要有:(1)伪造信用卡;(2)冒用信用卡。冒用方式有伪造身份证、模仿持卡人签字、涂改信用卡背面签字、非法获取合法持卡人密码等;(3)信用卡假挂失;(4)利用高科技手段,窃取或篡改网络信息。不法分子利用已掌握的专业技术和知识,私自窃取或篡改网络信息以达到非法占有目的。

通过以上分析,我们认为信用卡风险种类主要有违约风险、操作风险、欺诈风险和道德风险。违约风险指因持卡人不能按时足额归还所欠款项给发卡银行带来损失的可能性;操作风险指因特约商户、发卡银行职员疏忽大意或未严格按规定操作而给有关当事人带来损失的可能性;欺诈风险指不法分子恶意透支、骗领、冒用、使用伪造或作废信用卡及特约商户诈骗给发卡银行或持卡人带来损失的可能性;而道德风险指由于特约商户、发卡银行职员利用工作之便蓄意作案而给有关当事人造成损失的可能性。[②]

[①] 根据《支付结算办法》第224条规定,持卡人必须妥善保管和正确使用信用卡,否则应按规定承担因此造成的资金损失。

[②] 中国银行业监督管理委员会(以下简称银监会)通过调研,发现当银行卡业务主要风险有:外部欺诈风险;中介机构交易风险;内部操作风险;持卡人信用风险。参见《当前银行卡业务风险及其防范》,http://www.cbrc.gov.cn/chinese/home/jsp/docView.jsp? docID = 200806103C6D08437AF653-F0FF7EE3A53FE7D500,2008年8月15日访问。

二、信用卡风险之管理

对于发卡银行而言,各种风险的发生都可能使其遭受巨大损失,因此,发卡银行应根据有关规章制度,研究制定具体操作流程和实施细则,研究制定风险防范策略、风险控制策略、风险转移策略,明确各部门、各岗位人员的工作职责,切实做好风险管理。可以采取的风险防范策略包括:采用多种方式宣传普及信用卡知识,提高风险防范意识;严格资信审查;加强特约商户管理,做好特约商户人员的培训工作;积极引进推广新技术。可以采取的风险控制策略包括:完善机构设置和内部人员管理;加强发卡银行内部授权管理;做好特约商户信用卡止付名单传递。可以采取的风险转移策略包括:要求持卡人存入保证金;要求持卡人提供合法有效担保;参加信用卡保险。

为有效控制风险,特约商户应做好以下工作:(1)认真做好操作人员培训工作。特约商户在开办信用卡业务之前,一定要与发卡银行积极配合,做好职员培训工作。特别是信用卡操作步骤、操作要领和风险防范管理方法,应重点学习并熟练掌握。在做好培训工作的同时,还应加强法制教育,不断提高公司职员的责任心。(2)严格规范操作。操作人员应认真检查信用卡的真伪、有效期;审查是否列入止付名单并核对密码。如有疑问,操作人员应要求持卡人出示身份证明;对超限额消费的,操作人员必须取得发卡银行授权。在客户签单后,操作人员应认真审查签名是否与信用卡背面的签名相符。

持卡人为防止信用卡风险,操作使用时应注意以下问题:(1)妥善保管好信用卡密码。申请人应亲自到发卡银行申办信用卡,领到信用卡后,应立即在背面签名并注意更换原始密码,持卡人应尽量避免使用出生年月、移动电话号码等作密码。(2)妥善保管好信用卡。持卡人应将信用卡存放在安全地方以免丢失或被盗;信用卡、身份证应分开妥善保管;在使用时应防止被人偷窥。(3)及时办理挂失手续。持卡人一旦发现信用卡丢失或被盗,应立即挂失以防止不法分子利用捡到或偷来的信用卡作案。(4)认真查账对账。持卡人在使用信用卡时,应保管交易单据。每月收到发卡银行对账单后,应认真逐笔核对,而发现余额不符,应立即到发卡银行查明原因。①

第二节 电子货币之安全风险与安全措施

电子货币的安全问题是一个技术问题,亦是一个法律问题。从技术角度来看,先进的电子货币有助于减少安全风险;从法律角度来看,在安全风险不可能消除时,建立一套合适的风险分配机制有利于电子货币及电子商务的发展。本节仅从技术角度探讨电子货币产品的结构与功能、安全风险与安全措施及电子货币系统的安全目标。②

一、电子货币产品概述

(一)设计特征

理解电子货币的产品构成及支付程序有助于安全风险分析,此处仅对电子货币产品进行概述而不涉及众多细节。一般而言,到目前为止尚未出现可以称为真正"电子货币"的产品。电子货币尚不具备实际货币的主要特征,例如实际货币一般不可追踪,是一种匿名支付工具,无需第三者介入即可在任何情况下转移给其他当事人。当然,从理论上来说,可以开发出具有这些特征的电子货币产品。

将货币存储在电子设备上有几种方式可供选择:第一种是货币可以数字形式存储在电子设备上,交易时借记或贷记余额即可,这被称之为"余额"型电子货币。第二种是货币亦可以电子"符号"(有时被称为硬币)形式存储在电子设备上,每一符号通过独一无二的序列号来识别,并以某一固定而无法破开的金额标明面值。在这种电子货币中,将符号从一台电子设备转移至另一台电子设备即可完成交易,而存储在某一台电子设备上的资金余

---

① 银监会建议采取以下措施应对当前银行卡业务风险:完善银行卡业务内控制度,提高制度执行力;加强发卡环节风险管理,严把风险源头关;加强收单环节风险管理,防范交易风险;加强ATM机等自助设备管理,防范欺诈风险;加强宣传教育,提高风险防范能力;加强协作,建立健全银行卡风险防范合作机制。参见《当前银行卡业务风险及其防范》,http://www.cbrc.gov.cn/chinese/home/jsp/docView.jsp?docID=200806103C6D08437AF653F0FF7EE3A53FE7D500,2008年8月15日访问。

② 除注明外,参见 Security of Electronic Money, 1996, available at http://www.bis.org.

额为所有电子符号之和。① 第三种方式使用所谓的"电子支票",支票由独一无二的电子证书来识别并记载余额,因而是前两种方式的混合体。现阶段,大多数电子货币是余额型。

在无发行商或另一中央机构参与时,储值型产品各当事人之间能否直接交易的程度不一。到目前为止,持有人、特约商户或发行银行之间无限制地直接转移货币价值仅仅是一个理论设想。在所有电子货币系统中,可转移性均受到限制,但不同产品限制程度和类型不同。在大多数电子货币系统中,持有人只能向特约商户支付,而特约商户只能通过收单银行结算或将所积累的余额存入银行。在某些电子货币系统中,持有人可直接向其他持有人支付,但存在限制这种支付的种种技术手段,包括限制持有人与发行商或中央运营商通讯之前直接转移货币价值的次数或时间。

在理论上,大多数产品既可以设计成卡基产品,又可以设计成以软件为基础的产品。卡基产品指向持有人提供一种便于携带并配备有专门计算机的电子货币产品,通常是含有微处理芯片的集成电路卡(智能卡),独立的操作系统和应用软件在智能卡生产时就嵌入芯片。除智能卡外,卡基产品还包括利用更为复杂的电子计算机设备的产品如电子钱包,后者能提供特殊功能或具有更强的数据处理能力。由于电子货币仍处于发展早期,所以大多数产品是卡基电子货币。②

与此相反,以软件为基础的系统包括储值型产品,该产品通过装载于台式或便携式计算机上的软件来运行,而计算机由使用者提供并装配标准的操作程序。这些产品通常被设计成计算机网络,特别是互联网上的支付工具,然而,许多卡基电子货币可在电话网络或封闭式或开放式计算机网络包括互联网上使用。因此,卡基电子货币系统和以软件为基础的系统区别在于卡基系统装配有专门硬件。

电子货币交易会产生金融信息及与安全相关的信息,持有人、特约商户、电子货币发行商和中央运营商的电子设备可以临时或永久保存信息。信息收集的数量、地域和时间取决于电子货币的组织架构,信息收集成本和安全及隐私方面的考虑。某些电子货币系统对交易进行全面结算,在交易

---

① 如果客户不拥有交易所需面值的电子货币,以符号为基础的系统需要解决找零问题或破开电子符号。

② 人们建议采用专门硬件,诸如安全计算器、个人数字助理或装配专门设备的电话或视频电话等。

完成并将信息传送给发行商后,所有交易细节,包括每一电子设备的识别码等信息均被立即收集;其他电子货币系统在销售点加工信息,但将某些交易细节存储在特约商户终端及使用者持有的卡片或其他设备上。

(二) 基础设施

对卡基产品而言,电子设备必须经过设计、测试、生产及投入使用等环节。芯片卡一般按照一系列国际技术标准生产,而操作系统亦由生产商研发。电子货币之应用程序可由独立的研发机构开发,在芯片生产过程中,操作系统及应用软件被置入其中。在芯片部分测试完毕后,初始化进一步确保芯片拥有独一无二的序列号、正确内容、目录结构及密钥。卡片与某人相连可以发生在生产商、发行商或中央系统运营商处,这是客户资料与某一卡片相连并存储在芯片中的过程。对以软件为基础的产品而言,软件必须经过设计、编码和测试,在随后的产品制造或软件发布过程中,设计特征可能会被改变或安全特征得以加强。

在储值卡系统中,向申请人发行卡片的方式有多种。有时,卡与持有人的银行账户相连,使用者可在自动售货机上匿名购买卡片,或用信用卡或借记卡购买。特约商户终端或其他设备一般通过收单机构或中央系统运营商分销。如果是以软件为基础的产品,必须将软件分发给持有人、特约商户及有关金融机构,分发软件可以寄送软盘,亦可以通过计算机网络在中央系统运营商和客户的电子设备之间传输。

电子货币系统一般设立一个或一个以上的中央计算机系统,以控制密钥、结算及监管电子数据以防欺诈。在某些系统中,许多功能分散给发行机构及收单机构或由第三方提供。在线交易或向特约商户托收就存在几种通讯方案可供选择:某些产品的通讯使用现有银行卡清算网络;其他产品使用开放式网络如互联网来完成持有人、特约商户、电子货币发行商及收单机构之间的通讯。

(三) 交易处理

不论卡基产品还是以软件为基础的产品,电子货币交易均按事先确定好的通讯协议在计算机设备之间交换电子信息即可,而通讯协议能使计算机完成某些内部功能。交换信息可以直接通过电子方式,例如通过智能卡和读卡器、无线传送方式或通讯线路来完成。

1. 发行与充值

发行"存储价值"可以选择在充值或分销给持有人之前或之时。在某些系统中,发行商将电子货币销售给他人之前就已发行存储余额、价值符号,并已分销给中介机构;在其他系统中,电子货币于充值时发行。发行电子货币最终会在发行商簿记中登记并结算。

储值卡充值通常借助于自动柜员机或专门电话,如果不使用现金、信用卡或其他方法付款,充值通常需要借记与储值卡相连并由持有人开立的银行账户。大多数产品在充值时要求与发行商直接联系,但在开发出线下充值方法后,就可在充值完成后再由发行商处理相关信息。对以软件为基础的产品而言,运用同样的方法可以完成充值。在实践中,以软件为基础的产品基于安全原因倾向于发行经过数字签名的电子符号,向这种电子符号发行商付款可以直接借记、使用信用卡或其他普通的远程支付方式。

2. 购物及其他支付

使用卡基产品购物时,应将卡插入终端并输入购物金额,特约商户终端将发出借记购物金额的指令,而电子货币卡将发出贷记相应金额的指示。通过计算机或电话网络远程支付的程序类似,但要求持有人安装读卡设备。在允许将价值转移给其他持有人的系统中,为当面或远程完成电子货币卡之间的价值转移需要安装另一设备如电子钱包或专门电话。

对以软件为基础的产品而言,支付程序取决于电子货币系统的设计及使用环境,例如,为方便在互联网上购物,某些电子货币在个人计算机上安装了菜单驱动软件,该软件以特约商户通过电子邮件发送的电子发票为依据自动促使客户接受或拒绝某一款项,或由客户输入支付金额及收款人。在以符号为基础的电子货币模式中,合适数量及面值的电子符号将在安全通讯协议的保护下转移至特约商户设备上。

3. 存款、托收与结算

在某些产品中,持有人对于未使用的电子货币余额或电子符号拥有返还资金的请求权,并可以将返还资金存入传统银行账户,通常是与发行商电子设备相连的账户。如果银行账户不在电子货币发行机构,为履行发行商之赎回义务需要结算。

电子货币产品通常涉及托收程序,即持有人支付的资金被贷记到特约商户在收单机构开立的账户上。在某些系统中,大多数或所有交易信息均在销售点上加工,特约商户通过终端与收单机构联网就能存入累加余额;对其他系统而言,交易细节从特约商户终端处传送至收单银行,并由后者传送至结算中心。

在许多卡基电子货币系统中,现行银行之间的结算安排,如借记卡或信用卡网络得以继续使用;在以软件为基础的电子货币系统中,结算机制至今尚未正式确立。

二、电子货币之安全风险

(一)国际清算银行列举的安全风险

电子支付系统的基本安全因素早已确立,因此在讨论电子货币安全问题时,无需详细探讨审计追踪、内部控制、雇员职责分离、信息分离、开发并测试硬件和软件、支付工具的实际交付风险和运输风险等问题。然而,这些安全措施是阻止众多安全攻击的第一道防线,重要性不言而喻,此处集中讨论持有人或特约商户面临的风险及应采取的安全措施。本节不讨论旨在保护内部计算机系统或中央数据处理公司免受外部攻击而应采取的安全措施。对于外部攻击风险,无论如何强调其重要性均不过分,但这些风险不是电子货币产品的特有风险,因此不在讨论范围之列。

欺诈性攻击最有可能的动机是获取经济利益,欺诈者可以伪造电子货币并使得发行商或其他参与者难辨真假,或从其他参与者处窃取电子货币或电子货币数据。如果伪造电子货币被成功地兑换成现钞或可转移的其他货币形式或实物,则会给发行商或其他参与者造成损失。影响电子货币产品安全系数的一个重要特征是,电子货币旨在广泛运用于零售业,因此,攻击者肯定能获得大量合法软件、支付工具或支付工具之间的通讯数据,这均有利于分析电子货币并从事"反向工程"。可以预料的是,即使反向工程试验导致一部分支付工具损毁,反复试验还是会威胁支付工具的安全。欺诈风险的主要表现形式有:复制电子货币;窜改或复制数据或软件;窜改信息;盗窃;否认交易。[①]

电子货币存在以下风险:存储数据被改动或遭丢失;计算或安全等功能在使用时失灵;信息传递失败。系统失灵会导致电子货币遭受物理损害或电子干扰,或导致电子货币工具之间传递的信息遭受干扰或改动。如果系统失灵会导致电子货币中的存储余额发生改变,则会使交易中的一方遭受损失;如果在被发现之前为恶意持有人利用,则会给电子货币发行商造成损失。

---

① 在实践中,交易否认风险不是电子货币的特有风险,而且在现行支付工具中,与盗窃和伪造相比,交易否认风险亦不是主要风险。

(二) 欧盟中央银行列举的安全威胁

电子货币系统必须具有自我保护功能,以防范各种攻击者,如职员、使用者或系统之外的他人。根据目标不同,可以将攻击者分为以下四类:企图侵入系统或滥用系统功能以获取利润的诈骗者;恣意破坏者、阴谋破坏者甚至企图毁坏系统之全部或部分的恐怖分子;企图展示技术的黑客;为方便从事非法行为而滥用系统者。

1. 假电子货币

包括假电子货币获得赎回的所有情形,攻击者可以采用传统办法,如伪造、非法否认。假电子货币来源于以下行为:未获授权的第三方破解子系统密码;窜改交易记录、会计数据和电子货币的产生与消灭数据或密码;通过滥用密码以篡夺他人利益;通过复制真实特征或会计数据,复制子系统参数或复制来源于真实电子货币的产生与消灭数据而制造虚假交易;参与者非法否认交易之全部或部分。

2. 非法消灭电子货币

包括导致电子货币产生异常且无法挽回之损失的所有攻击和事件,这些攻击对发行商有利,因为减少了债务。但是,它构成了系统可靠性的主要威胁并会导致诸多争议,犯罪分子一般运用逻辑手段进行攻击,如改写程序或制造病毒。

3. 盗窃电子货币

包括行为人为从合法所有人处盗窃电子货币而实施的所有攻击。行为人有欺诈恶意,并使用替代、占有或系统内秘密通讯渠道等办法,主要行为包括不按合同约定的数量转移电子货币或重复交易等。

4. 滥用电子货币系统

包括违反与系统本身无关的法律而产生的滥用行为,如洗钱、侵犯隐私权等。行为人将数据或系统监管信息用于系统监管之外的目的,或非法窜改子系统参数、系统监管信息。

5. 干扰系统正常运作

包括导致系统全部或部分瘫痪的意外失灵或在他人故意攻击下的失灵。失灵可能源于行为人疏忽而未能遵守系统规则,或恐怖分子企图损毁系统,恐怖分子可能对系统进行逻辑或物理摧毁,或刺探并披露秘密信息。①

---

① Electronic Money System Security Objectives, 2003, available at http://www.ecb.int.

三、电子货币之安全措施

电子货币系统的安全特征旨在保障关键性数据和程序的完整性、真实性和保密性,并避免相关当事人因复制电子货币或否认交易而蒙受损失。以下仅探讨电子货币开发商为应对网上支付中的安全风险而计划或已实施的各种安全措施及评估安全措施的方法。依据是否旨在预防、发现或控制风险,安全措施可分为三类。

(一)预防性安全措施

1. 防干扰措施

卡基电子货币的防干扰特征旨在保护卡内数据和软件以避免被泄露或被窜改,这些高度复杂的防干扰特征既包括逻辑(软件)保护又包括物理(硬件)保护。软件密码本身被嵌入芯片,这样就难于从外部观察到密码或难以窜改密码。软件保护使得电子货币的应用和运行系统具有以下特征:除非按照预定的授权和进入协议(这通常涉及密码技术),否则无法接触或更改保存在存储器中的数据。

硬件保护包括旨在防止利用光学或电子方法阅读芯片或窜改芯片内容的物理障碍。考虑到芯片电路的宽窄,大小就成为微处理芯片的一个重要物理特征,芯片电路越窄,在没有非常专门化且昂贵的设备时,物理上破解芯片内容就越难。物理障碍还包括外部涂层和内部电路的多重设计,这些障碍在不损毁芯片本身的情况下难以克服。防止干扰的积极措施还包括在芯片内置入传感器以发现不正常的热量、光能和电流,在芯片遭受攻击时使其失灵,并提供已被干扰过的证据。其他设计特征使破解芯片时所能收集到的数据减少,例如,芯片内容布局及诸如密码之类的敏感数据,物理上均分散于芯片的各个部分。

2. 密码技术

密码技术为电子货币系统提供逻辑保护以确保交易过程中电子货币、数据和通讯的保密、真实和完整。在电子货币系统中,有一系列各不相同的密码技术,它们发挥着不同作用。加密技术是用于保护数据在传送过程中或存储于电子货币上的私密性,加密技术对于在安全程序中使用的某些敏感数据,如密钥来说尤为重要。电子货币产品普遍使用加密技术来确认交易中当事人的身份及享有的特权。在某些系统中,密码技术还被用于确认发行商或系统运营商创造的电子符号或其他数据的有效性。以符号为基础的电子货币系统至少部分依赖密码技术来保护电子符号本身,通常以发行商或系统运营商生成的数字签名来保护。密码技术还被广泛用于证实电子货币系统中不同设施之间传递的信息完整性,即旨在确认在信息抵达指定接受者前是否遭到窜改,密码技术还能用于确保在开放式网络上传输的软件完整性。

密码技术依赖数学算法,并有许多不同的算法可供选择。密码算法通常分为对称密钥系统和非对称(公共)密钥系统。对称算法要求使用相同密钥对信息加密和解密;非对称算法在加密和解密的过程中同时使用"公共密钥"和"私人密钥"。用公共密钥加密的信息只能用与之对应的私人密钥解密;与此同时,用私人密钥加密的信息亦只能用与之对应的公共密钥解密。公共密钥无需对外保密,私人密钥则只存储在持有人的电子设施中,这样可以减少受到攻击的可能性,该算法的原理是,依据现行数学水平,从公共密钥中推算出私人密钥在实践中是不可能的。

对于某一密码算法,密钥越长,攻击者通过野蛮方法(依次测试所有可能的密钥)获取密钥或加密信息就越困难、越昂贵。① 然而,密钥越长,数据处理时间越长,这是限制现有集成电路卡使用该技术的一个因素。卡基电子货币系统使用或计划使用对称密码技术和非对称密码技术。电子货币产品使用得最多的算法是数据加密标准,哈氏函数和其他非对称算法。非对称密钥长度从 512 比特到 2,048 比特,使用"积极型"或"动态型"非对称密码技术,芯片卡能生成数字签名或完成其他密码算法,然而,积极型非对称密码技术要求微处理器功能更强大,这导致价格昂贵、交易速度放慢和设备的可靠性降低。因此,目前大多数电子货币产品依赖存储在每张卡上的"消极型"非对称加密证书及动态型对称加密技术,这两种方法能为每一项交易生成一个独一无二的"序列"密钥,但是,以符号为基础的电子货币产品通常使用积极型非对称密码技术。

密钥管理涉及不同密钥及其相互关系,密钥的生成、使用、分发、存储和效力,密钥管理决定对电子货币的整体安全至关重要,限制密钥的使用可以减少风险并降低电子货币系统的损失。许多电子货币系统为不同功能如充值、购买和存入资金设置不同密钥,每一张卡均可以存储一个独一无二的密钥,使用极为敏感的"充值密钥"能增加卡内余额,通常只有发行机构才持有

---

① 比较不同算法的密钥长度并不一定有意义,例如,非对称算法通常比典型对称算法的密钥长得多。

且密钥较长。许多电子货币系统开发者认为,迅速改变密钥或算法是一项确保安全的做法,他们表示密钥有效期应比较短,对于某些关键性密钥有时几个月就要更换一次。使用非对称密码的电子货币系统有必要建立认证机构,认证机构通常建有中央数据库,以确认、存储和分发公共密钥及与之相对的私人密钥持有者的身份信息。

3. 在线授权

在卡基电子货币系统中,发行商通常只在以借记银行账户的方式对电子货币充值时才要求在线授权。在某些卡基电子货币系统中,特约商户终端可能要求持有人购买货物时在线获得授权,特约商户可随机提出在线授权要求,或只对某些卡或某种交易提出在线授权要求,而人们通常认为,以软件为基础的电子货币系统的所有交易均有必要在线获得授权。[①] 为阻止持有人或外部攻击者复制电子符号并"重复消费",中央机构必须以先前发行和赎回的电子符号信息为基础依次验证每一项交易。

4. 其他措施

要求每项电子设备在交易中完成额外的验证程序,将会提升系统的安全性并避免欺诈和系统失灵,譬如,可以验证电子货币的有效日期、已支付数量、卡内余额及最高货币限额。此外,程序控制和行政控制是防止欺诈的重要措施,诸如卡的生产、密钥管理和卡的分销均应受到严格管制,并从地理上和行政上分离,这样,为获得足够的能威胁系统安全的信息需要增加共谋的雇员人数,从而增加了共谋的难度。电子设备终端,特别是可以充值的终端应严加管制,而且中央营运者应能远程监控,严格管理商用终端在安全管理中亦发挥着重要作用,因为商用终端余额限制更高,而且已成为吸引外部攻击者的一个目标。

(二) 发现性安全措施

1. 交易的可追踪性及其监控

每项电子货币交易一旦完成就要受制于一系列与安全相关的监控和验证程序。在大多数卡基电子货币系统中,每一项交易都有独一无二的号码,该号码以卡的序列号和交易柜台号为基础,并随着每次交易的进行而增加号码长度。在以符号为基础的电子货币系统中,每一个符号均有独一无二的序列号。不同电子货币系统的中央运营商对于特定交易信息的监控频

---

① 即使持有人使用非对称密码技术,如果其私人密钥存储在个人计算机中而不是特制硬件中,特约商户和发行商仍有可能认为安全性不够。

率、地点和强度均不相同,而且中央运营商可能还有权依据特定情况自由决定是否监控。部分电子货币系统验证每一项交易,这显然成本高昂;其他电子货币系统只以随机方式或在有证据表明存在可疑交易时才检查。

电子货币交易既要接受财政检查,又要接受安全检查。财政检查可能涉及将每一工具所支付的金额累积起来以便为该工具设立"影子余额",并存储在中央数据库中,这种积极监控方式能带来很大的确定性,任何欺诈性交易或窜改卡内余额的行为都将在某一时间点上被发现。有些电子货币系统并不依据中央处理器中的余额而对每一项交易实施检查,原因在于并非收集了所有的交易数据或者是因为检查成本太高。

电子货币发行商或中央运营商通过以下方式来确保交易安全:验证信息确认编码,核对交易序列号,检查上次支付及充值信息和交易中包含的或电子设备中存储的信息。在以符号为基础的电子货币系统中,可用存储在中央处理器中的序列号来核验交易中使用的电子符号序列号。部分加密信息可在中央运营商或发行商处验证,并可以使用商用终端未包含的密钥,这对商用终端之危险提供了额外的安全保护。

2. 和中央处理系统的互动

卡基电子货币系统通常运用的一个安全措施是与发行商或中央运营商保持在线互动,这种互动能使中央运营商检查卡的安全特征以确保具有一致性,更新安全措施如更新密钥,而且有时还可以额外收集一些交易数据。任何错误或不完全交易的记录可由中央处理系统读取并存储,这种措施增加了欺诈性交易在短期内被发现的可能性。要求与中央处理系统保持在线互动的情形包括常规性充值或存入资金、交易失败或多次输入密码均告失败。此外,电子设备或其余额或电子货币的有效期均会引发在线互动。在某些系统或在其未来的改进中,电子设备本身会要求离线交易一定数量后功能自动失效,并要求在线互动,当然,这些措施会给持有人带来不方便并降低灵活性。

3. 限制可转移性

对储值卡内余额的转移施加限制可以增加发现欺诈性使用的机会,如果无需向中央处理器提供信息就能将某一电子货币余额转移给另一工具,欺诈性余额就很容易被伪装。在大多数电子货币系统中,只允许持有人向商用终端或发行商转移,而对持有人与持有人之间的转移未置可否。即使那些允许在持有人之间转移的电子货币系统可能也包括某些有助于发现欺诈的限制,譬如,电子货币系统可以设计成要求定期与中央运营商保持互动,因此存储在电子设备上的持有人之间的交易记录可能被检查到。以软件为基础的电子货币系统通常允许在线转移,因而每一项交易均要求与中央运营商保持互动。

4. 统计分析

电子货币系统还可以实施一种旨在分析系统内支付流量的程序以便发现可能存在欺诈的异常支付流量。发行商或中央系统运营商可以使用自动程序来分析,自动分析程序采用人工智能和神经网络技术,在信用卡业被普遍用来侦查异常行为。使用该程序可以追踪每天发行及赎回的电子货币量,任何超出正常水平的赎回量均会引起更仔细的调查,例如,特约商户每天接受的支付量可与其他同类特约商户比较,或与自身通常所接受的支付量对比。当然,在分析时应考虑季节性因素和地区差异。

(三)控制性安全措施

1. 支付工具的时间限制和金额限制

限制存储在持有人和特约商户支付工具上的余额是电子货币系统确保安全的一项重要措施。以符号为基础的电子货币系统可能难以直接限制,但在某些情况下可以限制特定时间特定工具内的电子符号数量和面额。金额限制的直接效果是控制欺诈发生时的损失额,但间接效果——通过减少潜在经济利益而阻止欺诈同样重要。任何攻击者如果想获得足够的收益,必须复制或窜改大量的支付工具,当然,余额限制的效果取决于是否实行最高存储额限制,是否经常验证实际余额。

支付工具及其金额的有效期亦能控制欺诈,这可能迫使持有人与中央系统运营商保持互动,从而及时发现欺诈行为,在卡基电子货币系统中,可能还包括交易次数的限制。

2. 支付工具的登记

将支付工具持有者的身份和地址登记在发行商或中央系统运营商处有助于调查欺诈活动,在许多电子货币系统中,持有人和特约商户的支付工具均被要求与特定银行账户相连。匿名购买如在自动售货机处购买支付卡还不普遍,而且还可以限制这些卡的功能。在以软件为基础的电子货币系统中,要求持有人登记身份及接受软件、登记密钥和完成交易所必需的其他信息。登记商用终端亦特别重要,由于特约商户的余额限制比持有人高,控制这些终端的分配和使用是一项必要的安全措施。

3. 止付名单和支付工具的失灵

在与中央系统运营商保持互动的终端处,止付名单可用来核查可疑卡片,并能使其失灵或由终端收回,止付名单有时还会发送至商用终端以防止使用可疑支付工具或某一序列号码范围内的支付工具从事交易。考虑到成本因素,大多数电子货币系统开发者只采用此方法来防止欺诈性支付工具而不防范电子货币卡的遗失或被盗。

导致支付工具自动失灵的其他措施包括多次输入错误密码或交易失败,在某些电子货币产品中,密码可以"锁住"支付工具以防止被盗时发生未获授权使用。

4. 系统中断

许多电子货币系统计划增加设备以便在发现或怀疑存在大范围欺诈活动时能快速更改密钥或算法。如果怀疑电子货币处在危险中,更为彻底的办法是更换支付卡或软件;在面临大范围欺诈时,运营商可能最终会使所有终端失灵并收回支付工具。由于某些交易属于线下交易,而且通知系统参与者需要时间,可能难以立刻完全关闭,因而并不能控制所有损失。

(四)安全措施评估

与其他零售支付方法相比,电子货币的各种安全措施足以确保安全,然而,电子货币开发者在实施这些安全措施时却遇到一系列挑战。大多数电子货币系统的安全架构具有许多共同特征,产品开发者在诸如特定芯片安全措施、密码算法、密钥长度和交易监控等问题上拥有多种选择。产品开发者在权衡成本、功能、速度和可靠性等因素后才能作出恰当选择,其他因素的考虑将会对最终选择的安全水平产生重大影响。

电子货币的安全措施非常复杂,没有任何单一或一组安全措施足以确保某一产品的安全。在电子货币产品的某些方面如芯片卡的基本功能、某些密码技术和通讯协议等问题上已制订国际标准,但这些标准本身并不能从整体上确保某一产品的安全。此外,标准的制定总是滞后于技术的发展,在变化迅速的技术领域尤其如此,只有采取各种安全措施并严格实施才能有效减少风险。因此,对于某一产品而言,注意力更应放在整体安全风险的管理上而不是安全措施的使用上。此外,相对较低的最高余额限制可能是防止欺诈的最简单并且是最有效的办法。

与以纸币或依赖磁条的塑料卡片为媒介的支付方式相比,人们普遍认为微处理芯片的伪造或窜改要困难得多。① 此外,大多数电子货币工具可以存储的最高金额普遍低于大部分借记卡或信用卡中的金额。由于电子货币系统中各方(持有人、特约商户、金融机构等)所面临的风险不同,因此安全措施亦应与之相称,譬如,商用设备上的金额要大得多,因而更有可能会遭到攻击,为保证安全应加强硬件保护,并采取其他控制措施。电子货币发行商拥有的数据和设备特别敏感,因此应保持最高安全水平。

四、电子货币系统之安全目标

2003年,欧盟中央银行发布《电子货币系统之安全目标》的研究报告,报告详细阐述电子货币的安全目标。

(一) 完整性

应确保资产,特别是电子货币的完整性,主要措施有:每一子系统应确保所存储的电子货币的完整性;只有授权交易才能修改子系统中的电子货币数量;每次交易时,在一个子系统中借记的电子货币数量应与另一个系统中的贷记量相等;电子货币产生或消灭的数量应与相关交易中交换的货币数量相等。

(二) 保密性

应确保需要保密的资料不泄密,诸如所有密码均需保密,系统监管信息需要保密,数据和系统监管信息只提供给需要知道的人。

(三) 身份识别

电子货币系统的某些部分需要准确识别,包括系统监管者、电子货币发行商、子系统及其负责人、交易、交易类型、密码等。

(四) 核查

应核查电子货币交易与数据交换,这包括:借记子系统应与贷记子系统相互核查每一笔交易;贷记子系统应与电子货币来源之借记子系统核查每一笔交易;借记子系统应就每一笔交易向贷记系统提供参与交易的证据,反之亦然;子系统在发送数据时应核查系统监管者身份;系统监管者应核查其收到的数据;应以可核查的方式向发行商提供发送数据的方法,并核查其收到的数据;发行商在收到数据时应进行核查。

---

① 与伪造纸币相比,伪造电子货币的成本可能难以估价,原因在于近年来钞票的生产采用了一些先进技术,如使用全息图和特殊材料。但众所周知,伪造磁条卡的成本低廉。

（五）进入控制

未获授权进入所有系统均应遭到禁止,即使在监督失灵或密码管理出现问题亦不例外。应清晰界定每一个可以识别的行为人的进入权限,系统应实施安全措施以防止在密码管理出现问题时非法获取密码,或在监督失灵时非法获取系统监管信息。

（六）承诺与生效

交易依据双方达成的条件进行并生效,只有在负责贷记和借记电子货币的子系统的行为人认可一项承诺后才有可能启动一笔交易,每一个承诺只应有一笔交易,交换的电子货币数量应与承诺的数量一致。每一笔交易均须有双方的认可,认可程序与承诺条款一致;每笔交易均应有记录以便任何一方可在事后核查。

（七）对立性

只要系统不关闭,应确保电子货币交易要么完成,要么取消。

（八）交易顺序

每一笔交易均应按预先确定的基本步骤执行,每一笔交易中每一个基本步骤只能出现一次,并按以下顺序执行:发动;借记;贷记;完成。涉及电子货币的产生或消灭的交易顺序如下:产生或消灭电子货币;将会计数据发送给发行商;处理数据。

（九）不得非法消灭电子货币

只有获得授权,并同时在两个子系统之间进行才可以消灭电子货币。

（十）金额限制

在有效期内,电子货币金额应受限制,子系统可以存储的最大金额、每一笔交易可以交换或产生(指发行)的最大金额均应受到限制。

（十一）审计追踪

系统监管者应有能力追踪并审计所有重大事件,可追踪数据即指已记录事件,以下重大事件均应记录以便系统监管者进行审计:密码的生成、删除、取消和更换;子系统功能性参数或与电子货币的产生与消灭相关的参数的启用和修改。必要时,系统应提供数据及时发送给监管者的方法;一旦有需要,子系统应记录其完成的交易并将数据或会计数据发送给监管者,而数据应准确反映交易情况,会计数据应准确反映电子货币的产生与消灭数量。

（十二）侦查

系统应有能力侦查到反常事件,包括窜改系统或窜改威胁和虚假交易,并将可以追踪到的所有信息报告给系统监管者。系统应提供合适的方法以便侦查以下事件及其威胁:非法获取密码、修改或非法使用密码,或伪造交易特征,或某一范围内的资产形成或灭失时发生的窜改或伪造,或非法进入并修改监管范围内的资产,系统还应提供报告方法以便系统监管者追踪其来源,并避免重复真实交易。

(十三) 反应

系统应提供合适方法以限制或消除反常或非法事件的影响,包括通过限制非法获取密码、修改或非法使用密码的影响以确保持续营业,通过实施系统监管者要求采取的行动以限制或减轻系统异常及其威胁的影响,取消涉嫌异常的所有交易,并对监管范围内的系统被窜改或伪造作出反应。

(十四) 密钥与通讯协议

系统应采用周全的密钥、通讯协议和安全程序,系统的安全构架应建立在标准化的、经公开并广泛讨论的精细密钥算法和密码管理之上,密钥功能应强大,而系统应建立在标准化的通讯协议和安全程序之上。

(十五) 密码管理

密码的保密性和完整性应通过以下措施来维持:正确生成与分发密码、物理保护、限制有效期并更新密码。系统应按标准程序生成并分发密码,而密码应随机生成,每一个密码应按用途设置相应有效期,系统应提供随时更换密码的方法,并且每一个密码只能用于一种安全功能。相关密码在传输和存储中应具有防物理干扰的能力,并不能显示在支付工具上。显示在支付工具上的密钥应可能采用缩写,保证不会对安全造成威胁,密码体系中的私人(非对称)密钥和对称主密钥对确保安全至关重要,生成密码的所有程序与相关因素只应让需要知晓的人掌握,而密码亦只分配给有此需要的人。

(十六) 可信赖方式

在授权准行为人和子系统之间进行通讯时应采取安全措施,以避免数据被窜改或泄露,可信赖的方式应确保通讯在准行为人与正确的子系统之间进行,反之亦然。

(十七) 可信赖地点

敏感设备,如管理者或运营商负责的安全设备应置于物理上受保护(或可信赖)的地点。

(十八) 能力与责任

系统参与者了解并能遵守其合同义务,拥有完成其职责的充分手段、训练和信息。行为人和准行为人了解并能遵守在规章、财务和安全上的合同义务及合同外义务,掌管下列职责的人应在相关领域具有必要能力与专业知识:密码管理;子系统安装、管理和运营。周全的雇用政策、进入公司资产的控制措施和安全意识培训计划适用于使用公司电子货币系统硬件或软件的所有职员。

（十九）资质与测试

系统设备应在运营之前和之中经过测试,系统硬件、软件和组织程序应经过功能性测试,硬件还需通过抗干扰测试。在运营阶段,应确保每一台设备的功能性测试不会损及电子货币系统的持续运作;而在投入使用之前,每一台设备应经过测试,先单独测试,然后联机测试。每一个子系统应接受测试以验证以下功能是否可靠:统计已接受的电子货币时不会出错;分拆已存储的电子货币总额时不会出错。

（二十）评估

重要参与者应接受评估,如管理者和运营商应接受评估以确保其行为符合安全政策。

（二十一）更新安全措施

所有重要部件如硬件或软件的安全措施应定期更新,以便维持一个合理的安全水平。

（二十二）可及性

即使部分设备在维护,系统亦应确保服务的可及性,系统应确保其部分或全部密码在更换时不中止一般性服务;系统应提供合适的方式以确保电子货币的产生与消灭或监管持续进行,在存储或处理数据的部分或全部设备更换之际更是如此;应建立持续营业计划以限制系统部分或全部失灵时对服务可及性的影响,并防止存储在电子设备中的资产和数据随着时间的推移而遭受损害或丢失。

（二十三）有效期

电子货币的有效期应适用周密的安全程序,周全的物理和逻辑保护适用于启动系统的所有设备,而子系统的启动及所有硬件和软件的包装、分发与安装亦应遵守周密的安全程序。子系统中流通的电子货币应按事先确定的标准进行限制,系统应从技术上和组织上建立程序以确定每一台设备中的电子货币有效期,需要建立安全程序的事项有:电子货币的提示和消灭;将数据发送给系统监管者;将会计数据发送给发行商。

（二十四）隔离

当子系统亦接受电子货币服务之外的申请时,应在这两种申请之间进行隔离,这意味着当电子货币与其他业务共享部分或全部设备时,只有电子货币系统的内部程序才能修改电子货币数据。[1]

---

[1] Electronic Money System Security Objectives, 2003, available at http://www.ecb.int.

第四章 网上支付中的消费者保护问题

第一节 消费性支付责任之理论基础

网上支付中的最大风险是安全风险,如果立法不能有效保护消费者,而消费者因担心安全问题少参加或不参加网上交易,电子商务的潜力就难以发挥,网上支付也就难以走入平常百姓的生活之中。由于网上支付基本上是消费性支付,因此本节仅以消费性支付责任的理论基础来研究网上支付责任的理论基础。

一、消费性支付责任之经济学原理

当消费者与金融机构签订支付服务合同时,谈判成本不相称或信息不对称的问题随之产生。首先,消费者订立存款合同时,损失分配条款的谈判成本通常会超过潜在收益。[①] 与其就特定条款讨价还价,还不如在格式合同中进行比较和选择,该办法消除了谈判成本,但要花费搜寻成本,而且,信息不对称限制了消费者选择的有效

[①] 多数消费者对支付中损失的可能性及其分配规则视而不见,这种忽视是理性的,因为获取信息的成本将超过收益,消费者从存款合同中的损失分配条款谈判中并不能获得多少收益。

性。消费者在开立账户时不大可能会考虑合同中的责任条款,即使有消费者考虑到该问题,结果是发现格式合同和法律书籍中充满难以理解的法律条文。即使消费者明白法律条文的含义,通常也不知道如何评价这些条款的差异。由于存在谈判成本不相称或信息不对称问题,在消费者支付合同中的欺诈、伪造和错误损失分配中明显存在市场失灵的现象[①],因此需要法律的介入,如果设计适当,损失分配法律规则有助于提高支付系统的效率。

(一) 损失分散原则(The Loss Spreading Principle)

经济学分析的基础是人们对待风险的态度。大多数人是风险厌恶者:当面临损失时,人们会支付超过损失平均价值的金额以消灭风险[②];与此相反,风险中性者将依据平均损失额来确定支付金额。

当某人能比他人以更低成本承担风险时,达成相互都有好处的交易机会随之出现,因为风险厌恶者将向风险中性者支付对价以让后者承担损失。例如,如果出现伪造的概率只有千分之一,但一旦发生伪造,损失高达1万美元,厌恶风险的消费者会向金融机构支付10多美元以让后者承担风险;与此相反,如果金融机构是风险中性者,在支付金额高于10美元且收取弥补行政成本的费用后,金融机构承担风险就有利可图。

影响当事人成为风险中性者的因素有二:损失的相对大小和当事人分散损失的能力。大多数决策者在面临损失只占个人财富的一小部分时是风险中性者,在损失相对较大时是风险厌恶者。[③] 此外,金融机构与消费者不一样,可将损失分散给全体客户,从而成为完全的风险中性者。为分散风险,损失必须非常小且经常发生,具有可预测性,譬如,金融机构通常并不知道某一支付工具是否会被伪造,但由于交易大,它能准确预测每年的伪造数量。一旦做出预测,金融机构就能将该成本以服务费形式转嫁给客户。

这些因素表明,支付法律要有效率,第一个原则(经常被称为损失分散原则)应是:将损失分配给能以最低成本达到风险中性的一方当事人。一般而言,能以最低成本达到风险中性的一方是拥有更多经济资源并且所处位

[①] 支付系统的其他方面亦存在市场失灵:首先,小型企业可能与消费者一样面临谈判成本极不相称和信息不对称问题,但是,大多数小型企业很可能知道支票和信用卡的种种风险并购买相应保险;其次,大量金融机构之间的支付合同可能因为谈判成本问题而难以订立,然而,金融机构可通过清算所或其他集体机制来减少谈判成本。

[②] 保险的普及说明了该事实。由于保险费之和必然超过保单赔偿总额,如果人们不是风险厌恶者,不会购买保险。

[③] 因此,大多数保单设有免赔额,保单不承保免赔额以下的损失,但确实承保更大损失。

置能以最有效方法分散损失的人,因此,该原则表明,损失应由金融机构而不是消费者承担。单一支付工具的伪造或窜改所造成的损失可能占个人财富的很大一部分,但对于金融机构而言通常微不足道,而且,金融机构可预测出损失总额,并由所有消费者分摊损失,而消费者通常只能由自己承担所有损失。

当然,如果消费者购买了相应的保险,则不会负担分配给他的支付损失。保单从本质上说是一份合同,保单持有人向发行人支付保险费以让后者承担风险,发行人则通过由所有同一保单持有人分摊损失的形式而成为风险中性者。保险能解决消费者面临的损失分散问题,但导致支付服务市场失灵的同一因素亦存在于支付保险市场中。支付损失很少发生,大多数消费者并未意识到面临支付风险的威胁,而且,承保普通消费者所面临的欺诈和伪造风险的成本巨大,这会导致要么保险不存在,要么过于昂贵而不具有广泛的吸引力。[①] 与此相反,金融机构非常了解损失风险,作为损失分散措施而购买保险的数量足以使其在保险条款上有讨价还价的动力。因此,毫不奇怪的是,金融机构通常购买保险以防范支付工具出现欺诈、伪造和错误时所带来的损失,而消费者几乎从不购买保险。

(二) 损失减少原则(The Loss Reduction Principle)

除分散支付损失外,消费者和金融机构通常都有能力减少损失,而且通常能比对方以更少的成本减少损失。效率要求法律规则创造减少损失的动力,该标准意味着要创造法律上的动力就要分配责任,它表明了损失减少原则:有效率的法律制度将责任分配给能以最低成本减少损失的一方当事人。

该原则比损失分散原则要复杂得多,损失分散原则假定损失已发生,而且要将损失分配给能更为有效地分散损失的一方当事人,但损失减少原则分配责任的目的更为复杂并将影响人们的行为。损失减少原则提出了关于责任分配规则是否有效率的问题;由于行为随着时间的推移而变化,损失减少原则分析中加入了一个动态因素;而关于合适行为标准的讨论则产生一系列道德问题。在讨论这些问题时,本节将损失减少原则的运用分为四个

[①] 交易成本可能阻碍支付损失保单的销售,除非该保险与一项更大的交易联结在一起。部分信用卡发行人近来在邮寄账单时夹有保险宣传单,人们怀疑购买这种保单的人是否知道美国联邦法律将消费者承担的未获授权责任限制在 50 美元以内。我们知道,没有哪一家金融机构出售活期账户保单,也没有法律为消费者在这种账户中的损失设定最高限额。在限额不存在时,保险可能面临逆向选择问题,在购买这种保险的消费者中有很大一部分是特别容易遭受支付风险的消费者。因此,用以补偿损失的保险费可能高得吓人,而大多数消费者更愿意不购买保险。

不同因素:预防、创新、反应和学识。

消费者和金融机构通常能采取一些可立即获得的预防措施以减少支付损失。消费者在付款时只要稍加谨慎和注意就能减少损失,而金融机构可通过类似于产品质量控制的内控措施来减少损失,然而,采取预防措施必然会耗费时间和金钱,这会阻碍消费者和金融机构采取预防措施的积极性。要求消费者或金融机构承担责任的法律规则会使其将此种责任计入成本,并将此成本与采取预防措施的成本比较。为达到最有效率地内化这种成本,支付规则应以当事人在支付程序中所处的地位为基础,将责任分配给能以最低成本采取预防措施以避免损失的一方当事人。

这种概括在有一个以上当事人可采取预防措施时立刻遇到了困难。如果责任仅由一方承担,责任规则如何能敦促其他人也采取预防措施?这种现象是一种赔偿悖论,它使所有法律领域中的无过错规则产生了问题。让一方承担严格责任会使其他人失去采取预防措施的动力,而其他人不采取任何行动会导致损失增加。经济分析表明,过错责任是解决该悖论的一种方法。任何过错规则,包括简单过失、共同过失和比较过失,都将促使一方为避免责任而保证无法律上的过失,并引导另一方采取预防措施以避免承担责任。从理论上分析,如果法律上的过错标准恰好定在有效水平上,过错规则能为一个以上当事人采取预防措施提供动力,而在双方均可采取预防措施时,法律会采用严格责任或无责任。

该结论在预防措施可立刻获得且价格低廉时有效,但应随着事物的发展而做调整。最近的技术创新如支票自动处理程序已改变预防措施成本并将继续改变其成本。课以责任能提供技术创新动力,这既能减少预防措施的成本又能降低损失发生的频率。因此,在一个动态环境中,创新因素与预防因素交织在一起,这表明支付规则应将责任分配给未来最有可能开发出创新性预防措施的一方当事人。

然而,不管是预防还是创新,责任都能提供一个有用的动力,但只有在人类行为对此做出反应时才有用。对人类行为无影响的责任分配规则在经济上无存在的必要,而且,如果责任分配规则对人类行为的影响有限,其效率必然会大打折扣。用经济学术语来说,只有在预防或创新的供给与责任之间富有弹性,损失减少原则作为分配责任的指南才有用。双方对责任规则做出反应的能力取决于法律知识和将该信息纳入成本中的能力,无任何反应不大可能,因为部分当事人总会有些法律知识和计算能力。真正的问题在于,从整体上说,反应程度是否足以说明某一责任分配规则有充分理由。人们难以抽象地回答该问题,因为答案通常取决于某一领域内的统计数据。

正如动态变化修正预防因素一样,动态因素对损失减少原则中的反应因素亦做了修正,在此,动态因素是指学识。随着时间的推移,人们开始了解有关责任的法律,反应程度通常会有所增加,因为意识到需要使行为符合法律要求并懂得这样做的含义。学识对反应的影响与供给长期比短期更有弹性的经济学原理相吻合。

损失减少原则是否与损失分散原则一样,本身就偏好支付系统中的某一类型参与者而不喜欢其他人?答案取决于该原则四个因素(预防、创新、反应和学识)的相对重要性。预防与当事人的规模和性质无关,决定因素是当事人在支付交易中的地位,例如,当银行错误解读支票底部磁印金额并导致超额付款时,银行显然处于防止损失的最佳位置,因为此时根本不涉及消费者。另一方面,当消费者将支票交给冒名顶替者而被后者兑现并携款潜逃时,消费者处于防止损失的最佳位置。

然而,创新因素修正了预防因素的影响,近年来,信用卡、电子资金划拨、自动清算所和自动柜员机等创新已使整个支付系统发生变化。在未来10年中,销售点系统和家居银行可能会带来进一步变化;与此同时,研究者正在开发一系列技术如智能卡技术、指纹识别技术以减少欺诈损失。所有这些活动都由金融机构进行,个人将几百万美元投入预防支票欺诈的创新方法研发实属罕见。因此,将责任分配给金融机构的支付规则起到推动反欺诈创新方法的研发。虽然技术创新方向难以预料,未来创新可能改变这种形势,但创新因素现阶段倾向于将支付损失分配给金融机构。

损失减少原则中的反应因素与创新因素一样与当事人的规模和性质紧密相关,特别是在损失很少发生且涉及深奥难懂的法律时更是如此。与普通金融机构相比,消费者从事的支付交易数量有限,从经济学上说,消费者忽略支付法律细节是理性的,但金融机构的忽略则是非理性的。因此,与消费者相比,金融机构更有可能对法定动力做出反应。的确,消费者忽略法律规定首先导致支付市场失灵并证明法律有必要介入,而忽略法律规定亦表明消费者不会对旨在矫正市场失灵的责任规则做出反应。

如果要对法律规则做出反应,消费者需要熟悉法律。由于大多数消费者具有学习能力,这些规则经过一段时间后可能会进入消费者意识中,而对于不知情的消费者,责任分配规则会给他一个惨痛的教训。因此,从长期来看,消费者很可能对规则做出更多反应,这种不断增加的反应是否达到使规则有效地改变消费者行为的地步仍然是一个悬而未决的问题。

(三) 损失执行原则(The Loss Imposition Principle)

损失分散原则和损失减少原则表明,支付规则将责任分配给哪一方才最有效率。建立有效支付法律的第三个原则,即损失执行原则关注的是责任分配之后的执行问题。执行程序将法律规则变为一系列货币转移过程,并通过民事诉讼、刑事审判或行政程序及许多非正式的争议解决方法来执行责任规则。所有这些机制的一个共同特点是成本高昂,并导致支付系统参与者遭受重大损失,因此执行程序应尽可能地降低成本以获得效率。

对损失执行而言,成本最小的方法是损失发生在哪里就由哪一方承担。发生支付争议时,最初损失通常由债权人,即垫钱的另一方承担[1],将责任分配给最初承担损失的人以彻底消除执行成本,但该方法将导致损失分散和损失减少无效率,因为债权人并不必然是分散损失或采取必要行动以避免损失的最佳当事人。

如果为增加效率而重新分配损失,最佳执行程序是以尽可能低的成本将责任从债权人处转移给应当最终承担损失的当事人。通过制定简单、清晰和具有决定性的责任规则就能达到上述目的,这种规则通过减少法律的模糊之处而阻止人们提起无价值的诉讼。此外,这种规则通过减少争议问题、证据数量、出庭次数及审前法律咨询次数而简化法庭程序并降低诉讼成本。能产生简单、清晰并具有决定性的责任规则并达到上述优势的法律机制是严格责任而不是过错责任,单一因素标准而不是多因素标准,客观标准而不是主观标准,法定损害赔偿金而不是以个案损失为基础来确定的赔偿金额。

当然,这样考虑执行程序的问题可能会剥夺损失分散原则和损失减少原则应有的弹性,因为它只代表大致公平的责任分配规则而不是这些原则所建议的精确分配规则,最终选择取决于上述三个原则对有效率的损失分配所产生的经济影响。在考虑上述三个原则的影响时,损失执行因素显得极为重要,尽管美国《统一商法典》以预防为中心,但损失执行因素比美国《统一商法典》中的预防因素重要得多。哪怕只调查一个事实,由此产生的

---

[1] 在消费者和金融机构之间,使用支票、电子支付指令或销售点支付系统时,消费者是债权人;而使用信用卡时,金融机构是债权人。

成本很快将超过给消费者账户带来的所有损失,包括具有灾难性的损失。为确定消费者将支票簿放在打开的抽屉中是否有过失或金融机构给一位贴着假胡子的人兑现支票时是否有过失,至少需要一份宣誓证词、一系列讯问及一天审判时间,即使这种最简单的事实调查程序所产生的法律成本很可能使消费者付出的代价远远高于诉讼中的争议金额。

损失执行成本不仅会给支付系统参与者带来重大的损失,还会扭曲损失分配规则,并因此阻碍损失分散原则和损失减少原则的作用。由于支付法律的执行主要依赖私人诉讼,执行程序最大的扭曲来自于主张法律权利的成本,该成本常常超过争议金额。① 因此,理性的潜在原告只有在平衡胜诉所得利益与诉讼成本后才会决定是否起诉。在诉讼成本超过可得利益时,他们不会起诉并自行承担损失,此时,损失由债权人承担。因而在涉及支票、电子资金划拨和销售点交易带来的损失时,消费者可能不会积极主张权利;在涉及信用卡损失时,金融机构亦可能不会积极主张权利,这种情形扭曲其他两个原则所建议的风险分配规则并导致无效率。

尽管具有经济理性的金融机构和消费者以相同方式决定是否主张权利,但与金融机构相比,消费者更不大可能会主张权利。由于消费者在解决争议中的法律原则适用问题或争议对声誉影响问题中并没有多少利害关系,除可能从诉讼中获得金钱鼓励外,消费者不太可能获得任何其他利益。然而,金融机构的利益不限于金钱鼓励,因为不管诉讼能否产生风险分配规则或产生何种规则,这些机构还得继续在支付体系下运营,而且,金融机构需要持续维护商誉。在与消费者交易时,金融机构可能扮演敏锐而慷慨的角色,但为维护商誉,亦可能在主张法律权利时毫不谦让。在获取法律服务时,金融机构还能从规模经济中获益,金融机构从法律职员处获取专业意见极为方便,其官员经常接触法律职员,这样就消除了消费者在建立律师—客户关系中通常要付出的成本。由于消费者与诉讼结果无多少利害关系且成本较高,即使持怀疑态度且好打官司的消费者,因经济原因可能也不愿意在支付争议中主张权利。

漠视权利或社会地位不利的消费者更不太可能会采取行动,这些消费者可能不知道对于某些损失享有救济权,在支付领域尤其如此,因为与一块砖砸到某人头上所造成的损害不同,它只是资产负债表上做了一项错误的

---

① 关于诉讼的经济学模型通常推定,诉讼成本会阻止无价值诉讼。经济学模型经常还推定,原告起诉的必要条件是相信判决金额会超过诉讼成本。

记载而已。即使发现损失并知道享有相应救济权,消费者可能会被雇佣律师、收集书证或出庭等法律程序吓得不敢起诉。

近年来,旨在增加消费者主张权利意愿和能力的一系列法律工具得以创制:集团诉讼或者惩罚性损害赔偿使许多消费者克服了诉讼金额太小的问题;允许在无需聘请律师的小额求偿法庭起诉,降低了诉讼的高额成本,抵消了对方有能力聘请优秀律师所带来的好处。① 通过这些工具,消费者诉讼可能会大大增加,但在缺乏实证研究的情况下,诉讼是否会有足够的增长是一个难以准确回答的经验问题。②

这些困难出现在私人诉讼中,但私人诉讼并不是消费者主张权利的唯一途径。另一主要途径是行政执法,可利用现有联邦和各州银行监管机构来达到上述目的,如果仍嫌不够,可设立专门的消费者保护机构,然而,利用行政机构要面临上述损失执行中的大部分问题。在行政背景下,事实调查成本可能没有那么高昂,但仍有可能经常超过争议金额。消费者执法不足的问题可能会继续存在,因为消费者必须意识到存在的问题,而且还有可能被解决问题的行政程序吓退。

此外,行政机构执法还有一个劣势。由于反应迟缓且存在不确定性,在被要求解决个人诉求或获取小额赔偿金时,行政机构的低效率一直臭名昭著。可以采用新的管理技术,但其中大部分只是将裁判程序做些许修正,并不能真正替代这些程序。即使与美国《统一商法典》有着不同管制背景的美国《借贷诚实法》和《电子资金划拨法》也主要依赖私人诉讼来分配支付损失。当目标定位为有效挽回私人经济损失时,建议采用行政执法程序不明智,支付法律必须克服困难并继续运用私人诉讼。③

二、消费性支付责任之法律规则

(一) 三个经济学原则之间的相互作用

损失分散原则、损失减少原则和损失执行原则是在制定有效分配损失

---

① 美国有些州不允许当事人在小额求偿法庭管辖的案件中聘请律师,如加利福尼亚州。

② 诉讼可能会太多,亦可能会太少;一个领域内的诉讼可能太多,而另一领域的诉讼可能太少。此时,执法过多或过少不会相互抵消而只会加剧无效率。例如,如果错误拒付会产生过高的惩罚性赔偿金,但普通的账单错误不产生任何惩罚性赔偿金,金融机构在哪一个领域内均不会采取合适的预防措施,这导致金融机构在拒付问题上过于谨慎,而在普通账单上继续粗心大意。

③ Robert Cooter & Edward Rubin, A Theory of Loss Allocation for Consumer Payments, 66 *Texas Law Review* (1987), pp.112—119.

的法律规则时需要考虑的主要因素。当这些原则协调一致时,最佳规则很容易制定;当这些原则出现分歧时,必须比较相对经济效果以确定哪个法律规则能使交易成本最小化。在大多数情况下,比较这些经济效果需要有经验性数据,但获取这些数据的成本高昂,由此产生的问题是,公共政策只能依赖猜测来决定。然而,仔细探讨这三个原则之间的关系可确定选择最佳规则时需要哪些数据;在数据缺乏时,可提高我们猜测最佳规则的能力。

损失分散原则毫不含糊地将支付损失责任分配给金融机构,因为企业可将损失分摊给客户;与此同时,损失减少原则分配责任取决于哪一个因素占主导地位。如果技术创新是消除某一损失的最便宜办法,责任应分配给金融机构;与此类似,如果消费者很少对责任规则做出反应,还是应由金融机构承担责任。然而,如果现有预防措施是减少损失的最便宜机制,而且双方对责任规则均会做出反应,那么损失减少规则会将责任分配给能更便宜地采取预防措施以防止损失的任一当事人,或根据每一方采取预防措施的能力来分配责任。此时,在金融机构和消费者之间,该原则是中立的,结果取决于争议中的支付损失类型。

第三个原则,即损失执行原则表明,设计损失分配规则时应避免昂贵的诉讼成本并克服执法不足的问题,特别是在消费者损失额较小时更应如此,因此,该原则倾向于制定简单而清晰的规则,如设有固定金额的严格责任规则。损失减少规则倾向于过错责任规则,因为它能为几个当事人同时采取有效的预防措施提供动力,但损失执行原则事实上排除了支付系统采用该规则的可能性。确定是否存在过错或疏忽可能太复杂并导致成本高昂,因而实施过错规则的所有成本必然会超过减少损失所能获得的利益。

在三个原则发生冲突时,具有经济效率的损失分配规则不可能通过计算每一方有几个原则而获得。这三个原则并非是在经济领域中具有平等投票权的公民,设立原则的目的只是简化需要考虑的因素以便更好地确定承担、防止和裁判支付损失的所有成本。由于有效规则能使支付损失的所有成本最小化,因此真正的问题是每一个原则产生的效率大小。

然而,上述原则在分配支付损失时的确表明存在一般化的规则,因为损失分散原则倾向于将责任分配给金融机构,损失执行原则倾向于确立严格责任或无责任,所以在制定有效规则时,损失减少原则通常具有决定性的作用。在损失减少原则内部,创新和反应因素总是倾向于由金融机构承担责任,学识因素总是从属于反应因素,因此可变因素是预防因素。当金融机构是采取预防措施以避免损失的唯一当事人时,损失减少原则的所有四个因素,亦即所有三个经济学原则均毫不含糊地赞成由金融机构承担责任。但在消费者或更常见的情形是消费者和金融机构都能采取最便宜的预防措施时,制定规则需要采取更为复杂的方式而不是简单地将所有责任分配给金融机构,绝大多数支付损失的分配需要采用这种复杂方式。

尽管预防因素常常是决定性因素,但它绝不是单独存在的因素。在损失减少原则内部,创新、反应和学识三个因素可能具有相互抵消的作用,而且,损失减少并不是效率要考虑的唯一因素,任何已选定规则亦应反映损失分散原则和损失执行原则。许多法律的经济学分析强调预防而不考虑其他因素,普通法及其法典化形式——美国《统一商法典》具有类似偏好,但全面分析需要考虑所有相关因素,承认并探寻它们之间的冲突。

(二) 建立在三个经济学原则之上的法律规则

为从上述三个经济学原则的相互影响中找到损失分配的一般法律规则,人们必须考虑损失的不同类型。有两类错误最为明显,即"肯定性错误"(false positives)和"否定性错误"(false negatives)。[①] 肯定性错误指发生不应发生的支付,如兑现伪造支票;否定性错误指应支付但未支付或未及时支付,如金融机构丢失支票或未在法定或合同约定的时间内支付。由于肯定性错误和否定性错误会产生不同损失,经济学分析将产生不同支付规则,因而这种区分非常重要。尽管这种区分明显,但这两类支付错误可能在事实上会联结在一起,因为肯定性错误经常导致否定性错误,例如,当盗贼非法从支票账户提取资金(肯定性错误)并导致余额下降时,金融机构可能随后以资金不足为由拒付一系列有效支票(否定性错误);同理,当盗贼欺诈性地从预定接受者处卷走一项合法支付时(肯定性错误),金融机构可能随后未能向预定接受者支付(否定性错误)。即使肯定性错误会导致否定性错误,为了分析方便还是应区分这两类错误。

1. 肯定性错误

当一笔资金从消费者账户中被提出并落入非预定接受者之手时,肯定性错误随之发生。非预定接受者可能是发起错误支付的盗贼或无辜的当事人,这种错误的直接损失是从账户中被提走的资金,通常为支付工具的面

[①] 肯定性错误和否定性错误借用了统计学术语。在统计原理中,肯定性错误是指接受了不真实的假设,否定性错误是指拒绝了真实假设。这些统计员使用的概念得到了广泛使用,在医疗诊断中被称为第一类错误和第二类错误。

额。因此,对于肯定性错误而言,损失金额很容易确定,问题是如何分配已知损失。

在某些情况下,金融机构是唯一可以采取预防措施的当事人,譬如,假设有一盗贼通过与金融机构的共犯合谋获取现有账户的信用卡号码后制作了一张伪造卡,并在一周内大买特买。由于只有金融机构可采取预防措施以避免损失,因而损失减少原则要求制定将责任分配给金融机构的规则。因此,所有经济学原则均指向由金融机构承担损失,而根据损失执行原则,严格责任规则最有效率。

对于其他肯定性错误,消费者可能是唯一可以采取预防措施的当事人,消费者故意制作无效支付工具是一个明显例子。这种消费者是不法行为者,甚至可能是罪犯,理应就全部损失承担责任且不应设立责任限制。用经济学术语来说,不法行为者在他们之间进行非自愿划拨,而这种非自愿划拨缺乏市场所具有的效率特征。

当损失源自消费者授权使用"存取工具"①(access devices)但遭滥用时,亦应主要由消费者采取预防措施。例如,借记卡消费者可用个人密码来保护自己以免因卡片遗失而产生损失,密码并不显现在卡片上,必须手工输入自动柜员机才能从消费者账户中提取资金。假设消费者将卡片交给另一当事人并告知密码,指示后者用卡不能超过一定限额但后者用卡时超过限额,这几乎等同给予某人空白支票,这和故意采取不法行为的情形一样,由消费者采取预防措施以避免损失的成本几乎为零。另一方面,由金融机构采取预防行为非常困难,因为消费者已自愿让违法作恶者规避了金融机构提供的保护措施。当然,可以技术创新,但消费者这类行为亦会限制其效率。由于所涉行为是有意的、自愿的,消费者可能对责任规则做出反应,因此,损失减少规则倾向于由消费者承担损失,然而,这种结果与损失分散原则直接冲突,因为后者继续倾向于由金融机构承担责任。

大多数案件可能远远没有上述例子明显,原因在于金融机构和消费者均可采取预防措施,例如,消费者只要小心谨慎就可避免遗失借记卡而产生损失,金融机构可在卡片的设计上进行技术创新而减少损失。金融机构敦促,常识也告诉消费者,不应将密码写在卡片上或经常与卡一起携带的任何其他物体上。虽然消费者遗失卡片难以避免,但当然可以避免将密码写在

---

① 有学者将其译为"访问工具",参见陈健:《电子支付法研究》,中国政法大学出版社2006年版,第235页。

卡上，因此，对于有个人密码的借记卡，消费者可能会被认为是最便宜的损失避免者，因为只要不粗枝大叶即可。

然而，该论点忽视了技术创新及其后果，在减少信用卡和借记卡损失这一问题上，密码只是技术创新的起点而不是终点。研究人员正在开发一系列新颖的身份识别工具，其中一部分已正在生产和销售，许多身份识别工具依赖生理特征，诸如指长、签字速度和力量、掌纹和声纹，而其他工具依赖与密码相似但已有所改进的编码系统。尽管这些身份识别工具带来可行性、成本和隐私等问题，人们几乎不怀疑还会有发展，这样，对于消费者采取更多预防措施可以避免损失的情形，金融机构同样有能力避免损失。

因此，对于借记卡遗失，双方均可采取预防措施，消费者和金融机构都能避免大部分损失，而每一方通常都能以最少花费避免某些损失。对于大多数肯定性错误，双方都可能采取预防措施。消费者几乎总能采取某些预防措施，而对于促使其采取预防措施的责任规则至少会做出部分反应；但金融机构通常可采取其他预防措施，并且技术创新可进一步减少损失。因此，对于肯定性错误，有效率的法律规则是让每一方承担足够责任以促使其采取符合成本效益原则的预防措施，即每一单位开支会最大程度地减少损失的预防措施。此外，如果损失不可避免，法律必须有效率地分散损失，必须确立使损失执行成本最小化的简单规则。

解释这种规则的起点是，应在消费者有能力采取预防措施时提供避免损失的部分动力，但反应因素表明存在一个最佳责任点，超过该点即使责任增加，消费者不会再采取更多的损失避免行为。超过该点应由金融机构承担全部损失，因为金融机构能分散损失并开发新的技术以抵消本身及消费者粗枝大叶而产生的损失。损失执行原则表明应设立固定金额的责任限制，消费者和金融机构都应严格承担所分配的部分损失。因此，对于双方均可采取预防措施的肯定性错误，经济上有效率的规则是消费者只需要承担限额责任，消费者严格承担限额以下的责任，而金融机构严格承担限额以上的责任。事实上，美国《借贷诚实法》和《电子资金划拨法》均适用该规则，我们称之为"消费者限额责任"规则。

当然，即使这种规则也需要事实调查以确定特定争议是双方都可采取预防措施并适用限额责任的争议，还是只有一方可采取预防措施并应由金融机构或消费者承担全部责任的争议。确定这一点比较简单，并可以司法文书为基础判断，但结果应当清楚明确以使大多数争议无须经过诉讼。通过判给胜诉方律师费的办法能够减少消费者执法不足的问题,但不会消灭该问题。

在绝大多数案件中,双方均可采取预防措施,因而将适用消费者限额责任规则。在制定这种法律规则时,将责任限制确定在有效率的水平上是一个主要问题。联邦法律中的各种限额显然是猜测和政治妥协的结果[①],采用更为合理的方法需要获取市场数据或由市场产生的经验数据。如果经验证据表明,消费者采取的预防措施根本不是对责任的反应或反应缺乏弹性,那么经济学原则将倾向于由金融机构承担严格责任;如果经验证据表明恰恰相反,则必须面对将责任限额准确地定在何处这个难题。

由于现在无法获得相关数据,我们只能推测某些可能的选择。也许消费者对法律确定的支付损失分配规则无任何反应,该主张并不奇怪,消费者可能根本不知道责任规则,但因避免承担责任之外的原因而采取预防措施。譬如,肯定性错误除因责任规则给消费者带来损失外还带来了其他成本,丢失自动柜员机卡的消费者必须在完成证明损失的纸面文件后才能领到新卡。在新卡发行前,消费者无法使用自动柜员机,可能在一段时间内无法使用一大笔资金,而且发行商还可能会注销卡片。此外,即使争议金额微不足道,大多数消费者仍有可能希望避免潜在诉讼带来的成本和困扰。考虑到消费者希望避免这些成本,在对责任规则做出反应时,消费者可能不会额外采取什么预防措施。消费者可能根本不会对责任规则做出反应这一点表明,金融机构对所有肯定性错误带来的损失应承担严格责任,或消费者责任的法律限制应定在名义责任之上。

另一种可能是,消费者采取的预防措施与责任规则之间具有部分弹性。为做出反应,消费者需要知道法律将某些支付损失已分配给他,而且不能严重低估损失发生的可能性。如果存在以上情况,将责任限制提高到象征性责任以上将大大减少损失并使消费者采取更多预防措施,然而,随着责任的增加,消费者采取预防措施的增长速度在递减。因此,虽然消费者承担的责任在增加,但消费者采取预防措施并未有多少增加,不能分散的损失越来越多,这给消费者带来的压力亦越来越大。此时,最佳的责任规则是将消费者责任限制在一个数量较大但又不太多的金额上,该规则模仿大多数私人保险合同的做法,因为消费者对最初损失承担严格责任直到某一限额为止与

---

① Arnold Rosenberg, Better Than Cash? Consumer Protection and the Global Debit Card Deluge, 2005, available at http://www.ssrn.com.

保单中的免赔额相似,而金融机构应对超过限额的损失承担严格责任。

2. 否定性错误

否定性错误提出了一系列不同的因素,未能对一项有效的支付工具付款,或未能在规定时间内付款并未造成直接损失,因为此时并未从消费者账户中提走资金,问题是消费者承认欠钱的对方未收到相应款项,遭受挫折的受款人可能会取消与消费者签订的重要合同,降低其信用等级,面对面地羞辱对方或带来种种不愉快,用法律术语来说,这种损失通常被称为间接性损害。

与肯定性错误不同的是,确定哪一方处于防止否定性错误的最佳位置不存在任何不确定性。由于否定性错误是指金融机构未能对一项有效支付工具付款,因而消费者在签发支付工具时并无过错。金融机构导致了该错误,只有它才能采取现实的预防措施加以避免,然而,金融机构既无法预测损失大小,又无法预测由此产生的一系列事件。由于这种不确定性,双方都可以采取预防措施的问题同样存在。尽管金融机构在最初防止损失发生时当然处于最佳位置,但在避免因最初错误而产生的可能影响深远的间接损害时并未处于最佳位置。在许多案件中,消费者更有可能避免这些损失,因为只有消费者才知道金融机构接受支付的 1000 美元支票是来自母亲的礼物还是为获得几百万美元交易而支付的保证金。金融机构缺乏必要的信息,因而无法确定在每天处理的成千上万笔支付中哪一笔应格外小心。

否定性错误和肯定性错误一样,双方都可以采取预防措施,有效率的损失分配规则要求分担责任。金融机构对否定性错误产生的损失至少应承担部分责任,并对消费者无法有效预防的损失负全部责任。

和肯定性错误一样,要求消费者承担责任只有在消费者行为对责任规则有所反应才有意义。一般而言,法律规则不应鼓励消费者在普通支付上采取预防措施以避免否定性错误。在普通支付中,消费者很可能未考虑到会出现金融机构不支付的情形,消费者无法在不给自己带来极不方便和不必要成本的情况下证实普通支付已发生,或运用不必要的制度来确保实现普通支付。然而,对某一消费者异常重要的支付如支付购房保证金,消费者比金融机构可能有能力采取更为有效的预防措施,对于这些支付,消费者更有可能采取预防措施如使用挂号邮件发送支付命令,而且,似乎还可以认为,消费者对于被要求承担超过一定限额损失的法律规则会有所反应。假设金融机构此时采取预防措施以防范异常间接损害,这会使得普通交易亦要提交确认书。这种措施只适合于异常交易,对于普通交易而言不必要,因此,最有效率的规则应让金融机构承担所有损失直到某一限额为止,而让消费者承担超过该限额的异常损失。

该规则主要考虑损失减少原则,难以与损失分散原则协调一致,因为它给消费者带来了重大损失,然而,对于异常损失责任,消费者的反应有所增加,这足以使损失发生概率最小化。损失分散原则的确表明,金融机构的责任限制应定在一个相对较高的水平上,而技术因素亦支持该结论,在这两种情况下,金融机构均有消费者无法与之相比的能力。此外,损失执行原则表明,限额应为一固定金额并无需通过事实听证会就能确定,由此产生的规则正好与肯定性错误规则相反,后者由消费者对限额以下的损失承担严格责任,而剩余损失由金融机构承担。

与肯定性错误相比,确定责任限额问题在否定性错误中没有那么重要,确定否定性错误责任限额的目标是排除异常的高额赔偿请求以减轻支付系统过重的负担,而任何合理的限额均能达到该目标。确定允许求偿的损害赔偿额是一个更为重要的问题,肯定性错误造成的损害通常与支付工具面额相同,这几乎不需要举行事实性听证会就可确定,然而,众所周知,否定性错误造成的间接损害既难衡量又难证实。证明从消费者账户中欺诈性地提走1000美元所造成的损失很容易,但证明错误拒付支票给发票人商业关系造成的损害很难,为此举行听证会造成损失执行成本过高,这在很大程度上会使固定责任限制的好处丧失殆尽。

除由此产生的成本外,证明间接损害的复杂性可能会扭曲损失执行方式。由于金融机构未能支付的损失最初由消费者承担,如果消费者想获得补偿,必须主张补偿权并证明损失。假如损失执行成本可能高于间接损害实际金额或金融机构责任上限,消费者几乎没有或根本没有主张权利的动力。由于消费者提起诉讼必然有成本,加之要证明否定性错误造成的损害非常困难,因而没有多少消费者会主张权利。

解决损失执行问题的一个可行办法是为每一类否定性错误确定最低赔偿额——消费者无需证明就可获得该金额。在许多案件中,该金额可能太多而无必要;在另一些案件中,该金额又可能不足。因此,更合适的办法是,赔偿额将依据支付工具面额的一定比例来确定,并由消费者承担起诉成本但不承担证明成本。尽管根据支付工具面额的一定比例来确定限额只能与消费者面临的风险大致相当,但亦以清晰的方式表明了金融机构的全部风险。确定实际比例又是一个经验问题,可以肯定的是,以支付工具面额的某一倍数或比例来确定赔偿额将会获得最有效率的结果。因此,分配否定性错误损失的有效规则是,由金融机构对支付工具面额的一定比例承担严格责任,直到某一合理的法定限额为止;而由消费者承担剩余损失,我们将该规则称为"面额责任"。

为获得该法定损害赔偿额,消费者必须提出请求并证明存在间接损害,但不需要证明损失的具体金额。要求消费者承担起诉成本足以阻止没有遭受损失的消费者获取不当得利,允许消费者获取律师费并且可以克服执法不足这一问题。否定性错误与肯定性错误的救济方法是平行的,正如现行立法一样[1],为不同的支付类型建立不同的制度可能更为合适。

否定性错误损失分配规则还要解决迟延支付问题,在某些支付系统如电子资金划拨中,迟延导致的损失与未支付的损失相当,然而,金融机构无法从支付工具面额中判断出潜在损失是多少。解决办法之一是建立法定时间限制,而该限制应与消费者期望支付完成的时间一致,并赋予金融机构某些自由裁量权。如果金融机构超过该时间限制,该规则将其视为未支付,但如果金融机构在特定时间内完成支付,不应承担任何责任。需要更快完成支付的消费者应将此告知金融机构并在合同中做相应安排,由于需要更快支付的情况异常罕见,消费者应了解其需要并在发动支付时将此告知金融机构。[2]

三、消费性支付责任法律规则之适用

以上建议规则可适用于支付程序中的各种典型损失,不论何种支付形式,均需要经过一些基本阶段,而损失可能发生在任一阶段。就支票而言,损失可能发生在以下阶段:支票开立时;发票人交给受款人时;受款人存入开户银行时;开户银行交给受票银行时,而且,如果法律允许撤回支票或发出止付令,银行在接到有效止付令后仍兑现支票就会产生损失。就信用卡和电子资金划拨而言,发生损失的可能性几乎相同,只是盗贼为集团犯罪分子或计算机程序员而不是伪造者或粗心的簿记员。

---

[1] 美国《信贷诚实法》确立了信用卡责任规则;美国《电子资金划拨法》确立了借记卡责任规则;而美国《统一商法典》确立了支票责任规则。

[2] Robert Cooter & Edward Rubin, A Theory of Loss Allocation for Consumer Payments, 66 *Texas Law Review* (1987), pp. 120—127.

（一）法律规则在支付发动中的适用

就电子资金划拨而言，消费者直接向金融机构发出指示即可发动支付；就支票或信用卡而言，消费者交给第三方时即可发动支付。① 正如以上所述，只有金融机构才能避免损失时，最有效率的规则要求金融机构承担严格责任；其他情况下，金融机构和消费者都能采取预防措施，而消费者还可能有能力以最低成本采取措施。

现行法律要求消费者对于信用卡未获授权使用损失中的头 50 美元承担严格责任；而在损失完全起因于消费者自己的过失时，一般要对支票欺诈损失承担全部责任。信用卡规则与我们提议的消费者限额责任相吻合，而经济学原则表明这种损失分配规则也要适应于支票。尽管这种规则对于支票而言似乎格格不入，但除历史原因外，无任何理由说明为什么不同的支付方式有不同的立法。

消费者只承担较低限额责任有例外，如果消费者未能向金融机构报告提供的存取工具如信用卡、借记卡或支票遗失时例外。依据美国《统一商法典》，遗失不报被简单地认为属于消费者过失而不能追偿，然而，美国《电子资金划拨法》为此单独建立了一项责任限制。该法规定，消费者在得知存取工具遗失后两个营业日内未向金融机构报失，责任限制为 500 美元。此时，设定一个比较高的消费者责任限额可能有效率，因为立即报告被遗失的存取工具可能会鼓励采取符合成本效益原则的预防措施。从本质上说，该规则将未报告视为重大过失，而最初丢失存取工具只构成普通过失，因此应运用限额责任规则，然而，重大过失规则产生两个问题：第一，消费者对于并非经常发生的支付损失责任增加是否会有更多反应是一个仍然没有答案的经验性问题；第二，引入重大过失标准必然导致大量支付案件需要查明事实。在责任规则中加入该标准导致损失执行成本的增加，并有可能超过预防措施的增加而减少的损失。

上述分析只涉及非故意损失，如上所述，故意制作无效支付工具的人是不法行为人，应对全部损失承担责任，然而，故意不法行为和错误之间并非一清二楚，当损失源于滥用消费者授权时就难以区分故意和错误。在避免这类损失时，消费者所处的位置通常比金融机构更佳，因而损失分散原则和损失减少原则往往会发生直接冲突。没有经验性数据，这类冲突难以解决。

---

① 直接向金融机构发出指令通常称为支付令，直接交给第三方的支付工具通常称为汇票。第三方支付工具称为汇票的原因在于，最终还是要从支付发动人的账户中提取资金。

我们可将此情形归入明显的不法行为,此时消费者应承担全部损失;或归入重大过失,此时消费者承担限额责任,但限额比普通限额要高。熟悉支付系统的人对何者为合适办法会有不同看法,但在缺乏数据的情况下,这些观点只能以直觉作为依据。

在用支票发动支付时,否定性错误是一个小问题,因为大多数受款人拒绝接受支票是在行使权利,然而,银行在客户提交有效支票要求付款时有兑现义务,否则依据美国《统一商法典》会被认为是拒付。

关于该问题的支票案件很少,与此相反,法院近年来处理了不少信用卡在使用时被扣的案件。在典型案件中,特约商户要求银行对消费者使用信用卡授权,但银行依据合同中有无需通知就可以取消信用的规定而指示特约商户扣下信用卡。正如人们所料,受到该种待遇的消费者表示不满,部分消费者起诉要求赔偿遭遇尴尬甚至心脏病突发而产生的间接损害。由于几乎可以肯定在信用卡取消条款上市场存在失灵,因此应制定法律规则来处理这些案件而不是继续允许合同规定无需通知就可收回信用卡。

为这些情形制定规则,人们必须承认消费者受到损害,即使认为扣留只涉及消费者的信用卡而不涉及心脏,但扣留通常导致不方便和尴尬。尽管这种损害看起来不大,而且难以用金钱来衡量,但消费者获取信用卡是为了方便,甚至还有某种地位感。金融机构有权取消消费者的信用卡,但如果不存在欺诈,金融机构在行使合同权力时应提前通知而不是等到使用信用卡购物时。在特约商户接受信用卡并与发卡金融机构联系时,如果后者错误地拒绝授权,"面额责任规则"允许消费者起诉金融机构,要求获得拟使用信用卡支付金额的一定比例作为赔偿金,但以特定限额为限。

至少有一个案件根据金融机构提出的理由对信用卡扣留原因做了区分,扣留可能是偶然的如因计算机反应错误而导致扣留,亦可能是故意的如金融机构借此机会收回消费者的信用卡。问题在于故意扣留的赔偿比例是否应大于偶然扣留。故意扣留赔偿比例大的优点是能促使金融机构在特别容易采取预防措施时采取更多措施,不足是将导致损失执行成本增加,因为通常需要举行证据听证会以区分故意扣留和偶然扣留。这些因素与在讨论消费者适用重大过失标准时产生的问题有很大的相似性,需要有经验性数据才能做出确切的回答,但现在无法获得这些数据。

(二)法律规则在支付传输中的适用

在消费者发动支付之后,命令必须从发动点传送至金融机构,在支付命令达到指定目的地前被盗贼拦截并转走或窜改时会发生传输损失,伪造支票背书或扰乱传送过程就可使支付款进入盗贼账户。在最简单的情形——通常为电子支付如电子资金划拨中,消费者直接与金融机构联系,双方均可采取预防措施。金融机构可采取的预防措施有:在计算机软件和硬件中设置保护程序如识别传输者的密码;而消费者可采取的预防措施有:遵守金融机构的指示并保护存取工具。经济学原则再一次证明:消费者应对较低限额承担严格责任,而剩余责任由金融机构承担。

在长距离的电子传输中,通讯公司而不是金融机构可能会造成损失,但由消费者承担成本以确定谁造成了损失是无效率之举。由于在通讯公司和金融机构之间不存在市场失灵,它们之间的损失再分配应由市场来决定,因此,任何最终应由通讯公司承担的损失均可有效地分配给金融机构。

当消费者将支付工具交给第三方而不是直接向金融机构发出指令时,情况变得复杂起来。在这种传输法中,支付工具交给第三方时可能发生损失,由第三方交给托收机构时亦可能发生损失。为在涉及三方的支付中统一实施消费者限额责任规则,我们必须决定消费者的起诉对象。信用卡损失不存在这个问题,因为发卡机构向消费者提供信用,因而承担了最初的损失。如果存在争议,争议显然应发生在发卡机构和被认为欠这笔钱的消费者之间,然而,支票托收系统要复杂得多,因为在支票传送过程中至少会涉及两个金融机构:开户银行和受票银行。美国《统一商法典》采取复杂规则,这使得本身复杂的事物更加复杂。对于伪造发票人签章,消费者银行即受票人显然要承担损失,然而,对于伪造背书,美国《统一商法典》依据最初损失由受款人还是由发票人承担而分成两类。[①]

(三) 法律规则在支付处理中的适用

一旦金融机构收到消费者的支付工具,金融机构就会转给另一机构以便处理,处理的目的是将资金从消费者处转移至受款人处,而这要求转移书面或电子信息。因为在金融机构内部处理,经济效率原则要求全体金融机构对由此产生的损失承担严格责任。此时,损失分散原则、损失减少原则和损失执行原则都一致要求金融机构承担责任,消费者不应承担责任,因为不可能采取任何现实性的预防措施。

---

① 由于网上支付采用电子手段而无法背书,因此本书不涉及背书制度中的特殊问题。See Robert Cooter & Edward Rubin, A Theory of Loss Allocation for Consumer Payments, 66 *Texas Law Review* (1987), pp. 104—111.

处理过程中产生的肯定性错误所适用的法律大致与该规则相吻合,如果金融机构付错对象而后者拒不返还,金融机构要承担责任。处理过程中产生的否定性错误所适用的法律规则效率不高,美国《统一商法典》和《电子资金划拨法》在这种情况下采用几乎相同的解决办法。对于错误拒付支票或未能进行电子资金划拨,金融机构应向消费者承担由此产生且已经证实的损害。因此,法律要求消费者证明实际损害金额,并在损害金额与金融机构的错误拒付之间建立因果关系,然而,如果存在故意,消费者无需证明损害就可获得法定赔偿额。

考虑到经济上的因素,该法律体制无效率,损害金额和因素关系等复杂事实的诉讼成本可能会阻止所有请求,除非具有灾难性的损害或金额异常大。因此,近因损害责任一直使得消费者所获补偿不足,也难为金融机构避免损失提供足够动力。否定性错误更受欢迎的规则是确定一个固定损害赔偿额,并以支付工具面额的某一倍数或比例来确定,这种简单规则将消灭损失执行中的大部分成本,而且比近因规则更有效率地满足采取预防措施要求。

现行法律中另一个无效率的规则是,法律不要求金融机构在不可抗力中承担任何责任。今天,最常见的不可抗力是金融机构计算机系统失灵,发生这种灾难性事件时,美国《统一商法典》和《电子资金划拨法》都豁免金融机构的责任。也许立法理由是金融机构无过错,但亦可能源于确保金融机构稳健的社会政策,不管理由是什么,它是一个无效率的规则。尽管可以推定金融机构无过错,但承担损失的消费者亦无过错。在避免计算机失灵上,金融机构显然处于更有利的位置,如果法律要求金融机构对支付迟延损失负严格责任,金融机构将会内化这些风险并由全部客户分摊损失。

金融体系的稳健非常重要,但法律不应过分保护金融机构并豁免责任。假设金融机构计算机系统失灵,并延误太久而产生否定性错误,除少量利息外,多数消费者不会遭受间接损害,但其他消费者可能损失惨重。如果要求消费者以个案为基础证明这些损失,法院可能希望阻止追偿,原因在于损失执行成本太高,而且潜在责任难以预测。如果以支付工具的面额来确定赔偿额,该问题将大大改善,只要证明迟延给消费者带来损失,消费者就能依据已确立的公式获得赔偿。这种办法大大减少损失执行成本,并将金融机构的责任限制在支付工具面额的某一倍数或比例上。

(四)法律规则在支付处理后的适用

支付从发动,经过传输,再到在金融机构内部的处理,整个程序已结束,但损失预防并未就此结束。在支付完成后,金融机构通常会向消费者报告交易情况。消费者审查对账单便有机会发现未获授权的提款,如果未发现,使用同一方法的盗贼可能持续作案。

美国《统一商法典》注重预防措施,将消费者审查对账单的机会作为义务,收到对账单的消费者被要求检查以找出未获授权支付,并向金融机构报告任何错误。未按要求做将导致责任转移,金融机构承担的某些损失将转由消费者承担,最有名的例子是重复欺诈或盗窃产生的损失。美国《电子资金划拨法》要求金融机构提供月度对账单,同时允许金融机构转移损失,但给予消费者许多优待。实际上,该法规定在对账单寄发之日起60天内未向金融机构报告错误,消费者不享有任何责任限制。对于信用卡而言,即使消费者未发现对账单上存在未获授权的借记,消费者责任亦被限制在50美元以内。

有效损失分配的三个原则提供了一个方法,用该方法可以评估消费者是否有义务审查对账单及报告未获授权的借记。损失分散原则和损失减少原则中的创新因素几乎总是倾向于由金融机构来承担责任,问题在于消费者是否会对报告义务做出反应。具有经济理性的消费者会从成本和收益上来考虑是否审查对账单,成本主要是获取簿记技术及在审查对账单上所花费的时间。主要收益是避免承担未获授权的借记损失,该收益大小取决于风险大小而风险大小又取决于责任规则的范围和程度。调整责任规则必然改变各种因素的平衡,而具有经济理性的消费者只要在监控对账单时更为小心即可。

但是,消费者审查对账单的真实动机可能不是旨在避免责任,而是为保持账户可用,或审查是否存在应由金融机构承担责任的错误。责任规则对消费者行为的影响力仍然是一个悬而未决的问题,尽管从理论上说,通过研究可获得经验性数据以解决该问题,但目前尚无法获得这种数据。如果消费者对责任规则无任何反应,消费者会倾向于无责任;而相反的结果是严格责任,但应设定限额。然而,无论何种情况,以经济学分析为基础的规则都不会出现美国《统一商法典》和《电子资金划拨法》中的无限制责任。

另一主要问题是出现争议时提起诉讼的成本。在双方出现争议时,一方往往实际占有争议资产,另一方要么起诉,要么屈服。对存款账户而言,金融机构占有争议资产,它将决定是否更正并重新贷记,或以该损失已合理分配给消费者为由拒绝更正,因此,消费者必须负担提起诉讼的成本。对于金融机构为消费者垫款的信用卡账户而言，消费者可拒付并由金融机构负担起诉成本。一个重要的政策问题是，起诉成本是否应落在何处就由谁承担还是应通过法律来转移，该成本由消费者承担时就成为一个非常值得关注的问题。由于上述原因，消费者可能不会向金融机构提出请求，因此起诉成本将导致消费者权利的执法不足。

执法不足的问题为联邦现行法律中有关信用卡和电子资金划拨的账单争议规定提供了理论基础，这些法律要求金融机构对消费者投诉作出反应，更正账单或在拒绝更正时作出解释。只要消费者声称发生了错误，金融机构就应更正，这种要求会进一步强化联邦法律中的规定，而美国《统一商法典》可能要整体转型。消费者执法不足的问题可通过提高赔偿来克服，如设立法定最低赔偿或三倍赔偿①；或授予政府机关平等的执法权。② 这些救济会打破成本与效益之间的平衡，并导致消费者经常主张权利。

克服执法不足的立法将损失转移给金融机构，而后者将损失分摊给所有客户，随之而来的问题是，消费者将损失转移给金融机构的能力提高后是否值得所有消费者接受更高的收费？回答该问题的困难之处是，我们不知道在要求金融机构更正时消费者会提出多少错误的主张，或金融机构对有效主张拒绝采取行动的概率有多少。有人可能主张由金融机构承担责任，因为金融机构主张权利的成本比消费者低，而且关注法律的未来发展将为金融机构主张权利提供更大的动力，但和消费者不一样，这些金融机构财力雄厚且声誉卓越，因此很容易被告上法庭并获得不利判决。在缺乏经验性数据时，只能凭借推测来判断这些不同因素的相对效果。

（五）法律规则在支付撤回中的适用

最后一种肯定性错误是发票人将支付合法撤回但金融机构仍然付了款，由于金融机构导致了损失，并且是可采取预防措施以避免损失的唯一当事人，经济学分析赞成金融机构承担责任。金融机构充分认识到其不足，为减少出现差错的机会，可能更愿意全面禁止撤回，至少是禁止支票撤回，因此，关于撤回的真正问题是，法律应在何种程度上要求金融机构允许撤回。如果市场正常，金融机构会在禁止撤回的愿望和消费者保留撤回权的愿意之间平衡，并采用能够提供最大净收益的办法；如果市场失灵且消费者保有

---

① 在涉及信用卡和电子资金划拨的消费者诉讼中，美国联邦立法提供了最低限度的救济及律师费。

② 美国联邦立法为信用卡和电子资金划拨的法律规定建立了行政执法机制。

撤回权被认为符合社会要求,必须由法律加以保护。

撤回支票的能力来自于实践,支票交给受款人的时间和支票被金融机构兑现的时间通常存在几天的时差,在这一期间,可以止付支票。一旦金融机构付了款,支票款就属于受款人,发票人运用法律制度才能获得救济。从技术上说,销售点的电子资金划拨或向金融机构发出的支付令难以撤回,因为支付很快就会完成。我们无需将此即时支付视为最终支付,因为法律可以规定撤销权,因此,撤回电子资金划拨不取决于技术而取决于支付撤销规则。

信用卡不必设定撤回权,因为信用卡购物时并未使用消费者的资金,通常是在一段比较长的时间,如 30 天之后才会要求消费者付款,该时间为消费者提供了足够的机会来重新考虑购买行为。然而,关键的问题是,是否允许消费者向信用卡公司主张基础交易中的抗辩权。如果禁止抗辩,消费者只拥有有限的自救机会,因为不管所购产品质量如何,消费者有支付全部到期金额的法律义务;如果与现行法律规定一样允许抗辩,消费者就拥有与止付支票相同的权力。消费者可以拒付争议金额,在被诉时还可主张合同损害赔偿,此时,市场一般会允许金融机构将损失转嫁给作为争议来源的特约商户。

在评估撤回是否合适时,必须对旨在阻止因欺诈或伪造的撤回与其他类型的撤回加以区分。在支付工具有缺陷时,撤回是发现错误的消费者减少损失的唯一方法,通常只需向金融机构发出通知即可。此外,除处理指示的少量费用外,接受撤回不会给金融机构增加多少直接成本,显然,金融机构接受撤回是有效率的,很难找出不这样做的理由。① 然而,在消费者及时撤回以避免欺诈或伪造损失时,美国《统一商法典》却允许银行"忽略"撤回权并将损失转嫁给消费者。但是,有关信用卡和电子资金划拨的法律要求金融机构对粗枝大叶的行为负责。该规则在经济上具有合理性,因为及时撤回给了金融机构避免损失的最后一个机会,因此与损失减少原则要求金融机构承担责任亦一致。②

---

① 金融机构承担损失是确保有所反应的最佳动力。然而,即使消费者应承担责任,金融机构很可能考虑以下因素而遵守撤回指示:如果无任何可执行的财产,金融机构还是会遭受损失;如果有可执行的财产,金融机构希望与其保持良好关系;银行家通常是具有中产阶级价值观的人,他们喜欢的是存款人而不是盗贼。美国《电子资金划拨法》现在没有撤回规定。

② 金融机构自然会对提供的撤回服务向消费者收费,而是否允许金融机构收费或是否要管制收费是一个悬而未决的问题。

撤回有效支付引发的争议最多,与撤回有缺陷的支付工具不同,此种撤回并不能减少支付系统的损失而是服务于其他目的。撤回权的典型范例是止付令,即消费者指示受票银行返还未付支票,通常是特约商户的受款人必须起诉发票人(消费者)要求支付支票金额,而不是保有该金额并等发票人提起违反基础交易合同的诉讼。因此,止付令的效果是将起诉成本从发票人处转移给受款人,即从消费者处转移给特约商户。

转移起诉成本的基本目的在于为消费者诉讼中的执法不足问题提供救济,而且,在购买质量不明的产品或服务时,撤回权可给予消费者更多的信心。譬如,某人购买一台冰箱并以支票付款,但如果冰箱运转不正常,可在几天内撤回支票。撤回权代表消费品风险的有效分配,然而,撤回权减少了支付工具的价值,此种工具中含有受款人可能收不回应有资金的额外风险。这种风险的额外成本由使用此种工具的任何人承担,而不只是撤回权的相对人承担,而且,撤回权会延缓资金的流动。

撤回权保护消费者免受有缺陷的商品之害,但亦增加了支付工具的成本,因而必须在两者之间进行权衡。市场可通过提供多种支付工具来解决该问题,例如,假设金融机构能向消费者提供以下选择:一种是可撤回的支付工具如信用卡;另一种是不能撤回的类似支付工具如借记卡,市场应为撤回权定价,然后消费者就可决定是否支付额外的代价以保有撤回权。撤回权规定不同的各种支付工具都存在,但这些支付工具差异太大以至于撤回权很少成为选择支付工具时的主要考虑因素。[①]

第二节　网上支付中的责任承担规则

现行网上支付工具主要有信用卡、借记卡和电子货币等。由于各国并未对网上使用银行卡制定特别规则,因此网上银行卡适用现有规则。欧盟及英国对电子货币采取积极的监管措施并制定了相关法律,但美国联邦政府对电子货币采取"等待和观望"政策,因而并未出台相关法律。

---

① Robert Cooter & Edward Rubin, A Theory of Loss Allocation for Consumer Payments, 66 *Texas Law Review* (1987), pp.127—135.

一、英国银行卡责任规则

根据英国 1974 年《消费者信贷法》,除非有欺诈行为,在消费者的信用卡遗失或被盗或有人获悉密码通知银行前,对于信用卡被盗用所造成的损失,消费者最多承担 50 英镑的责任。值得注意的是,50 英镑是总责任而不是每次交易的责任。

英国《银行业守则》规定[①],在消费者无需亲临现场就能完成的交易中,如果有人未获授权而使用信用卡,消费者无需承担任何责任。此时,信用卡还在消费者手上,即不是信用卡遗失或被盗,但信用卡被盗用。除非有欺诈行为,否则消费者不可能承担任何责任。在远程交易中,消费者不承担信用卡盗用责任,这亦是欧盟《远程销售指令》的规定。此外,在收到信用卡前被盗用,消费者也不需承担任何责任。

举证责任由银行而不是消费者承担,因而银行在必要时须提供证据如证明消费者有欺诈行为,然而,消费者亦有义务配合金融机构的调查。

在英国,借记卡与信用卡的责任规则只有一个区别。如果消费者使用借记卡"未能尽到合理注意"[②]并由此导致损失,消费者可能要承担责任,而信用卡中无此规则。消费者应尽的合理注意有:不将支票簿和借记卡放在一起;不允许任何人使用卡、密码、口令或其他安全信息;如果更改密码,应谨慎选择新密码;牢记密码、口令和其他安全信息,而且一旦收到通知就立即销毁;不将密码、口令或其他安全信息写在纸上或记录下来;采取合理步骤确保信用卡安全,对密码、口令或其他安全信息永远保守秘密;保证信用卡收据安全并谨慎处理;除非知道对方身份及目的,否则不将账户细节或安全信息透露给任何人。值得注意的是,银行申诉专员和法院并不必然会认定,消费者未尽以上合理注意义务会构成"重大过失",如果不构成重大过失,消费者无需承担责任。

2008 年修订后的英国《银行业守则》向使用在线银行业务的消费者提出了以下忠告:第一,确保个人计算机的安全。消费者应使用可以升级的防

---

① The Banking Code and Its Guidance for Subscribers, 2008, available at http://www.bba.org.uk.

② 英国《银行业守则》以前采用的措辞是"重大过失"而不是"未能尽到合理注意"。措辞改变的原因是旨在让消费者更容易理解,因为重大过失不是普通措辞。然而,值得注意的是,虽然措辞已变,但在判断是否尽到合理注意时仍然适用重大过失标准。

病毒软件、反侦测软件,并建立个人防火墙;第二,对口令和密码保密;第三,谨慎处理收到的电子邮件,并提防要求披露涉及个人账户安全细节的电子邮件或电话。警察与银行决不会跟消费者联络并要求披露在线银行业务或在线支付卡密码或口令信息。

二、美国银行卡责任规则

(一) 信用卡

依据美国1974年《信贷诚实法》和美联储Z条例①,在通知发卡机构前,消费者对于信用卡未获授权使用的责任不应超过50美元,或不应超过未获授权使用所取得之金钱、财产、劳务或服务价值,在这两者中以金额较少者为准。未获授权使用指消费者之外的他人使用信用卡,其使用无实际权力、默示权力或表见代理权,而且消费者从该使用中未得到任何利益。只要消费者采取合理步骤,在发卡机构正常营业过程中提供有关信用卡遗失、被盗或可能存在未获授权使用的信息,就可认定消费者履行了通知义务,而不管在实践中是发卡机构的哪一个官员、雇员或代理人收到该信息。通知方式由消费者选择,可电话通知,亦可书面通知,书面通知以收到时为准,或不管是否收到,在通常所需邮寄时间和实际收到时间中,哪一个时间更早就以哪一个为准。

消费者对信用卡未获授权使用承担责任的前提是:第一,信用卡已被消费者接受。它指消费者已提出要求或申请并已收到信用卡,或已签字同意、指派或授权他人获取信用卡。任何信用卡的更新或替换在消费者收到时成为已接受信用卡。第二,关于消费者的最大潜在责任和在信用卡遗失或被盗时通知发卡机构的方法,发卡机构已履行"充分通知"②义务。通知应规定消费者责任不超过50美元或更少,消费者可选择口头或书面通知并提供电话号码或通讯地址。第三,发卡机构已提供一种可以识别信用卡消费者或授权消费者的方法,这通常包括签字、照片、指纹、电子式或机械式识别方法。

根据以上规定,消费者对未获授权使用信用卡负责必须满足下列条件:(1)消费者已接受信用卡;(2)责任不超过50美元;(3)发卡机构就潜在

---

① Truth in Lending Act and Regulation Z, available at http://www.federalreserve.gov.

② 充分通知指向消费者提供书面通知,并明确规定有关事实以便消费者可合理注意到其中的规定并明白其含义。通知可以任何方式发送,只要能合理确保消费者收到即可。

责任向消费者发出过说明通知;(4)发卡机构向消费者说明了在信用卡丢失或被盗时通知发卡机构的方法;(5)未获授权的使用发生在消费者就信用卡丢失或被盗通知发卡机构前;(6)发卡机构提供了一种技术方法,依该方法消费者可确认其就是已获授权使用该卡之人。如果消费者声称一项收费未获授权,发卡机构有责任证明以上每项条件均已满足。法律允许发卡机构要求消费者承担不超过 50 美元的责任,但发卡机构很少这样做,因此,该法律有效地消除了消费者对未获授权使用信用卡的责任。①

(二) 借记卡

1. 消费者的责任

在 1978 年美国《电子资金划拨法》颁布前,金融机构往往利用优势地位要求客户承担任何电子资金划拨的责任。据统计,约有 35% 的银行要求客户同意承担所有未获授权划拨的责任,直至通知银行为止。② 为维护消费者利益,美国《电子资金划拨法》和《美联储 E 条例》具体规定了消费者对未获授权电子资金划拨承担的责任限额。③

根据美国《电子资金划拨法》,如果借记卡已被接受且发行机构已提供一种识别方法,消费者应对未获授权使用借记卡负责,但在任何情况下,消费者对未获授权使用借记卡的责任不得超过下列金额之较小金额:50 美元;或在通知发卡机构或发卡机构从其他途径获悉消费者账户可能或已发生未获授权的电子资金划拨前,未获授权的电子资金划拨所取得的货币金额或财产或服务的价值。尽管存在上述规定,但如果发卡机构能够证明,若消费者能在定期对账单传送之日起 60 天内报告未获授权电子资金划拨或错误,损失不会发生,则发卡机构无需向消费者赔偿其所遭受的损失。此外,如果发卡机构能够证明,若消费者能在获悉借记卡遗失或被盗之日起 2 个营业日内报告,根本不会发生损失,则发卡机构亦无需赔偿损失,但此时消费者的责任不得超过以下金额之较小金额:500 美元;或在消费者获悉借记卡遗失或被盗后 2 个营业日结束之时起通知发卡机构前所发生的未获授权电子资金划拨金额。

根据《美联储 E 条例》,消费者对借记卡未获授权使用的责任限制应分

---

① Randy Gainer, A Cyberspace Perspective: Allocating the Risk of Loss for Bankcard Fraud on the Internet, 15 *John Marshall Journal of Computer & Information Law* (1996), p.44.
② 刘颖著:《电子资金划拨法律问题研究》,法律出版社 2001 年版,第 103 页。
③ Electronic Fund Transfer Act and Regulation E, available at http://www.federalreserve.gov.

为三种情形且分段计算:第一,及时通知。如果消费者在获悉借记卡遗失或被盗之日起 2 个营业日内通知发卡机构,消费者的责任不得超过下列金额之较小金额:50 美元;或在通知发卡机构前发生的未获授权交易金额。

第二,未及时通知。如果消费者在获悉借记卡遗失或被盗之日起 2 个营业日内未通知发卡机构,消费者的责任不得超过下列金额之较小金额:500 美元;或两笔金额之和——第一笔为下列金额之较小金额:50 美元;或在通知发卡机构前发生的未获授权交易金额,而第二笔为 2 个营业日结束之时起通知发卡机构前所发生的未获授权划拨金额,但以发卡机构证明,若消费者在 2 个营业日内通知,根本不会发生损失为限。例如,消费者的借记卡于星期一被窃,当天他就知道但星期五才报失,他可适用 500 美元的责任限额,但具体承担多少取决于未获授权的划拨时间。假如星期二发生 100 美元、星期四发生 600 美元未获授权划拨,消费者的总责任是 500 美元,即 100 美元划拨承担 50 美元责任加上 600 美元划拨承担 450 美元的责任。但如果 600 美元在星期二发生,100 美元在星期四发生,消费者只承担 150 美元的责任,即 600 美元划拨中承担 50 美元,加上 100 美元。

第三,定期对账单传送后仍未及时通知。为避免进一步承担责任,消费者须在发卡机构将定期对账单传送之日起 60 天内报告未获授权的电子资金划拨。如果消费者仍未及时通知,消费者的责任不应超过 60 天期满之日起通知发卡机构前所发生的未获授权划拨金额,但以发卡机构证明,若消费者在 60 天内通知,根本不会发生损失为限。在发生借记卡未获授权使用之时,如果可以适用第一种和第二种情形,消费者可能还要对以上两种情形下的损失承担责任。

如果消费者未及时通知存在特殊原因如长时间旅行或生病住院,发卡机构应合理延长以上时间限制。消费者可以书面或电话通知发卡机构,书面通知时间以消费者寄发通知之日或以任何其他通行方式传送给发卡机构之时为准。如果发卡机构获悉有关情况并足以使其认为消费者账户已经或可能发生未获授权的划入或划出,可推定为已通知发卡机构。与信用卡责任规则一样,在任何涉及消费者对未获授电子资金划拨责任时,发卡机构须举证证明电子资金划拨已获授权,或在电子资金划拨未获授权时,消费者承担责任的各项条件已成就。此外,如果州法或消费者与发卡机构之间协议规定的责任更轻,消费者责任不应超过州法或协议中的规定。

消费者是否承担责任的关键性因素为电子资金划拨是否已获授权。为此,美国《电子资金划拨法》和《美联储 E 条例》均规定,未获授权的电子资金划拨指由消费者以外的未获发动划拨实际授权的人发动的,从消费者账户划出资金而消费者并未从该划拨中获得利益的电子资金划拨,但不包括下述任何电子资金划拨:(1)消费者提供借记卡和密码,授权第三人发动的电子资金划拨,除非消费者已通知有关金融机构第三人不再有权发动电子资金划拨;(2)由消费者或与其共谋的任何人发动并具有欺诈意图的电子资金划拨;(3)由金融机构实施的构成一项错误的电子资金划拨。

一项交易是否构成未获授权划拨,常常引发一系列困难的事实与法律问题,例如,消费者可授权朋友或家庭成员为特定目的使用借记卡。如果朋友或家庭成员提取的金额超过授权金额,或在授权被撤销后继续使用借记卡,这是否构成未获授权划拨就成为一个难题;而如果使用借记卡的人通过欺诈或胁迫获得借记卡,或如果抢劫者强迫消费者发动划拨,亦存在是否构成未获授权划拨的问题。

一般而言,消费者对使用遗失卡或被盗卡发动划拨的责任,包括消费者被迫划拨的责任,适用责任限制。无论消费者存在多么明显的疏忽,如把密码写在借记卡上或写在一张纸上并与借记卡放在一起,都不影响消费者的责任限制。在一个案例中,法院支持这一观点。在该案中,消费者疏忽地将借记卡密码写在与卡片放在一起的纸上,并将借记卡与密码交给他女儿,而后来他女儿同时遗失两者。法院判决认为,这种疏忽与消费者是否应对借记卡和密码发动的未获授权划拨承担责任无关。

此外,如果被授权使用借记卡的人超过授权范围使用该卡,根据美国《电子资金划拨法》,该划拨不认为是未获授权,消费者的责任不受限制。在原授权被撤销时,消费者通知金融机构前也不受限制,但是,金融机构不得要求消费者通知卡片在特定的地点遗失或被某人窃走。即使金融机构向消费者提供了免费热线电话,根据《美联储 E 条例》,只要消费者以合理的方式向金融机构发出通知,责任将受到限制。

2. 发卡机构的责任

发卡机构对下列原因导致消费者蒙受的所有损失承担责任:第一,发卡机构未遵照消费者的指示并依据合同条款及时地、准确地划拨资金,但以下情形除外:消费者账户资金不足;资金受法律程序或其他限制而无法划拨;划拨超过双方达成的信用限额;电子终端无足够现金而无法完成交易;或美联储条例规定的其他情形。第二,发卡机构未能完成电子资金划拨的原因在于消费者账户中资金不足,但该问题起因于发卡机构未能按照合同条款将资金贷记消费者账户。第三,发卡机构未遵照消费者的指示并依据合同条款停止预先授权划拨。如果发卡机构并非故意,不管采取何种合理程序来避免以上错误,发卡机构只对已经证实的实际损害负责。

如果能以大量证据证明其作为或不作为是以下原因所致,发卡机构无需对以上第一种和第二种原因所导致的损失负责:不可抗力,或发卡机构已尽到合理注意,并依具体情况采取相应的谨慎措施,但仍无法控制的其他情况;发动电子资金划拨或预先授权划拨时,消费者已知道电子设备发生技术故障。

由于发卡机构对技术故障造成的电子资金划拨未能实现享有完全的抗辩权,可以免除责任,这意味着消费者可能承担由此造成的延期付款责任。为保护消费者利益,美国《电子资金划拨法》特别规定,如果技术故障妨碍消费者向他人发动电子资金划拨且他人已同意接受此种支付方式,在故障排除和电子资金划拨完成前,消费者对他人的支付义务应中止,除非他人随后以书面形式要求用电子资金划拨以外的方式支付。①

三、澳大利亚银行卡责任规则

澳大利亚《电子资金划拨行为法》规定,未获授权交易指未得到消费者授权的交易,不包括消费者实施的交易或他人实施但消费者知道和同意的交易。消费者对下列事项不承担任何责任:(1) 由于发卡银行雇员或代理人或发卡银行指定的特约商户及其代理人或雇员的欺诈或过失造成的损失;(2) 由于支付工具存在伪造、瑕疵、过期或撤销等情况造成的损失;(3) 在消费者收到支付工具或密码前发生的损失②;(4) 对同一交易借记两次以上造成的损失;(5) 在支付工具发生滥用、遗失或被窃或密码的安全性遭破坏时,消费者通知发卡银行后发生的未获授权交易导致的损失;(6) 有明显证据表明消费者未对损失造成影响时发生的未获授权交易损失。

如果发卡银行能证明消费者的欺诈或疏忽是损失发生的原因,或在知

---

① 同时参见陈健著:《电子支付法研究》,中国政法大学出版社 2006 年版,第 262—273 页。
② 在支付工具或密码是否收到有争议时,除非发卡银行能出示明确证据,否则推定消费者未收到。发卡银行可在新的支付工具或密码首次发放时设法获得消费者的确认书。假如通过邮寄或电子邮件传送给消费者,发卡银行不得将支付工具或密码已寄往消费者的正确地址的证明作为已收到证据。发卡机构亦不得在服务条款中特别约定:当支付工具或密码已寄往消费者的正确地址并经过一定时间后视为已收到。

晓支付工具发生滥用、遗失或被窃或密码的安全性遭破坏后不合理的迟延通知是损失原因,消费者应承担通知发卡银行前发生的损失,或消费者知晓(在遗失或失窃时应知晓)后发卡银行得到实际通知前发生的损失承担责任,但不包括:任何一天中发生的超过当日划拨限额的部分损失;任何一段时间中发生的超过该段时间划拨限额的部分损失;对任何账户造成的超出账户余额的全部损失,包括任何事先安排的信贷额。

如果消费者不存在欺诈或疏忽或不合理的迟延通知且未获授权交易需要密码,消费者只承担下列损失中最少的一项:(1)150澳元或由发卡银行决定的更小金额;(2)账户余额,条件是未获授权交易已将资金从该账户划出,而发卡银行与消费者亦达成可使用支付工具进入该账户的协议;(3)发卡银行接到支付工具发生滥用、遗失或被窃或密码的安全性遭破坏时已发生的实际损失,但不包括任何一天中发生的超过当日划拨限额或一段时间中发生的超过该段时间划拨限额的损失。

消费者有疏忽是指:(1)消费者自愿向他人(包括家庭成员或朋友)泄露密码;(2)消费者将密码记载于支付工具外部;(3)在不存在物理性支付工具时,消费者将所有密码记载于一件物品上,而且未采取任何合理措施保护密码的安全,或记载于数件物品上,但这些物品易于同时遗失或被窃;(4)在消费者选择或修改密码前发卡银行特别提醒消费者不能选择代表自己生日的数字,或可推知的以消费者姓名首字母构成的代码作为密码,而且已警告消费者做这种选择的可能后果,但消费者仍然选择使用上述数字或字母代码;(5)消费者极其粗心的行为导致未能保护所有密码的安全。①

在决定消费者应否承担责任时,须考虑所有合理证据,包括所有发生的交易之合理解释。支付工具正确地进入账户的事实很重要,但不能独立地构成发卡银行证明消费者欺诈或疏忽的充分证据。在决定消费者是否未在合理时间内履行通知义务时,发卡银行应考虑就通知向消费者收取费用或补办支付工具的事实。当发卡银行明确授权(无论是一般性授权或有条件授权)可从事某些特别行为时,消费者在授权范围内从事上述行为不能认定为有疏忽。而当发卡银行明示或默示倡议、许可或授权消费者使用支付工具进入其账户,包括在发卡银行互联网上使用支付工具进入其账户,并要求或推荐消费者披露、记录或存储密码时,消费者的此类行为不构成疏忽。此

---

① 上述情形应由发卡银行承担举证责任,即在平衡各种可能性的基础上证明已在规定时间内给予消费者特别指示与警告(并且这一指示足以吸引消费者的注意力)及违反这一指示的后果。

外,保护密码安全的合理行为包括:伪装含有密码的记录;采取合理步骤防止他人未经同意取得记录。发卡银行应在服务条款或与消费者的联络中提供确保支付工具安全的指南,而安全指南应明显区别于消费者承担未获授权交易责任的情形,并说明消费者有权只承担法律规定的损失,不承担安全指南所规定的损失。

发卡银行应提供有效、便利的途径以让消费者通知支付工具的遗失或被窃、未获授权使用或密码的安全性遭到破坏。相关设施(如热线电话)应在任何时间都能使用,而电话通知应为限制消费者责任的有效通知。如果在特定时间内相关设施无法使用,只要消费者在此项设施恢复正常后合理时间内通知,此期间内发生的因未通知造成的一切损失由发卡银行承担,而且,发卡银行应实施特定程序,保证能够确认收到消费者发送的通知。这种确认不必是书面形式,但必须让消费者能够确定他已发送通知并告知了时间。

当消费者提出信用卡或借记卡账户发生了未获授权的交易,发卡银行应平等对待消费者和其他人,即要求消费者承担的损失金额不得大于要求其他人应承担的损失金额,而如果发卡银行未对交易金额施加限制,发生未获授权交易时应考虑占主导地位的行业惯例实施的交易金额限制。发卡银行或争议解决机构可从消费者应承担的责任中减去他们认为公平合理的部分,此时应考虑以下因素:(1)发卡机构所使用的验证有关交易是否得到消费者授权的方法之安全与可靠程度是否足以保护消费者免受由于缺乏合理的交易限制保护而带来的损失;(2)在授予凭支付工具使用的贷款额度时,发卡银行是否采取合理步骤警告消费者支付工具的未获授权交易会给其享有的贷款额度带来风险。

如果发卡银行的系统或设备已接受消费者指令,但因发生故障无法完成交易,发卡银行应对消费者的损失承担责任。无论系统或设备故障是如何造成的,发卡银行不得明示或默示否认消费者要求损害赔偿的权利,但在消费者认识到系统或设备不能使用或存在故障仍使用时除外。发卡银行的责任仅限于更正账户中的金额错误和返还向消费者收取的费用。①

四、电子货币责任规则

(一)限额与责任

英国金融服务局于 2001 年发表题为《电子货币发行商之监管》的咨询

---

① Electronic Fund Transfer Code of Conduct, 2002, available at http://www.asic.gov.au.

文件,在该文件中,英国金融服务局认为发行商应对个人客户所持有的电子钱包金额加以限制,不得超过 250 英镑或等额价值,但是,金额限制不适用于接受电子货币支付的零售商持有的电子钱包。设立限制的原因是,一旦发行商破产,消费者不仅不受"金融服务补偿方案"的保护,而且还面临电子货币实际损失的风险。发行商确定电子货币限额后,消费者的最大损失得到了控制,最高金额限制的确立需要平衡以下两个因素:一方面,不对消费者的自由做过多限制;另一方面,亦应尽量反映一个谨慎消费者在钱包中存放现金的数量。因此,金额限制强调电子货币是硬币和钞票的替代物,而且是一种小额支付机制。

为避免限制太严,对于消费者提供较高安全保护的产品可不设金额限制,但是,必须保护消费者以使其免遭损失风险及滥用电子货币的洗钱风险,以下情形可不设金额限制:第一,消费者之赎回权不会因电子钱包的损失、失灵、被盗或损毁或其他原因不能使用而受到实质性侵害;第二,发行商设有账册记载每一消费者持有的电子货币余额及赎回权的大小。①

2002 年,英国金融服务局公布《电子货币发行商之监管》咨询文件的反馈意见。许多人提出批评,认为电子货币限额不公平,而且起不到应有的作用。就保护消费者而言,人们认为和实物货币一样,消费者一旦丢失电子钱包应自担风险。消费者最适宜处理电子钱包意外损失事件,因为与谨慎消费者在保护实物钱包时已采取的措施一样,只要在电子钱包中存入有限资金且小心看管即可。电子钱包限额应由消费者和发行商个别谈判来确定,而发行商破产风险最适宜通过在资本、流动性及投资等方面制订审慎规则来解决。人们还认为,欧洲大陆现金交易的平均价值较大,因此,英国设立如此低的电子钱包限额无助于在欧洲全境建立一个公平的竞技场。不管怎样,许多欧盟成员国并未建议设立电子货币限额。欧盟《电子货币指令》规定电子货币用于支付"有限金额",但并不意味着仅用于"小额"支付。最后,电子货币限额将超越指令的规定。当然,对于以账户为基础的电子货币应设立限额。

就反洗钱而言,人们认为洗钱者无论如何都会倾向于使用实际货币,只有在允许电子货币使用现金充值时,洗钱者才有可能瞄上电子货币系统。还有人认为,可开发出能发现并记载可疑交易及使用方式的电子货币系统,

---

① The Regulation of Electronic Money Issuers, 2001, available at http://www.fsa.gov.uk.

对于自然人之间的交易,设立交易总量或交易频率限制可控制每一电子钱包的累积交易量。不管怎样,电子货币限额不能阻止将大额交易分成众多电子钱包之小额交易,不能损害或牺牲持有人使用电子货币而享有的更大便利性。但另一方面,与实际货币相比,电子货币系统更有可能发现洗钱活动。当电子货币方案是以账户为基础时,可疑交易很容易被发现;而当电子货币方案不是以账户为基础时,限制交易总量或交易频率比电子钱包金额限额更为有效,而且,电子钱包限额限制了诚实持有人对电子货币的使用。最后,电子货币的银行及非银行发行人应一体适用反洗钱控制措施。

有人要求设立更低的电子货币金额如50—100英镑,然而,大多数人认为电子货币限额应由市场决定。如果英国金融服务局希望在此问题上建立一个规则,应确立一个更高的限额,如1000英镑,而如果一家发行商能证明需要更高限额且已实施合适的安全措施,英国金融服务局应允许发行超过1000英镑的电子货币。有人以用于旅行目的的电子钱包为例,2001年,一家公司发行的此类电子钱包平均初始充值额为1,170英镑。

英国金融服务局认为,电子货币限额旨在保护消费者,控制因发行商破产和电子货币或访问电子钱包的工具遗失、被盗、损毁或系统失灵而产生的双重损失。设立电子货币限额可向消费者发出信号,持有电子货币的风险比持有实物货币的风险要大,原因在于发行商可能破产。设立金额限制和要求发行商披露风险均提醒消费者注意风险,并使其在是否使用电子货币问题上能作出一个明智的决定。金额限制亦强化了以下认识:电子货币旨在替代硬币和钞票,并作为一种支付有限金额的零售性支付方式,然而,电子货币限额仅仅是反洗钱措施之一,仅仅是保护消费者的方式之一。①

在英国,电子货币设有金额限制,现有限额为1000英镑。2008年修订的英国《银行业守则》对电子货币之一的电子钱包作了规定,消费者应将电子钱包视为钱包中的现金。如果电子钱包遗失或被盗,消费者将遭受损失,正如遗失钱包会带来损失一样,然而,除非发行商能够证明消费者有欺诈行为或未尽到合理注意,消费者对电子钱包的滥用应承担如下责任:如果在将电子钱包遗失、被盗或被滥用告知发行商前,发生资金从消费者账户转移到电子钱包但未获授权,最大责任为50英镑;如果在将电子钱包遗失或被盗或其他人已获悉电子钱包密码告知发行商后,发生资金从消费者账户转移

---

① The Regulation of Electronic Money Issuers: Feedback on CP117, 2002, available at http://www.fsa.gov.uk.

到电子钱包,无需承担任何责任。

电子货币金额限制有例外,如果发行商已就电子货币限额问题向消费者或持有人发出过警告,而消费者已向发行商提交确认书,表示已收到上述警告且满足以下三个条件,电子货币可超过 1000 英镑:第一,发行计划表明,消费者持有的电子货币在发生损失、失灵、被盗或遭受损害时,不会给消费者带来任何损失或实质性地损害其赎回权或使用权;第二,发行商有能力阻止其发行的任何电子货币的使用;第三,拥有发行商发行的电子货币的当事人身份、拥有的电子货币数量、在任何时候对发行商拥有赎回权的当事人身份及拥有的电子货币数量,均由发行商或其代理人所做记录来决定且不受第一个条件的影响。① 发行商发出的警告应包括以下内容:金融服务补偿方案不适用于这些电子货币;一旦破产,发行商发行的电子货币就会毫无价值且不能使用,因而消费者将遭受损失。警告应采取书面形式,以一种容易理解的形式陈述,而且应最容易引起消费者的注意以便让其考虑警告中的事项。至于向发行商提交的确认函应表明,消费者已阅读并理解警告中的事项,也愿意接受超过限额的风险,确认函应采取书面形式且只与警告中的事项有关。从上述规定可以看出,如果电子货币超过法定限额,消费者一般不需要承担责任。②

澳大利亚《电子资金划拨行为法》规定,如果储值卡发行商拥有或能提供存储价值的可靠记录且有能力阻止存储价值的进一步划出,发行商应向消费者提供某种途径以确保后者能够在储值卡遗失或被盗时向前者发送通知,此时储值卡发行商应向消费者支付阻止划出的存储价值。如果划拨交易失败或虽然完成但存在瑕疵,而且原因在于划拨工具、终端或由储值卡发行商或代理人控制或提供的设备失灵造成,发行商应对消费者的损失承担责任。此外,即使由于系统参与人的原因造成储值卡发行商无法履行义务,也不能免除其对消费者的任何义务。由此可见,在发送通知之前的损失由消费者承担。③

(二)金融服务补偿方案

2000 年,英国议会通过《金融服务与市场法》,该法第 15 章规定的金融

---

① 如果消费者对于电子钱包遗失或被盗后,通知发行商前的损失承担责任,仍有可能满足上述条件。
② Electronic Money Sourcebook Instrument 2002, available at http://www.fsa.gov.uk.
③ Electronic Fund Transfer Code of Conduct, 2002, available at http://www.asic.gov.au.

服务补偿方案是在有关当事人不能或可能不能偿还债务时补偿债权人的一种方案。因此,补偿方案旨在保护不能偿还债务之被监管公司的顾客,补偿资金来源于获得授权而从事同类业务的其他公司,补偿方案一般只限于保护自然人和小企业。尽管该法规定的补偿方案应涵盖所有受到监管的金融活动,但欧盟《电子货币指令》并不要求补偿方案适用于电子货币,同样,指令亦未禁止电子货币之发行适用补偿方案。事实上,采取措施以保护电子货币消费者(包括引入担保方案)是欧盟委员会向欧盟议会提交报告时应考虑的问题之一。

如果电子货币发行商不能偿还债务,补偿方案可为顾客提供某种保护,然而,人们对发行电子货币之风险水平和性质是否足以支持设立补偿方案有不同意见。欧盟《电子货币指令》之规定旨在确保电子货币机构稳健并保护其持有的资金,这些规定包括:投资限制、初始资本和持续性资金要求、业务活动限制及电子货币机构稳健和审慎要求。人们有理由相信,这些审慎监管要求足以应对发行电子货币的风险。

考虑到电子货币替代现金的性质,消费者在任何时刻都不太可能持有大量电子货币。事实上,欧盟《电子货币指令》注意到电子货币大多用于小额支付,因此,在电子货币机构破产时,消费者损失额可能很小。虽然小企业在电子货币机构破产时所遭受的损失会大一些,但这些损失仍有可能较小。风险水平较低意味着建立补偿方案的成本亦可能较小,但对于准备进入电子货币发行市场的新企业而言仍有可能成本太高。尽管这些新企业可能获得成功,但相对于微薄的利润而言,仍有可能需要提供较多资金以支持建立补偿方案。在电子货币市场的早期,这会构成进入该市场的一个障碍,因此,补偿方案带给电子货币消费者的潜在利益不足以抵消对市场竞争造成的潜在损害。

英国财政部认为,消费者在电子货币中所面临的风险不足以证明此时有必要建立补偿方案。因此,英国财政部建议明确规定电子货币机构不适用补偿方案,依据英国《金融服务与市场法》第 22 节对《受监管的金融活动命令》修正即可。然而,该问题将会不时地得到检讨,检讨时会考虑到行业发展状况及欧盟委员会提交的报告所作的认定。①

大多数人特别是业内人士认为,此时建立电子货币补偿方案不合适。

---

① Implementation of the Electronic Money Directive: A Consultation Document, 2001, available at http://www.hm-treasury.gov.uk.

运用得最多的论点是,建立补偿方案的成本太大而作用有限;但亦有少数人认为,考虑到保护消费者利益和建立公众对电子货币的信心应立即建立补偿方案。例如,少数派注意到小企业在未建立补偿方案时不太愿意接受电子货币,这会构成电子货币成功的障碍。根据英国财政部的建议及业内大多数人的意见,英国暂未建立电子货币补偿方案。①

第三节　网上支付中的信息披露制度

金融机构信息披露涉及金融机构本身、客户及金融产品或服务信息披露。金融机构本身的信息披露指披露资产、经营、组织与股权结构、高层管理人员等方面的信息;客户信息披露基本上是作为金融隐私权的例外而披露客户的某些信息;金融产品或服务信息披露指披露有关产品或服务收费、责任分担、争议处理等方面的信息。本书仅涉及金融产品或服务信息披露,并具体研究信用卡、借记卡和电子货币网上支付中的信息披露制度。

一、银行卡信息披露制度

(一) 英国银行卡信息披露制度

英国网上银行卡信息披露规则适用现有银行卡规则,而信用卡、借记卡和一般银行产品或服务信息披露规则亦无多少差异,并统一适用英国《银行业守则》中相关规定。

金融机构将协助消费者选择满足其需要的产品和服务,在消费者成为客户前,金融机构将披露以下信息:清楚地解释消费者感兴趣的服务和产品的主要特点;提供能满足消费者需求的银行基本账户信息;如果消费者已选定某一产品或服务,提供有关信息;告知消费者在证明其身份时需要何种信息。如果提供产品和服务的方式不止一种,如通过互联网、电话或分行等形式,金融机构将告知消费者可选择服务方式,并告知查找更多相关信息的渠道。一旦消费者选定某类账户或服务,金融机构将告知其运作过程。

金融机构将通过以下途径向消费者提供利率信息:热线电话;互联网站;分行公告;银行职员。如果消费者已成为客户,金融机构将提供适用于

---

① Implementation of the Electronic Money Directive: A Response to Consultation, 2002, available at http://www.hm-treasury.gov.uk.

其账户的利率信息,并告知何时扣除或支付利息。金融机构还将告知互联网址、热线电话号码和其他方式,以便消费者能随时了解账户利率变化。如果消费者提出要求,金融机构亦将充分解释利息的计算方法,金融机构还将告知消费者账户利率变化并披露告知方式。当消费者账户利率发生变化时,金融机构将在3个工作日内更新热线电话和网站上的信息。为便于消费者比较,金融机构网站和热线电话亦会保留旧利率。

在消费者成为客户时,金融机构将详细披露账户的日常收费,而消费者亦可通过以下途径获知:热线电话;互联网站;或银行职员。在收费增加或引入新的收费项目时,金融机构至少提前30天"个别通知"消费者,这样有关变化才能生效,而对于其他服务或产品的收费,金融机构在提供服务或产品前披露有关收费,并在消费者询问时披露。从消费者往来或储蓄账户中扣除利息或收费前,金融机构至少提前14天通知消费者所扣利息或费用金额。

在消费者成为客户或第一次接受某一产品时,金融机构将披露该项服务或产品的合同条款。金融机构将确保所有书面合同条款公平,以浅显的文字清楚地设定消费者权利和责任,并只在必要时使用法律或技术术语。在消费者成为客户时,金融机构将告知通知消费者合同条款已发生变化的方式。如果修改对消费者不利,金融机构将至少提前30天"个别通知"才能做出修改。从通知之日起60天内,消费者无需通知就可以转换或关闭账户,而且不必为此付出额外的利息或费用。至于合同条款的其他修改,金融机构可立即做出并在30天内通知消费者。如果合同条款在一年内发生重大修改或有许多小变化时,金融机构将提供新条款的复本或这些修改的摘要本。

为帮助消费者管理好账户并核对账目,金融机构将定期提供对账单,除非账户不适宜于提供对账单,例如消费者拥有存折的账户。金融机构提供对账单的时间间隔通常是1个月或3个月,但无论如何不能超过1年。消费者可以要求金融机构更频繁地提供对账单,但金融机构可收取服务费。如果消费者拥有从账户中提取资金的卡片,金融机构在消费者用卡时至少每三个月提供一次对账单。

2008年修订的英国《银行业守则》为信用卡设立了一系列信息披露规则。在消费者成为持卡人之前,金融机构将以简明列表的形式披露信用卡的主要特点,而在消费者申请信用卡之际,金融机构将告知其运作方式并提供合同条款和条件。金融机构每月向消费者提供一次对账单,除非账户余额为零并已停止使用。对账单内容包括自一次对账单之后的交易信息、可以适用的利率、最低还款额及其他信息。如果消费者的信用卡适用优惠利率时,在优惠利率不再适用之前,金融机构将发出警告。消费者使用信用卡提现将被视为现金垫款,金融机构可能就此收取处理费并从提款之日起开始计息。如果消费者使用信用卡支票,金融机构将告知有关收费项目与标准,并且告诉消费者此时可能不享有与信用卡相同的保护水平。①

(二)美国银行卡信息披露制度

1. 信用卡

(1) 概论

美国《信贷诚实法》和《美联储 Z 条例》对信用卡披露制度作了详尽的规定,信息披露分为初始披露、定期披露和持续性披露等。

发卡机构应以消费者能够保存的书面方式披露,内容应清楚明确。披露"融资费用"和年利率应比其他内容更引人注目,而信用卡申请时某些信息应采取表格或其他显著形式。发卡机构可以采用电子通讯方式披露,而电子通讯指在发卡机构和消费者之间传递的一种信息,它能以可视形式展现在诸如个人计算机等设备上。根据美国《国际及国内商务中的电子签名法》,发卡机构对于应以书面方式进行的披露可以电子通讯方式取而代之,但发卡机构以电子通讯方式披露交易信息时应获得消费者的明示同意,而披露信息应发送至消费者电子邮件地址处,并同时保留在另一处地方如互联网上。如果电子披露因无法投送而被退回,发卡机构应采取合理步骤重新披露。

发卡机构应在第一次交易完成时进行初始披露,发卡机构有义务在借方或贷方余额超过 1 美元或收取融资费用的每一账务周期邮寄或传送定期对账单。如果发卡机构认为贷款无法收回,或已启动收回贷款的法律程序,或提供对账单违反联邦法律,则不需要提供。发卡机构应至少于免费期结束前 14 天邮寄或传送定期对账单以避免消费者承担额外融资费用或其他费用②,否则发卡机构不得收取由此导致的费用。

---

① The Banking Code and Its Guidance for Subscribers, 2008, available at http://www.bba.org.uk.

② 如果发卡机构因不可抗力、战争、骚乱、自然灾害或罢工而无法遵守该要求,则不适用。

(2) 初始披露

在消费者申请信用卡时,发卡机构首先应披露年利率。发卡机构可以对因购物、提取现金、转账而产生的未付余额征收融资费用,通常以年利率来表示。在某一类交易适用一个以上利率时,发卡机构应披露每一利率所适用的余额范围。如果账户适用可变利率,发卡机构应披露该事实,并告知消费者利率如何变化。在可变利率使用电子通讯方式披露时,如果利率在向消费者电子邮件地址发送通知前30日有效,该年利率的披露是准确的。如果信息披露位于另一地方如互联网上,年利率须在最近30日内有效。

在发行信用卡时,发卡机构可以收取年费或其他定期费用或任何其他费用,还包括以账户活动多寡为基础的费用,但应事先披露。发卡机构应披露每一账务周期收取的任何最低或固定融资费用及因使用信用卡购物而产生的交易费用。如果信用卡中无"免息还款期",发卡机构应披露该事实,而如果免息还款期不一,发卡机构可披露还款期间范围、最低还款期或平均还款期。发卡机构还应披露确定未偿余额的方法,计算方法以《美联储Z条例》所列举的方法为准。如果未采用《美联储Z条例》中的方法,发卡机构应做详细解释。在确定未偿余额时,发卡机构应将免息还款期考虑进去。此外,发卡机构应披露提现费、滞纳费、超限费及转账费。

(3) 定期披露

发卡机构应向消费者提供定期对账单,对账单应载明以下事项:① 先前余额,即本账务周期开始时的未偿余额。② 交易项目,即本账务周期内的所有交易。③ 贷款。发卡机构在本账务周期提供的所有贷款,包括贷款金额和日期。④ 定期利率。发卡机构可使用定期利率来计算融资费用,将其适用于未偿余额,并换算出相应的年利率。如果不同交易类型适用不同定期利率,发卡机构还应披露定期利率适用的交易类型。⑤ 未偿余额。发卡机构应披露定期利率适用的未偿余额,并解释未偿余额的确定方法。⑥ 融资费用。发卡机构在本账务周期借记消费者账户的所有融资费用,融资费用的组成应分别记载,并清楚地表明可适用的利率及未偿余额数量。⑦ 年利率。在本账务周期内适用年利率时,应依《美联储Z条例》确定。⑧ 其他费用。在本账务周期内借记账户的融资费用外的所有其他费用,并分别列明。⑨ 本账务周期的截止日及账户未偿余额。⑩ 账单错误通知地。

(4) 持续性披露

关于账单错误处理程序,发卡机构应至少每一日历年披露一次,时间间隔不少于6个月不长于18个月,可向所有消费者披露,亦可只向在任何账单周期内有权收到定期对账单的消费者披露。作为一种替代办法,发卡机构可在邮寄或传送定期对账单时附上具有相同披露内容的文字。

如果发卡机构在初始披露后30日内为消费者账户增加一种新的信用功能,或邮寄或传送一种融资费用条款与前次披露一致的新产品,则无需再次披露。然而,在初始披露30日后,发卡机构应在消费者第一次使用前披露新功能或产品在获取信用方面适用与前次披露一致的产品条款。不论发卡机构何时增加新功能或新产品,只要融资费用与先前披露的旧产品不一,发卡机构应在消费者第一次使用前披露适用于新功能或新产品的合同条款。

需要披露的合同条款有变化或最低还款额有增加时,发卡机构应向受到影响的每个消费者邮寄或传送书面通知,通知至少应于修正生效前15日邮寄或传送。如果消费者同意修改,或定期利率或其他融资费用增加源于消费者的不法行为或违约行为,则不适用15日的时间要求,但仍应在修正生效前邮寄或传送通知。然而,下列情形发生变化无需通知:滞纳费、书面证据费或超限费;融资费用或其他费用项目减少;信用中止或账户终止;因法庭和解或消费者违约行为或不法行为而产生的变化。

如果发卡机构对于信用卡续期收取年费或其他费用,包括以账户活动多寡为基础而收取的费用,应向消费者邮寄或传送书面续期通知。续期通知应在定期对账单邮寄或传送前30日或一个账务周期前发出,续期通知亦可延期发出,但最迟不得迟于定期对账单邮寄或传送之日,并应同时披露以下信息:① 从定期对账单邮寄或传送之日起30天内,消费者如终止信用卡合同,无需缴纳任何费用;② 消费者在定期对账单邮寄或传送前使用信用卡无需缴纳任何融资费用。续期通知内容可纳入定期对账单,如果披露内容在定期对账单背面,发卡机构在对账单正面需要附上相应说明。

如果发卡机构准备更换承保信用卡账户全部或部分未偿余额的保险人,至少应在更换前30日向消费者邮寄或传送书面通知。通知应包括以下内容:更换保险人导致保险费率的任何增加;更换保险人导致保险范围的任何减少;消费者可终止保险的声明。如果保险人已被更换,发卡机构应在30日内向消费者发送包含以下事项的通知:新保险人的名称和地址;印有基本保险条款,包括保险费率的新保单或保险凭证复本;消费者可终止保险的声明。承保范围大幅度减少指消费者可以合理期待之实质性保险条款的减少,譬如,实质性保险条款包括:承保类型;承保终止或受限制的年龄;最高可保贷款余额、最大定期利益、最大支付数量或影响保险所能提供的承保金额或利益的其他条款;适格要求和被保险人数量及身份;主要承保条款的界定;保险排除条款或限制条款;等待期和承保是否具有溯及力。以上通知可合并为一个通知,亦可与定期对账单一道通知。①

2. 借记卡

由于金融机构处于优势地位,消费者处于弱势地位,为维护消费者利益,必须限制金融机构优势地位的滥用。美国《电子资金划拨法》及美联储E条例规定,金融机构应向消费者提供有关电子资金划拨的充分信息,即通过充分保护知情权来维护消费者利益。

(1) 初始披露

金融机构应在消费者开立电子资金划拨账户时或在第一次划拨前披露以下内容:① 消费者责任。依据美国《电子资金划拨法》、州法或其他可适用的法律或合同,简要地向消费者说明应承担的未获授权划拨责任。② 电话号码和通讯地址。在未获授权划拨已发生或可能发生时,消费者可以发通知的电话号码或某人或某办公室的通讯地址。③ 营业日。金融机构的营业日。④ 划拨类型及限制。消费者可以发动的划拨类型及在划拨频率和划拨金额上的限制。如果有关细节需要保密以维护划拨系统的安全,则不必披露这些细节。⑤ 费用。金融机构提供电子资金划拨所收取的费用。⑥ 文件。简要说明消费者获取收据、定期对账单及通知的权利。⑦ 金融机构责任。简要说明金融机构未按消费者要求划拨资金需要承担的责任。⑧ 保密性。金融机构在正常业务中可将消费者账户信息提供给第三方的特定情形。⑨ 错误更正程序等。

为进一步规范借记卡的信息披露并促使金融机构遵守,美联储制订了初始披露的示范条款,并作为附录 A-2 置于美联储 E 条例中。该示范条款对初始披露的各个方面都作了详细的示范性规定,包括消费者的责任、出现未经授权划拨时的联系方式、营业日、划拨的种类与限制、费用、保密、提供文件、预先授权的支付、金融机构的责任等九个方面。

(2) 条款修正时的披露

借记卡条款修正时的披露规则分为两类:第一类条款修正时需要提前

---

① Truth in Lending Act and Regulation Z, available at http://www.federalreserve.gov.

通知,即金融机构至少在修正条款生效前21日向消费者邮寄或传送通知。这主要是一些对消费者不利的修正,包括消费者承担的费用增加或责任增加,可利用的电子资金划拨类型减少,划拨频率或金额受到更多限制。第二类条款修正时不需要提前通知。如果合同条款的修正是为维护或恢复账户或电子资金划拨系统的安全,金融机构不需事先通知。如果修正永久化,而且披露不会危害账户或划拨系统的安全,金融机构应在做出修正之日起30天内书面通知消费者或在下一次定期对账单中予以披露。

(3) 实时披露

金融机构在消费者发动电子资金划拨时应提供电子终端收据并包含相关信息,我们将此种披露称为实时披露。这种书面电子终端收据也是消费者发现定期对账单错误从而及时通知金融机构的基础,电子终端收据应包括以下信息:① 金额。划拨金额及交易费,但以交易费记载在收据上,而且同时显示在终端上为限。② 日期。消费者发动电子资金划拨的日期。③ 类型。划拨类型以及划入还是划出。如果借记卡仅仅与某一账户相连,账户类型可省略。④ 确认发动划拨的消费者身份、账户或发动划拨的借记卡号码或密码。⑤ 终端位置。发动划拨的终端位置或号码。除所有终端均在同一州或同一城市等极少数情况外,在披露终端位置时还应披露所在城市、州及国家,并同时披露以下情况:街道名称;或特定地点的通称;或终端不属于发卡机构时终端所有人或运营商名称。⑥ 第三方名称。电子资金划拨中的第三方名称。

美国《电子资金划拨法》和《美联储E条例》下的所有义务,包括在电子终端向消费者提供收据的义务,都是提供划拨服务的金融机构应尽义务。然而,在共用网络中,消费者可能常常在金融机构之外的其他机构所拥有或经营的电子终端上发动划拨,共用网络的存在使得这种交易成为可能。美联储E条例规定,发行借记卡的金融机构可安排第三方向消费者提供终端收据,即由电子终端拥有者或经营者向消费者提供收据,而共用网络的规则一般也要求每一家参与网络的金融机构互相为客户提供此种收据。此外,如果未向消费者提供收据是善意的错误,譬如终端纸张用完或出现机械故障,只要金融机构维持适合于避免此种错误产生的程序,金融机构不承担违反收据规定的责任。

(4) 定期披露

定期对账单的作用主要是向消费者提供账户划入或划出资金的最新信

息。对于有资金划入或划出的账户,金融机构应每月提供一次对账单,而对于没有发生资金划拨的账户,每个季度提供一份对账单。对账单应包括以下信息:① 交易信息。在每一账务周期内,每项电子资金划拨信息应涵盖:划拨金额;贷记或借记消费者账户的日期;划出或划入资金类型和账户类型;消费者从电子终端发动划拨时,终端所在位置;划拨中的第三方名称。② 账户号码。③ 费用。在每一账务周期对电子资金划拨或账户维持征收的费用。④ 账户余额。每一账务周期期初余额和期末余额。⑤ 咨询地址及电话号码。用于咨询或处理错误的通讯地址及电话号码。①

(5) 民事责任

信息披露是美国《电子资金划拨法》用以限制金融机构滥用优势地位的主要手段。为使金融机构严格遵守信息披露规则,该法对违反信息披露要求的金融机构规定了民事责任,对故意违反行为还规定了刑事责任。②

根据美国《电子资金划拨法》,除未获授权和错误外,未遵守该法有关任何消费者规定的任何金融机构应承担由此给消费者带来的损失:如果提起单独诉讼,赔偿金额最低为 100 美元,最高为 1000 美元;如果提起集团诉讼,赔偿金额由法院确定,但每一集团成员不适用最低赔偿额的规定;如果因同一金融机构未遵守同一规定而提起的任何集团诉讼或一系列集团诉讼,赔偿总额不超过 50 万美元或被告资产净值的 1%,并以这两者中金额较小者为准。法院在确定赔偿额时要考虑的主要因素有:违反美国《电子资金划拨法》的频率与持续时间、未遵守的性质、被告的资产、受到不利影响的人数及未遵守的故意程度。此外,胜诉方还可获得诉讼费及由法院确定的合理律师费。

然而,美国《电子资金划拨法》对金融机构的免责情形亦作了规定。金融机构不对善意的错误负责;也不对善意地遵守美联储制定的规则、条例及解释的任何作为或不作为负责;也不对善意地遵守经美联储正式授权的官员或雇员按程序所做解释或批准的任何作为或不作为负责;也不对因金融机构使用美联储颁布的示范条款而未能以适当形式进行披露承担责任;即使在作为或不作为发生后,该规则、条例、批准或示范条款被修改、废除或经司法机关或其他有权机构以任何原因确定为无效,金融机构也不承担责任。

同时,美国《电子资金划拨法》也赋予金融机构自己更正错误的权利。

---

① 同时参见陈健著:《电子支付法研究》,中国政法大学出版社 2006 年版,第 242—251 页。
② 刘颖著:《电子资金划拨法律问题研究》,法律出版社 2001 年版,第 115 页。

如果发现错误,金融机构可在被诉前向消费者发送通知,指出错误并合理调整账户,支付实际损失以避免承担赔偿责任。如果出于恶意或以骚扰为目的对金融机构提起诉讼且败诉,金融机构可索回支出的合理律师费和诉讼费以防止消费者滥用诉权。①

(三) 澳大利亚银行卡信息披露制度②

1. 初始披露

澳大利亚《电子资金划拨行为法》规定,发卡银行应向消费者提供清晰明确的电子资金划拨服务条款,服务条款应在消费者首次使用银行卡之前或之时,或消费者提出要求的任何时刻提供。发卡银行应确保在银行卡发行后消费者第一次使用前获得以下信息:① 除一般账户的收费外,取得或使用银行卡的收费;② 发卡银行实施的任何银行卡限制的性质,包括任何适用于银行卡、账户或电子设备的日常性或其他定期性交易限制及特约商户或其他机构施加的额外限制;③ 关于凭银行卡可使用的交易类型及可进入的账户;④ 消费者凭借银行卡,通过电子设备可取得的所有信贷;⑤ 消费者报告银行卡遭受损失、盗窃、未获授权使用或密码的安全性被破坏的程序;⑥ 发起申诉调查及争议处理的方法,包括要求获得定期对账单的程序。

2. 条款修正时的披露

如果发卡银行准备变更或修改电子资金划拨中的下列服务条款:① 对银行卡的使用或申领副卡或补办银行卡收费或增加费用;② 增加消费者在划拨交易中承担损失的义务;③ 针对银行卡、账户和电子设备施加、取消或调整日常性或其他定期性交易限制,发卡银行应至少在变更生效前20日向消费者发送书面通知。对于其他变更,如果法律对某类通知有特别期限规定,应在变更生效前按法律规定及时通知;如果法律没有特别规定,应在变更生效前通知。发卡银行应按照相关法律规定的方式发送通知,如果相关法律没有规定,应以一种可引起尽可能多的消费者注意的方式为之。当变更是为恢复或维护电子资金划拨系统或消费者个人账户的安全所急需时,发卡银行可以不预先通知,而当变更十分重要或其他变更累积到一定数量时,发卡银行应发行单独的文件,提供服务条款发生的全部变更。发卡银行告知消费者消除或增加一项日常性或定期性交易限制时,应同时警告消费者交易限制的消除或增加可能会增加未获授权划拨发生时消费者的责任且

---

① Electronic Fund Transfer Act and Regulation E, available at http://www.federalreserve.gov.
② Electronic Fund Transfer Code of Conduct, 2002, available at http://www.asic.gov.au.

这种警告须清楚显著。

3. 实时披露

在进行电子资金划拨时，如果消费者未特别放弃权利，发卡银行须确保向消费者提供包含以下内容的收据：① 交易金额；② 在可能的情况下，交易日期与时间；③ 交易类型，例如存款、取款、转账等字样，亦可使用能够清楚表示类别的符号或易被人理解的缩写；④ 贷记或借记账户的提示；⑤ 能够使发卡银行识别客户身份和交易的数据；⑥ 在可能的情况下，应包括任何被用于交易的银行设备种类与大体位置，或可以识别银行设备的序列号或代码；⑦ 在使用资金划拨向特约商户支付货物与服务价款时，应提供特约商户名称；⑧ 在可能的情况下，如果披露不构成对消费者隐私或安全的侵犯，提供借记划拨后账户内的余额，或在存款后账户被贷记的金额。如果电子资金划拨交易是通过声讯方式，包括电话自动语音答录系统完成，发卡银行应确保在交易时通过声讯系统向消费者提供除上述第 5 项和第 6 项信息外的所有信息。发卡银行可选择在每次交易时由消费者选择是否需要交易收据，且不得收取任何费用。如果消费者未使用发卡银行设备或系统，亦未与发卡银行或其代理人交易，发卡机构仅承担一般的诚信义务，即有义务协助消费者获得收据。

4. 定期披露

对有资金划出或划入的账户，发卡银行应至少每 6 个月提供一次对账单。① 消费者有权要求更为频繁地提供定期对账单，这一选择权应在消费者第一次收到银行卡时告知。此外，发卡银行应在消费者提出要求时提供对账单。定期对账单应包含：① 自上一次对账单发布以来，该电子资金划拨账户所发生的交易额、借记或贷记账户的日期、交易类型、数据编号或其他可以确认进入账户与交易收据相符的方法；② 使用银行卡所发生的费用，并以单独项目的形式列出；及③ 地址、电话号码及其他联系细节以便消费者能够查询有关账户的问题或对账单中出现的错误。定期对账单外的其他对账单亦应尽可能多地显示上述内容。发卡银行应告知消费者检查对账单中的所有账目，并尽快报告对账单中存在的明显错误或可能存在的未获授权交易。这种告知必须列入对账单，发卡银行不得限制或拒绝消费者投诉

---

① 如果某一存款账户可以手动更新，或账户余额和账户活动可通过电子手段获知且无需付费，则可以不受 6 个月提供一次对账单的限制。

的权利,亦不得企图对消费者发现错误或未获授权交易设置时间限制。①

二、电子货币信息披露制度

1. 具体规则

为保护消费者并提高其对电子货币的信心,英国立法要求发行商披露赎回权及其他信息②,信息披露应采用书面形式③且应通俗易懂。关于赎回权,发行商应披露以下信息:赎回费用类型和金额,如果不收费,则予以说明;赎回权行使的方式;赎回权限制,如果无限制,则予以说明;电子货币的有效期,如无有效期,则予以说明。其他信息包括:① 说明因以下情形所致损失时消费者及发行商应承担的风险及责任:消费者之外的他人盗用本应由消费者使用的电子货币工具;他人对消费者的电子货币实施欺诈;他人进入或使用消费者的电子货币;消费者持有的电子货币工具损失、失灵、被盗或损害;② 购买、使用或持有电子货币的其他重大风险;③ 电子货币下的债权不受金融服务补偿方案保护的事实;④ 在发行商无法偿还其发行的电子货币时补偿消费者的任何安排细节或并无此安排的事实;⑤ 与发行商联系的通讯地址。此外,发行商还应披露以下信息:金融业申诉专员是否可以处理电子货币申诉;消费者可利用的其他申诉及救济渠道;消费者采取救济的程序。④

澳大利亚《电子资金划拨行为法》规定,发行商应向消费者提供适用于储值卡的服务条款,该条款应清楚明白并保证遵守本法要求。储值卡发行商向消费者提供服务条款复本的情形包括:在首次向消费者提供储值卡时,或如果情况不允许,应提供服务条款中有关消费者主要权利义务概述及消费者从何处获得服务条款复本的通知;或消费者提出要求的任何时刻。发行商应保证在储值卡发行后首次使用前,至少向消费者披露以下信息⑤:① 储值卡发行商收取或控制的发行费或使用费,或存储价值的发行、兑换、

---

① 发卡银行在与其他向消费者提供电子设备以完成电子资金划拨的主体订立协议时,须在协议中要求第三方披露向消费者收取使用电子设备的任何费用及附加费。此时,第三方还应允许消费者选择放弃该项交易,并不得要求消费者承担任何费用。
② 如果采用电子货币卡,发行商应警告消费者,应将电子货币卡视为钱包里的现金。一旦丢失电子货币卡或被盗,消费者将丧失其中的货币价值,正如丢失钱包一样。
③ 书面形式是指采用可视形式并能再现在纸上,而不管使用何种媒介。因而此处的书面形式一词并不意味必须实际采用纸面形式。
④ Electronic Money Sourcebook Instrument 2002, available at http://www.fsa.gov.uk.
⑤ 如果情况不允许,应提供相关信息概述及消费者可从何处获得完整信息的通知。

划拨、充值或卸载费用,但不包括利用贷款获得存储价值的收费,如取得存储价值的贷款费用;② 如果存在有效期或有效期从发行时起算,储值卡及存储价值将不能用于支付的时间;③ 消费者将存储价值兑换为现金或替代品的权利及应遵循的程序;④ 如果存在报失程序,说明报告储值卡运行中的失常或错误及储值卡和存储价值损失或失窃的程序;⑤ 如果由消费者承担损失,说明消费者对于发生损失或失窃的存储价值承担部分责任还是全部责任;⑥ 消费者在何处可获得更多信息和更详尽的储值卡服务条款。

如果服务条款的变更涉及以下情形:① 与储值卡使用有关,或与储值卡的副本或补发有关,或与存储价值的发行、兑换、划拨、充值或卸载有关的收费或增加费用;② 调整使用中的储值卡充值和储值限额;③ 影响消费者兑换存储价值,或通知存储价值的损失和失窃,或对存储价值的损失和失窃数额要求补偿的能力;④ 如果存在有效期,缩短可以支付的储值卡及存储价值的有效期,储值卡发行商应在变更生效前至少 20 天发送通知,除非消费者特别表示同意第 2 项和第 3 项变更。如果其他法律规定更长通知期,适用更长通知期;如果发行商知道消费者身份及联系方式,须直接发送通知。在其他情况下,发行商应将变更以能够引起尽可能多的消费者注意的方式提前公之于众;对于其他变更,发行商提前通知即可。但如果变更是管理、恢复、维护系统或个人账户或储值卡的安全所必需,发行商不必提前通知。①

2. 金融促销规则

英国《金融服务与市场法》第 21 章规定了金融促销规则,该规则禁止未获英国金融服务局授权的任何人营销投资及投资服务。一般而言,依据该法受监管的所有金融服务均应遵守促销规则,但欧盟《电子货币指令》未要求发行商遵守金融促销规则,亦未排除促销规则之适用。

在 2002 年 4 月 27 日前,英国境内的电子货币发行活动不受管制,因而亦不受任何金融促销规则的制约,但关于虚假陈述的一般法律的确在某种程度上保护着消费者。要求发行电子货币遵守金融促销规则意味着,只有获得授权的人才能营销电子货币,而其他人只有在营销内容已获批准时才可以。例如,接受并拟分销电子货币的零售商,如果未获发行商的批准则无法营销电子货币,这可能大大增加电子货币的营销成本。电子货币给消费

---

① Electronic Fund Transfer Code of Conduct, 2002, available at http://www.asic.gov.au.

者带来的风险较小,因而难以要求电子货币遵守金融促销规则。因此,英国财政部建议,发行电子货币无需遵守金融促销规则。然而,英国财政部亦认为此问题应在将来检讨。如果将来有必要要求电子货币遵守金融促销规则,可以修改相关法律。[1]

大多数人同意英国财政部的建议,主要论点有:① 虽然很难确定遵守金融促销规则的成本,但很有可能成为电子货币机构的主要成本之一;② 营销一种支付方式不会给消费者带来多少风险,促销规则所提供的保护通常适用于投资和其他金融活动,因为消费者在这种活动中可能接受不正确的咨询意见而蒙受较大经济损失。只有少数人提出发行电子货币应遵守金融促销规则,并认为这主要是为了保护消费者。根据英国财政部的建议及业内大多数人的意见,金融促销规则暂时不适用于电子货币。[2]

第四节 网上支付中的错误处理程序

网上支付难免因人为或系统失灵等原因造成错误,为保护网上支付发动方,有必要确立错误处理程序。在美国,联邦立法对信用卡和借记卡分别确立了各自的错误处理程序,而且规定得非常详细。在英国,《银行业守则》只确立了简单的申诉程序[3],而电子货币立法未对申诉程序作任何特别规定。在澳大利亚,《电子资金划拨行为法》为银行卡确立了投诉调查和处理程序,而作为电子货币的储值卡准用有关银行卡规定。

一、美国银行卡之错误处理程序

(一) 信用卡

信用卡错误处理程序首先要解决的问题是"账单错误"和"账单错误通知"的含义。美国《信贷诚实法》和美联储 Z 条例规定,信用卡账单错误指:

---

[1] Implementation of the Electronic Money Directive: A Consultation Document, 2001, available at http://www.hm-treasury.gov.uk.

[2] Implementation of the Electronic Money Directive: A Response to Consultation, 2002, available at http://www.hm-treasury.gov.uk.

[3] 英国《银行业守则》规定,接到申诉之日起 5 天内,银行将向消费者发出书面确认函;4 周内,银行将最终处理结果通知消费者,或对需要延长处理时间做出解释。如果银行未在 4 周内将最终处理结果告知消费者,则在 8 周内告知。

(1)定期对账单载明的交易项目非消费者或拥有消费者明示授权、默示授权或表见代理权的人所为;(2)定期对账单上载明的交易项目未按要求确认交易者身份;(3)定期对账单上载明的货物或服务未被消费者及其指定人接受,或未发送给消费者及其指定人;(4)发卡机构未能在定期对账单上正确贷记一笔支付款或其他应归属于消费者账户的款项;(5)定期对账单上有因发卡机构统计失误而出现的计算或类似错误;(6)消费者要求进一步澄清,包括要求提交书面证据的定期对账单上的交易项目;(7)发卡机构未能至少在每一账务周期结束日前20天向消费者最后一个已知地址邮寄或传送定期对账单。美联储Z条例规定,账单错误通知是指消费者发出的书面通知并符合下列要求:发卡机构传送载有所谓账单错误的定期对账单后60日内收到通知;通知载明消费者姓名及账户号码;如果可能,载明消费者认为发生错误的交易项目及其理由,错误类型、日期和金额。

美联储Z条例对错误处理提出了明确的时间要求,并进一步规范了错误处理期间消费者的权利及发卡机构的行为。发卡机构应在收到账单错误通知之日起30天内向消费者邮寄或传送书面确认通知,除非在此期间内错误已获解决;并应在两个账务周期,最长不超过90日内解决此问题。在错误处理期间,消费者有权不支付争议金额及融资费用或其他费用,而发卡机构也不得试图收取。① 如果消费者在发卡机构处开立存款账户并同意信用卡债务从该账户中定期扣除,发卡机构在定期扣除日前3天收到账单错误通知时不得扣除争议金额及融资费用或其他费用。发卡机构或其代理人不得因消费者未支付争议金额及融资费用或其他费用而直接或间接向任何人就消费者信用状况作出或威胁作出不利报告,或将争议金额或争议账户报告为拖欠金额或拖欠账户。发卡机构亦不得仅仅因为消费者善意地行使上述权利而要求提前偿还债务,或限制或关闭账户。

《美联储Z条例》区分两种错误并分别规范其账单错误程序。如果发卡机构认定确实发生了错误,应更正错误,将争议金额及融资费用或其他费用贷记消费者账户,并邮寄或传送更正通知。如果在合理调查后②,发卡机

---

① 发卡机构可收取未出现争议的金额,亦可将争议金额及融资费用或其他费用从消费者信用限额中扣除;还可将争议金额及融资费用或其他费用记载在信用卡定期对账单上,但以同时声明这些费用在错误处理期间无需偿付为限。

② 如果消费者提交账单错误通知,声称未交货或未提供服务或接受信用卡的当事人向发卡机构提交的报告有误而导致定期对账单出现错误,除非发卡机构作了合理调查并认定已按规定递交、邮寄或发送货物或已提供服务或定期对账单无误,否则不得否认上述主张。

构认定未发生错误或发生其他错误,应邮寄或传送解释函,说明账户错误不存在的理由,而如果消费者提出要求,应提供书面证据复本。如果发卡机构认定发生其他错误,应更正错误并将错误金额及融资费用或其他费用贷记消费者账户。

美联储 Z 条例还规范了发卡机构在错误处理程序后可采取的行为。如果发卡机构在遵守所有错误处理程序后认定消费者仍欠争议金额及融资费用或其他费用的全部或一部分,发卡机构应立即书面通知消费者争议金额何时到期和欠下的争议金额及融资费用或其他费用金额,应设定合理时间以让消费者支付到期金额而无需额外支付融资费用或其他费用。如果消费者在以上设定的合理时间内或 10 日内(以时间较长者为准)仍未支付到期金额,可将争议金额或争议账户报告为拖欠金额或拖欠账户;但如果发卡机构收到消费者仍然认为错误并未解决的书面通知,发卡机构不得因未支付到期金额而将其报告为拖欠金额。①

(二) 借记卡

美国《电子资金划拨法》和美联储 E 条例界定了借记卡错误类型,错误是指:(1) 未获授权的电子资金划拨;(2) 从消费者账户不正确地划入或划出资金;(3) 定期对账单漏载电子资金划拨;(4) 金融机构在划拨时出现计算或簿记错误;(5) 消费者从电子终端获取的金额不对;(6) 定期对账单所载电子资金划拨未被正确确认;(7) 消费者要求提供的文件或额外信息中存在错误,或要求澄清电子资金划拨是否包括上述错误时发生错误。

错误处理程序仅在金融机构收到消费者发出的错误通知后才启动,美联储 E 条例对错误通知的时间和内容等作了详细规定。金融机构对于消费者发出的任何口头或书面错误通知应做出回应,条件是:(1) 金融机构在载有所谓错误的定期对账单传送或存折打印后 60 日内收到错误通知;(2) 金融机构能够辨认消费者姓名和账号;(3) 载明消费者认为发生错误的原因,如果可能,注明错误类型、日期和金额。金融机构可要求消费者在口头通知后 10 个营业日内提交书面确认函,并在消费者口头通知时告知确认函寄送地址。如果错误通知依据的是消费者要求提供的文件或额外信息,金融机构在发送上述信息后 60 日内收到错误通知,应认为已及时收到通知。

对于金融机构处理错误的时间限制,《美联储 E 条例》区分为三种情

---

① Truth in Lending Act and Regulation Z, available at http://www.federalreserve.gov.

形:第一种情形调查期为 10 日。金融机构在收到错误通知后应立即调查,并于 10 个营业日内认定是否存在错误。在完成调查后 3 个营业日内将结果告知消费者,并在认定存在错误后 2 个营业日内更正错误。第二种情形调查期为 45 日。如果金融机构不能在 10 个营业日内完成调查,可在收到错误通知之日起 45 天内完成调查并决定是否存在错误,但应遵守以下规定:(1) 在收到错误通知之日起 10 个营业日内将争议金额临时贷记消费者账户。如果金融机构有合理根据认定已发生未获授权划拨并符合有关条件,可扣除 50 美元。如果要求消费者在口头通知后 10 个营业日内提交书面确认函,但消费者未提交,可以不临时贷记消费者账户。(2) 在临时贷记后 2 个营业日内通知消费者临时贷记金额和日期,并允许消费者在调查期间充分使用该笔资金。(3) 如果存在错误,在作出决定后 1 个营业日内更正错误。(4) 在完成调查后 3 个营业日内将结果报告给消费者。第三种为调查期延长的情形。如果消费者第一次将资金存入账户后 30 日内发生划入或划出错误,金融机构可在 20 个营业日而不是 10 个营业日内完成调查。如果划拨涉及以下情形:州外划拨;销售点借记卡交易划拨;在账户第一次存入资金后 30 日内发生划拨,金融机构可在 90 日内而不是 45 日内完成调查。

如果金融机构发现不存在错误或存在其他错误,对调查结果应作出书面解释并告知消费者有权要求提交作为认定依据的文件。一旦消费者提出要求,金融机构应立即提交这些文件的复本。在借记原来临时贷记金额时,金融机构应通知消费者借记日期和金额,并告知在通知之日起 5 天内仍将正常兑付向第三人支付的支票、汇票或其他支付工具。金融机构应兑付通知中提及的支付工具,但只需要在临时贷记未被借记时的金额范围兑付。

在消费者诉金融机构违反错误处理程序的案件中,如果法院认定金融机构未在 10 日内重新贷记消费者账户,未做善意调查或在认定消费者账户未发生错误时无合理根据,或明知调查所获取的证据不能合理地得出结论,而故意地作出错误不存在的结论,消费者有权获得 3 倍赔偿。①

二、澳大利亚银行卡之错误处理程序

澳大利亚《电子资金划拨行为法》规定②,发卡银行应在服务条款中约定,将根据消费者请求于提供的文件中告知正式投诉程序。当投诉提出后

---

① Electronic Fund Transfer Act and Regulation E, available at http://www.federalreserve.gov.
② Electronic Fund Transfer Code of Conduct, 2002, available at http://www.asic.gov.au.

又不能令人满意地解决时,发卡银行应以书面方式告知消费者展开调查和处理投诉的程序。发卡银行对投诉的处理决定应建立在已被确认的事实基础上,而不能建立在无证据支持的推论上。当消费者提出有关交易未获授权时,发卡银行应尽合理努力了解相关信息,而当消费者提出有关交易未获授权或系统或设备存在故障时,发卡银行须调查交易当时系统或设备是否发生故障。

在接到投诉后21日内,发卡银行应完成调查并以书面方式将结果告知消费者,或书面告知完成调查需要更多信息。除非有例外,否则发卡银行应在接到投诉后60日内完成调查。如果发卡银行不能在60日内处理完毕,须告知消费者延期理由,每两个月提供一次关于投诉处理的进展情况,并详细告知预计可以作出决定的时间,但发卡银行需要等待消费者的答复且消费者已被告知正在等待答复时可以例外。发卡银行应以书面方式告知有关时间限制,并延缓消费者支付投诉金额和任何与此有关的贷款或收费,直到投诉解决时为止。

一旦完成调查,发卡银行应迅速将调查结果和理由通知消费者。除非投诉以完全有利于消费者的结果解决,否则应告知消费者有权进一步采取诉讼措施,包括如何与发卡银行所隶属的外部争端解决机构联系的细节。如果发卡银行不属于某一系统,应包括如何与消费者事务部门和小额诉讼法庭联系的细节。如果投诉的调查结果表明消费者的账户被不正确地贷记或借记,发卡银行应立即调整消费者账户,包括合理调整利息与收费,并书面通知消费者账户被贷记或借记后的金额。如果发卡银行认定消费者应承担投诉交易之部分金额,应提供所有文件的复本或者其他与调查结果相关的证据,包括根据与交易有关的记载或追踪所提供的信息。[①]

三、电子货币之错误处理程序

(一)公司内部程序

英国《银行业守则》规定,如果消费者要投诉,发行商应告知如何投诉及在对投诉结果不满时采取什么措施,发行机构职员应帮助消费者处理任何

---

① 如果发卡银行及其雇员或代理人未遵守有关投诉调查和处理程序,而且对发卡银行的投诉决定产生影响,或延误投诉的解决,包括造成消费者不得不向外部争端解决机构要求解决,发卡银行或外部争端解决机构应让发卡银行承担争议金额之部分或全部,以作为对消费者作出不公正决定或迟延决定的补偿,即使最终决定发卡机构不用承担责任亦然。

问题。在某人成为电子货币消费者时,发行商将公正且迅速地告知有关申诉程序,这些程序应符合英国金融服务局的要求。在接到申诉之日起5个工作日内,发行机构将寄送收到申诉的书面确认函;4周内,发行商将再次寄信告知处理结果,或解释需要更多时间的原因;8周内,发行商将告知最终结果及对处理结果不满意时如何进一步申诉。[①]

(二) 金融申诉专员制度

英国《金融服务与市场法》第二十六章规定了申诉专员制度。依据该制度,某些争议可由一个独立的机构,即金融申诉专员来处理,而运用申诉专员解决纠纷迅速且程序简便。尽管该法规定所有金融活动应纳入申诉专员管辖范围,但欧盟《电子货币指令》未做此要求,亦未禁止适用申诉专员制度。依据该法,英国金融服务局有权将某项活动纳入申诉专员管辖范围,如果合适,可以决定电子货币不适用申诉专员制度。根据一般程序,英国金融服务局做出电子货币是否适用申诉专员制度前,将全面评估适用该制度的成本与利益,并与利害关系人磋商。[②]

英国金融服务局于2001年发表题为《电子货币发行商之监管》的咨询文件。英国金融服务局认为,一方面,电子货币发行商获得授权时起就应纳入申诉专员管辖范围,这是提升公众信心并促使公众接受电子货币的一个重要因素。另一方面,存入电子钱包的资金可能很少,而依据现行收费制度,申诉专员解决争议的成本相对于争议金额而言可能太高。申诉专员拥有强制管辖权和自愿管辖权,对于发行电子货币及与此紧密相关的其他活动而言,获得授权的电子货币发行商在申诉专员的强制管辖权之下。因为欧盟《电子货币指令》将发行商的活动严格限制在与电子货币紧密相关的金融及非金融活动上,所以发行商的活动不太可能属于申诉专员的自愿管辖范围。当然,申诉人应首先向发行商提出申诉,否则不得将申诉提交给申诉专员。而申诉专员有权提前终止"恶意申诉"或"吹毛求疵的申诉"。[③]

2002年,英国金融服务局公布《电子货币发行商之监管》咨询文件之反馈意见。在该文件中,英国金融服务局指出,咨询文件未分析电子货币适应

---

① The Banking Code and Its Guidance for Subscribers, 2008, available at http://www.bba.org.uk.

② Implementation of the Electronic Money Directive: A Consultation Document, 2001, available at http://www.hm-treasury.gov.uk.

③ The Regulation of Electronic Money Issuers, 2001, available at http://www.fsa.gov.uk.

申诉专员制度之成本,亦未进行成本效益分析,原因在于无法获知申诉案件的数量。对此有两种决然不同的意见:一方面,有人认为应建立具有独立性的争议处理机制,但申诉专员制度的成本太高;另一方面,亦有人认为此时无必要建立具有独立性的处理机制。在欧盟委员会检讨电子货币消费者的保护措施后,英国金融服务局亦会检讨此问题。

人们特别反对以下建议:在计算金融申诉专员制度会员费时,电子货币发行商应与吸收存款者缴纳相同的费用。与银行账户不同的是,电子货币账户数量扩张迅速,新电子货币方案大力营销时更是如此。卡基电子货币很有可能会采取促销措施,并导致电子货币卡的大量发行。许多新账户要么是休眠账户,要么是很少有款项进出的账户。依据现行费率,一个小型的电子货币方案(拥有 10 万用户,每年有 10 起申诉)必须每年支付 5,173 英镑。一个规模较大的电子货币方案(拥有 1000 万用户,每年有 100 起申诉)必须每年支付 193,300 英镑。由于申诉金额较小,所以裁判费用较低时才可行。

如果金融申诉专员制度针对电子货币而采取不同的收费标准,电子货币业的忧虑会减轻;或电子货币业可以建立自己的争议解决程序,这会便宜得多。而且,公用公司和电信公司已建立相关申诉程序,并有必要避免重复。由于电子货币业的反对,金融申诉专员制度最终未能适用于电子货币发行商。①

---

① The Regulation of Electronic Money Issuers: Feedback on CP117, 2002, available at http://www.fsa.gov.uk.

第五章 网上支付中的电子货币政策问题

第一节 欧盟《电子货币指令》述评

在电子货币监管问题上,美国联邦政府采取"等待和观望"的态度,而欧盟及其成员国采取积极调整的态度。美联储反对将美国《电子资金划拨法》适用于电子货币,主要理由是:第一,过早颁布法律调整电子货币将影响其发展方向和速度,甚至完全阻碍某些电子货币产品的开发;第二,电子货币存在网络外部效应;第三,区别对待不同电子货币会造成不公平竞争。[①] 不过,美国各州《货币汇兑商法》或《货币服务法》可以适用于电子货币。本节拟对欧盟《电子货币指令》进行介绍与评论,并比较美欧电子货币立法。

一、电子货币立法问题之提出

欧盟中央银行于 1998 年发表《电子货币报告》,对电子货币立法的必要性、时机、特殊目标和最低要求进行

[①] Report to the Congress on the Application of the Electronic Fund Transfer Act to Electronic Stored-value Products, 1997, available at http://www.federalreserve.gov.

了探讨。①

（一）必要性

欧盟中央银行认为,货币政策问题与电子货币的发展息息相关,原因在于需要维持物价稳定,亦需要保持货币的记账单位功能。此外,有一系列问题与发行商的监管有关,最大的问题是发行电子货币与吸收存款在经济上同样重要,因为对于发行商而言均为资金来源渠道,而对于客户而言传统存款和电子货币均可用于支付。

1. 货币政策问题

如果只是将钞票或活期存款转换为电子货币,则不会改变货币供应量,亦不会影响物价稳定。然而,如果凭信用发行,私人发行商有可能会提供额外的电子货币。当然,条件是信用贷款利息与电子货币收费超过信用风险溢价、提供支付服务及在需要赎回时还可能包括再融资的成本总和。考虑到生产电子货币的边际成本很低,发行原则上要到提供电子货币所发放的信用贷款利息与风险溢价相同才会停止,而降低利率又会影响到物价稳定。

过量发行电子货币的风险受到两个因素的制约,这两个因素导致发行成本上升,因而限制了电子货币的发行:首先,在一个竞争的环境中,电子货币余额需要支付利息;其次,更为重要的一个因素是,赎回要求可能迫使发行商持有中央银行货币。根据电子货币的未来发展,可能会采取的一个更严厉措施是引入发行准备要求,即要求发行商的部分或全部债务有基础货币做发行准备。限制过量发行风险的另一条途径是要求以中央银行货币快速结算电子货币余额。因此,似乎有数个因素显示电子货币的过量发行风险可以得到控制,然而,电子货币发行对货币政策的实施有影响。

过量发行问题还与电子货币是否影响中央银行货币的记账单位功能有关。如果缺少监管,某些电子货币产品可能会快速普及并影响到市场对发行商的信心,而不同发行商的电子货币产品将以不同兑换率进行交易。因此,需要维护货币的记账单位功能是要求电子货币赎回的另一个理由,这种要求将确保货币能为整个经济提供一个通用的金融指示器。由于以上原因,欧盟中央银行认为电子货币对未来货币政策可能有重大影响,因此,明

---

① Report on Electronic Money, 1998, available at http://www.ecb.int.

确发行电子货币的条件非常重要。①

2. 支付系统有效运行及对支付工具的信心

另一个基本问题是,电子货币的发展不应影响支付系统的平稳运行。技术的进步使电子货币支付媒介增进了效率,然而,只有采取充分的预防措施以保证电子货币是一种所有人都接受的可靠产品才能获得这种好处。特别值得一提的是,浮存额管理不当、伪造电子货币的出现、重大技术失灵及发行商的最终破产均将对不同电子货币的信誉产生负面影响,甚至对其他以卡片为基础的支付工具产生负面影响。此外,电子货币方案的潜在增长可能会导致银行提供传统支付方法的能力下降。一个主要发行商的破产可能降低人们对电子货币的信心,而此时可能难以立即转向使用更为传统的支付方法。

3. 保护客户和特约商户

在市场经济中,原则上由债权人评估债务人的信誉。对于信用机构而言,大多数客户难以评估这些机构的质量,原因在于信息不对称且对这些机构所提供的支付系统的技术安全特征缺乏了解,这是审慎监管框架适用于信用机构的原因之一。

电子货币在发行商资产负债表上属于负债项目,由客户以现金或存款购买形成,而接受电子货币付款的企业有权要求平价赎回。因此,这些负债是客户的资产,可用于支付目的。与存款一样,预付给发行商的资金未被闲置而是投资于其他资产以获得回报。与银行存款的价值一样,如果发行商债务超过资产价值,电子货币的价值可能会降低甚至分文不值。所以,如果投资政策不够稳健,就会损害发行商财务稳健。发行商的问题更有可能起因于流动性困难(如资产变现时遭受重大损失)而不是信用风险。由于电子货币发行在经济上相当于吸收存款,因而有理由要求发行商接受审慎监管。

此外,如果经济行为主体错误地认为中央银行可能会从财务上支持电子货币发行商以维持公众对货币的信心,中央银行将遭遇道德风险。某些客户亦可能无法区分在传统存款中所受到的保护与预付给发行商的资金中所受到的保护有什么不同。

在可预见的将来,似乎客户和特约商户都不可能将大部分财富以电子

---

① 虽然监管货币的理由多达16种,但不适用于"网络货币",因此,网络货币一般不需要监管。See David Oedel, Why Regulate Cybermoney? 46 *American University Law Review*(1997), pp.1075—1104.

货币形式持有,因为存在盗窃与丢失等风险。零售商亦很有可能每隔一段时间会将接受的电子货币兑换为法偿货币并存入银行账户。因此,有人认为保护客户和特约商户的必要程度将来可能会下降。

另一方面,电子货币旨在作为钞票和硬币的替代物用于日常支付。如果电子货币得以普及,将与现金和活期存款一道作为主要的交易支付工具。此时,发行商的破产可能对每个人造成的损失不大,但损失总金额可能非常大。

4. 金融市场的稳定

在实践中,由于客户无法准确评价银行信誉,因而存在以下风险:在信任危机发生之前,客户可能过分相信银行;而发生信任危机后,客户又可能反应过度,导致银行挤兑。银行历史表明,银行挤兑不是单个存款人亦不是单个存款吸收机构的问题,而是有可能造成系统风险甚至最终影响整个经济的问题,所以,避免系统风险并保护金融市场的稳定一直是监管机构关注的问题。由于装入储值卡和计算机存储器中的电子价值在经济学上与银行存款类似,因此如果电子货币得以普及,没有理由怀疑会产生同样的问题。

5. 避免被犯罪分子利用

操作风险管理不当及缺乏技术安全均会使电子货币易于伪造并遭到欺诈。如果电子货币被成功伪造,针对发行商的请求权将增加,而后者将无相应资产来支持,因此发行商财务稳健将遭受威胁。以软件为基础的电子货币可能更容易被伪造,原因在于主要依赖密码保护,而卡基电子货币还可以获得抗干扰芯片的保护。

在技术发展迅速的时代,伪造和欺诈风险难以消除,因此,如果电子货币发行方案缺乏识别伪造和欺诈的手段,则不可能采取合适的预防措施。如果电子货币交易处理方式与信用机构处理活期存款的方式相似,该问题就不那么突出;如果电子货币方案以簿记为原则,每次充值及最后每次付款均导致发行商账户被借记或贷记,则早期就可以发现犯罪分子的攻击并采取预防措施。

与此相反,如果电子货币单位能在客户之间直接转移,而随后发行商或结算系统亦不做记录,这种系统的操作风险更大,因为不可能随时追踪所有交易。这样一来,伪造电子货币或因技术缺陷所产生错误价值的来源及数量就不得而知。即使那些不允许客户之间直接转移价值的电子货币在信息传送给发行商或结算系统前亦可能简化或合并信息,这导致无法全面追踪。

犯罪分子利用电子货币的另一目的是洗钱和逃税。如果电子货币方案能匿名转移大笔资金,这种犯罪活动将大为增加。事实上,不排除市场力量本身可能会培育出对洗钱更有"吸引力"的电子货币方案。例如,交易具有匿名性、允许客户之间直接转移价值及个人交易不具有追踪性的电子货币方案。

6. 市场失灵

还有一个考虑是,在实施旨在促进财务稳健的措施时,电子货币发行商的市场动力不足。人们普遍认为,发行商有避免破产的商业利益,但同时受制于一系列因素,诸如股东要求获得更高回报并降低成本的压力,这导致投资政策和安全措施不够稳健。因此,有必要监管以减少因市场动力不足而带来的破产。

(二)时机

在评估是否有必要制订监管规则或指南前,主管机关必需平衡"过早监管"与"过迟监管"的风险问题。有人认为应采取"等待和观望"的态度,原因如下:第一,考虑到迄今为止电子货币发展非常有限,监管可能产生不必要的成本并可能阻碍技术创新与市场准入;第二,发行商目前欠客户的金额及系统风险都不大;第三,由于技术创新迅速,任何监管都有可能很快时过境迁。

然而,欧盟中央银行认为,在电子货币发展初期实施监管能产生积极影响,因为监管有助于减少电子货币方案的失败,而后者会损害客户和特约商户对该支付工具的信心。而且,如果在大量电子货币已发展起来后才设计监管框架,则可能要求电子货币做重大修改或对当事人带来重大限制,由此产生的成本可能威胁到这些电子货币的生存。此外,电子货币方案开发越早,缺乏监管而产生的风险就越大,因为电子货币成形后,往往难以改变。

在决定是现在还是以后再对电子货币监管时,欧盟中央银行考虑了以下两点:第一,在过去的四年中,储值型产品并未受到1994年建议的影响。①几乎所有欧盟国家都有一两个电子货币方案在运作或开发,而开发这些方案的人甚至已成功地出售给各类非欧盟国家。第二,有时,亦有人对1994年建议提出批评,理由是保护了银行的利益。然而,1994年建议显然从未将充值型预付卡的发行限于现有信用机构。欧盟银行立法允许服务提供商

---

① 指欧洲货币研究所(欧盟中央银行前身)就储值卡提交的研究报告,主要建议是将电子货币发行视为吸收存款活动,适用银行监管法律并只允许信用机构发行。

与信用机构之间开展合作,因此,只要与信用机构合作或获得银行执照,1994年建议并不禁止非金融机构如大型零售商、电讯公司、信息技术公司或其他公司参与电子货币的开发与发行。在这种背景下,欧盟中央银行认为规定电子货币方案应达到的最低要求并非为时尚早。

(三) 特殊目标

1. 促进系统相互兼容

中央银行在提升支付系统的效率上拥有利益,这要求服务提供商之间合作以避免不必要的重复投资并促进系统相互兼容,特别是通过采用共同标准促进系统兼容。系统兼容程度应充分以扩大客户的选择范围,避免特约商户承担一些不必要的成本并提升整体效率;与此同时,系统兼容应确保有效竞争与产品创新,尤其是标准的协调及由此产生的系统兼容能扩大客户和特约商户的自由,使他们很方便地从一个服务提供商转向另一个服务提供商,因而增加不同电子货币产品之间的竞争程度。尽管采取了各种方法促进系统相互兼容,但到目前为止大部分电子货币方案尚未实现兼容。

2. 提供担保、保险或损失分担方案

合适的监督和管理将减少电子货币方案的失败风险,然而,在市场经济中,决不能认为与私人公司一样,电子货币发行商不会破产。除非采用一种特别体制,在这种体制中特约商户和客户有要求发行商返还其收受资金的有效权利,或采用充足保险或其他保护安排,否则他们仍将面临发行商破产的风险。因此,为避免客户和特约商户承担损失并维护他们对电子货币的信心,有必要采用合适的担保、保险或损失分担方案,特别是在电子货币发展起来后更是如此。目前,已有六个欧盟国家,即法国、意大利、瑞典、奥地利、德国和西班牙将电子货币方案纳入存款担保或保险制度之中。

(四) 最低要求

考虑到货币政策的有效性,公平竞技场的形成及解决令人关注的监管问题,欧盟中央银行认为有必要制订一些最低要求。

1. 审慎监管

考虑到电子货币发行所面临的风险及监管问题,发行商接受审慎监管至为重要,就此,发行商做到以下几点尤为关键:(1) 遵守一系列旨在确保财务稳健的具体要求;(2) 持续性管理电子货币活动的所有风险;(3) 由主管机关持续性监管。欧盟信用机构现行审慎监管框架充分满足了促使发行商财务稳健的需要。

2. 坚实而透明的法律安排

考虑到可以设计多种合同安排,必须清晰地界定各方的权利与义务,同时披露相互承担的风险大小。坚实而透明的法律安排旨在让各方的义务及风险界定妥当并得到通知,特别是确保客户清晰而准确地了解其法律地位。法律文件应特别规定在发行商破产时各方如何分担损失,公开条款应对以下事项提供明确信息:(1)针对电子货币发行商的请求权是否有所在国存款保险或其他保护安排的保障;(2)争议解决安排,包括争议发生时管辖法院、裁判所或其他争议解决机制及可适用的程序规则如举证规则。

在电子货币跨境使用并受不同法律制度管辖时,更需要有效且界定准确的法律安排。电子货币发行商及运营商必须在了解方案法律特点的基础上评估后果并确保在所有法域都可以强制执行。发行商和/或营运商必须就以下事项提供充分信息:法律后果的评估结果;电子货币方案法律特点所具有的执行力,包括合同当事人之间及合同当事人与主管机关发生争议时可以适用的法律。

3. 技术安全

对于操作风险,电子货币发行商必须确保实施良好的管理措施和会计程序及充分的内部控制程序,即使管理职责由第三方承担亦是如此。因此,如果电子货币中的管理职责由第三方承担,发行商与第三方之间的安排应规定,发行商有权以合适的方式监督和控制第三方承担的操作风险。此外,一旦有必要,监督者应有权了解管理者的活动以核实是否满足该要求。要妥善管理好操作风险必须遵守一系列已获普遍认可的原则,包括:(1)确立有效控制程序,内部审计制度及其他预防性措施;(2)职员的权力与职责相称;(3)开发信息系统以提供及时、准确和安全的数据;及(4)建立应急预案以确保重要业务不中断。

考虑到伪造和欺诈有可能给发行电子货币的机构或任何其他参与者带来重大金融风险,实现程度比较高的技术安全符合所有各方利益。因此,电子货币管理职责必须明确规定安全政策,严格执行并定期检讨,如有必要,聘请独立专家评估。

特别值得一提的是,电子货币方案必须拥有充分的系统控制措施以在早期发现伪造的价值,并立即采取补救办法。电子货币系统至少应有能力以已发行和赎回的电子货币数量为基础监督未付电子价值的余额,为此,电子货币方案应有充分的责任确定能力和审计追踪能力。技术和操作系统与程序应包括应对系统与程序失灵时的应急方案。为减少伪造和欺诈风险，任何电子货币方案均应能采取多种行动，诸如确保审计追踪充分，保留"影子账户"余额，限制转移能力或进行行为分析。

充分的审计追踪包括为每笔交易编号，保留电子价值流通中所有当事人的身份识别数据并将其录入影子账户。在电子货币向发行商提示要求赎回时，发行商核实交易数据是发现伪造或重复价值及追踪非法电子货币来源的最为有效的手段。然而，对于某些电子货币来说，这种审计追踪要求处理和存储大量数据，并导致相对于被转移的价值而言成本过高。

另一种办法是由影子账户对某一工具中的电子货币做记录并追踪所有已发生的交易，与充分的审计追踪相比，这种办法没有那么昂贵，因为不需要处理和存储所有交易数据。尽管该办法不允许识别交易中的所有当事人，但允许某一工具所做交易与影子账户余额比较，因此有能力在某一时间点上及时发现欺诈性交易或余额是否被窜改。

在那些既无能力进行充分的审计追踪又未建立影子账户余额的电子货币系统中，至少应采取充分的风险管理措施以部分减少可能存在的问题，这些措施包括：(1) 确立电子钱包之间直接转移的金额限制以减少商业欺诈案件；(2) 存储最后若干笔交易以使客户有能力核实并证明是否发生欺诈；(3) 建立"了解你的客户"程序并分析客户和零售商使用电子货币的行为模式以使发行商有能力发现要求赎回的电子货币数量是否异常。

由于技术进步迅速，电子货币方案的安全特征将随着时间的推移而变得不安全。因此，有必要根据技术的最新发展持续对电子货币的安全特征升级，并以新的市场惯例和相关国际标准为基础进行测试。

4. 防止犯罪分子滥用电子货币

电子货币方案的设计与实施应避免被犯罪分子滥用如为洗钱和逃税创造机会和动力，例如，防止犯罪分子滥用的方法有建立充分的审计追踪以确保遵守相关法域反洗钱立法。如果电子货币方案允许匿名转移大笔资金，犯罪分子极有可能会利用该方案来洗钱或逃税。1996 年年底，洗钱问题金融行动特别工作组讨论了此问题，结论是电子货币技术的某些重要特征可能影响犯罪分子利用电子货币的程度，这包括金额限制、个人之间转移价值的能力、交易记录及可能存在的中介机构角色变化。洗钱问题金融行动特别工作组的另一结论是，执法当局和监管者必须估计到并识别出可能存在的新问题和新挑战。

5. 货币统计报告

中央银行在执行货币政策时不可能缺少经济运行中的货币数量信息,有充分理由认为作为信用货币替代物的电子货币应包括在货币总量中,因此,所有电子货币发行商必须向相关国家中央银行提供为货币政策目的而要求的任何信息。

6. 可赎回性

如果电子货币发行商只有义务赎回零售商而无义务赎回客户提示的电子价值,在发行商的财务出现问题时,零售商可能只同意折价接受其发行的电子货币。此时,私人提供货币之交易媒介功能和价值储藏功能与公共机构提供的货币之记账单位功能发生背离,而且,如果不与中央银行货币发生紧密联系,有可能出现电子货币发行不受限制的情况,这反过来会产生通货膨胀压力。

因此,法律必须要求平价赎回电子货币,这意味着发行商必须在电子货币持有人提出要求时将其兑换为中央银行货币。这样有助于确保由私人提供的货币(包括电子货币)所带来的效率不会阻碍充分利用货币作为记账单位所带来的外部效应,而稳健的浮存额投资政策有助于支持发行商履行义务,即赎回未使用的电子货币。①

7. 准备金要求

应允许中央银行要求所有电子货币发行商缴纳准备金,在电子货币有了长足发展并对货币政策产生重大影响时更是如此。准备金要求是减少电子货币不受限制地发展所产生风险的办法之一,并有助于维持物价稳定。考虑到平等对待已实施准备金制度的其他货币发行商,亦有必要对电子货币发行商提出准备金要求。②

二、欧盟《电子货币指令》之主要内容

(一)立法背景

20世纪80年代中期,日本就出现了电子货币,那时,部分电话公司、铁路公司和零销商开始向其他公司推销预付式芯片卡。在欧洲,第一个预付

---

① 赎回要求可以进一步细化,例如,为避免繁琐的程序,在电子货币工具的持有人要求赎回时可以收取赎回费或规定最低赎回额。此外,允许通过银行存款形式赎回有助于克服某些实际困难。

② 由于电子货币方案的管理事务可能由第三方完成,最低要求亦应适用于该管理机构,但应考虑到各管理机构承担的职能及由此产生的风险可能也不一样。

式电子支付产品于20世纪90年代初问世。蒙得克斯卡、普罗顿卡等就允许电子货币存储在卡片上。

这些产品引起了人们的极大兴趣,不仅是因为其创新型技术设计,而且还因为许多早期产品由非银行开发。银行很快就作出反应,并发行了许多类似产品,欧洲各国中央银行和财政部亦对此表现出浓厚的兴趣,考虑到这种新支付方法广泛使用可能产生的影响,中央银行和财政部开始要求制订监管电子货币发行的措施。

欧盟委员会关注的主要问题是,境内各国对电子货币发行的态度不一会导致不同的监管做法,这可能会损害内部市场的统一,阻碍支付领域中的竞争和创新。预计新的电子货币方案会不断增加,有必要建立清晰的法律框架以避免电子货币在无管制的基础上继续发行,因此,欧盟委员会于1998年提交了《电子货币指令》草案。

欧盟《电子货币指令》的咨询和立法程序持续了两年多,期间欧盟委员会、欧洲议会各下属委员会、各国中央银行、各国财政部和欧盟中央银行交换了大量意见。特别是欧盟中央银行施加了不少影响,在一系列坦诚对话的基础上修改了许多主要条款。2000年9月18日,欧盟《电子货币指令》获得通过,并同时通过了欧盟《第2000/28号指令》,后者旨在修改《第2000/12号银行综合指令》,唯一规定是将电子货币机构列为欧盟信用机构之一。

在起草《电子货币指令》时,欧盟委员会强调竞争和创新。委员会认为,电子货币是促进电子商务的主要工具之一,在这样一个技术全新并快速发展的领域中,欧洲有可能取得领先地位。因此,欧盟委员会强烈要求建立一个鼓励创新且不太"严格"的法律框架。另一方面,各国中央银行关注一系列问题。早在1994年,欧洲货币研究所就建议将发行电子货币视为吸收存款活动,这意味着电子货币将适用银行监管法律,并事实上只有信用机构才能发行电子货币。

欧盟中央银行开始亦持相同观点,为确保货币政策的效力、创造一个公平的竞技场并应对监管问题,欧盟中央银行的结论是:最直接的解决方案是只允许信用机构发行电子货币,因为这能避免改变货币政策和银行业务的现有机构背景。有部分成员国支持这种观点,而大约有相同数量的成员国支持欧盟委员会的观点,即有必要允许非银行进入该市场。

为调和不同观点,谈判程序拖得很长。最终结果是,欧盟委员会在为电子货币机构建立一个独立的监管框架上取得了胜利,但欧盟中央银行的许多建议亦写入了《电子货币指令》的最终文本,最重要的变化有:第一,可赎回性。草案将电子货币是否可以赎回的问题留给了发行商与使用者之间的合同。欧盟中央银行认为,为确保中央银行货币与商业银行货币之间的联系不至于中断,有必要建立强制性的赎回制度。指令最终文本规定了发行商有平价赎回电子货币的义务,并不得收取超过执行赎回操作的费用。第二,初始资本要求。电子货币机构初始资本的最低金额从 50 万提高到了100 万欧元。第三,豁免。强化了豁免条件,豁免机构未偿电子货币的最高余额从 1000 万降至了 500 万欧元。第四,业务限制。草案允许电子货币机构提供"通过电子手段传送的非金融服务",最终文本将其业务限制在"代表其他企业或公共机构在电子设备上存储数据"。第五,电子货币的界定。草案第三个和第四个条件被删除,并增加一个新的条件,即"收取的资金不得少于发行的货币价值"。①

(二) 立法说明

由于欧盟信用机构的业务范围受到限制,因而有必要考虑这些机构的独有特征,并采取合适的措施以使成员国在电子货币业务之开办、从事与审慎监管的法律、法规和行政性规定上取得必要的一致。

电子货币可以视为硬币和钞票的电子替代物,存储在电子设备如芯片或计算机存储器上,并且一般用于有限金额的支付。

立法措施应与取得必要的一致相称,以便确保相互承认授权、审慎监管电子货币机构,有可能在欧盟境内发放单一执照,确保持有人的信心及由母国负责审慎监管原则的适用。

在电子商务快速发展的背景之下,有必要提供一个协助电子货币充分发展,特别是避免阻碍技术创新的监管架构。因此,指令采用技术中立法律框架,对电子货币机构的审慎监管只做必要协调以便确保审慎经营,特别是确保财务稳健。

根据欧盟银行指令,信用机构已获准发行和管理包括电子货币在内的支付工具。在欧盟境内,信用机构可获得相互承认,并接受综合性监管体制的监管。

在参考了适用于其他信用机构的审慎监管体制的基础之上,为电子货

---

① Evaluation of the E-money Directive (2000/46/EC): Final Report, 2006, available at http://www.eu.int.

币机构确立单独的监管体制是必要的,原因在于考虑到电子货币是硬币和钞票的电子替代物,且如果收受的资金被立即兑换,则发行电子货币本身不构成吸收存款活动。然而,如果接受公众兑换电子货币的资金导致在发行机构的账户上出现贷方余额,则构成吸收存款或其他应偿还资金。

为确保持有人的信心,有必要要求电子货币可以赎回,赎回本身并不意味着接受交换电子货币的资金将被视为吸收存款或其他应偿还资金,赎回应理解为平价赎回。

为应对发行电子货币的风险,与信用机构比,审慎监管体制应更具有针对性并更为宽松。然而,有必要在电子货币机构与发行电子货币的其他信用机构之间构建一个公平的竞技场,以确保有更多机构能为持有人利益而展开公平竞争。适用于电子货币机构的审慎监管体制更为宽松,但与信用机构比在某些方面又更为严格。典型例子是电子货币机构可以从事的业务活动,特别是为确保未偿电子货币余额在任何时候均有充分流动的低风险资产支持上,比信用机构更为严格。指令通过上述办法在两者之间取得了某种平衡。

由于在信用机构外包活动的审慎监管上尚未取得一致,电子货币机构有必要建立稳健的管理和控制程序。考虑到与电子货币发行有关的操作和其他从属性职能有可能由不接受审慎监管的其他企业来完成,电子货币机构为应对金融或非金融风险而建立内部控制制度是绝对必要的。

主管机关应有权就只在成员国境内运营的电子货币机构豁免适用欧盟《电子货币指令》的部分或全部要求。①

(三) 主要规定

《指令》第 1 条涉及关键名词的界定与业务限制。电子货币机构被界定为,发行以电子货币为形式的支付工具的企业或任何其他法人,但不包括欧盟《第 2000/12 号指令》之下的信用机构。成员国应禁止电子货币机构和信用机构之外的任何人或企业从事电子货币发行业务。而电子货币被界定为,持有人拥有的一种货币价值请求权,它存储在电子工具上,收受的资金不少于已发行的货币价值,并被发行商之外的其他企业接受为支付方式。除了发行电子货币外,电子货币机构只能从事以下业务:(1) 提供相关金融

---

① Directive 2000/46/EC of the European Parliament and of the Council of 18 September 2000 on the Taking up, Pursuit of and Prudential Supervision of the Business of Electronic Money Institutions, available at http://www.eu.int.

和非金融服务,如为完成与发行有关的操作性和其他从属性职能而管理电子货币,发行和管理其他支付工具但不包括提供任何形式的信用;(2)代表其他企业或公共机构在电子设备上存储数据。电子货币机构不应持有任何其他企业的股份,但持有为完成与已发行或分销的电子货币有关的操作性和其他从属性职责而设立的企业股份除外。

第3条规定赎回问题。电子货币持有人在有效期内可以要求发行商平价赎回,赎回应使用硬币和钞票或账户存款,并不得收取超过执行该操作的费用。发行商与持有人之间的合同应清楚地规定赎回条件,合同可以规定最低赎回金额,但不得超过10欧元。

第4条规定初始资本和持续性自有资金。电子货币机构的初始资本不得低于100万欧元,而自有资金亦不得低于该数目。电子货币机构的自有资金在任何时候不得低于现有未偿电子货币总额的2%或前6个月内电子货币总金额平均数的2%,并以金额高者为准。如果电子货币机构营业不到6个月,则6个月内的数据以原预测为准,该数据应取自营业计划书,并根据主管机关的要求进行调整。

第5条规定投资限制。电子货币机构的投资应不少于未偿电子货币总额,并只能投资于以下资产:(1)信用风险为零且具有充分流动性的资产;(2)欧盟《第2000/12号指令》界定的"A区国家"[①]信用机构的活期存款;(3)流动性充分、不在第一种情形之内、主管机关认为合格并且有关电子货币机构拥有合法股份或必须与之实行并表监管的企业的债务工具。活期存款与债务工具不得超过电子货币机构自有资金的20倍,而且在适用该规则时应与信用机构一样严格。为规避因电子货币发行和投资而产生的市场风险,电子货币机构可以运用流动性充分的与利率和汇率相连的表外工具,但必须是在交易所交易的衍生工具,并受每日持仓量限制,而外汇合同的原始到期日不得超过14天。成员国应采取合适的限制措施以应对电子货币机构投资所产生的市场风险,有关资产价值采用成本价或市场价,并以价格低者为准。如果资产价值低于未偿电子货币总额,主管机关应确保有关电子货币机构立即采取合适的补救措施。为此,主管机关有权临时允许以上述资产之外的其他资产来支持未偿电子货币总额,但不得超过债务或自有资金总额的5%,并以数量少者为准。

---

① A区国家包括15个现任欧盟成员国及澳大利亚、加拿大、捷克、匈牙利、冰岛、日本、韩国、墨西哥、新西兰、挪威、波兰、斯洛伐克、瑞士、土耳其和美国。

第 8 条规定豁免。成员国可以允许主管机关对符合下列条件之一的电子货币机构豁免适用指令之部分或全部规定:(1) 从事本指令所界定的业务而产生的未偿电子货币余额通常不超过 500 万并从不超过 600 万欧元;(2) 电子货币只被为完成已发行或分销的电子货币的操作性或其他从属忄生职责而设立的任何子公司、母公司或姐妹公司所接受;(3) 电子货币只被为数不多的企业接受,而它们有同一住所或位于有限的区域内或与发行机构有紧密的财务或商业上的关系如共同营销或分销计划,因此容易辨认。基础合同必须规定,电子货币中的最大存储金额不得超过 150 欧元。获得豁免的电子货币机构不得享有成员国相互承认所带来的利益,而成员国应要求获得豁免的所有机构提交包含未偿电子货币余额的业务报告。[①]

三、欧盟《电子货币指令》之实施情况

欧盟《电子货币指令》(以下简称"指令")的实施方式在各成员国之间差异很大,主要表现在转化为国内法律和监管框架的实际适用上,这些差异对各成员国国内市场的发展很可能产生影响。

(一) 转化为国内法律的日期和程序

实施指令的时间差异可能对电子货币市场的发展产生影响,在部分成员国中,电子货币多少取得了一些成功或比较活跃,而其他成员国恰恰相反。

各成员国应于 2002 年 4 月 27 日之前将《指令》转化为国内法律。在 15 个原成员国中,有 5 个成员国于 2002 年 7 月之前实施了《指令》,这些国家中至少有部分公司在利用《指令》条款。在 10 个新成员国中,只有部分国家存在电子货币发行活动,捷克是实施《指令》的第一个国家,而拉脱维亚是实施《指令》的最后一个国家。

因此,市场发展与实施日期并没有清晰而直接的联系,无法得出早一点实施《指令》可能有利于市场发展的结论。例如,许多实施《指令》比较早的成员国就根本不存在发行电子货币的非银行机构。另一方面,在一年或二年前实施指令的 10 个成员国中,电子货币业还未来得及充分理解并适用新的法律。尽管如此,不应过分强调实施日期的重要性,应该说,《指令》转化

---

① Directive 2000/46/EC of the European Parliament and of the Council of 18 September 2000 on theTaking up, Pursuit of and Prudential Supervision of the Business of Electronic Money Institutions, available at http://www.eu.int.

为国内立法的方式与实施日期比对市场发展的影响更大。

就实施程序而言,没有证据表明咨询程序对市场发展方式有重大影响,但英国例外。与电子货币业代表进行的广泛、深入且持续的对话产生了一系列务实的规则,监管者和电子货币公司均认为这有利于市场的发展。显然,这种对话不仅取决于国内主管机关的意愿,而且取决是否存在重要且组织良好的电子货币业,这种情况在大多数成员国中并不存在。

(二)电子货币机构之界定

欧盟将电子货币机构界定为,在信用机构之外发行以电子货币为形式的支付方式的企业或任何法人。有人指出,界定电子货币机构存在两种做法,部分成员国将其视为信用机构之一,而其他成员国将其视为发行电子货币且需要获得执照的另一类机构。

然而,在访谈中,并未发行这两种做法存在明显差异。大多数成员国主管机关将电子货币机构视为信用机构之一,不同意这种分类方法的成员国亦将众多规则一并适用于电子货币机构和银行。因此,这种差异似乎停留在字面上,并无多少实际含义。

传统信用机构与电子货币机构在规则适用方式上确实存在某些差异,这主要存在于指令未明确制订特别规则的领域。除报告要求、反洗钱规则、准备金要求外,电子货币机构在行政组织架构,高级管理人员安排及系统控制的适用方式上与传统信用机构存在差异。该问题存在两种普遍性做法,以下对此进行说明并举一些实例。

大多数成员国并未为电子货币机构建立一套独立的规则,并倾向于要求其遵守适用于传统信用机构的所有规则。典型代表国为奥地利,电子货币机构在该国被视为银行,但只能从事一种银行业务,即发行电子货币。德国与此类似,例如,与银行一样,电子货币机构每月均须向德国联邦银行提交资产负债表。电子货币机构认为负担特别重的规定是,德国将指令第7条有关审慎运营要求解释为电子货币机构的两个常务董事均要有领导银行的经历。此外,在申请执照时,要求电子货币机构事先提交其营业模式具有赢利能力的证据,这对正在发展的创新行业而言是不合适的。另一方面,获得执照的德国电子货币机构自称"银行",这是获取顾客和投资者信任的重要因素。

与此相反,英国金融服务局为电子货币发行商制订了"专业手册"(Specialist Sourcebook),电子货币机构必须遵守的一系列规则包括审慎经营规则均可以在手册中找到。这在很大程度上是由于主管机关和电子货币业持续对话的结果,并被认为对监管者和行业本身均有利。结果是,传统信用机构和电子货币机构之间的所有规则均存在差异,因而更具有针对性,通常也更为宽松。然而,在系统控制、高级管理人员安排等事项上的监管要求仍被部分利害关系人认为负担太重,对非银行公司构成一种"文化冲击"。

在荷兰,与其他信用机构一样,电子货币机构必须遵守中央银行提出的监管要求,包括审计、月度资产负债表等要求。然而,为区分银行与电子货币机构,议会正在审议一套新的规则。

大多数成员国在审慎管理、行政与会计程序、充分的内部控制机制等事项上并未区别对待电子货币和传统信用机构。然而,英国例外,电子货币业代表认为,具有针对性的规则很可能会与电子货币发行风险更为相称。一家电子货币机构认为,存在一本清晰的规则手册是其在英国而不是其他地方申请执照的一个重要因素。

(三) 电子货币机构应遵守之规则

1. 资本要求

总体而言,几乎所有成员国一字不差地采纳了《指令》中的初始资本和持续性自有资金的要求。唯一的变化是初始资本,有 3 个成员国将其提高到 100 万欧元以上。在匈牙利,电子货币机构初始资本应有 120 万欧元。

在法国,初始资本要求为 220 万欧元,即使未偿电子货币余额低于 500 万欧元,亦应有 100 万欧元初始资本。法兰西银行认为,为确保发行商财务稳健,为构建一个公平的竞技场,有必要要求电子货币机构具有更高的初始资本,因为专门发行或管理支付工具的其他信用机构已缴付最低资本为 220 万欧元。

在希腊,电子货币机构初始资本被提高至 300 万欧元。希腊银行认为,这对于确保电子货币机构与传统信用机构之间有一个公平的竞技场是必要的,因为后者的初始资本为 1800 万欧元。初始资本通常投向了公司资本项目,但希腊立法比较独特,电子货币机构在获得授权之前应将初始资本以现金形式存入希腊银行,并应存到获得授权时为止,之后将返还。采取该措施是确保申请执照的电子货币机构筹集到营运所需的初始资本。

大多数业内利害关系人认为,《指令》要求 100 万欧元初始资本太高。尽管没有证据直接支持以上观点,但更高的初始资本很可能阻碍潜在申请人进入电子货币市场。这在希腊尤其如此,因为初始资本须以现金形式存入希腊银行,使得其更像担保。

2. 投资限制

接受访问的所有主管机关都声称,《指令》第 5 条规定的投资限制在转化为国内立法时均未加改变。然而,接受访问的部分业内人士声称细节上有些差异,特别是在第 5 条第 4 款的解释上,后者要求成员国制订"合适的限制措施"以应对电子货币机构进行合法投资所产生的市场风险。

由于该问题太复杂,而且大多数情况下主管机关对如何在国内适用投资限制无法提供详细的信息,所以不可能详细分析这些差异。被访者指出,在英国,投资对象剩余到期日不多于 1 年才算流动性资产,而在德国无此限制。

有证据显示,各国在决定哪些投资合法时所适用的原则有些差异。虽然对大多数业内利害关系人而言,这不是一个主要问题,但一些被访者抱怨,部分成员国的投资限制比其他成员国要严格。

3. 可赎回性

至于可赎回性,所有成员国均实施了指令规定的义务,即发行商有义务平价赎回电子货币,而且收费不得超过执行赎回操作的成本。然而,在 3 个成员国中,最低赎回额被调低:丹麦为 25 克朗,约合 3.35 欧元;匈牙利为 2 欧元;而意大利为 5 欧元。受此影响的唯一一家电子货币机构称,降低最低赎回额负担太重,并导致额外损失。

此外,一个有意思的发现是,波兰将可赎回性纳入了电子货币定义当中。这可能有利于那些与电子货币类似,但资金又不具有赎回性的电子货币方案生存,因为可以不受指令管制框架的约束。

4. 业务限制

所有主管机关都声称,指令规定的业务限制在转化为国内立法时均未加改变。然而,资金虽被立即兑换成电子货币,但由于结算上的延迟(如通过信用卡或借记卡或支票购买时),此时是否违反禁止授予任何形式的信用,各国解释不一。

(四) 执法核查

《指令》第 6 条规定,主管机关核查电子货币机构是否遵守资本要求和投资限制的次数每年不得少于两次。大多数成员国遵守了指令的最低要求,少数几个成员要求更高。多数情况下,要求电子货币机构更频繁地提交报告的理由在于与传统信用机构保持一致。有必说明的是,在波兰,主管机关只要求电子货币机构每年报告一次。

在英国,电子货币机构应每年报告二次,基本内容包括投资类型、遵守资本要求的方式和套头交易等,电子货币机构还应报告违法情况及正在采取的救济措施。在奥地利,报告要求更为频繁,电子货币机构应每季度向金融市场监管局和奥地利国家银行提交一份经营成果报表,并应在每季度结束后4周内提交。在荷兰,电子货币机构应每月提交一份资产负债表,还得就某些特别事项提交季度报告,每年应与中央银行讨论一次经营成果。

现有电子货币机构不多,遵守报告要求的更少,这使得人们难以判断其影响。然而,英国和丹麦的电子货币机构倾向于认为报告要求合理且负担不重,而荷兰和德国的电子货币机构认为,考虑到其经营规模,与银行一样每月提交资产负债表不仅负担太重,而且过于严厉。荷兰电子货币机构还认为其很难遵守中央银行的所有监管要求,而报告和审计要求所产生的管理成本正在持续攀升。

(五) 豁免体制

19个成员国建立了豁免体制,但有6个成员国未建立。在一些未建立豁免体制的新成员国中,原因可能是《指令》刚刚实施,而电子货币在很大程度上还只是一个理论上的概念。就此,一个主管机关指出,很难预测豁免体制下的多种选择和多个标准及在何种情况下应给予豁免,更好的办法是干脆不建立豁免体制。然而,匈牙利和斯洛文尼亚主管机关指出,未来有可能修改其不建立豁免体制的决定。

1. 豁免条件

在建立豁免体制的成员国中,14个成员国采纳了《指令》中的所有条件,5个成员国仅采纳了部分条件。爱沙尼亚和芬兰只采纳了第二个和第三个条件,因此,获得豁免只能依据申请人的性质和数量或地点,而不能依据浮存额的大小。拉脱维亚仅采纳了第一个条件,这意味着豁免只能依据浮存额的大小。波兰仅采纳了第三个条件,并特别将其中的第二项规定解释为发行机构发行的电子货币只能在注册所在地的城市使用。此时,浮存额大小限制在15万欧元以内,而电子钱包中的最大存储金额调低至75欧元。西班牙仅采纳了第二个条件,这意味着电子货币只有为完成已发行或分销的电子货币的操作性或其他从属性职责而设立的任何子公司或其母公司或同一母公司之下的姐妹公司接受时才能获得豁免。

在采纳了所有豁免条件的14个成员国中,有8个成员国做了部分修改。在德国,可以依据指令的所有条件获得豁免,但立法未明确列举这三个条件。在英国和爱尔兰,对于依据第二个和第三个条件要求豁免的机构增加了浮存额不得超过1000万欧元的要求,理由很可能是为了预防并进行监督以避免出现有机构在不受管制的情况下大量发行电子货币。希腊将第一个条件所规定的浮存额门槛降至一般不超过300万绝不超过400万欧元;对于第二个和第三个条件,希腊亦增加了浮存额不得超过800万欧元的要求。荷兰省略了第一个条件中的"一般不超过500万欧元",因而变成了"绝不超过600万欧元"。法国完全实施了第二个和第三个条件,但将第一个条件变成了"混合豁免"。[①] 瑞典法律规定,只有在拟议中的活动受到限制而不至于超过《指令》规定的浮存额门槛时才能依据第一个条件获得豁免,而丹麦在计算第一个豁免条件之下的浮存额时所采用方法很特别。

2. 豁免程序

在4个成员国中,只要符合国内立法所规定的条件,将自动获得豁免。在芬兰,希望获得豁免的机构须事先将其意图告知芬兰金融服务局;在丹麦和荷兰,只需事后向主管机关报告即可。因此,自动豁免很可能是为了鼓励尽可能多的市场活动。

在建立了豁免体制的所有其他成员国中,必须提交正式申请。在2个成员国中,主管机关明确批准豁免,但如果满足了所有条件,则无否认豁免的自由裁量权。然而,在所有其他成员国中,主管机关对于是否给予豁免拥有部分自由裁量权。申请豁免的行政负担在各国不一。在英国,行政负担很轻;而在爱尔兰,一个受访者指出,申请程序特别繁琐,申请人必须填写一份非常长的表格。在捷克,据报道,开始几个申请非常复杂且耗费时日,但监管者和电子货币业积累一些经验并充分理解有关要求后,现在申请起来就非常简单。

3. 可以豁免适用的规定

各国在可以豁免适用的规定上做法不一。在7个成员国中,豁免机构不适用电子货币机构的所有要求,其中大部分国家只要求定期向主管机关报告其活动和未偿电子货币余额。在5个成员国中,主管机关依据风险与管制相称和平等对待原则可以个案决定豁免哪些规定。在4个成员国中,

---

① 即未偿余额一般不超过500万绝不超过600万欧元的机构是电子货币机构,必须筹集100万欧元资本,但不适用其他规定;然而,如果超过600万欧元,则适用220万欧元的初始资本,并适用不同规定。

豁免机构必须遵守部分监管规则。在意大利,豁免机构初始资本为12万欧元。有些规定如集中风险等总是可以豁免适用,但其他规定如组织架构等必须在考虑其活动范围的基础上个案决定是否适用。在法国,符合第二个和第三个豁免条件的机构豁免适用所有规定,而"混合型"豁免机构必须遵守包括初始资本要求在内的某些规则。

4. 小结

豁免体制的实施在欧盟成员国中差异很大,这不仅体现在豁免条件和授予豁免的程序上,而且还体现在可以豁免适用的规定上。6个成员国根本未建立豁免制度;已建立豁免制度的成员国中,有相当多的成员国强化了豁免的部分条件或增加了限制。

运用得最广泛的豁免条件是浮存额限制,未采纳该条件或降低门槛很可能实质性减少了小规模电子货币方案对豁免体制的利用,而它们可能又不符合接受机构或地理限制这两个豁免条件。瑞典规定,只有在拟议中的活动受到限制而不至于超过指令规定的浮存额门槛时才能依据第一个条件获得豁免,这同样可能限制了有很大发展潜力的电子货币方案对豁免体制的利用。在法国,对依据第一个条件获得豁免的机构提出的初始资本和适用其他规定的要求很可能具有类似效果。值得注意的是,所有上述国家加在一起亦只有一家豁免机构。

至于豁免程序,自动授予豁免似乎会导致豁免的广泛使用。丹麦、拉脱维拉和荷兰均至少有两家豁免机构,这似乎能证明该结论。然而,英国和捷克的豁免机构相当多,这表明,如果申请程序非常简单快捷,正式申请程序并不必然构成利用豁免的障碍。

在欧盟现有72家豁免机构中,66家位于无条件地豁免适用《指令》及相关立法所有规定的国家。与此同时,在监管机关个案决定豁免适用哪些规定的国家中,迄今为止还没有一家机构获得豁免,这种程序很可能导致豁免申请程序耗费时日、不具有可预测性,并最终导致对潜在申请人不具有吸引力。①

四、欧盟《电子货币指令》之初步评估

欧盟《电子货币指令》(以下简称《指令》)旨在欧洲境内建立一个单一

---

① Evaluation of the E-money Directive (2000/46/EC): Final Report, 2006, available at http://www.eu.int.

的市场,为此指令将其分解为五个目标,以下拟根据不同利害关系人的意见来分析指令是否实现了其目标。

(一) 带来法律上的确定性并促进电子商务的发展

《指令》之前的解释性备忘录认为,电子货币发行存在"立法漏洞",而且由于在该领域缺少必要的协调导致法律上的不确定性。《指令》旨在堵塞漏洞并带来法律上的确定性,以鼓励新人进入市场、鼓励竞争并促进电子商务的发展。

为此,《指令》提供了一个清晰且毫无疑义的法律框架。更重要的是,《指令》确立了"电子货币机构"的法律地位,界定了"电子货币"的含义。指令还具体规定了电子货币机构的监管框架;同时,《指令》的立法说明强调,立法措施应使成员国的相关措施取得最低限度的一致,以便确保相互承认授权、审慎监管电子货币机构。

《指令》成功地带来了法律上的确定性,这体现在为电子货币机构和豁免机构建立清晰的法律框架。然而,不无疑问的是,法律框架是否和如何适用于某些方案(部分以账户为基础的方案、电子代金券)及发行商(移动电话运营商、交通服务提供者),这在很大程度上导致了法律上的不确定性。绝大多数利害关系人认为,为消除不确定性,有必要澄清电子货币定义,可以采取的办法有修订或增加特定豁免或为某些混合型发行商制订特别规则。利害关系人是否在必要修改上达成了一致是一个完全不同的问题,就此很少有人提出具体建议。

对以账户为基础的系统而言,尽管监管者以前讨论过并达成了构成电子货币的共识,但各国的解释仍然存在一些差异。在此问题上,由于《指令》中的立法说明将电子货币定位于硬币和钞票的电子替代物,值得关注的问题是,这并未准确地反映市场发展现状并可能毫无益处,因为如此定位意味着电子货币必须复制现金的特点,但事实上出现了众多并不完全具有现金所有功能的电子货币方案。对上述立法说明作狭义解释将导致某些方案,特别是以账户为基础的方案是否还构成电子货币不无疑问。芬兰应对该问题的办法是,在国内立法中明确规定电子货币包括以账户为基础的方案。

就指令是否适用于移动电话运营商而言,欧盟《说明性指引》(Guidance Note)并未成功地消除法律上的不确定性。欧盟《说明性指引》认定,指令不适用于在移动电话客户与第三方之间无直接债权债务关系的方案,但许多电子货币业代表对此持有异议,理由是与其他支付机制不一致,因为支付几乎总是间接的,而支付的法律概念亦应允许存在一些灵活性。因此,即使将欧共体《说明性指引》并入电子货币定义(最近,爱沙尼亚在将指令转化为国内立法时就采用该做法)亦很可能难以彻底解决这个问题。

一旦决定移动电话运营商应原则上适用《指令》,有必要找到相应的办法以确保《指令》只适用于向第三方服务商支付的部分预付金额。通过事后计算支付金额的方法,丹麦经修正后的豁免体制在此问题上做了一次有意义的尝试,但修正后的豁免体制迄今为止尚未实施,因而无法验证其在实践中是否可行。

至少还有两类产品是否适用《指令》尚不明确:第一,就运输公司发行的智能卡而言,有些人支持给予豁免,即虽然有一个以上的运输服务提供者接受智能卡,但如果只用于支付公共交通费,则不构成电子货币;第二,似乎现有监管框架未能充分考虑到电子代金券(Electronic Vouchers)的特殊性,好几个监管者倾向于主张豁免适用指令。

最后,似乎电子货币产品的某些最新发展,如预付式借记卡和电子旅行支票,进一步对电子货币主要或只用于小额支付的观点提出了挑战。在访谈中,该问题并未引起争议,原因可能是这些产品目前只存在于少数几个国家。发行商声称,其产品显然符合电子货币定义,但部分监管者可能会提出异议,特别是奥地利,因为国内立法将收取"少量"资金纳入了电子货币定义之中。

(二) 避免阻碍技术创新

解释性备忘录规定,电子货币有可能成为一种有效的支付工具。从长远来看,电子钱包有可能在很大程度上取代现金,而以服务器或软件为基础的电子货币正在成为不断增长的互联网电子商务的支付工具。备忘录进一步认为,严格的技术规则可能阻碍创新并限制竞争。因此,指令中的立法说明表示,有必要提供一个协助电子货币充分发展,特别是避免阻碍技术创新的监管架构。

为此,《指令》采用技术中立的法律框架,即并不规定技术细节。电子货币定义亦只表明货币价值"存储在电子设备上"。因此,《指令》有可能适用于所有电子货币而不管使用了何种技术,而且并不事先判断或排除适用未来可能出现的任何形式的电子货币。

《指令》大体上维持了技术中立,指令是否适用于某些商业模式通常与所使用的电子设备无关,而是与产品的性质和发行商有关。唯一的例外是,部分成员国对以服务器为基础的方案看法不一。有人建议,可以通过界定"电子设备"来澄清,即电子设备不仅包括芯片卡或计算机存储器,而且还包括中央服务器、移动电话、个人数字助理等。然而,未来的技术发展可能产生新的存储设备,因此这种方法的危险在于短期内有助于维护指令的技术中立,但从长远看来会损害其技术中立性。

《指令》并未因技术原因而排除任何存储设备,这是否鼓励或阻碍创新或对创新没有任何影响,主要取决于监管框架是否合适及指令的适用在法律上是否具有确定性。不过,这已是另外一个问题。

（三）在发行电子货币的不同机构之间构建一个公平的竞技场

《指令》明确了电子货币机构的法律地位,但很显然,适用不同规则的传统信用机构亦在零售性金融业务上扮演着重要角色。解释性备忘录强调,电子货币机构的监管体制必须最大程度地在不同机构之间构建一个公平的竞技场,同时亦不能负担太重以至于阻碍新行业的发展。指令中的立法说明采纳该观点并表示,在电子货币机构与发行电子货币的其他信用机构之间构建公平竞技场目的在于确保更多机构能为持有人利益而展开竞争。

为确保公平竞争,解释性备忘录规定,信用机构适用的监管制度,如授权、资本要求等,亦应以"合适的方式"适用于电子货币机构。此时,"合适"意味着应与发行电子货币的特殊风险相称。与吸收存款相比,这种风险在大多数情况下要小得多,因此,指令为电子货币机构设计了"更具有针对性"且"负担更少"的审慎监管体制。

与传统信用机构相比,电子货币机构监管框架"更轻",主要体现在：降低了初始资本要求；不适用有关投资公司和信用机构资本充足率的欧共体指令；不适用欧盟《第 2000/12 号指令》中用于审慎监管的技术性工具、偿债能力比率和大额风险比率的规定；成员国主管机关可以允许小规模电子货币方案豁免适用《指令》中的部分或全部规定。另一方面,电子货币机构的投资限制比银行严格得多。

《指令》是否为所有电子货币发行商构建了公平的竞技场是一个争议性非常大的问题。最重要的问题是,对移动电话运营商的预付服务费的处理是否合适。很难评估电子货币机构和传统信用机构之间是否存在一个公平的竞技场,原因在于实践经验有限,而且到目前为止,两者之间缺乏直接竞争。电子货币机构主要发行以服务器为基础的电子货币,而传统信用机构在卡基电子货币市场上占据主导地位。然而,电子货币机构及部分监管者关注的问题是,指令对电子货币机构的某些要求和限制可能过于严厉。

特别是初始资本要求似乎构成了进入市场的重大障碍,这种观点在电子货币业及部分国内主管机关中有广泛支持,他们要求降低初始资本。这亦有助于解决从豁免机构变成授权电子货币机构跨度太大的问题。

至于豁免,有证据显示,采取综合性并且透明的方式实施豁免时有可能促进电子货币市场的发展。许多已获得豁免的机构赞成提高浮存额门槛,但已获授权的电子货币机构以不公平竞争为由极力反对,监管者亦质疑是否应允许大型方案不受管制。与此同时,豁免机构电子钱包的最大存储金额限制构成了一项主要负担,甚至对部分规模非常小的方案而言亦是如此,并有可能在不损及整个监管框架的情况下调高金额限制。

(四)确保发行商财务稳健

解释性备忘录强调确保电子货币发行商财务稳健的重要性:一方面,必须确保发行商的稳定与健全;另一方面,亦必须确保任何发行商的破产不会导致人们对这种处在发展之中的新支付工具失去信心。因此,监管框架不仅应"轻",以确保电子货币机构与传统信用机构之间展开公平竞争,而且应"强",以确保发行商财务稳健,并因此维护消费者的利益。

《指令》通过以下措施解决该问题:适用于电子货币机构的审慎监管体制具有负担少的特征,但与此同时,与其他信用机构相比,某些规定又更为严格;要求电子货币机构实施与其面临的金融和非金融风险相称的内部控制。

《指令》中确保发行商财务稳健并维护消费者利益的最重要条款有:电子货币机构的业务范围限于发行电子货币并从事与此紧密相关的服务,而且不得提供任何形式的信用;投资限于确保金融债务在任何时候均有充分流动的低风险资产进行支撑;应遵守持续性自有资金要求以确保拥有与业务规模相称的资金;必须平价赎回电子货币并不得收取超过执行赎回操作的费用。

《指令》成功地确保了电子货币发行商的财务稳健,至今没有出现一例破产、欺诈或损害消费者利益的情形,这很可能对电子货币业务及消费者的信心产生积极影响。

显然没有必要实施更为严格的监管体制,而且以下观点还获得相当多的支持:监管框架中的部分因素与电子货币发行商的活动所带来的风险不相称,而限制性更少的体制可能亦足以确保发行商的财务稳健。许多业内利害关系人认为,整套规则"太钝",有依据风险改进的空间,而这并不必然会损害发行商的财务稳健或消费者的利益。

持续性自有资金和投资限制并未构成小公司进入市场的重大障碍,但是,一旦业务量超过某一限制,两者似乎会成为电子货币机构业务发展的重大限制。有证据表明,在某些情况下,发行商会认为银行体制更为有利,因为银行在浮存额使用和投资上享有更多的灵活性,因此,检讨是否需要调整这些规则是有益的。不仅要考虑给予电子货币机构更多的灵活性,还要澄清一些悬而未决的技术性事项,如是否可以将应收账款纳入允许的投资范围。

至于电子货币机构业务限制、反洗钱规则和确保财务稳健的要求是否与风险相称主要取决于各国的解释。在这些领域,可能存在进一步协调相关规则的空间。

(五)便利电子货币机构从一国进入其他成员国

就电子货币而言,建立欧盟资本市场一体化和金融服务单一市场的法律框架意味着,电子货币机构能方便地从一国进入其他成员国。解释性备忘录规定,指令将消除过去跨国发行在法律上的不确定性,允许电子货币机构在相互承认母国监管原则下跨国提供服务。

为此,《指令》将"单一执照"适用于电子货币机构,这意味着本国主管机关批准设立的电子货币机构只要遵守指令规定的审慎规则即有权在欧盟境内发行电子货币。东道国主管机关不得要求已获他国授权的电子货币机构遵守额外的监管要求,亦不得实施更严厉的控制。

《指令》单一执照条款受到广泛好评,促进了跨国活动并为未来市场的一体化奠定了良好的基础。迄今为止,单一执照利用率非常低,原因在于市场内部因素,如业务发展很有限,而不是任何法律或行政障碍。

到目前为止,唯一出现的问题是豁免适用欧盟《第 2000/12 号指令》意味着,适用于电子货币机构的单一执照权劣于银行享有的权利,尤其是希望设立分支机构的电子货币机构可能得满足额外的授权或资本要求,检讨这些限制是否正当是有益的。[①]

五、欧盟《电子货币指令》之修订方向

2006 年 7 月,欧盟委员会职员就《电子货币指令》的评估提交了一份工

---

① Evaluation of the E-money Directive (2000/46/EC): Final Report, 2006, available at http://www.eu.int.

作文件,该文件描述了评估过程,并重点提出了改进意见。

(一) 修订说明

欧盟委员会认为,评估中发现的事实表明,维持现状而不修订欧盟《电子货币指令》是不合适的。另一选择是,彻底废弃电子货币概念并以拟议中的欧盟《支付服务指令》取而代之。但评估表明,这得与欧盟议会、欧盟理事会及其他利害相关人进一步讨论后才能决定,而且,后一选择目前看来很难实施,因为欧盟《支付服务指令》谈判进展顺利,并有望于2008年这一最后截止日期之前获得通过,以便建立单一的欧元支付区。因此,欧盟委员会相信,采取"中间路线"更为合适,这说明有必要修改欧盟《电子货币指令》相关规定,增加适用范围的确定性,并删除已证明为不必要的过高要求。由于法律文件最适合于达到以上目标,因而制订一组能无缝并入欧盟《支付服务指令》的电子货币规则是最佳选择。长期看来,针对支付服务提供者制订两个不同的指令与良好监管的基本原则存在冲突。

评估表明,有必要澄清欧盟《电子货币指令》的适用范围,以解决哪些商业模式应接受监管并为电子货币业及监管者提供更多法律上的确定性。同时,有必要放松欧盟《电子货币指令》某些核心要求,以确保规则与电子货币机构所产生的风险相适应,修订还需确保与欧盟《支付服务指令》相关规定一致。考虑到电子货币机构与支付服务提供者所面临的风险不同,有必要继续对两者的审慎监管体制作出区分。就此,有必要对欧盟《支付服务指令》谈判中所采用的任何方案作出分析,以便决定是否适用于电子货币机构。在欧盟《支付服务指令》适用范围上,任何最终采用的方案亦要考虑到是否适用于电子货币。对于被采用作为指令是否适用于特定商业模式[①]的任何方案而言,这一点尤为重要。最后,还要考虑到两者最小或最大程度地协调可能产生的冲突。

(二) 适用范围

为了回应评估过程中大量利害相关者的关切,有必要修订电子货币的定义和指令的适用范围,因为现行定义带来了法律上的不确定性。

通过界定电子货币,现行指令确立了判断某一产品是否为电子货币的三个标准,即存储在电子工具上,收受的资金不少于已发行的货币价值和被发行商之外的其他企业接受为支付方式。

[①] 例如,如何对待移动通讯运营商、电子代金券,如何适用豁免体制等。

就第一个标准而言,"电子工具"一词已导致某些成员国对是否包括"以服务器为基础"的电子货币提出了质疑。因此,有必要清楚地说明这一点。

有学者指出,欧盟为了跟上技术变化之步伐并避免经常修订指令,对存储货币价值的"电子工具"做了尽可能宽泛的界定,这一做法是正确的。虽然指令序言所用措辞暗示了所有能设想到的电子工具类型,但定义留给成员国主管当局指定合适存储工具的自由裁量权几乎不受限制,以至于不可避免地会对是否适用指令的关键因素作出不同解释。除各国可能对第一个标准作出不同解释外,该标准是否成功地跟上了时代步伐亦不无疑问,因为自从指令获得通过后出现了许多商业模式,如移动电话预付卡、零售顾客积分卡(loyalty cards)、可充值或一次性电子代金券卡。2004 年,欧盟委员会就移动通讯运营商发布的文件就证明了这一点。

为了在无法预料的技术发展中能保有一些灵活性,同时也为了在法律上保持最低限度的确定性,建议修正后的指令可以纳入一个非穷尽的合格支付工具清单,或认定哪些不属于"电子货币"而不管存在何处(即不管存在何种卡或其他存储媒介上),也不管货币价值存储在何工具上(即嵌入式微处理芯片卡、磁条卡、微电路卡、以软件系统作为基础或任何其他工具)。例如,取代纸面形式的电子代金券卡及公交卡或移动电话预付卡应在指令的适用范围之外。虽然所使用的电子工具可能与某些已确立的电子货币所采用的工具一致,但由于发行这些卡的经济目的从属于服务提供者的主业,因而不宜作为电子货币进行监管。①

就第二个标准而言,"收受的资金不少于已发行的货币价值"之规定可能产生法律漏洞,因为如果已发行的货币价值少于收受的资金,则此类产品就不是电子货币。因此,有必要在定义中删除该措辞,并在特定条款中纳入一禁令。

有学者认为,在指令对电子货币所作界定的三个因素中,第二个标准最有技术性,但这丝毫不意味着最不重要或问题最少。首先,该标准提醒大家发行电子货币必须在收受资金之后,而且指令所界定的电子货币只不过是一种交换而已,即把货币价值转换为电子货币而不是"创造"电子货币。然

---

① Phoebus Athanassiou & Natalia Mas-Guix, Electronic Money Institutions: Current Trends, Regulatory Issues and Future Prospects, *Legal Working Paper Series* No. 7, 2008, available at http://www.ecb.int.

而,更为重要的是,电子货币定义之中纳入该标准起因于欧盟想通过立法阻止电子货币机构折价发行,后者将产生不受限制的信用创造。产生该禁令的货币政策原理非常简单明了,但该标准的现行表述方式却未能澄清,发行电子货币量少于已收受的货币价值量的情形是否有可能发生,或溢价发行是否可能导致此类产品不再是电子货币。从指令措辞中唯一能作出的合乎逻辑的推理是,电子货币发行量可以低于已收受的资金量,原因在于允许电子货币机构就其服务收费。由于电子货币定义中该标准所产生的不确定性肯定会影响潜在的市场进入者利用指令所提供的机会,也影响后者发行电子货币的获利能力,因此需要考虑采用一个更为清晰的表达方式。

不管对第二个标准作何种解释,电子货币定义中的该因素与《指令》第3条的可赎回性联系紧密。电子货币作为硬币和钞票的有效且可靠的替代物,有必要确保持有人对电子货币价值兑换成钞票有信心。考虑到电子货币方案中可赎回性具有核心意义,建议将第3条并入电子货币定义以作为第二个标准的补充要求,而不作为属于指令所界定的电子货币产品的一项义务。欧盟委员会建议,在未来电子货币定义中删除第二个标准,但这将加剧法律的不确定性。更好的解决办法是,澄清该标准的表述方式,或将第3条全部并入电子货币定义之中。因为,可赎回性这一概念实际上是指令所界定的电子货币的第四个标准,该标准与其他三个标准一样重要。如果要避免不必要的混乱,可赎回性标准不应与第1条所确立的标准分开,而不是欧盟委员会建议的那样,将电子货币定义的其他三个因素分散在整个指令之中。更为重要的是,电子货币定义并入可赎回性标准将对一开始就不属于指令管辖的支付类型产生影响。特别是某些并不确保赎回的方案如电子代金券、公交智能卡等就无需接受指令所确立的监管框架。目前,成员国中只有波兰将可赎回性并入了电子货币定义。[①]

据说,第三个标准最有争议。欧盟委员会已就《电子货币指令》是否适用于移动通讯运营商发布了指南。为了界定电子货币,该指南强调,《指令》是否适用取决于移动电话顾客与作为第三方的卖家是否存在直接的支付关系。就此,有必要澄清电子货币的定义,以便确保有着同样系统风险和消费风险的同一服务遵守相同的规则。同样,亦有必要修正定义,以便解决不确

---

① Phoebus Athanassiou & Natalia Mas-Guix, Electronic Money Institutions: Current Trends, Regulatory Issues and Future Prospects, *Legal Working Paper Series* No. 7, 2008, available at http://www.ecb.int.

定性问题,如是否适用于电子代金券及特许权安排。此外,还有必要考虑与欧盟《支付服务指令》中所采用的方法保持一致,并考虑代金券的增值税问题和欧盟《第六号增值税指令》中所提到的更具有普及性的支付和转移系统。此领域内的立法正在接受评估,因而可能产生影响电子货币的问题。

有学者指出,旨在将电子货币产品与只有发行商接受的支付工具区分开来的第三个标准目的合法。为此,对指令的利用者包括成员国主管机构而言,该标准在决定某一支付工具是否为电子货币时是最确定的一个标准,这种解释也必定是欧盟立法机构的理解。此结论是合理的,因为指令序言多次提到"持有人信心"。这表明指令只对以下支付工具感兴趣:不论持有者数量还是所代表的价值均表明其已成为广泛接受的电子货币,而更为重要的是,众多第三方接受其作为代用货币的替代物。第三个标准提出而指令未提供答案的问题是,如何从数量和质量上界定第三方?需要多少实体接受为支付工具才能成为电子货币?而同样重要的问题是,接受电子货币的企业与发行商之间存在何种关系才算是第三方?

《指令》未直接回答这些问题,但第 8 条授权成员国给予豁免这一点导致情况更为混乱,而豁免旨在促进"规模相对较小且封闭"的支付方案的建立。有意思的是,豁免规则允许成员国主管当局将"小规模电子货币发行商"排除在指令之外,而且还允许其决定发行商和接受企业存在何种关系时就可以不适用欧盟《电子货币指令》。毫无疑问,成员国主管当局拥有的豁免权在解释第三个标准时造成了法律上的不确定性,因此,如果要克服电子货币定义第三个因素中的模糊之处,首要的问题是同时修改第 8 条。成员国主管当局决定发行商与接受企业存在何种关系并不足以解决某一特定支付工具是否适用指令,其拥有的选择权应予以废除。取而代之的是,清晰界定与发行商具有何种紧密联系或从属关系的第三方应予以排除,发行商与接受企业之间存在何种关系时它们之间的交易就不属于指令的适用范围,以及为了客观地、非歧视地决定电子货币发行是否应接受欧盟监管时应考虑具有何种数量和质量标准。如果发行商与接受企业属于母子公司或具有其他紧密关系,两者是不同的法律实体,均拥有独立的法人人格这些事实并不足以决定它们之间的交易应受《指令》的管辖。不论从经济上还是从理论上,将它们之间的交易纳入指令的适用范围均很成问题,因为难以认为预付卡中所存储的货币价值已被第三方"广泛"接受。①

（三）核心要求

评估过程中的证据充分证明了欧盟委员会的最初认识，即某些要求与电子货币机构产生的风险不相称。考虑到整个体制所产生的效果，这种认识更为深刻。根据已获得的证据，欧盟委员会作出如下初步结论：

平价赎回似乎并未对已获授权的电子货币机构构成大问题，但如果移动通讯运营商或电子代金券也适用欧盟《电子货币指令》，则可能产生大问题，因此，需要进行合适的调整。

一些利害相关者认为，100万欧元的初始资本要求过高，可能需要降低门槛，以便消除规模更小的公司申请执照的障碍。

2%的自有资金要求本身似乎并未对已获授权的电子货币机构带来重大困难，但与《指令》的其他要求，如初始资本、投资限制、经营限制一起使得人们认为整个体制要求过高。

主要作用在于保护浮存额的投资限制大大减少了电子货币机构利用其发行电子货币而收受的资金挣钱的机会，并使其在与获得完全牌照的信用机构竞争中处于劣势。显然，投资限制清单还带来了一个意想不到的问题，因为它排除了银行和信用卡应收账款，而有关银行指令已给后者20%的风险权重，这与欧盟《电子货币指令》第5条所列举的其他资产项目的风险权重相同。该问题导致电子货币商业模式②产生了一个融资缺口，电子货币被立即贷记，而应收账款的贷记并标为浮存额尚需时日。在欧盟委员会了解到的一个案例中，这导致电子货币机构注入了大量的额外资本。欧盟委员会认为，把银行和信用卡应收账款排除在合格投资之外与保护浮存额的目标不相称，因而将检讨如何对此加以弥补。此外，还需要根据最近通过的资本要求指令来评估投资清单。

经营限制是确保电子货币机构财务稳健的另一举措，除发行电子货币并从事与此紧密相关的业务外，电子货币机构不得经营任何业务。然而，不无疑问的是，像旨在保护浮存额而禁止经营其他业务这样强而有力的审慎

---

① Phoebus Athanassiou & Natalia Mas-Guix, Electronic Money Institutions: Current Trends, Regulatory Issues and Future Prospects, *Legal Working Paper Series* No. 7, 2008, available at http://www.ecb.int.

② 根据欧盟《电子货币指令》第5条第1款，所有电子货币机构拥有的投资额在价值上不得少于与未偿电子货币余额相应的金融负债。

要求整体上是否与其带来的风险水平相称。① 欧盟委员会认为，经营限制构成电子货币机构的重大制约，在发行电子货币并非其核心业务时更是如此。因此，有必要减少电子货币机构经营限制，并确保采取与欧盟《支付服务指令》更为一致的方法。

（四）豁免体制

对于欧盟《电子货币指令》第 8 条，成员国采取不同做法，是否建立豁免体制由成员国决定。由于豁免机构不得享有欧盟单一执照的利益，对该规定的不同适用是否构成建立内部市场的障碍就很难判断。对申请豁免采取不同做法可能在国内市场上产生竞争扭曲，但如果适用时保留足够的弹性，亦可能促进新的市场参与者进入。欧盟委员会认识到，有必要在促进市场准入、确保拥有足够的安全措施及避免竞争扭曲上保持平衡。欧盟委员会还认为，有必要提供动力让在豁免体制下运作的机构转型为获得完全牌照的机构。因此，豁免体制的任何修正还必须置于放松完全牌照电子货币机构准入要求的背景下进行考虑，并必须与欧盟《支付服务指令》中的豁免体制保持一致。

（五）反洗钱规则

反洗钱和反恐融资要求对电子货币构成特殊挑战，许多意见反馈者强调这些要求是一个大问题。考虑到电子货币交易平均金额很小，完全适用身份辨认和保存记录要求可能导致电子货币系统不经济。欧盟《电子货币指令》并不包括反洗钱特别规则，但最近通过的欧盟《反洗钱指令》的确引入了一个适用于电子货币的简化体制，并考虑将类似体制引入拟议中的资金划拨付款人信息监管规则之中。欧盟委员会认为，与欧盟《电子货币指令》不一样，在针对金融犯罪的特定立法中处理此类问题比较合适。

（六）单一执照体制

到目前为止，利用欧盟单一执照的完全牌照电子货币机构屈指可数。申请程序可能简单明了，显然问题在于电子货币机构通过其分支机构能从事的活动非常有限，因为欧盟《电子货币指令》第 2 条使得欧盟单一执照的某些规定在其他成员国的分支机构授权和许可业务范围中无法适用。欧盟委员会认为，单一执照体制应使得电子货币机构在东道国与在本国所能从

---

① 而且，该规定与欧盟《支付服务指令》中所采取的方法相冲突。指令纳入"支付服务"范围的业务更广泛，已获授权的支付机构所从事的业务不具有排他性，也不限于支付服务。

事的业务一致,并不得有额外的障碍,因而有必要解决该问题。①

六、美欧电子货币立法之比较

虽然美国联邦政府迄今为止未颁布任何针对电子货币的法律,但各州《货币汇兑商法》或《货币服务法》可以适用于非银行电子货币发行商。

(一) 各州立法

1. 货币汇兑商和货币服务业

美国联邦政府中无机构负责监管非银行支付服务提供者,因此非银行支付服务的审慎监管大多由州银行监管者负责。与欧盟《电子货币指令》不同的是,美国监管电子货币包括储值卡的非银行发行商是现有监管框架自然延伸的结果而不是通过新的立法。大多数州通过了监管部分非银行支付服务提供者的法律,这些服务通常被称为货币服务业或货币汇兑业。

目前,美国有43个州和哥伦比亚特区监管货币汇兑业,其他7个州不监管。采取监管措施的各州立法差异较大:有些州最近修正了立法或通过了新法,而其他州的法律则可能是几十年以前通过的,因此,执照发放和货币服务业监管规则差异很大。有近10个州的立法以《货币汇兑商示范法》为基础,而该示范法由货币汇兑商监管者协会制订并于2005年做了最新修订。为协调各州立法,美国统一州法全国委员会于2000年批准了《货币服务示范法》,以便将为各类货币服务业(包括正在发展的支付服务提供者如储值卡发行商和在线资金划拨服务)建立审慎监管法律和执照发放规则。然而,到目前为止仅有3个州完全采用,还有1个州采用了部分规定。应当注意的是,两部示范法均无约束力,而各州可以自由决定是否采用或加以修改。

尽管存在差异,但大多数州的监管措施有很大的相似性。最重要的规定是,货币汇兑商必须拥有执照才能营业并一般得遵守下列程序和要求:第一,向州银行部或金融监管局提交正式申请,并提供有关营业说明、信用报告和/经审计的财务报告、有无犯罪记录的说明、高级管理人员履历表、遵守有关反洗钱规则的承诺书等。第二,大多数州要求货币汇兑商必须拥有一定的最低净资产,通常在25,000—150,000美元之间。此外,申请人必须提交保证金或其他类似担保,金额一般为10万美元左右。监管者拥有一定的

---

① Commission Staff Working Document on the Review of the E-Money Directive (2000/46/EC), 2006, available at http://www.ecb.int.

灵活性，必要时可以依据个案情况在一定范围内增加净资产要求，但最高不得超过100万美元。第三，货币汇兑商拥有的合法投资在任何时候均不得低于已发行支付工具的未偿余额。合法投资与欧盟《电子货币指令》中的规定很相似，即只能投资于流动性充分而风险又低的资产。第四，持有执照的货币汇兑商每年应向监管机关提交报告1—4次。

在那些最近修改了立法或通过了新法的州，立法一般准确地界定了货币服务业范围、允许的投资及净资产和保证金的具体数量与限制。在那些适用旧法的州，立法通常未涉及细节而只规定了一些原则，有待监管者赋予这些原则以生命力并设计出合适的规则。还有，最近通过的新法明确将互联网支付方案和储值卡纳入其适用范围，而旧法显然没有纳入。

一般而言，是否需要执照取决于一系列因素。关键因素通常在于谁对来自顾客的资金拥有控制权，如果银行控制这笔资金，则货币服务提供者可能不需要执照。还有，封闭式系统无需执照，即支付工具如礼物卡只被发行商接受的系统可以豁免。至于互联网方案，部分州认为，只有所涉公司在该州设有办事机构时才需要执照；而其他州认为，只要与其居民进行交易即需要执照。譬如，支付之友报告说，现有33个州要求其拥有货币汇兑商执照。

2. 欧盟《电子货币指令》与美国《货币汇兑商法》的异同

将指令主要规定与有代表性的"现代"《货币汇兑商法》[①]比较后发现，两者存在惊人的相似之处。欧盟《电子货币指令》专门针对电子支付的新形式，而美国《货币汇兑商法》还适用于更为传统的产品，例如汇款、传真划拨和旅行支票。然而，在实践中，就大多数电子货币产品而言，欧盟和美国的做法相似，即要求获得执照并接受审慎监管。

美欧各自法律框架中最重要的相似之处有：(1) 在欧盟和美国大部分州，电子货币发行商必须申请执照，一旦获得执照则必须接受监管机关的监管并按期提交报告。(2) 在欧盟和美国，电子货币发行商必须遵守某些要求以确保审慎经营。(3) 欧洲的电子货币机构及美国的货币汇兑商在运用顾客资金投资时均受到限制。两类机构都有义务确保拥有充分流动的低风险资产不少于未偿债务。欧洲和美国在允许投资的基本规定上非常相似，但在一些细节上可能存在差异。(4) 根据两国的法律框架，只有发行商接受的电子货币/支付工具的封闭式系统不需要监管。

---

① 即以美国《货币汇兑商示范法》或《货币服务示范法》为基础，或与两部示范法相似的立法。

两国立法的主要差异有：(1) 电子货币机构至少应拥有 100 万欧元初始资本。与此同时，大多数州要求货币汇兑商至少拥有一定数量的净资产，但通常比电子货币机构低得多。此外，货币汇兑商还需要提供保证金或其他担保，但美国立法无持续性自有资金要求。(2) 对于小规模发行或只在有限地域内发行电子货币的企业，指令允许国内监管者豁免适用部分或全部要求。美国立法中无此豁免制度。(3) 电子货币机构只能发行电子货币并从事与此紧密相关的业务。在美国，货币汇兑商一般并无明确的业务限制，但通常认为无银行执照时不能吸收存款、授予信用或支付利息。(4) 与欧盟《电子货币指令》不一样，美国《货币汇兑商法》通常将电子货币/支付工具能否赎回这一问题留给发行商与顾客之间的合同来规定。(5) 指令的基本原则之一是相互承认不同欧盟成员国对电子货币机构所给予的授权及进行的审慎监管，这一点通过单一执照体制来实现。与此相反，美国货币汇兑商需要在有执照要求的州获得一个不同的执照。2005 年修订的美国《货币服务示范法》建立了一个互惠的货币服务执照体制，但迄今为止尚无任何州采用。

3. 存在的问题

不得不与不同监管体制打交道的业内受访者表示，在那些拥有古老《货币汇兑商法》的州中，存在哪些产品类型，又有哪些服务提供者需要申请执照经常弄不清楚。在未修订立法以包括新一代产品的州，一个通常不太清楚的问题是，哪些产品应适用哪些规则和要求，这有时亦使人们不清楚互联网公司是否需要在未设办事机构的州申领执照。

此外，即使法律已及时做了修订，并非所有州监管者真正理解正在发展的支付产品。几位受访者认为，监管缺乏了解、亦缺乏资源，这意味着许多州并未积极监管那些需要申领执照的企业，因此部分创新性支付产品提供者很可能不受管制。受访的州监管者承认，如果拥有更多可以支配的资源，将能更紧密地监管市场。

业内人士经常指出，各州立法缺乏一致。遵守所有不同法律和条件的成本可能很高，因为每提出一份执照申请均得提交一份担保，而一家公司声称，一年内不同州的监管者对其进行的检查多达 4—5 次。还有，由于监管方法不一，要准确理解每个州何时需要申领执照并遵守何要求非常困难，而且部分法律还存在模棱两可之处。几位受访者表示，完全了解这些问题的律师很少，更不用说新公司了，这导致一些潜在的市场主体不知何去何从。

到目前为止,通过示范法和货币汇兑商监管者协会所作协调工作未能显著改善这种情况。

最后,值得注意的一个问题是,美国《无主财产法》及其对储值产品的适用。每一州都有这种法律,因而可以在一段时间,通常是3—5年后宣告无人主张权利的资金、不动产和其他财产为无主财产。许多情况下,礼物卡发行商会在一段时间后开始收费,以防止未使用资金被州政府宣布为无主财产,这引起了争议,而州政府采取修订法律的方式来应对。

(二)联邦体制

联邦政府不监管电子货币发行商,亦不监管货币汇兑商。然而,不同联邦机构的职责的确涉及电子货币:美联储负责发布适用于电子支付的消费者保护条例;美联储、美国货币监理署和联邦存款保险公司负责在其管辖之下金融机构的稳健;金融犯罪执法网是美国《银行保密法》的执法机构,并负责发布有关条例,包括适用于货币服务业的条例;美国金融犯罪执法网和国内税务署监管货币服务业,以促使其遵守反洗钱要求;至于反恐融资,美国企业直接对外国资产控制局负有义务,后者负责监督并执行美国发布的制裁令。

美国《电子资金划拨法》旨在为系统参与各方的权利、义务和责任建立一个基本的法律框架,该法主要目的是保护消费者权益,而美联储E条例旨在实施该法。1996年,美联储建议将E条例适用于储值卡,然而,国会禁止美联储这样做,并要求其提交一份研究报告。研究报告注意到金融和支付系统中创新的重要性及过早或过度监管的风险,因而认为储值卡适用美联储E条例的成本可能太高或可能阻碍市场的发展。因此,美联储在将E条例适用于传统借记卡之外的任何产品时均采取一种非常谨慎的做法。然而,美联储最近建议将E条例适用于一种储值卡,即工资卡,因为这种卡持续时间比较长、相对价值亦比较高,在许多方面与美国《电子资金划拨法》之下的消费者账户非常相近。据美联储提供的信息,拟议中的规则得到了业内人士和消费者的肯定,现正在进行最后一轮公示和公众评论。

美国联邦存款保险机构是国会于1933年建立的一个独立机构,旨在监管银行、承保10万美元以下的存款并协助建立一个稳健的银行系统。几年前,有人提出,支付之友和类似方案之下的账户是否构成被保险账户,即是否适用美国联邦存款保险公司制订的规则。美国联邦存款保险公司认定这些账户不适用,因为支付之友仅仅开立了一个代表性账户,而资金实际上依然存在银行账户中。现在,美国联邦存款保险公司正在评估储值卡资金是否构成必须投保的存款。拟议中的规则将清楚地规定,储值卡或其他非传统存取工具之下的资金在存入已投保的存款机构时可以视为被保险存款。

美国金融犯罪执法网旨在保障金融系统不会被滥用,以防止出现为恐怖活动融资、洗钱或其他非法活动。美国《爱国者法》通过后,货币服务业亦要适用美国《银行保密法》,更重要的是,货币服务业应:(1)在财政部登记;(2)准备一份代理人名单并及时更新;(3)向美国金融犯罪执法网报告可疑交易。储值卡发行商、销售商和赎回商不适用上述规定。

因此,在联邦这一层面,监管机构在"电子货币"职责上很难发生交叉,并且都不愿意监管电子货币。而一位受访者指出,在美国,电子货币产品根本就不存在。但是,必要时,联邦机关都可以在法律授权范围内介入并监管。储值卡发行商担心的问题是,没有一家机构从整体上监管,每一家机构只能进行部分监管。不同机构对储值卡的界定不一,经常产生不一致。美联储支付系统发展委员会于 2004 年主持召开了一次储值卡圆桌会议。与会者指出,预付式产品缺乏清晰的、一致的联邦或州法律要求和监管规则,现行立法并未区分不同类型的预付式产品,而不同产品对于公众而言风险大不相同。

(三) 小结

美国市场上与欧洲"电子货币"相对应的是储值卡,后者在美国越来越重要,特别是封闭式产品如礼物卡。此外,开放式产品如预付式借记卡、工资卡亦取得了一些成绩。储值卡圆桌会议就指出,从整体上看,封闭式产品已存在几十年,但只在特定市场上比较成功;与此同时,开放式产品正处于发展时期,部分产品提供者正在努力成为一个可以存续的公司。除某些在线支付方案外,其他电子货币形式还未发行或迄今为止尚未普及。

部分欧洲国家已出现储值卡,根据美国的经验,未来几年将会比较大的发展。欧盟及其成员国主管机关可能需要检讨现行电子货币法律框架适用于这类产品是否合适。就礼物卡而言,大多数封闭式系统在欧盟《电子货币指令》的适用范围之外;就开放式卡而言,指令的赎回要求很可能难以与这种产品的性质相吻合。美国法律不要求赎回,而主管机关亦不担心电子货币对货币政策的潜在影响。

在美国,监管非银行电子货币发行商的主要责任由各州承担。与欧洲不同,美国无电子货币专门立法,适用于货币汇兑商或货币服务业的州法同样适用于电子货币发行商。各州立法有较大差异,部分州为应对创新性支付工具已修订立法,而其他州却没有。代表该行业和公共机构的几位受访者表示,缺乏单一的、一致的监管体制导致不确定性及高昂的守法成本。

大多数州要求非银行电子货币发行商申领货币汇兑商/货币服务业执照,并接受该州监管机构的监管。尽管各州要求不一,但通常与欧盟《电子货币指令》规定相似,即在许可规则和审批要求、审慎监管体制及顾客资金投资上做法类似。

然而,美国立法对资本要求更低,因为具体金额大大低于100万欧元,主要理由似乎是,更高的初始资本阻碍小型企业进入市场,而允许投资项目规则加某种安全措施可能是维护顾客资金安全的更有效率的方式。而且,美国货币汇兑商亦无持续性自有资金要求。

另一方面,欧盟法律框架至少在两个方面要求更低:第一,豁免体制允许国内监管者对小规模发行商豁免适用欧盟《电子货币指令》的部分或全部要求;第二,与指令的单一执照体制不同,美国各州并不承认他州执照,因此发行商必须在开展业务并要求申令执照的每一州单独获得一张执照。

在美国联邦层面,监管者不愿意对非银行电子货币发行商提出额外的要求。然而,储值卡的最近发展趋势已使联邦机构重新考虑不监管这些正在发展的支付方式,特别是不提供消费者保护规则是否合适。

总之,部分评论者认为美国电子货币规则非常简单,因为美国采取了"根本不予监管"的做法,这一看法显然是错误的,因此他们只注意到了联邦层面而忽略了各州立法。缺乏"电子货币"专门立法并不意味着这类产品不受管制,事实上,欧盟和美国在实践中的做法非常相似。一个受访者就表示,欧盟为电子货币建立一套新的法律框架,而美国采用了自下而上的做法,即适用现有法律并加以修正,实为殊途同归。现在,欧盟和美国面临的问题及需要解决的部分问题亦具有类似性,如对电子货币产品进行准确分类、协调成员国/各州的立法及在消费者保护和电子货币机构的稳健与鼓励创新之间达成正确平衡。就此,美国比欧盟更倾向于鼓励创新。[①]

[①] Evaluation of the E-money Directive (2000/46/EC): Final Report, 2006, available at http://www.eu.int.

第二节 电子货币之定义

电子货币的界定是一个难题,原因不仅因为电子货币还处于发展时期,还因为各国电子货币政策不一样以致使各国对电子货币的界定也不一样。如果对电子货币采取严格管制的政策,可能会将电子货币界定得宽泛些。即使同一国家或国际组织在不同时期对电子货币的界定亦不尽相同,这表明随着电子货币的发展,人们的认识也在不断地深化。[①]

一、国际清算银行对电子货币的界定

国际清算银行曾组织各国银行监管机构和有关技术专家对电子货币进行深入和广泛的研究,发表了一系列研究报告。1996年8月,国际清算银行发表题为《电子货币之安全》的研究报告。报告认为,电子货币一词在不同的场合下使用以描述种类繁多的电子支付系统和技术。"储值产品"通常是预付型支付工具,持有人拥有或可支配的资金存储在电子设备上,而存储价值随着持有人使用该设备购物或从事其他交易而增减。储值产品包括储值卡或电子钱包及使用计算机网络的类似产品,后者有时被称为数字现金或其他名称。与此同时,"存取产品"通常涉及使用计算机和特殊软件,通过计算机网络如互联网或其他电信网络允许持有人使用传统支付方法及银行产品与服务,诸如信用卡或电子资金划拨。由此可见,研究报告将电子货币分为两类,即储值产品和存取产品,几乎囊括所有电子化支付手段。[②]

1996年10月,国际清算银行又发表题为《发展电子货币对中央银行的影响》的研究报告。[③] 报告认为,电子货币一词通常泛指各种各样的零售支付机制。电子货币产品是指储值型或预付型产品,而持有人可以使用的资金或价值存储在电子设备上。电子价值由持有人购买,以其他预付型支付

---

① 有关国内学者对电子货币的界定,参见李爱君著:《电子货币法律问题研究》,知识产权出版社2008年版,第11—18页。
② Security of Electronic Money, 1996, available at http://www.bis.org.
③ Implications for Central Banks of the Development of Electronic Money, 1996, available at http://www.bis.org.

工具如旅行支票相同的方式购买,而在持有人购物时,电子价值相应减少。①与许多单一用途的预付卡方案(如由电话公司提供的预付电话卡)相反,电子货币产品旨在作为一种普遍的多用途支付方式,而且,该定义涵盖预付卡(有时称为电子钱包)及使用计算机网络如互联网并以软件为基础的预付型产品(有时称为数字现金)。从政策角度而言,这些不同方案的关键之处在于由谁发行预付价值,作为一种支付手段将如何运作及对中央银行资产负债表有何影响。

报告特别指出,以上定义之电子货币与所谓存取产品不同,后者是允许持有人通过电子通讯手段获取传统支付服务的产品。例如,使用标准个人计算机及计算机网络如互联网进行信用卡支付,或发送指令以便在银行账户之间划拨资金。这些方案的重大创新之处在于通讯方式,譬如使用计算机网络而不是亲自去银行分支机构办理。因此,尽管这些方案能带来利益,但不会产生与电子货币方案相同的问题。

报告亦提出,电子货币主要包括两种类型:一种是以卡为基础的电子货币,电子货币价值被存储在含有计算机芯片的塑料卡中;另一种是以网络或软件为基础的电子货币,电子货币价值被存储在计算机或软件中。②但电子货币处在发展之中,未来发展方向亦不太确定,加之各国情况不一,立法态度亦不尽相同,这导致各种电子货币发展不均衡。因此,准确概括电子货币的特征并判定法律性质决非一件易事③,不同电子货币方案的特征各有千秋。不过,总的来看,电子货币同其他支付手段相比,主要特征如下④:

第一,电子货币采用的技术手段与传统支付工具不同。为存储预付货币价值,卡基电子货币专门设计了便携式计算机硬件,通常是嵌入塑料卡片中的微处理芯片;而以软件为基础的电子货币则运用安装在标准个人计算

---

① 传统电子支付交易,例如借记卡或信用卡通常要求在线获得授权,而交易完成后还要借记持卡人的银行账户。

② 根据不同的分类方法,电子货币还可分为多种类型:如封闭式电子货币和开放式电子货币;联机型电子货币和脱机型电子货币;单一发行人的电子货币和多个发行人的电子货币;一次性电子货币和可重复使用的电子货币;单一币种电子货币和多币种电子货币;单一用途电子货币和多用途电子货币;完全流通的电子货币和不完全流通的电子货币;以余额表示的电子货币和以硬币表示的电子货币等。参见唐应茂著:《电子货币与法律》,法律出版社2002年版,第29—35页。

③ Survey of Developments in Electronic Money and Internet and Mobile Payments, 2004, available at http://www.bis.org.

④ Implications for Central Banks of the Development of Electronic Money, 1996, available at http://www.bis.org.

机上的特殊软件。

第二,电子货币系统的结构有所不同。在电子货币的运营方案中,通常涉及四类服务提供商:电子货币发行商;网络运营商;特殊硬件和软件销售商及电子货币交易结算商。从政策角度来看,最重要的服务提供商是发行商,因为电子货币是发行机构资产负债表上的项目。与此同时,网络运营商和特殊硬件及软件销售商仅仅提供技术服务,而结算机构通常是银行或曰银行拥有的特殊公司,但这些公司所提供的服务与其他非现金支付机构所提供的服务并无二致。一般来说,电子货币发行商不止一个,但有时可能只有一个发行商,而其他机构从发行商处"购买"电子货币价值,然后"出售"给持有人。

第三,电子货币价值的传送方式比较特殊。部分电子货币方案允许在持有人之间直接转移电子货币余额,而无需第三方如发行商的介入。但电子货币通常只允许持有人向特约商户支付,而特约商户需要赎回其拥有的电子货币。例如,每天营业结束时,特约商户将其获得的所有电子货币转移给开户行,由后者将相应资金贷记特约商户账户。

第四,电子货币可转让性大小取决于交易记录程度。大多数电子货币在中央数据库中记载持有人和特约商户之间的部分交易细节,这样便于监督,但是,少部分电子货币只对个别交易做少量记载或根本就没有任何记录。在允许持有人之间直接转移电子货币余额时,交易资料只能记载在持有人拥有的存储设备上,而且只有在持有人与电子货币运营商联系时(如对卡充值时)才能受到监督。

第五,迄今为止,大多数电子货币为单一币种电子货币。现在正在发展或试验的大多数电子货币方案仅以本国货币标明面值,然而,电子货币有可能在未来以几种不同的国家货币标明面值。[①]

1997年,国际清算银行发表题为《电子货币之消费者保护问题、执法问题、监管问题和跨国问题》的研究报告。报告指出,许多国家正在测试或实施新的电子化零售支付方式,这包括多用途预付卡及在开放式计算机网络如互联网上使用的预付型或储值型支付机制。这些产品即为电子货币,但要准确界定电子货币非常困难。传统电子支付方式如银行之间的大额资金

[①] 在中国,有的学者将电子货币的特征概括为:电子货币是虚拟货币;电子货币是一种在线货币;电子货币是信息货币;电子货币目前还只是准通货等。参见王蜀黔著:《电子支付法律问题研究》,武汉大学出版社2005年版,第11—12页。

划拨系统、直接转账系统、自动清算所、直接借记系统及信用卡支付的新方式或家居银行系统均不属于电子货币。此外,在十国集团中,通常使用传统磁条技术的单一用途的预付卡已广泛地运用于电话服务等领域,这些亦不属于电子货币。①

国际清算银行1996年10月发表的报告与1997年4月发表的报告对电子货币的界定比较一致,但与1996年8月发表的报告有明显的差异。其实,从1996年10月以后,国际清算银行对电子货币的认识有了很大的提高,对电子货币的界定亦比较一致。例如,国际清算银行于1998年发表题为《电子银行业务和电子货币活动之风险管理》的研究报告。在这份报告中,电子货币被界定为通过销售点终端,或在电子设备之间或开放式计算机网络如互联网上直接划拨而完成支付的储值型或预付型支付机制。② 又如,国际清算银行于2004年公布题为《电子货币、网络支付和移动支付发展状况之调查报告》。在该报告中,电子货币被界定为持有人拥有存储在电子设备上的资金或价值并可以运用于多种场合的一种储值产品或预付型产品。③

二、欧盟对电子货币的界定

1998年,欧盟中央银行发表《电子货币报告》,该报告将电子货币定义为一种可以存储货币价值且广泛用于向发行商之外的其他人支付而不必然开设银行账户的预付型电子工具。电子货币的一种形式是多用途预付卡或电子钱包,后者是一种存储有真实购买力并由顾客预先支付价值的塑料卡片(卡基产品);电子货币的另一种形式是在个人计算机上安装特殊软件,通常是允许电子价值通过电讯网络如互联网传递(以软件为基础的产品)。卡基产品和以软件为基础的产品的主要区别在于安全技术不同及存储电子货币的媒介不同,然而,也有许多相同之处如两者均需预付电子货币价值。在存储器、处理器及传输过程中,电子货币表现为一系列经过加密的字节,而且,许多卡基产品不仅可以面对面支付,还可以通过电讯网络支付。因此,在电子货币通过这种网络转移时,不管运用何种产品,均可以称为"网络货币"。

---

① Electronic Money: Consumer Protection, Law Enforcement, Supervisory and Cross Border Issues, 1997, available at http://www.bis.org.
② Risk Management for Electronic Banking and Electronic Money Activities, 1998, available at http://www.bis.org.
③ Survey of Developments in Electronic Money and Internet and Mobile Payments, 2004, available at http://www.bis.org.

电子货币在许多方面都与现有的货币形式不同：现金只运用物理特征确保不被伪造，而电子货币产品运用加密术来证明交易的真伪并确保资料的完整性及不被泄露；电子货币不再需要具有钞票及硬币的外形，因此更容易适应远程支付。此外，与现金不同的是，在大部分现行电子货币方案中，受益人接受的电子货币无法再次使用。储值型产品通常是预付型支付工具，顾客拥有或可支配的资金存储在电子工具中，在顾客使用电子工具购物或从事其他交易时，存储价值就会相应地增加或减少，但并不必然会涉及个人银行账户。与此相反，存取产品通常允许顾客使用电话或个人计算机及相应软件进入存款账户，并通过计算机网络诸如互联网或其他电讯网络转移存款。

从经济角度而言，银行的活期存款与存储在预付卡上的货币价值有所不同，当然，在这两种情况下，顾客均将部分资金存入某一机构。因此，在多数情况下，电子货币直接与传统银行货币竞争，引起了公平竞争问题。活期存款中的资金可通过多种支付工具，如支票、支付令等来转移，而电子货币中的资金只能通过一种特殊的支付工具转移，该工具本身就代表购买力。当电子货币发行商是一家信用机构时，不管两者有何差异，电子货币是银行货币的一种。例如，价值非常低的货物或服务通常不会使用传统银行货币，原因在于这些支付工具的处理成本太高而导致交易成本太高；与此相反，金额较大的交易也不太可能使用电子货币（目前电子货币交易平均金额低于10 欧元），原因在于电子货币风险太大而导致在卡片或个人计算机上不宜存储太多资金。①

2000 年，欧盟发布《电子货币指令》。《指令》第 1 条第 3 款第 2 项规定，电子货币应指持有人拥有的一种货币价值请求权，它存储在电子工具上，收取的资金不少于已发行的货币价值，并被发行商之外的其他企业接受为支付方式。② 而《指令》第 2 条第 3 款进一步规定，只要预付资金被立即转换成电子货币，则不构成欧盟《关于开办和从事信用业务第 2000/12 号指

---

① Report on Electronic Money, 1998, available on http://www.ecb.int.
② "Electronic money" shall mean monetary value as represented by a claim on the issuer which is: (i) stored on an electronic device; (ii) issued on receipt of funds of an amount not less in value than the monetary value issued; (iii) accepted as means of payment by undertakings other than the issuer. See Directive 2000/46/EC of the European Parliament and of the Council of 18 September 2000 on the Taking up, Pursuit of and Prudential Supervision of the Business of Electronic Money Institutions, available at http://www.eu.int.

令》第 3 条之下的存款或其他应偿还资金。这是世界上关于电子货币的第一个法定定义。

三、欧盟各国对电子货币的界定

欧盟各国在将指令中的电子货币定义转化为国内法时,部分国家增加了要求,修改了措辞。多数情况下,各国对定义的解释不一并有点含糊。所有成员国都采纳定义中的第一项标准,即电子货币"存储在电子工具上",并且各国在转化为国内法时对此未加修改。

第二项标准,即电子货币发行时"收取的资金不少于已发行的货币价值",是在谈判过程中加上去的。欧盟中央银行提议增加该标准旨在防止电子货币方案折价发行,并预防货币供应量失控。然而,人们关注的问题是,加入该标准可能产生漏洞,因为折价发行的电子货币方案可能落在电子货币定义之外,因而不包括在指令的适用范围之内。因此,好几个国家对定义中的这一部分做了修正。7 个成员国省略该标准,取而代之的是一项实体性条款。各国采纳的实体性条款不一,通常规定为发行的电子货币不得多于收取的资金,或禁止折价或溢价发行电子货币。爱尔兰未修正第二项标准,但也增加了禁止折价发行电子货币的规定。芬兰维持了定义中的第二项标准,但为了更清晰将措辞重新组织成"收到数量相同的货币而发行"。4 个成员国省略了第二项标准并且未引入类似的实体性条款。此外,12 个成员国对第二项标准未加修正。

少数几个成员国对第三项标准,即电子货币被发行商之外的其他企业接受为支付方式,做了细微修正。比利时法律规定,电子货币被接受为一种"支付工具"(instrument of payment),而不是一种"支付方式"(means of payment),以使定义更为清晰和一致;德国将电子货币特别规定为第三方接受的一种"不是法偿货币"的支付方式;可能更有意义的规定是爱沙尼亚的法律,其国内立法要求电子货币至少有一个发行商之外的企业接受,并且发行商必须与顾客有直接的债权债务关系。这样规定的主要目的在于澄清电子货币定义,特别是澄清移动电话运营商提供的预付型产品是否构成电子货币这一问题。

电子货币定义还存在一些其他修改,所有这些修改均旨在澄清定义及区分电子货币和其他产品。奥地利规定,在收取"少量"资金的基础上发行电子货币。波兰在《指令》的 3 项标准之外增加了 2 项标准。波兰要求电子货币在持有人提出要求时由发行商提供资金赎回,并用货币单位标明价值。增加两项标准后,可能将许多礼券或积分计划排除在外。芬兰立法规定,以账户为基础的方案亦构成电子货币。与此同时,瑞典规定,电子货币意味着对发行商拥有一项货币价值请求权,存储在"无个人账户"的电子设备上,并由发行商之外的企业接受为支付方式。

6个成员国具体规定了存储在电子设备/账户的最大金额(电子钱包金额限制)。各国主管机关认为,这旨在保护消费者,并限制发行商破产时电子货币持有人的损失。在奥地利,金额限制为2000欧元;在丹麦、爱沙尼亚和希腊,为300欧元;在爱尔兰,为5000欧元;在英国,为1000英镑。此外,匈牙利还将电子货币的有效期规定为不少于5年。

与电子货币定义有关的另一个问题是,发行电子货币是否应视为吸收存款。指令规定,如果资金被立即转换成电子货币,则收受资金行为不构成吸收存款。该规定是正确的,因为存款有特殊要求。有人建议,在此问题上应提供更多指南。实践中,所有发表看法的各国主管机关均称并未将发行电子货币视为吸收存款。一些受访的主管机关承认,区分两者有时比较困难并需要满足某些条件。在比利时和法国,虽然发行电子货币未被视为吸收存款,但因此收受的资金却在存款担保方案适用范围之内,并纳入应计保险费的资产范围。这样做的理由在于确保保有更高程度的消费者保护水平并增加其对电子货币产品的信心。两国监管者均作出了澄清,称电子货币仅为存款担保方案之下的存款。

总之,成员国在将电子货币定义转化为国内立法时改动最大的条款是指令中的第二项标准。13个成员国修改定义和/或重新加入实体性条款以堵塞指令中所谓的漏洞,然而,无证据显示,这在实践中有什么不同,因为显然没有一个电子货币方案试图利用该漏洞。

芬兰和瑞典在电子货币定义之中增加了其他要求,这似乎表示人们对以账户为基础的产品是否为电子货币看法不一。然而,各成员国在指令是否适用于不同商业模式和发行商这一问题上做法不一,一般认为这显然更多地与主管机关对法律框架的不同解释有关,而不是与电子货币定义转化为国内法律时的差异有关。

部分成员国对电子钱包实施最大金额限制,在限制金额较低(如丹麦、爱沙尼亚和希腊)并且执法严格时,很可能对市场发展产生影响。上述国家中至少有一家公司正在考虑到其他地方申请电子货币机构执照,原因之一是金额限制太严厉。大多数豁免机构亦声称电子钱包金额限制严重阻碍其业务发展。

发行电子货币不构成吸收存款这一点取得了广泛共识,即使在交换电子货币而收取的资金被纳入存款担保方案之中的国家,主管机关亦强调这并不意味着他们认为发行电子货币在此目的之外亦应视为吸收存款。[1]

四、英国对电子货币的界定

（一）英国财政部

2001年,英国财政部就欧盟《电子货币指令》的实施问题公布一份咨询文件。英国财政部认为,指令对电子货币的界定留下了解释空间,大量方案均有可能会被认为是电子货币,而指令是否涵盖某一方案取决于电子货币定义之适用。考虑到电子货币业刚刚起步,英国财政部认为,不可能对电子货币详加界定以便涵盖各种可能开发出来的方案。因此,英国财政部建议在实施条例中直接援用指令对电子货币所做界定。英国金融服务局负责解释电子货币定义,并就实际适用问题发布指南。直接援用的主要好处是,英国金融服务局可灵活解释电子货币以适应行业发展需要,与修改实施条例相比,英国金融服务局更容易将某一方案认定为电子货币。

实施条例中的电子货币定义将援用《指令》第1条第3款第2项中的两个标准,并参照第2条第3款。因此,电子货币是指持有人拥有的一种货币价值请求权,它存储在电子工具上,用于向发行商之外的其他人进行支付,并且资金被立即转换。然而,英国财政部建议删除第二个标准,即"收取的资金不少于已发行的货币价值",因为这导致指令对电子货币的界定存在漏洞。第二个标准隐含电子货币价值"折价发行",即发行价值大于所接受的资金时,电子货币不是指令所界定的电子货币,这意味着英国无义务监管此种电子货币的发行。

英国财政部认为,第二个标准旨在阻止折价发行电子货币,该标准被设计成旨在阻止发行商无节制地创造货币价值,在极端情况下,这将导致货币流通量剧增,而中央银行也无法控制,因此,这将妨碍货币统计并影响货币政策工具的效果。然而,正如以上所述,第二个标准所起的作用恰好相反,因为折价发行的电子货币在指令适用范围之外,因此,英国财政部建议在实

---

[1] Evaluation of the E-money Directive (2000/46/EC): Final Report, 2006, available at http://www.eu.int.

施条例中删除第二个标准以弥补明显的漏洞。这样,折价发行的电子货币亦纳入了条例的适用范围,而英国金融服务局有权制定禁止折价发行电子货币的规则。①

2002年,英国财政部对社会各界的反应做了说明与解释,财政部弥补漏洞的努力得到大多数人的支持。然而,人们亦担心全部删除第二个标准将导致电子货币产品不再有"预付"要求,这会扩大电子货币定义的适用范围。英国财政部的本意并非如此,因此"收受资金后发行"一词被重新加入电子货币定义之中,这样既可以弥补漏洞,又可以维持电子货币的预付要求。人们还认为有必要赋予英国金融服务局特殊权力以禁止电子货币的折价发行或设置发行前提条件等,这是因为人们怀疑英国《金融服务与市场法》第138条之下的权力是否涵盖指令要求禁止折价发行电子货币的所有情形。此外,有人要求英国财政部在实施条例中尽可能地对电子货币定义加以澄清。然而,考虑到电子货币业的刚刚兴起,英国财政部坚持认为对电子货币详加定义不可能,亦无意义。②

(二)英国金融服务局

2001年,英国金融服务局发表题为《电子货币发行商之监管》的咨询文件。在该文件中,英国金融服务局基本上采用财政部对电子货币的界定,并表示准备制定禁止折价发行电子货币的规则。英国金融服务局认为,部分援用指令对电子货币的定义导致许多问题未能解决,由此产生的后果是新监管体制的适用范围不确定。因此,英国金融服务局认为需要就准确界定电子货币制订指南,并将运用定义和指南来判断某一方案是否为应受监管的电子货币。③

2002年,英国金融服务局发表一份政策声明指出,《电子货币定义指南》意在对法定措辞扩大解释,并说明在一般情况下会如何解释。英国金融服务局《电子货币定义指南》适用于所有发行商,而不是仅适用于某一电子货币。此外,英国金融服务局增加了一条规则,即禁止发行有效期少于一年的电子货币。

---

① Implementation of the Electronic Money Directive: A Consultation Document, 2001, available at http://www.hm-treasury.gov.uk.

② Implementation of the Electronic Money Directive: A Response to Consultation, 2002, available at http://www.hm-treasury.gov.uk.

③ The Regulation of Electronic Money Issuers, 2001, available at http://www.fsa.gov.uk.

有人提出,应对"电子工具"的含义加以明确界定。如果电子工具包括芯片卡但不包括磁条卡,将会产生一个漏洞,即鼓励使用旧技术并阻碍技术进步。英国金融服务局《电子货币定义指南》规定,电子工具一词包括使用"旧技术"的磁条卡,亦包括使用"新技术"的芯片卡及其他数字技术。

禁止折价发行电子货币得到大多数人的支持,但基于营销目的,发行商经常使用以下手段:(1)向分销商支付佣金,即折价发行并用自己的资金补足;(2)基于促销目的而向公众折价发行,并用自己的资金补足。折价发行可采取预先充值、返还现金或消费积分等方式。有人要求英国金融服务局明确规定,只要按电子货币面额100%补足,上述方式就不是折价发行。如有必要,英国金融服务局可限制折价促销范围。

就禁止折价发行的拟议规则而言,咨询过程中反映出的关键信息之一是电子货币机构希望拥有向顾客折价发行的能力。然而,他们亦承认向公众发行的所有电子货币均需要100%的流动资金支持,而且资金只能投资于符合条件的资产。人们普遍认为,为促进竞争及促使公众从现金转向新的支付方式,需要提供金钱激励。然而,电子货币业关心的问题是,现行规则草案似乎禁止电子货币机构向持有人提供旨在鼓励使用某一方案的金钱激励。

英国金融服务局认为,不应限制电子货币机构向持有人提供激励的商业决定,并已努力使折价发行电子货币的规则更为明确。电子货币机构不得发行面值大于发行价格的电子货币,这一规则不会改变。所有已发行电子货币均应有合格投资作为充足支持,而有关投资条件的规定在浮存额管理规则之中。然而,发行商为了促销希望能折价向公众发行电子货币,例如在第一次充值后将电子货币赠送给顾客以鼓励使用,或发行商可选择按比例赠送部分电子货币,或按使用电子货币购买货物和服务的价值大小赠送部分电子货币,这样做可能不会违反禁止电子货币折价发行规则。第三方如发行商的股东或发行商集团中的另一家公司支付的资金亦有可能构成电子货币发行价格的一部分,但应满足以下条件:(1)所涉电子货币发行前获得支付;(2)向发行商支付的资金旨在作为电子货币发行价格的一部分或全部;(3)发行商发行电子货币时立即将所收到的资金作为发行收入。

如果电子货币机构决定使用包括折价发行在内的促销手段,应将其意图及促销细节告知英国金融服务局。促销细节应包括:(1)促销类型;(2)参与促销的其他企业;(3)促销期内电子货币发行价格与面值之间的差额;

(4) 促销期。电子货币机构还应将促销期内促销细节的变化及预计情况与实际结果之间的重要差异告知英国金融服务局。

有人提出,应允许发行商溢价发行电子货币,而相关规则应修正为"电子货币机构只能按面值及不少于面值的价格发行电子货币"。英国金融服务局表示,不再禁止溢价发行电子货币。如果发行商愿意溢价发行电子货币,即所发行的电子货币面值少于所收到的资金,这是一个商业决定而不属于英国金融服务局之规则与指南应予管辖的事项。

发行商还认为,不管选择何种支付方式,持有人应可以立即使用购得的电子货币,这意味着在发行商收到结算资金前存在信贷因素。英国金融服务局表示,其《电子货币发行指南》现在规定,如果某人使用支票(发行商不能立即获得所支付的资金)购买发行商发行的电子货币,不宜认为电子货币机构在发放信贷。

有人提出,对于技术的最新发展如移动支付和针对青少年的产品应给予更多关注。英国金融服务局表示,在以移动电话为媒介而持有的电子货币钱包出现特殊问题时可能会发布更详细的指南,但目前尚无此计划。至于针对18岁以下的青少年发行的电子货币,英国金融服务局的立场相同。英国金融服务局的监管目标是保护持有人,规则和指南均遵循此原则。英国金融服务局将不断检讨其监管体制,但并不打算针对青少年的电子货币产品发布特别规则或指南,除非在营销这种产品时出现了令人关注的特别问题。

有人提出,应以指南的形式区分构成电子货币赎回的自动柜员机提取现金与"购汇"(通常在国外完成)。英国金融服务局表示,这两种行为可能存在明显区别,但取决于每一方案的具体细节,方案设计者及其职业顾问应考虑电子货币定义对商业模式的影响。

有人提出,应明确以服务器为基础的账户系统在技术上是存储电子货币的合法手段。该技术与银行业所使用的技术具有类似性,但不应理所当然地认为运用该技术存储电子货币的行为是吸收存款行为。英国金融服务局指南规定,不得仅仅因为设计方案允许持有人以远程方式进入账户而否认其为电子货币。因此,以账户为基础的方案所发行的货币价值可以成为电子货币,然而,有必要区分以账户为基础的电子货币与"吸收存款"。

有人提出,应区分未"即刻发行"和营运上的迟延以避免将后者认定为吸收存款,发行商已收到资金但持有人未激活电子货币卡或电子货币机构采取安全、反欺诈或反洗钱程序均会产生迟延。亦有人指出,可以预料电子货币的购买与电子货币的激活与使用之间存在时差。该时差应严格限制以避免被认定为吸收存款,限制电子货币的有效期可以满意地解决该问题。英国金融服务局认为,电子货币价款的支付与持有人使用之间的迟延不会使电子货币的支付款成为存款,这是因为电子货币卡出售后,是否使用或何时使用由购买者决定。如果资金被立即转换为电子货币,很明显资金不构成存款。这意味着,如果顾客支付了价款但电子货币未即刻发行,收取的资金构成存款,然而,如果迟延是因清算支票需要时间而产生,支付电子货币的价款不构成存款。①

(三) 英国金融服务局《监管范围指南》

2002 年,英国金融服务局在发布《电子货币专业手册》②的同时,公布了《应受监管的电子货币发行活动范围指南》。2005 年,英国金融服务局将有关指南合并为一个文件,即《监管范围指南》。英国金融服务局《应受监管的电子货币发行活动范围指南》被并入《监管范围指南》,但内容未变。指南旨在归纳电子货币发行活动的主要特征,适用于需要知道某一电子支付产品是否为电子货币的当事人,并解决发行该产品的当事人是否需要获得授权这一问题。指南反映了英国金融服务局的观点,对法院无约束力,但法院在考虑强制执行某一合同是否公平和公正时具有说服力。指南将电子货币定义为,持有人拥有的一种货币价值请求权,它存储在电子工具上,收受资金后发行,并用于向发行商之外的其他人进行支付。

指南重点对电子货币定义要素做了比较详尽的分析。某一产品要成为电子货币产品的第一个因素是,持有人应对发行商拥有一种"货币价值请求权",因而如何辨认电子货币发行商很重要。在某些电子货币中,发行商创造电子货币后出售给银行和其他分销商,由后者将电子货币销售给公众。英国金融服务局认为电子货币发行商应是发行人而不是分销商,如果电子货币发行人与存储货币价值的电子工具发行人不一,电子货币发行人应为发行商。

某一产品要成为电子货币的第二个因素是货币价值必须存储在"电子工具"上。电子货币是一种电子支付产品,货币价值以电子方式持有而使用

---

① The Regulation of Electronic Money Issuers: Feedback on CP117, 2002, available at http://www.fsa.gov.uk.
② 专业手册是《金融服务局指南》的一个部分,包括针对电子货币发行商的规则与指南。

货币价值支付亦需要使用电子方式。电子工具使用磁条这一事实并不妨碍成为电子货币定义之下的电子工具,因此,存储在个人计算机上的货币价值并不仅仅因为存储在计算机磁盘上而无法成为电子货币。与此相似,货币价值存储在使用磁条技术的塑料卡片上亦可能成为电子货币,只要使用电子技术来转移货币价值即可。

某一产品要成为电子货币的第三个因素是电子货币必须在"收受资金后发行",这意味着电子货币是一种预付型产品。与提供信贷的信用卡不同,电子货币顾客须事先支付价款,这是信用卡不属于电子货币的原因。但是,预付并不意味着使用信用卡购得的电子货币不是电子货币。购买电子货币即表示购买电子货币价值,买方借钱购买电子货币并不影响该事实。此处存在两个合同,一个合同是电子货币销售合同,另一个合同是信贷合同。存储在借记卡上的货币价值可能成为电子货币,亦可能是存款,这取决于具体情形。货币价值存储工具是一张塑料卡片,它既可以充当电子货币,亦可以充当借记卡或信用卡,这一事实不会妨碍这些货币价值成为电子货币。

某一产品要成为电子货币的第四个因素是必须存在"发行商之外的其他人"接受电子货币,这意味着持有人能够使用电子货币从发行商之外的其他人处购得货物和服务。因此,如果雇主向雇员发行的电子价值只能在雇主设立的食堂购得食物和饮料,则不属于电子货币,而如果货币价值可以在第三人处消费,并不会仅仅因为亦可以在发行商处消费而不再是电子货币。

有关电子货币定义的一个重大问题是"以账户为基础的电子支付方案"是否为电子货币。涉及预付货币价值且无需发行商介入即可使用的电子支付方案可能成为电子货币,然而,某一产品并不仅仅因为以账户为基础而不能成为电子货币。

欧盟《电子货币指令》序言规定,电子货币是硬币和钞票的电子替代物,通常仅用于支付有限金额,而电子货币价值一般存储在芯片卡或计算机存储器上。[①] 欧盟委员会在发布指令的同时公布一项解释性备忘录,该备忘录表示,强调电子货币不代表存款是合适的。与存款人不同,持有人向电子货币发行商提供资金的目的不是确保资金安全并处理相关事务,电子货币发

---

① Directive 2000/46/EC of the European Parliament and of the Council of 18 September 2000 on the Taking up, Pursuit of and Prudential Supervision of theBusiness of Electronic Money Institutions, available on http://www.eu.int

行商和顾客都无此目的。欧盟委员会表示,顾客与电子货币发行商之间的基础合同是,持有人从接受电子货币的特约商户处获得具有价值的货物和服务,而发行商向特约商户承诺赎回其持有的电子货币。

2002年,英国财政部对社会各界就欧盟《电子货币指令》的实施问题所发表的意见作了回应。人们要求澄清的一个重要问题是,《指令》对电子货币的界定是否包括以账户为基础的方案,即持有人远距离持有并消费的电子货币;及诸如卡基方案,即持有人拥有的存储在个人计算机或灵通卡上并由其消费的电子货币。英国财政部认为指令对电子货币的界定允许以账户为基础的电子货币存在,不允许以账户为基础的电子货币存在,这将在电子货币机构和吸收存款机构之间制造一条监管鸿沟,因为对这两种机构加以区分将带来监管风险。英国财政部认为,与其修改电子货币定义(现在的表述方式非常合适且范围广泛),不如在解释性备忘录中澄清,并将以账户为基础的方案纳入电子货币的范围,但前提是能够与吸收存款区分开来。解释性备忘录规定,英国财政部认为指令界定的电子货币既包括货币价值存储在卡片上并由持有人购物时使用的电子货币,又包括货币价值存储在电子账户中并由持有人远距离进入的以账户为基础的电子货币。因此,以账户为基础的方案之下的货币价值可成为电子货币。另一方面,并非所有以电子方式记入账户的货币价值都会成为电子货币。如果所有这些货币价值都构成电子货币,以电子方式记录的所有存款均将成为电子货币,这样会将大多数传统银行账户变为电子货币,因而有必区分"以账户为基础的电子货币"和"传统银行存款"。①

在区分电子货币和存款时,《指南》认为以下因素非常重要:第一,电子货币是一种纯粹的电子产品。如果存储货币价值的账户可使用非电子手段进入,则为存款,例如运用支票可以提款的账户不可能是电子货币。第二,如果某一产品被设计成只能用于支付有限金额且不作为一种储蓄方法,这些特征指向的是电子货币。相关特征还包括允许货币价值存留账户的时间、不利因素及是否支付利息等。第三,如果账户除拥有作为一种支付手段所必需的特征外还具有其他特征,如透支、直接借记,则不可能是电子货币。因此,人们应留意某一产品是作为电子货币还是作为存款在出售。换言之,存款涉及创立债权债务关系,而接受资金的人存储该货币价值以备日后偿

---

① Implementation of the Electronic Money Directive: A Response to Consultation, 2002, available at http://www.hm-treasury.gov.uk.

还;与此相反,电子货币涉及支付手段的购买。①

五、电子货币实例分析②

(一) 移动电话运营商

各成员国在解释和实施欧盟《电子货币指令》时争议最大的问题之一是,指令是否适用于"混合型"发行商,即可以发行电子货币但不构成其主要业务的发行商。最明显的例子是移动电话运营商,其中大多数为客户提供向第三方购买货物或服务的便利,特别是购买一些数字化产品,如彩玲、游戏等。迄今为止,无证据显示指令已适用于这些移动电话运营商,但各成员国不予适用的程序和理由不一,而且主管机关提供的答案亦并非总是清晰明了。

有几个成员国,包括捷克、丹麦、爱沙尼亚、芬兰和英国已遵守欧盟《说明性指引》并规定,如果第三方商家与顾客无直接的债权债务关系,则不构成电子货币。在实践中,这意味着只要符合该条件,移动电话运营商就会豁免适用指令。在英国,欧盟《说明性指引》的主要规则已并入英国金融服务局手册之中。③ 在丹麦,已制订了符合欧盟《说明性指引》的独立指南。丹麦主管机关正在向每一家移动电话运营商收集信息,但收集程序显得不是特别紧迫,因为移动电话运营商很可能符合豁免条件。

另一些成员国,包括法国、德国、荷兰、波兰和葡萄牙认为,从法律的观点来看,现在情况尚不明朗,因而决定移动电话运营商暂不适用指令,并等待欧共体进一步提供指南或加以澄清。

还有一些成员国,包括塞浦路斯、希腊、拉脱维亚、马耳他和斯洛文尼亚

---

① Perimeter Guidance Instrument, 2005, available at http://www.fsa.gov.uk.

② 有学者对电子货币下了一个非专业定义,即电子货币为建立在预付基础上的一项货币价值请求权,存储在电子媒介上,被发行商之外的企业接受为一种支付工具,并主要用于小额交易。根据该定义,电子货币分为虚拟环境下的电子货币和标准零售环境下的电子货币。前者主要有一些个性化的网上支付方案(如支付之友、数字现金和货币订购者)并通过浏览器、电子邮件甚至移动电话短消息进入在线账户;后者又分为卡基电子货币和以软件作为基础的电子货币。至于智能卡根据目的可以分为单一用途卡(如电话卡、公交卡、停车卡)、封闭系统或有限用途卡(如校园卡)和多用途卡,而根据技术可以分为接触式卡、非接触式卡、混合卡等。See Phoebus Athanassiou & Natalia Mas-Guix, Electronic Money Institutions: Current Trends, Regulatory Issues and Future Prospects, Legal Working Paper Series No. 7, 2008, available at http://www.ecb.int.

③ 英国金融服务局还认为,使用预付通话时间来支付增值服务在以下情况下不构成电子货币:(1) 移动电话运营商所提供的电讯服务与增值服务提供商所提供的服务属于同一种服务;(2) 通话服务的提供与增值服务的提供发生在同一行为中。

报告说,移动电话运营商现在还未发行电子货币,或《指令》不适用但未说明具体原因。

奥地利认为《指令》适用于移动电话运营商不存在问题,因为其国内移动电话运营商都拥有银行执照,并接受监管。

比利时主管机关对移动电话运营商是否适用指令采取一种目的论观点,并认为即使在第三方与顾客之间不存在所谓的直接债权债务关系,预付型方案亦应归为电子货币。比利时现在尚无此种方案,但如果出现,移动电话运营商必须申请电子货币执照或获得豁免。比利时监管者期望澄清该问题,因为并不完全满意现在的情况,并认识到其立场非常严格,可能与风险不相称,但监管者还是认为除适用法律外,别无他法。

现在的情况可能产生何种影响完全取决于利害关系集团的判断。移动电话运营商认为,《指令》适用于预付业务将与风险不相称,未能认识到第三方支付仅占预付资金中的很小一部分,指令规定对其提供的服务而言是不合适的,实施成本高昂,难以向顾客解释清楚,并可能最终导致其不得不完全禁止顾客利用预付资金向第三方购买货物和服务。另一方面,受访的许多电子货币公司认为,移动电话运营商不适用指令构成不公平竞争。虽然大多数受访者认为全面适用指令可能不合适或不必要,但他们强调,与风险相称的监管规则适用于移动电话运营商是至关重要的,这有利于确保提供类似支付产品的不同方案之间公平竞争。

(二)公交智能卡

欧盟境内已存在大量服务于交通的预付型方案,这些卡片被众多公司当成一种支付方式,并有可能成为电子货币。是否成为电子货币不仅取决于公司的组织架构,而且取决于有关国内监管者的态度。例如,伦敦交通公司认为,尽管众多交通服务提供者接受其智能卡,但智能卡不构成电子货币,因为公司组织架构如下:公司从不同的服务提供者处购买服务,然后转售给乘客,英国金融服务局已接受其观点。

另一方面,正在捷克营运的二十多个交通智能卡方案获得了豁免,而英国至少亦有1个获得豁免。此外,两个大型方案不久将启动,拟分别在爱尔兰和荷兰发行智能卡,并拟在所有公交上使用,这两个方案不久将申请电子货币机构执照。智能卡最早仅限于支付交通服务费,但这两个方案的代表指出,一旦公司基础牢固并获得认可则有可能将功能扩展至支付其他贷款或服务费。伦敦交通公司亦正在考虑到2007年将智能卡增加某些电子货币特征。

总之,只用于支付公共交通费但为几家不同交通服务提供者接受的智能卡是否在《指令》的适用范围之内并不总是很清楚。在爱尔兰和荷兰,发行公交智能卡需要获得电子货币机构执照;在英国,伦敦交通公司目前未被认定为发行电子货币,但一个类似的小型公司已获得了小规模电子货币发行商证书;在捷克,20多家公共交通运营商获得豁免,而一家运输公司与芬兰主管机关接触时被告知无需获得执照或豁免。尽管所有上述个案决定在考虑到其特定商业模式和接受企业之间的关系后会认为理由充分,但有理由认为各成员国在决定公共交通提供者是否适用指令这一问题上并未采取一致的、透明的方式。

(三) 电子代金券

不同纸质凭证(礼券、餐券)的发行商表示,有兴趣将其产品转换为电子形式,这种电子代金券似乎符合电子货币定义中确立的标准。然而,部分本质特征与欧盟《电子货币指令》所确立的某些规则(如赎回要求)不符,而各国监管者对于电子代金券是否在指令的适用范围之内有不同的看法。例如,英国和比利时的监管者称,其不会将这种产品视为电子货币;但大多数其他国家要么不敢肯定,要么认为只得适用指令中的规则。法国服务券发行商协会声称,现行体制所产生的法律不确定性成为其成员在欧洲发行电子代金券的障碍。[1]

此外,电子旅行支票是一种拥有预付余额的灵通卡,可在境外的自动柜员机上提取外国货币或销售点终端上使用。英国金融服务局认为,只能从发行商拥有的自动柜员机上提取现金的电子旅行支票不构成电子货币。然而,能够从第三方所拥有的自动柜员机上提取现金,或在商店、餐厅和宾馆购买货物和服务的电子旅行支票很可能构成电子货币。[2]

第三节 电子货币发行商的资格问题

从现有情况来看,电子货币发行商除银行外,还有一些非银行金融机构

---

[1] Evaluation of the E-money Directive (2000/46/EC): Final Report, 2006, available at http://www.eu.int.

[2] Electronic Money: Perimeter Guidance, 2003, available at http://www.fsa.gov.uk.

甚至非金融机构。非金融机构发行电子货币带来的问题是,现有金融法律及监管规则是否适用。适用现有金融法律及监管规则可保证整个支付系统的稳定,并对持有人和特约商户提供合理的预期,但是,人们担心非金融机构适用现有法律及规则可能会增加其负担,同时,严格要求可能使非金融机构难以进入电子货币领域,从而最终影响电子货币的发展。

一、电子货币与货币之间的关系

货币不仅仅具有经济学意义,同时亦具有法律意义。通常意义上的货币是指法律意义上的货币,即"法偿货币",而法偿货币是指被某一个国家或地区法律确认为法定支付手段的货币。如果一种货币具有"法偿性",其意义在于:首先,只有一个国家或地区的法定货币当局才有权发行,其他机构无权发行;其次,该货币在法定地域内作为偿付债务的工具,必须为所有机构所接受,任何机构或个人都无权拒绝。以下我们先从实然角度来探讨电子货币在英美国家是否为法偿货币,然后从应然角度做一些理论探讨。[①]

(一) 英美法偿货币与电子货币

英国 1844 年《银行发牌法》规定,任何银行(英格兰银行除外)不得发行、接受或制作见票即付现金给来人的汇票、本票和"债务"(engagements)。电子货币不属于汇票或本票,但是否属于"债务"却存在疑问。这一法案的本意是禁止制作和流通类似于货币用途的银行本票和汇票及其他类似支付工具,从而保护法偿货币的流通,而电子货币作为一种钞票和硬币的替代物,肯定会影响法偿货币的流通。有的学者认为,可以从广义理解电子货币不属于该法律禁止之列,但亦承认这与立法本意相违背。

美国宪法授权联邦政府铸造货币并调整其价值。尽管联邦政府拥有铸造货币的权力,但它不是唯一的货币发行人。在内战以前,纸币由州银行及私人银行发行。[②] 在一个被称为"野猫银行"时代的特殊时期内,州特许银行就发行了 1000 多种不同的货币。该时期直到 1863 年通过美国《国民银行法》才宣告结束,该法授权国民银行发行货币,并对州银行发行的所有货币按面值课以 10% 的税收。此后不久,在一系列法偿货币案中,美国联邦最

[①] 有关国内学者对电子货币是否为法偿货币的论述,参见齐爱民、崔聪聪著:《电子金融法研究》,北京大学出版社 2007 年版,第 80—82 页。

[②] Henry Perritt, Legal and Technological Infrastructure for Electronic Payment Systems, 22 *Rutgers Computer & Technology Law Journal* (1996), p. 5.

高法院宣布国民银行发行纸币符合宪法。当美国联邦储备系统作为中央银行架构而于1913年成立时,美联储发行的联邦储备券成为法偿货币。①

商法将能充当法偿货币的等价物界定为货币,美国《统一商法典》第1-201条第24款将"货币"界定为国内或外国政府授权或采用为货币的交易媒介。由于美国联邦政府还未采用"储值卡"作为交易媒介,因此存储在储值卡和个人计算机上的价值不构成商法上的货币。

如果存储在储值卡或计算机硬盘中的价值构成一种私人货币,将产生是否要适用1862年美国《印花支付法》问题。该法规定,制作、发行、流通或支付旨在作为货币并由任何私人机构发行的面值小于1美元的任何钞票、支票、备忘录、符号或其他债务的行为构成犯罪。该禁令似乎可以适用于任何电子货币发行商,因为电子货币债务旨在取代美国合法货币。美国1862年制订《印花支付法》时,国会显然未想到电子货币的出现。立法历史告诉我们,美国《印花支付法》唯一的目的是解决在缺少政府发行的硬币时私人发行的小面额银行券带来的通货膨胀问题。美国财政部对电子货币适用《印花支付法》提出质疑,财政部认为该法应作狭义解释,并要求美国司法部澄清该问题。②

(二) 电子货币与货币关系之理论探讨

经济学家将货币定义为人们在购物时普遍接受的用作交易媒介及价格与债务计算标准的任何物体。在莫斯(Moss)诉汉柯克(Hancock)案中,美国法院支持经济学家对货币所下的定义。美国法院认为在接受货币时既无需考虑债务人性格,又无需考虑债权人的消费意图,因为货币是能用于最终清偿债务且自由转让的任何物体。

曼恩认为律师接受货币的经济学定义不能解决问题,经济学定义过于广泛,包括银行账户余额,这一点对于律师来说难以接受。在法律性质上,货币和所有动产一样,但货币是由法定当局发行,以某一记账单位标明面值,并在发行国充当普遍使用的交易媒介。电子货币不是动产,因此不符合曼恩所下的定义。

然而,曼恩似乎不合理地扩大了经济学定义并限制了法律定义,因此,

---

① 从内战爆发到1913年,美国政府的纸币并未取代私人发行的货币,而是与后者共存。1913年,美国《联邦储备法》通过后,这种局面才宣告结束。

② Catherine Wilson, Banking on the Net: Extending Bank Regulation to Electronic Money and beyond, 30 *Creighton Law Review*(1997), pp.691—694.

他在这两者之间开挖了一条并不存在的鸿沟。经济学定义将活期账户余额包括在内主要是考虑到后者能被立即提取并转换为货币。换言之,经济学定义是指构成货币的数量而不是指构成货币应具有的性质,经济学定义并未讨论将账户余额转换成交易媒介应采用何种机制。对于法律定义而言,要求货币是动产非常不合适。从货币起源到现在,货币是动产能很好地说明什么是货币,但这并不能说明动产是货币的本质特征,特别是在电子时代更是如此。[①] 与此同时,国家发行"货币"是历史的产物。从历史上看,货币并不总是由国家发行,因此货币并不总是动产,而国家发行货币亦不必然是货币的本质特征。作为历史的产物,现在的货币由国家或中央银行发行的硬币和钞票组成,该事实不应扭曲人们对货币概念的认识,以至于不能超越货币进化过程中的某一历史阶段来理解货币。

因此,我们认为莫斯一案所采用的经济学定义是合适的。就此,从表面上看,只要第三方义务可以自由转让且转让的唯一目的为偿还债务,第三方义务在构成债务的绝对清偿时符合货币的经济学定义。电子货币有可能满足这些条件,电子货币仅仅是小额交易的支付媒介这一点并不构成障碍。

然而,要使每一项电子货币产品成为货币,存储价值必须运用通用计价标准,而该标准应在债权人中得到广泛使用。显然,每一项电子货币产品在市场上的接受程度不一,要确定是否为货币亦不容易。首先,存储在单一用途产品上的价值不应视为货币而只是购买货物或服务的一种预付款,电话卡或地铁卡是具有代表性的例子。与此相反,如果存储在多用途产品上的价值能被全国范围内众多特约商户接受,该价值很有可能构成货币。其次,存储价值本身能自由兑换成现金或等价物,如银行存款账户中的现金余额并不必然表明该产品是货币。但对于使用地域有所限制的产品而言,人们在认定是否构成货币时可能会考虑到自由兑换,因为其他因素不可能使其成为货币。电子货币产品的相关限制可能是地域性的,如只在某购物大街或某小镇使用,或只允许参与该电子货币的一定数量债权人使用。在限制不严重时,即使电子货币产品本身已被广泛接受,自由兑换亦有助于存储价值认定为货币。不过,在决定某电子货币产品是否为货币时,必须认识到:对于单一用途产品而言,可兑换为现金这一点并不足以认定为货币,而对于多用途产品而言,不必要认定是否可以自由兑换。

---

① 与此相似,人们反复援用先前一些判例以确认银行有义务遵守客户通过纸质工具如支票或汇票下达的指令,这一点不应排斥银行同样有义务遵守客户通过电子方式下达的指令。

有人反对将电子货币视为货币,主要理由如下:第一,电子货币并无不同的计价标准;第二,电子货币支付不具有匿名性,因为第三方债务人可能记载了每次转让情况;第三,发行电子货币时无需使用从商业银行应缴纳准备金的存款账户中提取的资金,因而损害中央银行执行货币政策的能力;第四,电子货币不可能构成法偿货币。

关于前两个理由,计价标准和匿名性均不是构成货币的根本要求,传统上的显著特征可能在今天不被认为是货币的特征。首先,计价标准可能存在于货币本身之外,即货币应标明价值,但可参照货币之外的标准,而不是以货币本身所记载的标准来认定,因此,电子货币使用本国法偿货币的计价标准并不会丧失作为货币的资格。其次,从历史上看,从硬币到纸币的转换过程本身导致部分匿名性的丧失,因为支付交易当事人可通过号码来辨别每一张钞票并记载下来。事实上,在电子货币交易中,第三方可做记载,这导致匿名性进一步丧失,但这种丧失只是程度不同而已。再次,在"脱机不可记录型"(offline unaccountable)电子货币产品中,匿名性的丧失并不严重。另一方面,随着技术的发展,纸币的匿名性亦可能会进一步丧失。如果每一张钞票均能通过无线电识别标志加以区别,则会导致匿名性进一步丧失。此时,每张钞票均有一个不用电池的微型芯片并内置一根天线,远程机器只要调到合适的频率就追踪到该钞票。因此,对于是否构成货币而言,匿名性的丧失是一个非常不确定的标准。

第三个反对理由的依据是,电子货币可能导致中央银行在市场上的运作与金融债权的创设与交易失去关联性。换言之,人们用来完成交易的债权可能不再局限于以存款作为支持的债权,而是包括对特约商户的债权,后者不受中央银行货币政策的影响。然而,即使这种情况成为现实,该反对理由亦未讨论可能存在的货币转型。在该过程中,货币由主要是中央银行债务转变为任何值得信赖的发行商债务。例如,这种发行商可能是电话公司,其发行的电话卡也可用于从其他零售商处购买货物和服务。的确,中央银行的地位可能会受到使电子货币快速发展的技术革命的影响,最为明显的是,中央银行可能会丧失大量铸币税收入。然而,该影响与所有非现金支付系统的影响并无二致,这需要中央银行在执行货币政策时创新,但并不妨碍电子货币成为货币。

最后,第四个反对理由是电子货币不是法偿货币。法偿货币与货币之间的区别可能正如曼恩所言,即在债权人未明示或默示同意的情况下,债务不能用在法律上被认为是货币(法偿货币)之外的任何事物来清偿。然而，并非所有货币均是法偿货币。按照纳斯伯姆(Nussbaum)的解释,法偿货币是指在债务人偿还债务时债权人无权拒收的货币。尽管纳斯伯姆忽略债权人有权事先明示或默示规定债务用法偿货币之外的其他方式偿还,但正确地指出了存在不是法偿货币的"货币"。从历史上来看,银行券在成为法偿货币之前就成为了货币,而将历史上的私人银行券发行与电子货币发行进行类比具有很大的吸引力。[①]

有趣的是,电子货币和法偿货币在概念上并非水火不容。[②] 最近,新加坡宣布,2008年将电子货币纳入法偿货币范畴。依据该电子法偿货币系统,不管货物或者服务价格的大小,每一特约商户及服务提供者均必须接受电子货币。该计划的细节尚不得而知,例如,不太清楚的是电子货币是否为排他性法偿货币,硬币和钞票是否会永远消失,而且亦不清楚发行充当法偿货币的电子货币发行者是何机构。国家或者其下属机构可能成为发行者,国家发行电子货币同样会遇到货币的匿名性问题。然而,国家发行电子货币已超出了我们要讨论的范围,因为我们只讨论私人机构发行的电子货币。对我们而言,电子货币可能是"货币",但不是"法偿货币"。实际上,如果电子货币本身不是"货币",将其充当"法偿货币"是难以想象的。[③]

二、电子货币与存款之间的关系

电子货币是否是存款具有重要意义:一方面,货币的经济学定义中包括活期存款,电子货币是否构成存款也在一定程度上决定了电子货币是否构成货币;另一方面,吸收存款一直被认为是银行的专营业务。如果电子货币被认为是存款,则意味着从事电子货币业务的机构应经过银行监管机构许可,须遵守一定的监管要求。

(一) 英国存款定义与电子货币

1987年英国《银行法》第3条规定,除非获得授权,任何人不得在从事吸收资金业务过程中吸收存款。存款被定义为依据某些条件所支付的款

[①] K. Macintosh, How to Encourage Global Economic Commerce: The Case for Private Currencies on the Internet, 11 *Harvard Journal of Law & Technology*(1998), p.744.

[②] See e. g. , J. Konvisser, Coins, Notes and Bits: The Case for Legal Tender on the Internet, 10 *Harvard Journal of Law & Technology*(1997), p.321.

[③] B. Geva & M. Kianieff, Reimagining E-Money: Its Conceptual Unity with other Retail Payment Systems, 2002, available at http://www.google.com.

项,该款项将在提出要求时或在某一时间或在双方同意的条件下,支付或不付利息或风险溢价。存款不包括提供财产或服务或担保而获得的款项,例如,预付款、定金、保证金等。因存款含义广泛,被进一步限定把某些事项排除在外,例如,贷款发放中的贷款,公司内部或亲属之间的贷款。如果在营业过程中吸收的存款被贷给他人或其他活动的资金是从存款中获得,该业务就是吸收存款业务。存款业务也须限定:如果不是每日而只是在特定场合才吸收资金,不管是否涉及证券发行,都不是吸收存款业务。因此,如果金融衍生工具交易商不吸引存款,也不经常接受存款,偶尔投资或使用顾客的保证金,不会被认定为银行。① 由此可见,存款实际上涉及两个要件:吸收存款和吸收存款业务。

从第一个条件来看,电子货币是否属于吸收存款?即发行商和持有人在出售和购买电子货币时,是否约定了条件,规定在持有人提出要求时或双方同意的时间赎回?电子货币实际上都赋予购买人赎回权,因此,发行和赎回电子货币应构成存款。但也有人会提出,如果某个发行商规定,电子货币只有向特约商户支付商品或服务价款后而不能在发行后立刻要求赎回,则是否构成吸收存款?换言之,是否可以援引英国《银行法》第5条第1款规定?因为该款将提供物品或服务的规定排除在存款之外,即如果支付一笔款项的目的是购买物品或服务,该笔款项不构成存款。就电子货币而言,发行时实际上不存在任何具体合同,发行商甚至亦不清楚合同对方是谁。很显然,该款规定不适用于电子货币,因而从字面意义和立法本意来看,电子货币项下资金应属于存款。

电子货币是否满足第二个条件?即发行电子货币的机构是否是在从事吸收存款业务?在判定是否属于存款时,重点在于款项的性质,而判定是否属于吸收存款业务则侧重于所吸收资金的用途,也就是说吸收来的资金是否用于贷款或向自己的其他业务提供资金。从理论上讲,电子货币发行商可以把所有销售电子货币所得资金储存起来,不用于任何投资,包括不用于贷款和向自己的其他业务提供融资。但实际上没有任何一个机构会这样做,因为大部分机构从事电子货币发行的目的除减少处理现金的费用外,就是从出售电子货币吸收资金和投资这两者之间获得利润和收益。如果把钱放着不动,不仅没有收益,还可能受到损失,这无论如何是不可能的,因此,

---

① 钟志勇著:《跨国银行总行与海外分行法律关系论》,中国方正出版社2005年版,第4—5页。

电子货币很显然满足第二个条件。①

(二) 美国存款定义与电子货币

电子货币不是法偿货币,储值卡或电子货币之下的资金是否应视为美国《联邦存款保险法》之下的存款?② 依据该法,存款须满足三个前提条件:(1) 银行接受或持有货币或其等价物的未付余额;(2) 银行在日常业务中接受的资金;(3) 银行有义务贷记商业账户、支票账户、储蓄账户、定期账户或节俭账户,或银行须为某一或某些特殊目的而持有该笔资金。在探讨存款的三个前提条件后,美国联邦存款保险公司得出了"储值卡"一般不构成存款的结论,因为储值卡下的资金不是代表客户持有的资金,亦不是为某一特殊目的而持有的资金。

1. 储值卡的分类

美国联邦存款保险公司认为现行储值卡系统有四种类型。③ 在属于"银行客户账户的系统"(Banking Primary-Customer Account Systems)及"属于银行准备金账户的系统"(Bank Primary-Reserve Systems)中,银行向客户发行储值卡,这两类电子货币系统因储值卡下的资金地位不同而存在一些差异。在属于银行客户账户的系统中,资金保留在客户账户中,直到特约商户或第三方从客户银行收取时为止。与此相反,在属于银行准备金账户的系统中,发行银行接受客户缴纳的现金或从客户账户中提取的资金,并存入储备金账户或一般责任账户以便在特约商户提出付款要求时支付给后者。美国联邦保险公司经调查后发现,大多数银行愿意将储值卡中的现金存入一般责任账户。

在另外两种系统,即"属于第三方客户存款的系统"(Bank Secondary-Advance Systems)和"属于银行自身资产的系统"(Bank Secondary-Pre-Acquisitions Systems)中,第三方而不是银行持有电子货币下的资金。在属于第三方客户存款的系统中,银行同意代第三方销售其发行的电子价值,在收到客户资金后,银行转交给第三方,由后者负责赎回电子价值。与此类似,在属

---

① 唐应茂著:《电子货币与法律》,法律出版社 2002 年版,第 139—140 页。
② 美国有许多法律界定了存款的含义,但美国《联邦存款保险法》的界定最具有代表性,因此,本书以该法为例来研究存款的法定含义。
③ Federal Deposit Insurance Corporation General Counsel's Opinion No. 8: Stored Value Cards, 1996, available at http://www.fdic.gov.

于银行自身资产的系统中,银行从第三方手中购买电子价值,然后转售给客户。①

2. 存款分析

美国联邦存款保险公司认定前两类电子货币系统符合界定存款的第一个前提条件,即银行或储蓄协会接受或持有货币或其等价物的未付余额,因为银行持有资金并转移给受款人。② 然而,在后两类电子货币系统中只有一个,即属于第三方客户存款的系统符合第一个前提条件。在属于第三方客户存款的系统中,存款机构只是在将资金转移给第三方之前的一段时间内持有资金。③

在认定的四类储值卡中有三类符合第一个前提条件的同时,美国联邦存款保险公司认定有两类电子货币系统,即属于银行客户账户的系统及属于第三方客户的系统符合界定存款的第三个前提条件,即银行有义务贷记账户或为某一特殊目的而持有资金。就属于银行客户账户的系统而言,银行在储值卡发行时并未从客户账户中划走资金。在特约商户或受款人要求赎回存储价值前,资金一直保留在客户账户上。由于资金在被划走前一直保留在客户账户中,因此该笔资金有资格成为存款保险标的。

同理,在属于第三方客户存款的系统中,储值卡中的资金亦可能构成存款。当银行发行储值卡并准备在较短的时间内将资金转交第三方时,属于第三方客户存款的系统就满足了"特殊目的"的要求。在这些系统中,银行持有资金的特殊目的在于将该笔资金转交给他人,显然,在属于第三方客户存款的系统中,银行持有第三方而不是储值卡持有人的存款。

在另两类储值卡系统中,储值卡中的资金不构成存款。按照美国联邦存款保险公司的分析,属于银行准备金账户的系统和属于银行自身资产的系统均不要求将购买电子价值的资金贷记客户账户。在属于银行准备金账

---

① 美国联邦存款保险公司于 2004 年发布咨询文件,对储值卡的分类及其资金是否构成存款做了补充。增补的第一类为"发起公司将资金存入银行账户"(Accounts Funded by Sponsoring Companies)的电子货币系统;第二类为"资金联合存入'储备账户'但为每一客户建有子账户"(Pooled "Reserve Accounts" with Individual Sub-accounts) 的电子货币系统;第三类为"工资卡"("Payroll Cards")。以上三类系统中的资金均构成存款。See Proposed Rule on Determining When Funds Underlying Stored Value Cards Qualify as "Deposits", 2004, available at http://www.fdic.gov.
② Catherine Wilson, Banking on the Net: Extending Bank Regulation to Electronic Money and beyond, 30 *Creighton Law Review*(1997), pp.691—694.
③ 美国联邦存款保险公司认为难以分辨属于第三方客户存款的系统与旅行支票之间的差异。在资金被转移前,顾客用于购买旅行支票的资金构成旅行支票公司的存款。

户的系统中,客户缴纳的资金被特约商户划走前存入一个信托账户,存入信托账户的资金不是为"某一或某些特殊目的而持有",因为美国联邦存款保险公司认为这些资金将会支付给数个特约商户而不是"一个事先就确定了的特定当事人"。然而,在资金从一般责任账户转移至特约商户账户后,该笔资金就有资格成为存款保险标的。

同理,在属于银行自身资产的系统中,储值卡中的资金亦不构成存款,因为银行垫付资金的目的在于获得储值卡以便转售给客户。因此,在该系统中,客户所付资金仅仅是对银行先前购买电子价值的补偿,所以,银行机构并未为特殊目的而持有资金。[①]

根据美国联邦存款保险公司的分析,如果购买储值卡的资金被特约商户从银行划走前一直保留在客户账户中,该笔资金能够成为存款保险标的。对于被保险的储值卡持有人而言,一个主要不足是所有交易都必须记载下来以便能够及时地确定在某一时间点上储值卡的价值及承保金额,因此,持有被保险的储值卡客户将失去为交易保密的能力。

美国联邦存款保险公司的意见在适用上有局限性,该意见仅仅讨论了存入存款机构的储值卡资金是否是美国《联邦存款保险法》第3条意义之下的存款这一问题。因此,无存款机构参与的储值卡系统或将电子价值存储在个人计算机硬盘而不是储值卡中的系统均不适用该意见。然而,该法授权美国联邦存款保险公司宣告何种债务构成存款。不过,从该法的措辞来看,仅对银行背景下的存款做了界定,因而宣告性权力并不适用于无存款机构参与的储值卡系统。显然,如果美国联邦存款保险公司认定这些储值卡系统中的资金构成存款,非存款机构将被挤出电子货币业。

(三)电子货币与存款关系之理论探讨

关于银行存款,一般认为货币交给银行后实际上已为银行所有,可按照银行的意愿处置该笔资金,因此,在金钱交易上银行与客户之间的关系是债权人与债务人之间的关系。同时,就银行存款合同而言,法律规定银行在不超过贷款余额的情况下有义务随时兑现客户发出的支付任何金额的指令,然而,客户在发出指令时亦有尽到合理注意的义务。

将货币存入储值产品与存入传统银行账户是一致的,唯一不同的是货币存入储值产品时使用的是"分散账户"。电子货币应构成货币并存入发行

---

① Federal Deposit Insurance Corporation General Counsel's Opinion No. 8: Stored Value Cards, 1996, available at http://www.fdic.gov.

商设立的账户中,但就单一用途的电子产品而言,货币价值应视为购买相关货物或服务的预付款。

而且,储值产品所代表的义务是发行商的义务并可以逐步减少,而其他支付工具的受款人须接受全部金额。美国部分州已考虑到储值产品的这一特点,例如,得克萨斯州银行部表示,将把智能卡纳入《得克萨斯支票出售法》中,因为持有人的资金存储在发行商处,而持有人在确保智能卡向特约商户提示付款时获得兑现这一问题上依赖发行商。此外,俄勒冈州已在《支票出售法》中将"电子工具"定义为可存储信息、价值预付且价值随每次使用而逐步减少的卡片或有形物体。这些定义进一步强化储值产品是一种分散账户的认识。

由此可见,欧盟采取以下立场令人遗憾:发行电子货币本身并不是吸收存款行为,而只是出售完全可以赎回的货币价值,该价值代表对发行商享有债权。① 由于已被接纳的电子货币产品越来越多,特别是欧盟《电子货币指令》要求电子货币具有可赎回性,欧盟的立场并不具有说服力,而且,人们难以看出吸收存款是债权债务关系而电子货币的存储价值则不然。换言之,针对电子货币发行商的请求权与针对任何其他债务人的请求权有何差异?

这并不是说电子货币的发行仅限于银行或存款吸收机构。欧盟所提出的方案,即与银行比电子货币机构的资本管制要宽松,但与此同时在商业权力上要受到更严格的限制并非站不住脚。然而,可能更为合适的做法是承认电子货币机构是"特殊目的"银行而不是引进一个概念扭曲的体制。

接下来的问题是应否认为电子货币发行商的行为与吸收存款类似,因此应适用传统的银行监管法律。我们已看到欧盟通过明示条款确保储值卡适用特殊的监管体制,然而,在其他国家,该问题可能就没有那么明确。例如,在加拿大,银行业务大多依赖政府通过的法律来界定,而法律规定了何种业务属于银行业务。电子货币产品是否适用银行监管法律在很大程度上取决于公众和司法界的认识,即电子货币发行商所从事的活动是否构成吸收存款或是否与银行有关。

不应忘记的是,发行银行券曾经是银行业务的基石之一。例如,在1833年,纽约州银行监管专员声称,银行的合法用途不是发放资本贷款,而是提

---

① Directive 2000/46/EC of the European Parliament and of the Council of 18 September 2000 on the Taking up, Pursuit of and Prudential Supervision of the Business of Electronic Money Institutions, available at http://www.eu.int.

供纸币以取代硬币。因此,发行电子货币并非与吸收存款有本质差异,这有助于将银行与支付法律适用于电子货币的发行与支付。

事实上,还可以进一步发展这种观点。最初,银行券只是银行向存入黄金的存款人发行的一种收据,该收据见票即付,因而在经济领域中能充当货币流通。发行银行有义务偿还存入该行的存款,而一部分银行券在私人之间流通。从表面上看,这种情况在许多方面与储值产品相似,然而,由于储值产品与银行券的性质不同,两者之间还是存在一些差异。例如,过去的银行无法控制银行券在银行系统外的流通,但就储值卡而言,发行商有责任从技术上维护存储价值流通系统的正常运作。而且,在银行券体制之下,无法转让银行券的一部分,银行券不存在分散账户的问题,并按照票面价值见票即付,然而,实际产品本身的责任问题在银行券和电子货币中均存在。与持有银行券的客户一样,电子存储价值持有者亦希望获得系统稳定和可靠的保证,方式是由发行商持有现金和证券以便在电子货币到期时能顺利地赎回。因此,所有存储价值的发行商包括非银行对顾客购买储值产品时所存入的资金均负有"影子"存款的责任,这样发行商必须偿还债务。①

三、电子货币之法律性质

目前关于电子货币的货币性质,不同的组织和学者们有不同的见解,主要可以分为两种观点:一种认为电子货币具有货币属性;另一种观点认为电子货币不是一种新的货币形态,只是基于实体货币而诞生的用于电子支付体系的一种新支付方式。②

(一) 电子货币不是一种新的法偿货币

如果电子货币是一种新的法偿货币,必须满足以下三个条件:充当记账单位;作为一种支付方式;表现为一种货币工具。

与所有其他形式的货币一样,电子货币必须且可以充当记账单位。除非特约商户确信持有人支付的电子单位数量代表等额货币,即与使用银行货币或信用货币支付的数量一致,否则特约商户不会接受电子货币支付,而且特约商户还必须从发行商处赎回与销售额相等的货币。只要电子货币的价值与信用货币价值相同,电子货币持有人就会有信心,因此,在电子货币

---

① B. Geva & M. Kianieff, *Reimagining E-Money: Its Conceptual Unity with other Retail Payment Systems*, 2002, available at http://www.google.com.
② 张庆麟:《电子货币的法律性质初探》,载《武汉大学学报(社会科学版)》2001 年第 5 期。

与信用货币之间应避免出现兑换率问题,因为这将使人们对电子货币充当记账单位的功能产生怀疑。与此同时,电子货币应避免使用所在国之外的其他货币单位标明面值,还应避免使用非法定货币单位标明面值。考虑到该规则及有关法偿货币的规则后,特约商户有可能拒绝接受使用其他国家货币标明面值的电子货币,然而,这并不意味着特约商户在任何情况下都不会通过协议的方式接受使用其他国家货币标明面值的电子货币。

电子货币支付系统是新一代支付方式,与其他非现金支付媒介相比,电子货币拥有许多新颖的特点:第一,就发行商而言,其接受的资金既未以持有人/支付媒介持有人的名义记载,又不是准备支付给某个已确定的特约商户。因此,发行商的债务与存款机构对存款人所负的债务具有不同的特征。第二,电子货币支付意味着立即改写电子钱包中的余额。与支票或银行卡不同的是,电子货币支付并不由发行商改写。当客户使用支票或银行卡向特约商户付款时,所付金额并未立即转移至受益人账户。在受益人账户被贷记前,收款人须向债务人银行提示付款工具。第三,使用银行货币支付以资金划拨的形式出现,并导致债务人账户被借记而债权人账户被贷记,然而,对于电子钱包来说,电子货币支付并不涉及资金的转移。资金已通过借记债务人账户或使用信用货币的方式向发行商支付完毕,而电子货币已进入债务人所持有的卡片中。在债权人要求将其接受的电子单位兑换为货币时,发行商通过贷记债权人账户或支付现金的方式来偿还。

特约商户对储值卡或销售点终端上的电子单位享有赎回权,这是一种针对发行商的请求权,因而不会出现因持有人清偿能力不够而产生结算问题。对于持有人而言,特约商户接受的电子货币具有终结性,因此,电子单位是一种支付工具,原因在于消灭了特约商户与持有人之间的债权债务关系。由于电子单位已获支付,因此使用电子货币付款具有确定性。

到今天为止,从货币单位角度来看,货币表现为三种货币工具:硬币、钞票(信用货币)和银行账户(银行货币)。从钞票成为法偿货币时起,钞票就被当成是一种真正的货币,即钞票不能再兑换为黄金,其价值仅仅依据面额来决定。在人们认识到银行账户余额可从一个账户转移至另一个账户而无需兑换为信用货币时起,银行账户余额就被当成银行货币。如果电子货币是一种新的法偿货币,必须同样能充当货币工具,这意味着电子钱包持有者与特约商户之间交换的电子单位须与硬币、钞票和银行账户余额一样可以作为价值储藏手段。

如果电子货币不属于法偿货币或不可兑换的货币系统,持有者必须拥有请求发行商将电子钱包中的电子单位兑换为信用货币或银行货币的权利。如果特约商户不能确认有权要求发行机构兑换其拥有的电子单位,即如果电子货币本身并无针对发行商的请求权,没有哪一个特约商户会同意使用电子货币支付。由于电子货币本身必须存在针对发行商的请求权,所以,最终的问题是电子货币是带有从属请求权的无形"财产",还是电子货币仅为针对发行商的请求权。

但除请求权代表一定数量的货币价值外,电子货币本身并无价值可言,这是因为如果发行商不再将电子单位兑换为银行货币或信用货币,特约商户就不会再接受电子货币。电子单位的价值仅来源于针对发行商的请求权,电子货币支付的唯一效果是将债务人(持有人)所拥有的一定数量货币的权利转移给债权人(特约商户)。

而且,从发行商的角度来看,在持有人与特约商户之间进行电子支付时,并未转移一定数量的货币。电子货币发行商在发行电子单位时将其接受的所有资金存入一个总账户,在持有人使用电子单位向特约商户支付货款时,持有人并未将上述资金从发行商处划走。因此,发行商的总账户充当价值储藏手段,电子单位仅代表对该账户的请求权,即一定银行货币的请求权。电子货币不是一种新的货币工具,而只是一种新的支付手段,此时,或许可以将电子货币归类为债务工具。[①]

(二) 电子货币不是本票

电子货币与无记名见票即付的定额本票有很多相似之处,例如发行商发行电子货币,类似于出票人开出无记名见票即付的定额本票;电子货币在不同的使用者之间流通,类似于这种本票在不同的持票人间转让;电子货币的最后持有人向发行商兑换法定货币,类似于最后持票人向出票人请求付款。但是,这些相似之处的存在并不能表明电子货币是一种本票,在传统的法学理论和现行法律制度下,将电子货币认定为本票还存在一定的障碍。[②]

首先,就形态而言,电子货币很难归入到票据范畴。传统的票据法理论认为票据是纸质的,有关票据的法律规则也是以这种观念为基础发展起来

---

① Serge Lanskoy, The Legal Nature of Electronic Money, 2000, available at http://www.yahoo.com.

② 国内有学者认为电子货币之民法性质应定位为证券。参见齐爱民、崔聪聪著:《电子金融法》,北京大学出版社2007年版,第83页。

的。以电子数据为表现形态的电子货币不符合传统票据概念,也很难适用现有票据法律规则。将电子货币认定为本票,这在理论和立法实践上都存在相当的难度。

其次,就电子货币的应用实践来看,将电子货币认定为本票存在一定的牵强之处。现金型电子货币可由货币使用者持有,类似于持票人持有本票,但对账户依存型电子货币,货币使用者并不能持有,而是由发行商通过对电子货币账户的管理进行控制。如果将这类电子货币也认定为本票,则出票人与持票人为同一人,这与本票的运作实践不符,所以将账户依存型电子货币也认定为本票过于牵强。

最后,如果把电子货币认定为本票,则传统的民商法理论将很难解释电子货币所承载的权利。根据传统的票据法理论,票据存在两种权利:一种是票据持有人对票据的物质的所有权,即票据所有权;另一种是构成票据内容的权利,即票据所代表的权利(票据权利),实质上是一种金钱债权。如果将电子货币认定为本票,则它也应承载以上两种权利。由于电子货币可以最终兑换为法定货币,所以它代表着以发行商为债务人的金钱债权,这一点应是无疑问的。有疑问的是,电子货币是否也存在票据所有权。如果承认存在票据所有权,则与传统的物权法理论相悖,因为根据传统的物权理论,所有权的客体一般指能够以固体、液体或气体为表现形态的物质结构体。因此,以电子数据为表现形式的电子货币不可能成为所有权的客体,进而言之,电子货币不能成立票据所有权。可见,电子货币不符合本票的一些特征,将电子货币认定为本票,在民商法理论上存在一定的障碍。[①]

(三)电子货币是一种新的支付机制[②]

支付机制是指能够促进货币转移以清偿债务的任何机制,即能使债务人避免运输货币并实际交付给债权人但又能清偿债务的任何机制。支付机制的运作通常是以第三方即债务人的债务人授权支付的方式来清偿债务,并同时清偿第三方的债务,第三方支付时可以使用亦可以不使用硬币。由于支付机制从本质上说是一种三方安排,可将更多当事人包括在内,因而能进一步减少货币的实际运输。

[①] 侯向磊著:《电子支付法律问题研究》,武汉大学法学院 2003 年博士论文,第 76—77 页。

[②] 国内有学者认为,对电子货币的法律性质必须分层次去揭示,那种试图简单地给电子货币一种定性的想法,实质上是出于对货币和货币法律体系的无知。参见李爱君著:《电子货币法律问题研究》,知识产权出版社 2008 年版,第 52 页。

储值产品可纳入该定义之中,从根本上说,储值产品的运作是通过向受款人支付的方式来清偿付款人所欠受款人的债务,与此同时清偿发行商所欠付款人的债务,但在收单机构与受款人之间产生新的债权债务关系。

储值产品是一种"支付机制"的观点与电子货币存储价值是"货币"的观点一致。正如以上所述,某物要成为货币必须具有"最终清偿"效力,因而在支付时无需参考提供该物的某人的性格或信用。事实上,这意味着该物本身必须是货币,支付机制才有可能授予绝对清偿效力,因此在第三方违约时受款人无权向付款人追索。在电子货币中,第三方即为发行商。例如,支票、汇票和信用证就无绝对清偿效力。众所周知,支票清偿债务时存在一个默示条件,即支付的效力取决于支票能否兑现。如果未能兑现,则条件未成就,付款人的付款责任依然存在。然而,不存在有条件支付的一般规则,每一种支付方法的支付效力取决于支付后果及相关情况。就信用卡而言,人们可以合理地推断当事人意在为基础债务提供绝对清偿效力,因此在发行商违约时受款人无权对付款人行使追索权。因此,作为一种具有绝对清偿效力的支付机制,存储在储值卡中的价值(电子货币)可能同时具有货币的属性。

实际上,这一点与旅行支票极为相同。旅行支票是一种促进货币在旅行者与特约商户之间转移非现金的支付机制。在清偿债务时,旅行支票能够充当"货币",同时,从历史上看,人们可能会认为在银行券能够兑换为黄金或其他贵金属之际,银行券即纸币仅仅是一种支付机制。[①]

四、电子货币发行机构之选择

电子货币还不是法偿货币,但由于电子货币的发行和使用,持有人获得一种新的小额支付机制。电子货币流通的程度不同,对于构成法偿货币的钞票和硬币的影响亦不同。为保证中央银行发行法偿货币的地位,措施之一就是由中央银行自己发行电子货币。中央银行发行电子货币可采取以下两种方式:一种是中央银行自己发行电子货币,同时也允许私人机构发行电子货币;另一种是中央银行将电子货币发行完全掌握在自己手中,这样的电子货币就成为完全的法偿货币。

就第一种方式而言,中央银行作为电子货币发行商同私人机构竞争,存

---

① B. Geva & M. Kianieff, Reimagining E-Money: Its Conceptual Unity with other Retail Payment Systems, 2002, available at http://www.google.com.

在明显的不公平。这种带有牟利性的活动同中央银行的职能亦有冲突,因此这种方式是不可取的。不过,这种方式也不是不可能存在,例如19世纪中叶美国政府发行的"绿背钞票"和各家私人银行发行的银行券同时存在,直到1933年,美联储发行的钞票才成为唯一流通的法偿货币。

就第二种方式而言,已有新加坡金融管理局宣布于2008年前将电子货币纳入法偿货币范围。尽管人们不知道该计划的细节,但赞成与反对的声音此起彼伏。赞成者认为,将电子货币纳入法偿货币范围的好处在于减少处理现金的社会成本,遏制地下经济的发展,并提高电子货币的竞争力;反对者认为将电子货币纳入法偿货币范围会产生大笔制度转换成本,将某些社会弱势群体排除在法偿电子货币外,政府过度干预经济、侵犯隐私权并可能会破坏人们已形成的某种安全感等问题。[1] 看来,争论还会继续。在可以预见的将来,电子货币有可能部分取代钞票和硬币,并与钞票和硬币一起作为法偿货币。

如果将电子货币的发行和赎回视为存款业务,作为银行专营业务的存款自然应由银行来经营,许多针对银行的监管手段和要求亦可适用于电子货币发行商。欧盟于1994年发布的《预付价值卡》研究报告指出,存储在电子钱包中的资金应视为存款,因而只能由银行来处理。欧盟的主要理由在于可以维护小额支付系统的安全,有利于中央银行和被监管银行之间沟通信息,同时,代表电子货币的资金同银行存款没有本质区别,此外,电子货币还可以利用现有的银行清算系统。4年后,欧盟中央银行发布的《电子货币报告》更明确地指出[2],为避免改变货币政策和银行业务的现有制度环境,有必要将电子货币发行限制在信用机构上。同时,欧盟中央银行亦认为有必要修正《第一银行协调指令》,以便将所有电子货币发行商纳入"信用机构"定义之中,这将为所有电子货币发行商提供一个公平竞争的环境,并确保每个发行商受到合适的审慎监管。

事实上,根据欧盟现有的规定,发行电子货币的机构分为银行和非银行机构。2001年,英国金融服务局于公布题为《电子货币发行商之监管》的咨询文件,该文件明确指出,"电子货币发行商"一词仅指非银行发行机构。银行可依据欧盟《银行合并指令》的条件在获得英国金融服务局的批准后发行

---

[1] L. Hove, Making Electronic Money Legal Tender: Pros & Cons, 2003, available at http://www.yahoo.com.

[2] Report on Electronic Money, 1998, available at http://www.ecb.int.

电子货币。对于大多数银行而言，发行电子货币仅仅是其经营的众多业务之一，金融监管机构在分析银行风险并采取相应监管措施时将会考虑到银行发行电子货币这一点。另一方面，根据欧盟《电子货币指令》，非银行发行商在其经营的业务上受到严格限制，这些机构只能经营与电子货币发行紧密相关的金融和非金融业务。这些业务可能包括与电子货币运营和其他功能紧密相关的电子货币管理，代表其他企业或公共机构存储电子工具中的数据等。这意味着拟自己发行电子货币的任何商业机构必须通过独立的子公司来发行，以便在电子货币发行与其他业务之间建立"防火墙"，而且，发行电子货币的子公司不得再建立子公司。当然，与电子货币发行紧密相关的管理事务和会计事务可由母公司来完成，而且，欧盟《电子货币指令》明文禁止非银行发行商发放贷款。作为严格限制商业活动的缓冲措施，非银行电子货币发行商受到的监管比银行宽松得多。①

美国是目前反对将电子货币的发行权限制在银行手中的最主要国家。限制发行主体容易限制竞争，而电子货币作为技术创新的产物，需要不断创新，竞争是创新的一个保证。此外，美国反对限制电子货币发行机构还有两个重要原因：第一，美国智能卡的发展远远落后于欧洲国家；第二，美国的非银行机构能够得到比较有效的监管。在美国，人们普遍使用支票和信用卡，在收到信用卡账单时，人们也习惯于使用支票来结账，这使得美国发展出一套很发达的自动支票结算和清算系统，这套系统成为新支付系统革命的重要障碍。相反，欧洲虽然也大量使用支票，但清算系统不如美国发达。同时，欧洲没有统一货币，这也为支票的结算带来高额成本。为此，欧洲国家普遍使用电子资金划拨或销售点终端系统，造成这套系统比较发达。

同欧洲不一样，美国非银行机构发行电子货币带来的风险可通过有效监管来解决。首先，同银行有联系的非银行机构可根据联系程度由银行监管机构来加以监管。如果某一个非银行机构是银行控股公司的下属公司，其活动由美联储监管。美联储可以决定非银行公司发行电子货币是否属于准许的业务，可以决定应遵循的一系列要求。如果非银行机构是银行的经营性子公司，该子公司的活动将受到母银行监管机构的监管。同时，如果非银行机构向银行提供有关服务，该机构提供服务必须受到有关银行管理机构的监管和检查。此外，如果某一非银行机构是银行控制的公司，银行监管

---

① The Regulation of Electronic Money Issuers, 2001, available at http://www.fsa.gov.uk.

机构可通过监管和控制母公司来影响非银行机构。其次,如果非银行机构同银行没有联系,可适用各州的《资金汇兑商法》或《旅行支票法》来监管。在美国,如果某一非银行机构从事旅行支票的发行或资金汇兑等业务,必须得到所在州的批准。如果非银行机构同银行没有联系,而又从事电子货币业务,这些州法也可作为监管依据。[①]

由此可见,电子货币发行机构的选择取决于一系列因素,不仅涉及法律规定本身,而且还要考虑到电子货币的发展状况和本国监管体制。

---

① 唐应茂著:《电子货币与法律》,法律出版社2002年版,第139—141页。

第六章　网上支付中的电子货币监管问题

第一节　电子货币业务风险及管理

1997年,巴塞尔银行监管委员会颁布《有效银行监管的核心原则》,并将银行面临的风险分为信用风险、国家和转移风险、市场风险、利率风险、流动性风险、操作风险、法律风险和声誉风险等八种。建立在风险管理基础之上的银行管理和监督是目前世界各个国家普遍采用的做法和今后发展的趋势。1998年,巴塞尔委员会发布题为《电子银行和电子货币业务的风险管理》的研究报告,将上述银行风险管理原则贯彻到电子货币业务之中。本节主要以该报告为主介绍电子货币业务的风险及其管理。

一、电子货币业务之风险

电子货币业务并未产生新的风险类型,但发行商和监管者都有可能不熟悉电子货币风险产生方式及其影响。目前,电子货币业务面临的主要风险有操作风险、声誉风险和法律风险。有些特殊问题并不能与风险类型形成对应关系,例如违反安全规则允许未获授权取得客户资料可能被认定为操作风险,但亦有可能使发行商面临法律风险和声誉风险。即使不同风险源于同一问题,适当的风险管理可能要求采取不同救济办法去应对这些风险。①

（一）操作风险

操作风险是指因系统的可靠性和完整性存在重大缺陷而带来损失的可能性。安全因素是首要问题,因为发行商的电子货币系统或产品可能面临来自内部或外部的攻击,如果客户操作不当或电子货币系统设计及实施不当亦会产生操作风险。

1. 安全风险

控制进入发行商系统已变得越来越复杂,原因在于计算机能力大幅度提高,终端遍布各地,通讯渠道多元化,甚至利用开放式网络如互联网就可以进入。应当注意的是,违反安全规则将导致发行商债务虚增。电子货币带来一系列特殊的进入及验证问题,例如控制不当可能导致黑客通过互联网成功地获取客户的秘密信息。如果缺乏足够控制,来自外部的第三方可能进入发行商计算机系统并输入病毒。除外部攻击外,发行商还面临因雇员欺诈带来的操作风险。雇员可能秘密获取验证资料并进入客户账户或窃取储值卡,而且雇员非故意犯下的错误亦可能使发行商的计算机系统陷入瘫痪。

2. 系统设计、实施和维护风险

发行商可能面临其选择的电子货币系统设计或实施不当的风险,例如,如果发行商选择的电子货币系统不能满足持有人的要求,就有可能面临系统中断或运行速度变慢的风险;如果发行商将某些业务外包,则面临操作风险。服务提供者可能不具有发行商期望的必要专业知识,或未能及时更新其技术。服务提供者的运营亦有可能因系统失灵或财务困难而中断,并损害发行商提供电子货币产品或服务的能力。信息技术的迅速升级有可能使发行商面临技术过时的风险,例如方便客户使用电子货币的计算机软件需要升级,但软件升级给发行商带来风险,因为犯罪分子或心怀恶意的个人可能截取并修改软件。此外,技术的快速变化意味着职员可能未充分理解发行商采用的新技术性质,这可能导致在使用新系统时出现操作问题。

---

① Risk Management for Electronic Banking and Electronic Money Activities, 1998, available at http://www.bis.org.

3. 客户操作不当带来的风险

和传统银行服务一样,无论故意还是非故意,客户操作不当都是操作风险的另一来源。如果电子货币发行商未充分教育其客户采取安全防范措施,操作风险将加大。此外,如果缺乏足够的核实交易的措施,客户可能会否认以前的授权交易并给发行商造成经济损失。在一个不安全的电子传输环境中使用个人信息,如验证信息、信用卡号码或银行账号,可能使犯罪分子有机会进入客户账户,随后,发行商可能因客户未授权而遭受经济损失。

(二) 声誉风险

声誉风险是指公众对电子货币发行商的重大负面评价造成经济损失或客户流失的风险。有些行为可能使公众对所有发行商的营运产生一种持续性的负面印象,并导致发行商建立与维持客户关系的能力受到严重损害。如果发行商的行为导致公众对其履行某些关键性职责的能力失去信心,亦会产生声誉风险;发行商的自身行为及第三方的行为均可能带来声誉风险。其他风险,特别是操作风险或其他问题的增加可能直接导致声誉风险的增加;而当电子货币系统或产品营运效果不太理想并导致公众普遍采取消极态度也会产生声誉风险。不论发行商的电子货币系统遭受外部或内部攻击,由此产生的重大安全风险可能损害公众对发行商的信心,而如果客户在接受服务时面临问题但不太了解电子货币产品的使用知识及问题解决程序亦会产生声誉风险。

第三方的错误、不法行为及欺诈都有可能使电子货币发行商面临声誉风险。通讯网络发生重大问题并使客户无法使用其资金或获取账户信息,特别是在无进入其账户的其他方法时亦可能产生声誉风险。如果提供相同或类似电子货币产品或服务的另一家机构的错误产生重大损失,这可能导致发行商的客户怀疑其产品或服务,即使发行商并未面临同样的问题也是如此,而如果发行商遭受攻击,亦可能产生声誉风险。例如,侵入发行商网站的黑客可能故意窜改信息,使发行商或其产品的不准确信息得以传播,而且,对单一和全体发行商而言,声誉风险都非常重要。譬如,一个很活跃的发行商因电子货币业务遭受重大声誉损害,其他电子货币系统的安全亦会面临公众的怀疑,在极端情况下,这可能导致整个电子货币业出现混乱局面。

(三) 法律风险

如果违反或不遵守法律、规则、条例或行业惯例,或交易当事人的法律权利和义务未详加界定,则会产生法律风险。由于电子货币是新型业务,交易当事人的权利和义务具有不确定性。例如,在某些国家,电子货币业务是否适用持有人保护规则就不太明确。此外,通过电子方式订立的合同是否有效也不太确定,这亦会产生法律风险。如果电子货币方案不限制账户余额及交易金额,并只提供有限的审计追踪,电子货币对洗钱者就具有吸引力,但对于某些电子货币适用反洗钱规则可能不太合适。由于电子货币多数是远程交易,发行商在运用传统方法预防和发现犯罪活动时面临很大困难。

电子货币发行商在客户信息披露和隐私权保护问题上可能面临法律风险,未充分了解其权利和义务的客户可能对发行商提起诉讼,而在某些国家,未能充分保护隐私权亦可能使发行商面临行政处罚。通过互联网链接到其他网站,从而提高发行商的客户服务能力亦会使其面临法律风险,黑客可能利用这种链接网站欺诈客户而导致发行商面临诉讼风险。

(四)其他风险

电子货币业务亦面临传统银行风险,诸如信用风险、流动性风险、利率风险和市场风险,但对于发行商和监管者而言,这些风险的实际后果不及操作风险、声誉风险和法律风险重要。信用风险指相对当事人在债务到期或以后不能全额清偿的风险。发行商的相对当事人违约时面临信用风险;即使发行商分销其他机构的电子货币,在其他机构违反赎回义务时,发行商亦面临信用风险。流动性风险指发行商无法在可接受的损失的情况下偿还到期债务的风险。如果发行商无法确保在任何时候均有足够的资金应对赎回和结算需求,则流动性风险很大。此外,未及时满足赎回要求可能导致发行商面临诉讼及声誉损害。利率风险指因利率出现不利变动而产生的风险。如果支撑电子货币未偿余额的资产因利率出现不利变动而导致价值下降,发行商面临很大的利率风险。市场风险指因市场价格包括汇率变动导致资产负债表内及表外资产遭受损失的风险,接受外汇的发行商面临此类风险。①

---

① 有国内学者认为,电子货币的主要风险有主体风险、流通风险、恶行风险和整体风险并分别为之建立了相应的法律规范;还有国内学者探讨了电子货币系统故障风险、欺诈风险、回赎风险和遗失风险及其责任归属。参见李爱君著:《电子货币法律问题研究》,知识产权出版社2008年版,第92—152页;张德芬著:《小额电子资金划拨法研究》,郑州大学出版社2006年版,第122—129页。

二、电子货币业务之风险管理

技术创新速度可能改变电子货币业务的风险性质和范围,监管者希望电子货币发行商建立相关程序使管理层采取适当措施应对现有风险及新风险。风险管理程序包括三个基本要素,即风险评估、风险控制和风险监督,这些均有助于发行商和监管者达到其目标。在从事和评估电子货币业务时,发行商有可能建立以上程序,发行商建立综合性风险管理程序极其重要,而董事会和高级管理层应监督这些程序。董事会和高级管理层应随时了解电子货币业务的新风险,在从事新业务前发行商应进行综合性评估以便高级管理层确保风险管理程序能充分评估、控制和监督由此产生的风险。

(一)风险评估

风险评估是一个持续性过程,通常包括三个步骤:首先,电子货币发行商应采用严格的分析程序确认风险,并在可能的情况下量化风险。如果不能量化,高级管理层仍需要了解潜在的风险产生方式及应采取什么步骤限制风险。管理层应合理评估和判断风险所产生的影响及其概率。其次,董事会或高级管理层应评估发行商承担特定风险的能力。最后,管理层应比较承担风险的能力与风险大小以确保承担的风险在限额以内。

(二)风险管理与控制

在评估风险大小及承担风险的能力后,管理层应采取措施管理和控制风险。风险管理程序包括实施安全政策与措施、协调内部通讯、对产品与服务进行评估和升级、采取措施以确保外包风险得到控制、披露信息并教育客户及制订应急计划,高级管理人员应确保负责风险控制的职员独立于从事电子货币发行的职员。如果有关政策和程序被载入书面文件并提供给所有相关职员,电子货币发行商控制和管理风险的能力就会提高。

1. 安全政策与措施

安全是电子货币及其应用系统旨在保证资料及操作程序完整、真实与保密的内部控制的混合物。电子货币发行商的安全取决于是否制订和实施了充分的安全政策与措施,而安全政策与措施可以抵御来自于内部和外部对电子货币系统的攻击,并避免因安全问题而产生声誉风险。安全政策表明管理层支持信息安全的意图并解释发行商的安全架构,安全政策还为计算发行商承担安全风险的大小而建立规则。安全政策可能会明确制订、实施并强制执行信息安全的职责，并建立评估安全政策的遵守情况、采取纪律性措施并报告违反安全措施的程序。

安全措施是旨在建立安全系统和运营的硬件与软件工具与人员管理的混合物，高级管理层应将安全视为综合性程序中的一环且是最为薄弱的一环。发行商可选择一系列安全措施以阻止或减轻来自于外部和内部对电子货币的攻击及操作不当，这些措施包括采用加密术、建立口令与防火墙、控制病毒及监视雇员。加密术是运用加密函数对数据原文加密以防止未获授权获取这些数据；口令、暗语、个人识别号码、以硬件为基础的符号及生物测定术都是用于控制进入权并识别持有人的技术。

防火墙是监控和限制从开放式网络如互联网进入内部网络的硬件和软件混合物，防火墙还可以运用网络技术将内部网络的不同部分隔离开来。如果设计和实施得当，防火墙技术是控制进入权并确保数据保密和完整的一个有效方法。设计良好的防火墙包括对整个企业提出安全要求、运营程序清晰、职责适当分离并选择可靠的职员负责防火墙的设计和运作。

尽管防火墙可以监控流入信息，但并不必然会阻止从互联网上下载带有病毒的程序，因此，管理层应采取预防和控制措施以减少病毒攻击的机会。减少病毒攻击的方法包括建立网络控制制度、发布终端用户政策、培训持有人及安装杀毒软件。并非所有的安全威胁均来自外部，电子货币系统也要尽可能防止前任和现任雇员未经授权的活动。与现有银行业务一样，调查新雇员、临时雇员和咨询师的背景及建立内部控制和职责分离制度都是保护电子货币系统安全的重要预防性措施。

2. 协调内部通讯

如果高级管理层将电子货币业务目标告知关键性职员，操作风险、声誉风险、法律风险和其他风险就能得到比较好的管理与控制。同时，从事技术工作的职员应将电子货币系统的运作方式及其优劣告知高级管理层，这样可以减少电子货币系统设计不当带来的操作风险，包括系统不兼容问题、资料完整性问题、客户对电子货币系统失望所产生的声誉风险问题及信用风险和流动性风险问题。为确保内部通讯及时有效，所有政策和程序应以书面形式规定。此外，高级管理层应制订继续教育政策并使公司员工的知识和技能跟上技术创新步伐以限制因员工缺乏专业知识所带来的操作风险。培训包括技术课程及使员工了解电子货币市场重大发展的课程。

3. 评估电子货币产品

在提供电子货币产品前广泛评估亦有助于限制操作风险和声誉风险。进行测试能证实电子货币设备与系统运作是否正常,而试验性计划有助于开发新的电子货币应用系统。定期评估现有硬件和软件的能力亦有助于减少系统运行速度减慢或中断的风险。

4. 业务外包

业务外包有助于降低成本并产生规模经济,但不能免除电子货币发行商承担控制风险的最终责任,因此,发行商应采取合适政策以限制依赖外部服务提供者所带来的风险。例如,发行商管理层应监控外包服务提供者的运作与财务,确保双方的合同关系及每一方的期望与义务为对方了解并以书面形式规定在可以强制执行的合同中;制订应急计划以便在必要的时候及时更换服务提供者。发行商敏感信息的安全至关重要,外包安排可能要求发行商与服务提供者分享敏感信息,因此发行商管理层应评估服务提供者保护敏感信息的政策和程序以确保后者的安全保护水平与其一样。此外,监管者亦可能有权在必要的时候独立评估服务提供者的能力、运作及财务情况。

5. 信息披露与客户教育

信息披露与客户教育有助于电子货币发行商限制法律风险和声誉风险。信息披露和客户教育计划针对新产品和服务的使用方法及收费制度,而争议和错误解决程序有助于发行商遵守持有人及其隐私权保护法律。披露与解释发行商与"链接网站"之间的关系亦有助于发行商减少因被链接的产品或服务产生问题所带来的法律风险。

6. 应急计划

发行商通过应急计划可限制电子货币服务中断所产生的风险,因为可以及时采取适当行动。应急计划涉及数据恢复、替代性数据处理、应急职员及客户服务支持等事项。电子货币发行商应定期测试支持系统以确保其持续有效,还应确保应急计划和正常业务的安全。电子货币的一个重要特征是依赖包括硬件零售商、软件提供商、互联网服务提供商及电信公司在内的外部企业,发行商管理层可以要求这些服务提供商具备后援力量。此外,管理层可以考虑对服务提供商所遭受的损害提供补偿。应急计划可能包括与其他服务提供商订立短期合同,并发布政策声明以解释如何处理客户在电子货币服务中断时所蒙受的损失。发行商还应考虑保留在必要的时候更换服务提供商的权利。应急计划还有助于限制发行商自身行为,或提供相同或类似电子货币服务的其他机构面临问题时所产生的声誉风险,例如,发行商可能希望建立相应程序以应对电子货币系统中断时出现的问题。

(三) 风险监控

持续性监管是任何风险管理程序的一个重要方面,就电子货币业务而言,监控特别重要是因为业务性质可能随着技术创新而迅速发生变化,还因为某些电子货币产品使用开放式网络如互联网。风险监控的两个重要因素是系统测试和审计。测试系统运行情况有助于发现不正常的活动方式并避免系统出现重大问题、系统中断或遭受攻击。渗透测试集中于安全机制设计与实施中的缺陷识别、隔离与确认,测试方法是在正常程序外通过受控制的渗透来进行。监督是监控的一种形式,通过软件和审计来追踪业务轨迹。与渗透测试形成对照的是,监督集中于监控日常运作、调查反常事例并通过测试是否遵守安全政策来判断持续性的安全保护水平。

内部和外部审计提供了一个重要而独立的控制机制,能够发现不足并使电子货币的风险最小化。审计师的职责是确保电子货币发行商设计并遵守合适的标准、政策和程序;审计人员必须具有充分的专业知识以便准确完成审计;内部审计员应独立于负责风险管理决策的雇员。为扩大内部审计的作用,管理层应聘用合格的外部审计员,诸如计算机安全顾问或其他拥有相关专业知识的专家,以独立评估电子货币业务。[1]

第二节 电子货币监管机构之监管目标与规则

2000 年,英国国会通过《金融服务与市场法》,该法对金融监管体制作了重大改革,正式确立由英国金融服务局监管整个金融业。英国《金融服务与市场法》规定了英国金融服务局的一般职责,确立了监管目标并制订了相应的监管程序。本节仅介绍英国金融服务局的监管目标与监管规则,并探讨电子货币监管规则与监管标准之间的关系。[2]

---

[1] Risk Management for Electronic Banking and Electronic Money Activities, 1998, available at http://www.bis.org.

[2] The Regulation of Electronic Money Issuers, 2001; The Regulation of Electronic Money Issuers: Feedback on CP117, 2002, available at http://www.fsa.gov.uk.

一、监管目标与业务经营原则

根据英国《金融服务与市场法》第一部分,英国金融服务局的监管目标为:维护金融系统信心;促进公众了解金融系统;确保消费者获得适当保护;尽可能减少管制对象在业务经营过程中的犯罪行为。

英国《金融服务与市场法》规定,英国金融服务局在履行一般职责时应考虑有效监管的某些原则,这些原则规定在该法第一部分"金融服务局的一般职责"标题之下。这些原则包括区分不同公司①进行相应监管、做一个有效率的监管者及在监管时考虑促进创新和竞争的需要。在这种背景下,英国金融服务局的目标是使持有人信心达到合理水平以协助电子货币业充分发展,并努力使监管框架在各种电子货币之间保持技术中立以避免阻碍技术创新。英国金融服务局认为,建议旨在努力构建一个公平的竞技场以促进发行商在电子货币市场上竞争。

正如题为英国金融服务局之《新千年的新管理者》文件所述,金融服务局正努力开发一种以风险为基础的新方法以监管所有金融公司。此处的"风险"是指对英国金融服务局监管目标带来的风险,这是金融服务局应有效率并有效益地使用有限资源使然,它涉及开发一种风险评估模型以决定如何使用这些资源才能达到最佳状态。根据英国金融服务局对公司整体风险所做的评估,受管制公司将被分为不同类型,英国金融服务局针对电子货币发行商提出的监管体制亦是运用这种以风险为基础的方法后制订出来的。

表 6-1　业务经营原则一览表

1. 诚实	公司经营行为必须诚实。
2. 技能、谨慎和勤勉	公司经营业务时必须展现合理技能、适当谨慎并勤勉努力。
3. 管理和控制	公司必须负责并有效率地组织和控制其业务,尽到合理注意义务并建立充分的风险管理系统。
4. 财务稳健	公司必须保有充足的经济资源。
5. 市场行为	公司必须遵守合适的市场行为标准。
6. 客户利益	公司必须充分尊重客户利益并公平对待客户。
7. 与顾客交流	公司必须充分尊重顾客信息需求,并以清晰、公平和不具有误导性的方式向顾客提供信息。

---

① 在英国,金融业内受管制的对象包括公司、合伙和自然人,为简便起见,本节中统称为"公司"。

（续表）

8. 利益冲突	公司必须公正处理公司与客户之间及一名顾客与另一名顾客之间的利益冲突。
9. 对顾客的信托义务	公司必须尽到合理注意义务以确保建议及自由裁量的决定适合于有权依赖其判断的任何顾客。
10. 客户资产	公司必须充分保护其负有责任的客户资产。
11. 与监管者的关系	公司必须以开诚布公和合作的态度处理与监管者的关系，必须以合适的方式向英国金融服务局披露后者合理期望了解的任何公司事务。

英国金融服务局《业务经营原则指南》旨在以少量"高标准"规则规定所有管制公司的基本义务，英国金融服务局建议这些原则也应适用于电子货币发行商。

业务经营原则是英国金融服务局依据规则制订权确定的，违反原则将导致公司受到纪律处分，此时由英国金融服务局证明公司有过错。业务经营原则应与《英国金融服务局指南》所规定的规则与指南一起理解，特别是与英国金融服务局《电子货币专业手册》一起理解。然而，原则是独立规则，在没有具体规则或指南时亦可适用。原则将以适合的方式适用于每一个具体情形，原则对公司行为、组织及资源的影响取决于公司规模与所从事的业务，原则不要求小公司的行为与大公司一样或者受到同等对待。例如，第3条原则涉及管理与控制，对规模不大的电子货币发行商而言，该原则只要求建立相对简单的程序；对于更复杂的组织而言，该原则要求建立更为复杂的控制系统。与此类似，何谓第4条原则之下的充足资源将取决于公司规模及所从事的活动。

二、监管程序与监管规则

（一）授权与许可

英国《金融服务与市场法》规定，在英国从事受管制活动必须依该法获得授权（授权公司）或获得豁免（豁免公司）。除非依据英国《金融服务与市场法》获得豁免者符合其他许可条件，拟从事一项或一项以上受管制的活动，例如电子货币发行机构必须向英国金融服务局提出"第四部分许可"①。不是银行或建筑社团的发行商必须申请只限于发行电子货币的第四部分许

---

① 之所以称"第四部分许可"是因为相关规则规定在英国《金融服务与市场法》第四部分。

可,这是因为欧盟《电子货币指令》将非银行发行商的其他活动限制在与电子货币发行紧密相关的行政服务和其他职能上,并明确禁止非银行发行商发放任何形式的信贷。

第四部分许可包括:公司可以从事的活动类型及活动限制(限制可由申请人申请或由英国金融服务局决定);所涉及的具体投资;英国金融服务局提出的任何合理要求。在英国金融服务局职员建议拒绝第四部分许可申请或建议发放许可但附上申请人未曾提出的条件时,决定必须提交英国金融服务局"行政决定委员会"。在申请人的申请提交行政决定委员会后,申请人可向委员会提交书面陈词和口头陈述。如果行政决定委员会决定拒绝申请,或批准申请但向申请人提出了条件,申请人在最终决定前可将此提交"英国金融服务与市场法庭",后者独立于英国金融服务局并由大法官部管理。

(二)准入条件

为取得英国《金融服务与市场法》之下的授权,公司必须符合并持续符合该法附表6所规定的准入条件,而英国金融服务局指南之一的《授权指南》规定得更详细,而小规模电子货币发行商还应符合额外条件,下表概括了准入条件。

表6-2 准入条件一览表

准入条件之一——法律地位	从事电子货币发行的公司必须是法人或合伙。
准入条件之二——办公地点	依据英国任何地方法律组成法人的发行商必须设立总部,如果设有总部,则注册地必须位于英国。在英国设有总部但不是法人的发行商必须在英国境内从事业务。
准入条件之三——紧密联系	该准入条件要求公司确保与另一人的紧密关系不会阻碍英国金融服务局有效监管公司。
准入条件之四——充足资源	该准入条件要求公司向英国金融服务局保证拥有与获得许可或正在申请许可的受管制业务相称的充足资源。
准入条件之五——合适性	该准入条件要求英国金融服务局保证公司是获得授权并从事相关业务的"合适"机构。

前两个准入条件是需要满足的客观标准,英国金融服务局无自由判断的余地,而其他三个准入条件要求英国金融服务局判断是否符合这些标准,英国金融服务局有义务根据公司拟从事的活动来判断。就第4个和第5个条件而言,英国金融服务局的判断取决于电子货币发行商的规模及发起人、

股东、董事会成员及管理人员的背景与品性等事项,第 4 个条件中的"充足资源"包括财力和物力。在判断公司从事所涉活动是否合适时,英国金融服务局将考察董事会成员及管理人员的权力和能力,诚实经营业务并遵守监管规定的承诺等事项。

第四部分许可之申请程序规定在英国金融服务局《授权指南》中。一般而言,申请程序主要有以下三个步骤:第一,申请人向英国金融服务局提交申请书。申请书包括电子货币发行商拟从事哪些受管制活动,申请人概况及发行商拟遵守英国金融服务局监管要求的方法。第二,英国金融服务局决定申请人是否满足并可以持续满足的准入条件,是否准备、愿意及在组织上能够遵守相关监管的要求,该程序可能会要求提供更多信息,进行访问、会见等。第三,英国金融服务局可以按申请人的要求批准申请;或者批准申请但附有申请人未曾提出的对受管制活动的限制条件和/或对公司的要求;或拒绝批准。如果英国金融服务局准备或决定批准申请但附有申请人未曾提出的限制或条件,或决定拒绝申请,那么英国金融服务局必须向公司发出法定通知。

电子货币发行商申请授权时应遵循英国金融服务局在《授权指南》中为申请"第四部分许可"而规定的标准程序。然而,第四部分许可的申请表格将包括适合于发行商的专用表格及所有申请人均得填写的标准表格,目的在于要求作为申请人的发行商提供与拟从事的业务性质及给持有人带来的风险相适应的信息。已获英国金融服务局授权但希望改变其持有的第四部分许可条件以便能发行电子货币的公司应遵循英国金融服务局《监管指南》第 6 章的规定。

(三) 监管规则

1. 监管概述

英国《金融服务与市场法》要求英国金融服务局作出安排以便能够判断受该法规制的对象是否遵守相关规定。英国金融服务局监管公司的规则规定在其《监管指南》中,而英国金融服务局拟集中精力强化管理者责任,要求他们对其行为负责并有效管理公司。英国金融服务局还要求管理者开发并维护管理商业风险的系统控制制度,并将采取以风险为基础的监管方法。在监管时,英国金融服务局会考虑出现问题的频率及潜在影响。在参考法定目标后,英国金融服务局将评估这种影响,例如评估破产给持有人及电子货币业信心所造成的损害大小。

2. 监管工具

为达到监管目标,英国金融服务局可以使用一系列监管工具,并拟运用下列工具监管电子货币发行商:非现场检查(desk based reviews);分析定期财务报告及其他报告;谈话;现场检查;专家报告;建议采取预防性或救济性措施;提供指导并提出个别合理要求。

所有电子货币发行商均应拥有可行的商业计划及一整套相应政策和程序,发行商更应开发出一整套实用的系统控制制度以防范主要技术风险并保持其发行的电子货币真实。发行商的活动相对来说比较简单,这使得监管可以集中在一系列最低标准与条件上。英国金融服务局在很大程度上可以通过非现场检查,即通过分析收益及其他材料来判断发行商是否遵守这些标准与条件,不定期现场检查及在发现对该行业有影响的特殊问题出现时的现场检查将作为补充。此外,英国金融服务局还可以在某一特殊事件或一系列特殊情况出现如已违反最低标准时决定对某一发行商进行现场检查。

这种监管体制取决于有效、及时、准确的报告制度,电子货币发行商应全面遵守英国金融服务局的报告要求。就大型发行商而言,一旦浮存额面临的风险更大,破产可能造成的影响亦更大,英国金融服务局的做法反映了这一点。英国金融服务局亦可以进行更多的现场检查,在某些情况下还有可能要求提交专家报告。根据英国金融服务局的新监管办法,使用专家是一种监管工具,主要用于诊断、监督、预防及救济等目的。在风险评估、制订降低风险计划及作为风险增加或风险形成时的一种应对措施亦可以使用专家报告。

在咨询过程中,有人表示许多电子货币具有在线性质,这使得基础设施分散在各地,其中部分设备可能位于海外。虽然此时亦会建立合适的系统控制制度,在业务外包中亦会反映英国金融服务局的要求,但希望不会对监管造成负面影响。当然,英国金融服务局亦可能希望个别审查这种外包安排,而英国金融服务局表示,电子货币发行商对是否遵守规则负有责任。发行商未能遵守规则不能借口说无法控制海外事件或业务中已被外包的部分,英国金融服务局建议将部分业务外包的发行商最好事先与监管者讨论该问题。

3. 报告要求

英国金融服务局建议其《监管指南》中的一般规则适用于电子货币发行

商,而欧盟法律要求发行商提交四份报告:年度控制人报告;年度关联人报告;守法报告;财务报告。

控制人是指拥有公司股本10%及以上或根据持有的股份以其他方式对公司管理行使重大影响的任何人。年度控制人报告目的在于帮助英国金融服务局识别电子货币发行商的控制人,并监控其对公司稳健可能产生的负面影响。关联人报告旨在确保与另一当事人的紧密关系不会妨碍英国金融服务局有效监管申请人,而国外对关联人的监管亦不会妨碍有效监管申请人。年度控制人报告和关联人报告是欧盟《银行合并指令》第7条的要求,该条规定,主管机构应要求被监管对象提供信息以使其能持续监管控制人和关联人。如果控制人和关联人在本年度未发生重大变化,向英国金融服务局提交书面确认函告知该事实即可。英国金融服务局《监管指南》第16章规定,如果一个集团拥有一家以上的被监管公司,向英国金融服务局提交一份年度关联人报告即可。关联人报告和控制人报告可以合并作为一个报告提交,如果发行商的母公司是一家英国银行,母公司提交合并报告就可以满足法律要求。①

欧盟《电子货币指令》要求电子货币发行商至少每半年对是否遵守已发行资本规则及投资限制评估一次,因此,英国金融服务局建议电子货币机构应每6个月提交一次财务报告。财务报告必须包括每一机构的简式损益表、资产负债表和"财力报告表"(financial resources statement),还应包括能证明公司遵守审慎监管要求的任何其他信息。已从英国金融服务局获得豁免证书,豁免适用欧盟《电子货币指令》有关规定的小规模发行商亦应每6个月报告一次,这包括与电子货币有关的负债总额。如果授予豁免的条件已不复存在,小规模发行商有义务通知英国金融服务局。如果小规模发行商违反授予豁免的三个条件之一,应每周向英国金融服务局提交一份电子货币未偿余额报告,直到被更正时为止,已获授权的发行商的财务报告及豁免公司报告的具体内容规定在咨询文件附表5中。及时提交所有财务报告对于有效监管发行商至为关键,而英国金融服务局的规则亦提出了此要求,如果公司未及时提交将遭受纪律处分,包括招致罚款。

英国金融服务局要求公司遵守法律及其规则,而这些一般可通过以上报告来完成。然而,英国金融服务局不时需要一些非常规信息,并一般希望

---

① 提交守法报告亦是为证明公司遵守了欧盟《银行合并指令》第7条,报告主要列举公司集团中每一法人的海外监管者。

电子货币发行商会提供,但如有必要将采取正式行动以获取这些信息。英国金融服务局可能要求以报告的形式提供信息,偶尔也会以与发行商董事会或管理人员谈话的形式获取信息。作为一般原则,发行商应接受英国金融服务局的常规或"主题"现场检查,而董事们在得到通知后应配合。如果英国金融服务局《监管指南》第15章具体规定的事项有重大发展,发行商应通知金融服务局。①

（四）执行权

英国金融服务局的监管工具包括《金融服务与市场法》中规定的执行权,例如纪律处分权、调查权、变更或撤销许可权及诉讼权。英国金融服务局《执行指南》对这些权力有更详细的规定,执行权在公司或个人已违反规则或其他监管要求或为防患于未然时可运用。此时,英国金融服务局必须决定采取执法行为是否合适,如果合适,应决定何为与违法行为相称且公平的执法行为。

英国《金融服务与市场法》给予金融服务局广泛的执法权,具体包括:信息收集及调查权;撤销或变更许可权;对已获授权公司与已获批准的当事人实施纪律处分的权力（公开谴责权和/或罚款权）;市场禁入权;提起破产程序权;诉讼权,包括要求法院发布禁令与对刑事犯罪提出指控。但法律要求英国金融服务局行使上述权力时必须与违法行为相称、处罚一致,而最重要的是公平对待所有当事人。此外,英国金融服务局在其《执行指南》中表示,在公司或已获批准的当事人违反规则或监管要求时,正式执法行为并非总是合适。在出现违法情况时,考虑到对公司采取积极的监管姿态及在公司与监管者之间保持一种公开和合作的关系,英国金融服务局经常认为正式的纪律处分并不合适。当然,英国金融服务局此时希望公司立即采取监管者同意的补救行为以解决该问题。

三、电子货币监管规则与监管目标之间的关系

探讨监管规则与监管目标之间的关系旨在探讨监管规则是否符合监管目标,监管规则与监管机构的一般职责是否一致。英国金融服务局认为,拟

---

① 在咨询过程中,有人提出最好每年提交一次报告。英国金融服务局表示,欧盟《电子货币指令》明确规定发行商有义务就其遵守资本规则及投资限制的情况提交报告,并且"每年不少于二次"。See The Regulation of Electronic Money Issuers: Feedback on CP117, 2002, available at http://www.fsa.gov.uk.

议中的规则与指南与英国《金融服务与市场法》第 2 条赋予的一般职责一致,而且是达到监管目标的最佳方式。①

(一) 监管规则与法定目标一致

英国金融服务局《电子货币专业手册》为发行商确立的监管框架旨在确保监管目标的实现,即确保提高公众认识、保护消费者、维护市场信心并减少金融犯罪。电子货币是一种创新产品,而英国金融服务局在技术发展迅速且许多新电子货币方案可能进入该市场的时候公布拟议中的监管体制有助于将公众的注意力转到电子货币业。英国金融服务局认为,公布附有规则与指南草案的咨询文件有助于增加公众对该主题的兴趣,同时,咨询文件亦强调了获取和持有电子货币的风险所在,回答了电子货币产品、电子货币业及如何监管等许多基本问题。

在评估消费者保护水平是否合适时,英国金融服务局必须考虑以下几点:不同类型投资或其他交易中的风险程度不一;不同消费者对于不同管制活动所拥有的经验和专门知识不同;消费者可能需要听取咨询意见并获取准确信息;消费者原则上应对其决定承担责任。英国金融服务局确立的监管体制从四个方面保护了消费者:第一,资本充足之审慎规则,投资限制与流动性限制均旨在保护支撑消费者投资的电子货币浮存额;第二,监管体制试图确保消费者对电子货币享有"衡平法"上的赎回权,并要求发行商将这些权利及赎回程序向消费者解释清楚;第三,监管体制要求授权发行商向消费者披露获取或持有电子货币所面临的责任和风险;第四,监管体制对于向消费者个人发行的电子货币钱包可以存储的最高金额做了限制。消费者还可能从英国金融申诉专员制度中获益,因为在与电子货币发行商发生争议而又不能通过公司的内部程序解决时可以请金融申诉专员处理。

英国金融服务局在制订发行商监管体制时认识到,发行电子货币的风险大大低于许多其他金融产品,并努力使监管体制与此相适应。英国金融服务局规则只在一个问题上超过欧盟《电子货币指令》的要求,即对持有人而不是特约商户所持有的电子钱包最高金额作了限制。由于电子货币可能会被社会各界,包括最没有金融经验的人使用,英国金融服务局努力确保发行商向消费者全面提供与电子货币产品的使用与功能有关的信息。最后,英国金融服务局不要求发行商在电子钱包遗失或被盗时承担责任,反映了

---

① 英国《金融服务与市场法》第 155 节第 2 款第 3 项要求金融服务局在制订规则与指南时,分析这些规则与指南是否与一般职责一致,是否与监管目标一致。

持有人应对其行为承担责任的原则。

维护市场信心要求英国金融服务局在制订监管规则时应确保整个金融系统的信心得到维持。在可预见的未来,发行电子货币可能不会对整个金融系统造成太大影响。然而,英国金融服务局认识到,一旦许多电子货币发行商的破产原因归结为监管不力,则可能对市场信心带来负面影响。因此,英国金融服务局的目标是使监管体制与该新交易媒介的风险程度相适应。

监管体制将《英国金融服务局指南》中的反洗钱部分适用于电子货币发行商。英国金融服务局的规则与指南使发行商认识到其业务有可能与金融犯罪相牵连,并需要采取合适的措施防止、发现并监督金融犯罪。发行商应投入充足的资源应对这些问题,而且监管体制强调金融犯罪可能是发行商面临的主要操作风险之一。此外,监管体制的某些特点亦有助于防止金融犯罪,即使这些措施主要服务于其他目的。例如,建立系统控制制度及保存交易记录可能有助于阻止或发现欺诈或盗窃,对持有人的电子钱包实施最高金额限制不仅是一项消费者保护措施,而且有助于防止利用电子货币洗钱。

(二) 监管规则符合良好的监管原则

根据英国《金融服务与市场法》第 2 节第 3 款,英国金融服务局履行职责时应考虑以下几点:以最有效且最经济的方式使用英国金融服务局的资源;管理授权公司事务的人之责任;负担或限制应与由此产生的总体利益相称的原则[①];促进受管制活动的创新;金融服务与市场的国际性质与维护英国公司的竞争力;使英国金融服务局履行职责给竞争带来的负面影响最小化;促进受英国金融服务局监管公司之间的竞争。

英国金融服务局的未来监管方式取决于风险,因此,英国金融服务局的监管资源将集中于那些失败风险大且影响亦很大的公司与业务领域。目前,发行商不需要广泛监管,因为欧盟《电子货币指令》所确立的审慎监管体制被认为是发行商财务稳健的基础,而且发行商规模较小。这就是针对发行商的监管体制要与对英国金融服务局法定目标所造成的威胁相称的原因,亦是应与银行做合理区别的原因。除需要符合英国金融服务局本身的法定目标,如建议采取措施以保护消费者外,英国金融服务局尽可能避免改进或发展欧盟《电子货币指令》所规定的最低标准。

---

① 英国金融服务局所做的成本与效益分析表明,监管体制所增加的负担和限制与由此产生的利益相称。

英国金融服务局已努力使其对电子货币发行商的管理及系统控制要求最小化,发行商遵守其规则,而针对发行商的规则与指南没有超过审慎管理的范围。英国金融服务局在制订规则时认识到,在保障业务之正常开展与公司财务稳健上,公司的董事和经理最能决定哪些资源和制度有必要。特别值得一提的是,英国金融服务局没有为管理技术风险而确定规范性标准,而是让电子货币业去发展最低技术安全标准。

英国金融服务局认为,电子货币是一种创新产品,它能增加持有人的选择权而使持有人获益。因此,英国金融服务局力图使监管要求最小化,只要能履行英国在欧盟《电子货币指令》下的义务即可,同时,英国金融服务局认为保护消费者不应妨碍创新。

英国金融服务局在起草规则与指南时已充分考虑到英国在欧盟体制下的义务,所确立的监管体制允许电子货币发行商时机成熟时将业务拓展至欧洲经济区的其他国家。人们普遍认为英国发行商将面临来自欧洲经济区其他国家公司的竞争,因为后者可以利用欧盟《银行合并指令》的规定在英国拓展业务,这是支持英国金融服务局将监管体制尽可能与欧盟《电子货币指令》保持一致的另一个因素。

电子货币发行商之间相互竞争,而电子货币还与其他支付系统展开竞争。其他支付系统主要是钞票、支票、借记卡和信用卡,但都不是英国金融服务局的监管对象。当然,就支票、借记卡和信用卡而言,英国金融服务局监管提供上述支付系统的机构。在制订电子货币审慎监管体制时,英国金融服务局要求发行商遵守一系列限制,但这些限制不适用于其他支付系统提供者。这些限制包括最低资本要求、投资限制、流动性政策、市场风险限制、系统控制要求及在信息披露、最高金额限制和赎回权业务规则。据此,英国金融服务局认为,在电子货币发行商与其他支付系统提供者之间适用不同的监管体制并不会产生反竞争性效果,这是因为英国金融服务局确立的监管体制与每一种具体情况所产生的风险相适用。然而,英国金融服务局认为,公众了解到发行商由金融服务局监管这一事实有助于提升电子货币业务的信心,并增加电子货币的使用。

另一方面,禁止发行商就其发行电子货币时收受的资金支付利息的规则可能对竞争产生负面影响,因为该规则使得电子货币方案的推销者无法利用电子货币具有而现金不具有的一个潜在优势,但是,该规则亦使电子货币发行商无需承担因资产负债表中资产利率与负债利率搭配不当而产生的利率风险。英国金融服务局认为这种限制并非太严厉,支付利息是存款的特点而不是支付机制如电子货币的特点,支付利息亦很难与电子货币本质上是现金的替代物这一点相容。英国金融服务局未了解到现行或计划中的电子货币方案已经或正在考虑支付利息。应当注意的是,欧盟《电子货币指令》要求限制市场风险但未直接禁止支付利息,然而,禁止支付利息是检讨欧盟《电子货币指令》时需要考虑的问题之一。①

依据欧盟《银行合并指令》,受到审慎监管的信用机构均可发行电子货币,这意味着电子货币发行商可能需要与银行和建筑社团竞争。考虑到发行商业务单一,英国金融服务局努力确保欧盟立法中的平衡,并为发行商建立了一种有别于银行的合适监管体制。发行商的监管体制比银行简单得多,但就其可以从事的业务而言,发行商受到严格限制,发行商只能从事与电子货币发行紧密相关的业务。英国金融服务局所确立的监管体制严格遵守欧盟《电子货币指令》的要求,并通过确保所有授权电子货币发行商拥有合适资本,谨慎执行投资与流动性政策,建立合适的系统控制制度并审慎管理市场风险,这些措施应能刺激竞争并降低发行商的破产风险。

(三)监管规则是达到监管目标的最佳方式

英国金融服务局不仅有义务清楚地说明规则和指南是否是履行职责的合适方式,而且还义务说明是否是最佳方式。英国金融服务局考虑过在履行法定职责时是否存在同样能达到审慎监管目的的其他方式,尤其是是否可以采取下列方式:更多地依赖消费者保护措施;在系统控制上更多地依赖规范性规则,特别是在技术安全问题上;依赖更强的资本基础以保护持有人并防范技术风险;要求公司获得更多保险以防范风险而不是要求其本身拥有足够财力;在资产/负债管理上保持更多弹性;选择更高或更低的金额限制或根本不限制金额。

英国金融服务局认为,咨询文件中规定的方式是达到监管目标的最佳方式,该方式避免了不必要的僵化。例如,如果英国金融服务局确立的资本标准超过欧盟《电子货币指令》中的规定,则会产生一种僵化体制。此时,许多电子货币发行商持有的资本太多,这会降低赢利能力并导致与欧洲经济区的其他发行商相比缺乏竞争力。与此相反,英国金融服务局能够在决定发行商的资本要求时保有一定的灵活性,并为那些偏好风险的发行商确立

---

① 英国金融服务局承认,要求未偿电子货币余额在 500 万欧元至 5000 万欧元的发行商至少拥有 100 万欧元资本这一点存在歧视,但该歧视存在于欧盟指令中。

更高的资本比例。英国金融服务局认为,在保护持有人与要求其对自己的决定负责之间必须保持恰当平衡。英国金融服务局在提出建议时已认识到,电子货币与其他形式的支付机制之间是一种竞争关系,除非顾客认为合适,否则无人强迫其使用电子货币。

是否允许持有人享有"金融服务补偿方案"所带来的利益已改由英国财政部决定,因此,英国金融服务局无权决定持有人是否可以享有这种保护,这是英国金融服务局建议实施最高金额限制的主要因素。而且,由于一系列因素,英国金融服务局无法为技术风险确立更详细的标准,这种判断的主要因素是技术发展速度。更重要的是,特定发行商的技术风险与电子货币方案的规模、范围与性质及信息技术系统基础紧密相关,因此,英国金融服务局采取鼓励电子货币业在该问题上率先制订相应标准的政策,并认为发行商之间的竞争将最终成为保护消费者在技术安全方面所享有利益的最佳方式。

英国金融服务局以资产负债管理方式大致全面实施了欧盟《电子货币指令》所规定的措施,其建议只有一处超出指令要求,即金额限制。允许电子货币发行商享有更多灵活性可能导致英国金融服务局的规则低于欧盟法要求,这种做法可能使发行商从浮存额中获得更多利润,但亦可能使持有人面临更大风险。除此项消费者保护措施外,英国金融服务局尽可能避免超出指令要求,但亦无正当理由低于欧盟立法要求。低于欧盟要求可能会鼓励更多公司进入电子货币市场,但这既不会符合消费者利益,最终亦不符合电子货币业的整体利益。英国金融服务局建议将电子钱包的最高金额限制在250英镑以减少发行商破产或电子钱包遗失给持有人带来的损失。英国金融服务局认为,考虑到电子货币的主要功能是作为钞票和硬币的替代物及小额支付工具,这种限制是合适的,这种限制亦有助于保护发行商,以避免电子货币被洗钱者利用。无任何限制将增加英国金融服务局达到监管目标的风险,使其难以保护消费者和减少金融犯罪;更高限制则在发行商破产或电子钱包遗失时对持有人提供的保护更少,而且作为一种减少犯罪的措施也没有那么有效;更低限制将不适当地限制持有人的选择,并可能不合理地导致电子货币难以与其他支付系统竞争。

在咨询过程中,有人提出消费者应对其决定负责意味着金额限制没有必要;还有人指出,在卡基和以账户为基础的方案之间实施不同金额限制会扭曲不同电子货币发行商之间的竞争。英国金融服务局承认消费者保护监管目标的基础因素之一是消费者原则上应对其决定负责,然而,也必须承认有必要使消费者保护达到合适的水平,这包括不同消费者和消费者集团可能对不同的管制活动具有不同经验与专门知识。就电子货币而言,英国金融服务局承认,除其他人使用外,亦可能会被不拥有信用卡的人使用,即经济状况不佳的人与未满18岁的人使用。在缺乏补偿方案或其他特定措施保护消费者的情况下,英国金融服务局最终决定将金额限制从250英镑调高至1000英镑。

第三节 电子货币发行商之资本要求

目前,吸收存款机构的组织形式可以为法人或合伙。根据欧盟立法,吸收存款机构不得为个体营业者,该规则适用于电子货币发行商。[①] 欧盟《电子货币指令》还禁止电子货币机构持有其他企业股份,除非其他企业从事与电子货币发行或分销紧密相关的业务。无任何规定禁止商业机构设立经营发行电子货币业务的子公司,但必须从组织上保证电子货币活动与所有其他活动隔离开来。

一、资本要求概述

法人资本指资产超过非资本负债部分。电子货币发行商需要拥有充足资本以能作为一个具有活力的持续经营企业而存在,有能力克服预期困难,特别是克服非预期困难,抓住发展机遇并维持基本架构的运作,而且拥有充足资本及实施资产负债管理能确保发行商有能力在任何时候应对电子货币的赎回要求。因此,拥有充足资本可以维护公众对发行商按要求赎回电子货币的信心。

英国《金融服务与市场法》要求所有授权公司,包括电子货币发行商拥有与其从事的受管制活动相称的"充足资源",这是该法附表6规定的市场准入条件之一。英国金融服务局之业务经营原则亦要求所有公司拥有充足财力,在决定公司财力是否充足时,英国金融服务局会考虑每一家公司的业务规模、性质及其风险。

---

① The Regulation of Electronic Money Issuers, 2001, available at http://www.fsa.gov.uk.

英国金融服务局建议遵守欧盟《电子货币指令》的要求[1],即要求每一个发行商的初始资本至少有 100 万欧元,一旦开始营业,发行商必须确保自有资金在任何时候等于或高于 100 万欧元。由于英国发行商可能以英镑缴纳资本并作为记账单位,发行商必须确保不会因为英镑汇率下降而出现资本少于 100 万欧元的情况。初始资本包括:已缴付普通股;股票溢价账户;已审计的准备;经外部审计的期中净利润;重估准备;次级借贷资本。最终计算资本时应减去持有本公司股票、无形资产、期中净损失及在其他金融机构的重要持股。

英国金融服务局准备遵循欧盟《电子货币指令》的规定,要求电子货币发行商一旦获得授权,必须在任何时候将自有资金维持在未偿电子货币余额的现有规模或前 6 个月每天未偿电子货币余额平均数的 2% 或以上,并以金额高者为准。这种自有资金在任何时候均不得低于 100 万欧元,而自有资金的构成项目与初始资本的构成项目相同。

如果电子货币发行商获得授权的时间不到 6 个月,必须参考其估算的从获得授权日起的 6 个月内未偿电子货币余额来计算自有资金,这种估算数据必须来自向英国金融服务局申请授权而提交的商业计划书。如果估算数据有重大偏差且还剩 1 个多月,发行商必须对剩余时间重新估算,重新估算应从严要求,经过充分研究并有合理的估算基础。应注意的是,这些规定只是对发行商的最低要求,发行商管理层随时有责任确保公司有充足的资本支持其活动。

对于所有电子货币发行商,英国金融服务局在合适的时候有权提出个别资本要求。在英国金融服务局认为存在一般资本要求无法涵盖的额外风险时,例如系统控制不力或管理存在问题时,提出更高的个别资本要求是合理的。

在咨询过程中,有人提出,实施更严厉的资本要求标准应透明并规定在指南中[2],这种标准不应偏袒部分技术系统而歧视其他技术系统;还有人指出,自有资金以欧元作为记账单位增加了问题的复杂性,并可能导致电子货币发行商承担监管上的外汇风险,资本要求以英镑作为记账单位更佳。英国金融服务局表示,每一家授权公司可能需要应付最低资本要求无法涵盖

---

[1] The Regulation of Electronic Money Issuers, 2001, available at http://www.fsa.gov.uk.
[2] The Regulation of Electronic Money Issuers: Feedback on CP117, 2002, available at http://www.fsa.gov.uk.

的商业与系统控制风险,任何因此产生的额外资本要求只能在个案的基础上决定。英国金融服务局亦可就基本资本无法涵盖的特定系统控制问题或极其例外的商业风险提出额外资本要求,这种资本要求适用于所有发行商而不管采用何种技术。此外,英国金融服务局还表示,如果基础货币是欧元,发行商至少应持有 100 万欧元资本,如果基础货币是其他通货,发行商至少应持有与 100 万欧元等值的其他通货,而欧盟《电子货币指令》不允许资本要求以欧元以外的货币标示。①

二、初始资本和自有资金之计算

2002 年英国金融服务局《电子货币专业手册》规定,初始资本包括普通股、股票溢价、已审计的准备但不包括重估准备和经外部审计的期中净利润。一级资本是指初始资本减去对本公司股票的投资、无形资产和期中净损失之后的余额;二级资本又包括两个部分,即"高档二级资本"(upper tier 2 capital)和"低档二级资本"(lower tier 2 capital)。高档二级资本由符合条件的次级债务和重估准备组成,而低档二级资本仅指符合条件的次级债务。自有资金为一、二级资本之和减去在金融或信用机构中的重要持股后的余额。

普通股只有在已缴付时才能计为资本,此外,普通股不得支付固定利息。如果股票支付利息,支付条件应规定,只有在公司董事会已同意时才能支付,而且金额不得超过公司董事会建议或决定的数量,因此任何利息支付应是非累积的。只有相关股票构成自有资金,贷记公司股票溢价账户的资金才属于自有资金。已审计的准备指扣除税收和股息后由公司保留并经审计确认的累积利润及通过类似拨款形成并经审计确认的其他准备。准备金包括赠予资本,如果准备金为负数,必须扣除相应金额。经外部审计的期中净利润指经公司外部审计师审计的期中净利润,它是扣除任何可预见的费用、业主提款、股息或类似金额后的净值。无形资产指包括商誉、资本化发展成本、许可协议和知识产权在内的项目反映在资产负债上的全部价值,而期中净损失指任何期中净损失,不管是否经过审计。

次级债务资本,即二级资本只有符合以下条件才能构成自有资金:(1)不管是支付本金、利息还是其他利益,次级债权人的请求权必须排在所有非

---

① Electronic Money Sourcebook Instrument 2002, available at http://www.fsa.gov.uk.

次级债权人的请求权之后;(2)债务资本必须是未获担保且已全额缴纳;(3)即使有关国家法律并不禁止,债权人必须放弃以次级债务资本抵消所欠公司债务的权力;(4)在次级债权未获清偿、违反协议或其他违约时,只有对公司提起清盘、破产程序、行政接管程序或依据英国或任何其他国家法律所提起相同或类似程序,或在公司清算或以上所述的任何其他程序中证明债务并提出请求的情况下,次级债权人才享有救济权;(5)在以上救济程序中,公司偿还二级资本尚需满足高档和低档二级资本的各自条件;(6)次级债务资本的以上条件必须写入书面协议或文件;(7)公司必须从有足够经验的外聘律师处获得书面法律意见书以证明债务资本满足以上条件。

次级债务资本还必须满足以下条件才能构成低档二级资本:(1)除非违约,次级债务资本一般不得于5年内到期;(2)次级债务资本最初到期日至少不得短于5年,或在债权发出清偿通知后5年后才能到期,或具有永久性,或只有在公司清盘或类似程序中才可以到期;(3)违约只限于公司清盘或任何其他类似程序;(4)任何违约或抵消权或清算程序或规定最终到期日均不得损害次级债务资本的从属性。而在计算次级债务资本时,如果作为公司自有资金的低档二级资本最终到期日只剩下5年,其本金必须按照每年20%的比例直线摊销。

次级债务资本还必须满足以下条件才能构成高档二级资本:(1)次级资本具有永久性,或只在公司清盘或类似程序中才可以获得清偿;(2)在公司违反英国金融服务局《电子货币专业手册》财务规则或无清偿能力时不得支付利息、本金或其他款项,或支付上述款项将导致公司违反该《电子货币专业手册》财务规则或无清偿能力时禁止支付;(3)公司可延期支付任何利息;(4)次级债务资本符合欧盟《银行合并指令》第35条第2款第4项所规定的条件;(5)债务资本不适用于任何违约规则;及(6)任何抵消权或清算程序均不得损害次级债务资本的从属性。

欧盟《银行合并指令》第35条第2款第4项规定,用于发行次级债务资本的文件必须规定债务及未付利息将用于吸收损失以便让公司能继续从事交易,遵守次级债务资本构成自有资金的条件及构成高档二级资本的条件通常能确保公司符合第35条第2款第4项规定的条件。高档二级资本只有在公司清盘时才能偿还,这与低档二级资本形成明显对照,后者在许多情况下均可获得偿还。例如,高档二级资本不能仅仅因为公司被行政接管而要求偿还,即使在清盘时,高档二级资本也只有在所有其他债权人已获清偿且公司拥有足够资产时才可以获得清偿,如果公司拥有的资产不够,高档二级资本将永远不会获得清偿。

金融或信用机构的重大持股指电子货币发行商持有任何一家金融机构的所有股票和次级借贷资本的总价值超过公司本身股票值的10%,或总投资额超过公司自有资金的10%。[①] 如果发行商股票拥有溢价账户,公司本身股票值的10%指股票及溢价的10%,而总投资额指公司在所有金融或信用机构中持有的所有股票和次级借贷资本的总价值,但如果在一家金融机构中持有的所有股票和次级借贷资本总价值超过公司本身股票值10%,则在该机构中的投资额不包括在总投资额内。公司必须把不是登记所有人但是受益所有人及在会计记录上其为或应为所有人的股票和次级借贷资本包括在内,而股票和次级借贷资本的价值是指资产负债表上的所有价值。

如果公司的二级资本超过一级资本,构成二级资本的项目不得视为公司自有资本,而如果低档二级资本超过一级资本的50%,构成低档二级资本的项目不得视为公司自有资本。根据欧盟《银行合并指令》第34条第4款,不管是因为税收、未来可预见的任何税收或任何其他原因,如果公司不能自由地将一级资本和重估价值立即用于应对风险和弥补损失,这些一级资本和重估价值亦不得视为公司自有资本。[②]

三、持续性资本要求

公司在任何时候必须使自有资金等于或超过电子货币未偿余额的2%及前6个月电子货币未偿余额日平均数的2%,并以金额高者为准。如果电子货币机构的存续期不足6个月,公司必须以从获得发行授权时起6个月期间的预测数据为准,这些预测数据必须来自公司向英国金融服务局申请电子货币授权时提交的商业计划书,或如果在公司获得授权前计划书被修改并重新提交给英国金融服务局,必须来自该修改后的计划书。

如果预测数据或依据相关规则所作进一步预测被证明有重大出入,或有合理理由认为这些预测数据将可能被证明有重大出入,而且从公司获得电子货币发行授权之日起的前6个月期间还剩1个多月,公司必须准备为此修正电子货币未偿余额的日平均数数据。修正预测数据必须从严要求且公正、合理,建立在合理的假设、研究与事实的基础之上,并在相关情况出现

---

① 如果根据有关规则,电子货币公司不得拥有信用机构的任何股票,则排除该类信用机构。
② Electronic Money Sourcebook Instrument 2002, available at http://www.fsa.gov.uk.

之日起 10 个营业日内提交给英国金融服务局。

如果公司提交新的预测数据,从其获得发行授权之日起,前 6 个月电子货币未偿余额的日平均数按以下规则进行:(1) 对于预测数据修正前的期间,以公司电子货币的实际余额为准;(2) 对于 6 个月期间的剩余时间,以新预测数据为准。而英国金融服务局《系统控制指南》规则三要求公司采取合理措施以建立和维持合适的系统控制制度,并确保公司在预测数据被证明有重大出入或有合理理由认为这些预测数据将可能被证明有重大出入时及时了解到该情况。[①]

第四节 电子货币发行商浮存额之管理

所谓浮存额指发行商发行电子货币收取而又未用于赎回的资金,这些资金大部分将被投资于其他生息资产。对发行机构的投资活动实施审慎限制旨在确保与电子货币余额有关的金融负债在任何时候均有充分流动的低风险资产作为支撑,这涉及如何应对信用风险、市场风险、外汇风险、集中风险和流动性风险。流动性要求的目的在于确保电子货币发行商在正常业务范围内偿还到期债务,为流动性建立一个额外缓冲以应对诸如重要相对人或债务人破产这样一些意外事件,并在影响范围广泛的市场危机中生存下来;集中度要求旨在使公司管理好与电子货币浮存额有关的当事人所带来的风险,并将其限制在与资本相称的合理范围内;而外汇风险要求旨在确保电子货币浮存额不受外汇风险的影响。

一、资产负债管理

欧盟《电子货币指令》规定,发行商拥有的投资额不得少于未付电子货币的债务。赎回要求可能变化很大,而电子货币发行商可能在很短的时间内面临大量赎回要求,因此浮存额投资必须严格限制在具有充分流动性而风险又低的高质量资产上。这些要求只适应于支撑浮存额的资产,对于其他资产如费用收入则无限制。这些资产必须与浮存额区分开来,而这些资产投资所遭受的损失必须用股东所有的资金而不是浮存额资产补足。

---

① Electronic Money Sourcebook Instrument 2002, available at http://www.fsa.gov.uk.

（一）合格资产

欧盟《电子货币指令》规定,发行商可用发行电子货币而收受的资金投资的资产有三类,即信用风险权重为零的资产项目、A区国家信用机构的活期存款及合格的债务工具。被纳入这些类别的资产必须具有充分的流动性,而且剩余到期日少于1年。指令规定A区信用机构的活期存款及合格债务工具的投资应限制在自有资金的20倍以内,而且这些投资还得满足集中度要求。英国金融服务局对这些投资类型的最小额或最大额不再提出任何其他限制性建议。

风险权重为零的资产包括:库存现金和相同资产但不包括金条;对A区国家中央政府和中央银行享有请求权的资产;对欧共体或欧盟中央银行享有请求权的资产;对A区国家中央政府和中央银行或欧共体明确担保的项目享有请求权的资产。欧盟成员国有权扩大风险权重为零的资产范围以包括对区域政府和地方当局享有请求权的资产。由于区域政府和地方当局享有征税权或由于存在旨在减少这种区域政府和地方当局违约如由中央政府担保的制度性安排,这种请求权与针对中央政府的请求权风险相同,成员国只有在此时才允许进行这种扩大,而活期存款可按以上所述存入A区国家的信用机构。

要成为合格债务工具必须满足三个条件:第一,必须具有充足的流动性;第二,不得由电子货币发行商的控制人发行,亦不得由与发行人同属某一集团的另一当事人发行;第三,必须由英国金融服务局认可为欧盟《资本充足指令》第2条第12款意义之下的合格项目。一般而言,这些项目的风险权重为20%,包括以下各项:对欧洲开发银行或其他多边开发银行享有请求权的资产;对由欧洲开发银行或其他多边开发银行明确担保的项目享有请求权的资产;对A区国家区域政府或地方当局享有请求权的资产;对A区国家信用机构享有请求权的资产,但属于该机构自有资金的资产例外;对由A区国家信用机构明确担保的项目享有请求权的资产;对国际开发协会投资的公司或已获普遍认可的第三国投资的公司享有请求权的资产,但以这些被投资公司股票在已获授权或指定投资交易所上市为限。

此外,发行商可将电子货币浮存额投资于在已获授权或指定投资交易所上市的债务证券。在电子货币发行商或担保人破产时,这些债务证券肯定面临违约风险,但只要符合合格债务工具的三个条件,证券价格下跌属于正常范围。欧盟《资本充足指令》亦授权英国金融服务局自由决定是否允许信用机构投资于未在已获授权投资交易所上市的债务工具。这些工具必须具有充分流动性,而且由于面临发行商的破产风险,这些工具所面临的违约风险应与上述资产风险相同或更小,并且必须至少由两家已获普遍认可的信用评级机构评定。然而,英国金融服务局并不打算建议赋予英国境内的电子货币机构享有这种权力,原因在于这将使问题不必要地复杂化。[1]

在咨询过程中,人们原则上同意英国金融服务局对合格资产的界定,但也提出了几点意见。英国金融服务局建议,任何资产的最长到期日不得超过1年。对于该规则,有人表示严重关切,电子货币业认为在到期日问题应保持更多灵活性,即应允许到期日超过1年的资产。通过到期日的多样化能够更好地管理风险,并使资产的到期日与业务所需的现金流量能更好地匹配,通过历史性数据能够证明这一点。有人提出,违约风险程度属于正常范围不太容易确定,建议采用信用评级来确定可以接受的违约风险,如最低级别"A"级就可以接受。还有人提出,扩大活期存款范围使其包括到期日不到一年并存入A区国家信用机构的货币市场存款以便协助电子货币发行商进行资产负债管理。这种存款收益率较高,因此,要求英国金融服务局明确是否允许这种存款。

英国金融服务局表示,对合格资产的到期日实施限制旨在确保电子货币发行商尽可能不受利率变动带来的影响。由于目前缺乏历史性数据,因而无法制订更具灵活性的监管政策,英国金融服务局拟不断检讨其政策,并在经验性证据表明采用更灵活性的做法符合审慎原则时修正其政策。当然,修正政策应在更好地了解发行商面临利率风险的大小及管理风险的能力后进行,而"可以与之相比的违约风险程度"是直接援用欧盟立法中的相关规定。该规定的目的是指导发行商采用合适的投资政策,将资金投向多边开发银行、区域政府及A区国家信用机构发行或担保的债务工具。同时,该规定的另一个目的是不过分限制欧盟方法中的灵活性,因此发行商在决定投资时应谨慎判断。英国金融服务局拟不断检讨其政策,并在必要的时候提供进一步指导。此外,值得提出的是,欧盟《电子货币指令》不允许英国金融服务局扩大合格资产范围,因而难以将货币市场基金纳入。[2]

---

[1] The Regulation of Electronic Money Issuers, 2001, available at http://www.fsa.gov.uk.
[2] The Regulation of Electronic Money Issuers: Feedback on CP117, 2002, available at http://www.fsa.gov.uk.

（二）资产负债管理规则

公司在任何时候都必须拥有不少于未偿电子货币余额的合格流动性资产。合格流动性资产价值必须以成本或资产在赎回、变现、出售、交换或其他方式处置而可能合理地获得的价金为计算标准，并以价格低者为准。如果某项资产适合于在市场上销售，资产价值通常应以市场报价为准，除非有理由认为该报价无法变现如此多的资产，此时，资产价值应以可以变现的价格为准。在确定资产价值时，公司必须考虑到集中变现资产可能遇到的困难。

合格流动性资产是指符合下列条件的投资：资产不具有从属性；至少与所欠合格流动性资产的债务人所负担的非从属性、非优先性及无担保债务具有平等地位；风险权重为零的资产，或存入A区国家信用机构的活期存款，或合格债务证券；剩余到期日等于或少于1年，或在支付浮动利息时投资利率将在不到1年的时间内重新决定。对合格流动性资产的投资不得超过公司自有资金的20倍，该规定只适用于合格流动性资产，并不禁止公司持有的A区国家信用机构的活期存款和合格债务证券超过自有资金的20倍，而是要求公司应拥有充足的零风险权重资产或自有资金以确保符合20倍限制。

零风险权重资产指现金及由A区国家中央政府或中央银行或欧共体或欧盟中央银行发行并代表对以上机构拥有请求权的证券，或由以上机构全额、直接和无条件担保的证券，但均以具有充分流动性为限。合格债务证券指零风险权重资产外的债券或政府和公共机构担保的债券，这些证券应具有充分流动性，不是公司控制人或与公司属于同一集团的其他公司发行，而且符合以下两个条件之一：第一个条件是由以下机构发行并代表对它们拥有请求权的证券，或由以下机构全额、直接和无条件担保的证券：多边开发银行；或A区国家区域政府或地方政府；或A区信用机构，但以该证券不属于信用机构受管制的资本组成部分为限；或国际开发协会投资的公司或获得普遍认可的第三国投资的公司，但以被投资公司股票在一家获得授权或指定投资交易所上市为限。第二个条件是指证券在一家获得授权或指定投资交易所上市，而且在发行商或担保人破产时，这些证券所面临的违约风险属于符合第一个条件的证券正常风险。

公司持有的投资只有符合以下所有条件才具有充分的流动性：第一，公司在出售或购买投资时能够毫不迟延地获得他人交易报价，报价符合第二个和第三个条件,而且报价人不从属于而是独立于公司,愿意且又有能力以所报价格买卖该投资,但是,第一个条件不适用于在已获授权或指定投资交易所上市的证券。第二,除例外情形,有合理根据认定,公司有能力在第五个条件所确定的正常时间或更快时间内找到愿意以现金购买该投资并完成交易的买方。第三,除例外情形,有合理根据认定,公司在出售投资时有能力获得的卖价不会因出售投资的速度或数量而受到重大影响。第四,投资买卖频繁。第五,考虑到所有其他因素如交易数量及经常参与交易的人数,投资流动性至少应达到与 A 区国家中央政府的政府债券和公共机构债券的流动性水平。这些债券在主要市场均有交易,交易广泛、持续且交易量亦很大。第六,公司买卖投资的市场有出售投资的清算时间表,在遵循该时间表上市场有习惯性做法,因而购买投资的清算时间表一般不需要谈判。

此外,公司必须选择特定的合格流动性资产以满足英国金融服务局《电子货币专业手册》对电子货币浮存额的要求,公司的选择必须具有一定的稳定性。特别值得一提的是,公司不得将符合专业手册某些规则但不符合其他规则的某一投资作为符合电子货币浮存额要求的投资。①

二、外汇风险之管理

(一) 概述

如果资产货币与负债货币不匹配产生外汇头寸净敞口,电子货币发行商面临外汇风险。如果电子货币未偿余额以一种货币作为记账单位,而投资资产以另一种货币作为记账单位,则可能产生货币不匹配问题。为减少这种不匹配所带来的风险,英国金融服务局建议限制净敞口头寸,并以发行商持有的超过自有资金要求的自有资金金额为基础。就此,发行商外汇风险以欧盟《资本充足指令》中确定外汇头寸净敞口的方法计算。这意味着基础货币之外以其他货币标明面值的所有资产、负债或其他头寸,不管是多头还是空头,均应转换为基础货币并计算每一种货币的净敞口头寸,每一种货币的所有空头与所有多头净敞口头寸都应加在一起。根据欧盟《资本充足指令》以资本支撑外汇风险的规定,英国金融服务局建议发行商外汇风险应限制在空头或多头净敞口头寸总值的 8% 以内,并以价值大者为准。

英国金融服务局建议电子货币发行商外汇风险不应超过外汇风险限

---

① Electronic Money Sourcebook Instrument 2002, available at http://www.fsa.gov.uk.

制,而外汇风险限制指发行商自有资金超过电子货币未偿余额的3%。实施这种限制的原因是采取一些保护措施以防范因外汇头寸敞口带来损失而导致发行商违反自有资金至少应达到电子货币未偿余额的2%。这种外汇风险限制是一种"软性"限制,即发行商可以偶尔违反限制但在一周内违反限制的时间不能超过1天,在1个月内违反限制的时间不能超过2天,而在1年内违反限制的时间不能超过5天。这些要求将累积计算,即发行商可在1周内违反软性外汇风险限制1天,但必须同时满足在该月内违反限制不超过2天,在这一年内违反限制不超过5天的要求。

英国金融服务局建议在软性外汇风险限制之上辅以"硬性"外汇风险限制,即发行商自有资金超过电子货币未偿余额的2.5%。电子货币外汇风险可以超过软性外汇风险限制,但决不能超过硬性外汇风险限制。这种做法留给电子货币发行商一些弹性,允许立即采取行动以更正违法情形,并在不违反审慎要求的情况下降低外汇风险。拟议中的外汇风险限制规则意味着,发行商只有在遵守自有资金要求的基础上拥有的额外自有资金达到电子货币未偿余额的1%时,才能承担外汇风险。[1]

在咨询过程中,有人提出拟议中的外汇风险限制不应适用于仅发行英镑或欧元电子货币的公司。英国金融服务局表示,外汇风险限制应无例外地适用于以一种货币发行电子货币却投资于另一种货币资产的所有发行商,发行商可能只发行英镑或欧元电子货币这一事实不影响规则的适用。然而,如果负债货币和资产货币是同一种货币,显然不存在外汇风险。[2]

(二)外汇风险管理规则

电子货币发行商在任何时候均应拥有充足的自有资金以确保外汇风险不超过外汇风险绝对限制。发行商亦应确保不超过外汇风险限制,但可在1周内有1天超过限制,或1个月内有2天超过限制,或在1年内有5天超过限制,并以当天为准进行计算。

电子货币发行商外汇风险指外汇头寸净敞口乘以8%。外汇头寸净敞口计算规则如下:(1)只计算以外国货币标明价值并构成电子货币未偿余额或浮存额的资产、负债或其他头寸;(2)构成电子货币浮存额的项目必须按照合格流动性资产规则计算;(3)对于每一种外国货币,计算多头和空头

---

[1] The Regulation of Electronic Money Issuers, 2001, available at http://www.fsa.gov.uk.
[2] The Regulation of Electronic Money Issuers: Feedback on CP117, 2002, available at http://www.fsa.gov.uk.

头寸及多头或空头净值;(4)按照现行即期汇率将每一多头和空头净值转换为以发行商的基础货币计算净值;(5)计算所有空头头寸和所有多头头寸;(6)所有空头头寸和所有多头头寸中的最大值为发行商外汇头寸净敞口。在决定以某种货币标明价值的头寸大小时,发行商应适用以下原则:如果投资报价货币只有一种,投资所形成的头寸必须采用该货币报价所形成的价格;如果投资报价货币不止一种,投资所形成的头寸必须采用以发行商记账货币报价所形成的价格。

发行商外汇风险绝对限制或限制在任何时候均为当时自有资金超过电子货币未偿余额的 2.5% 或 3%,如果自有资金未超过电子货币未偿余额的 2.5% 或 3%,发行商外汇风险绝对限制或限制为零。以上规则意味着除非发行商自有资金超过电子货币未偿余额的 3%,否则原则上不允许发行商持有外汇风险资产。如果发行商自有资金等于或少于电子货币未偿余额的 2.5%,发行商不应持有任何外汇风险资产;如果发行商自有资金在电子货币未偿余额的 2.5% 至 3% 之间,原则上不应持有任何外汇风险资产但可偶尔持有,条件是 1 周内只持有 1 次,或 1 个月内只持有 2 次,或 1 年内只持有 5 次,而且外汇风险资产持有量不得超过发行商自有资金超过电子货币未偿余额 2.5% 的部分;如果自有资金超过电子货币未偿余额的 3%,发行商可拥有的外汇风险资产以超过部分为限。发行商可以偶尔超过该限制,但不得超过电子货币未偿余额 0.5%,而且 1 周内只能超过 1 次,或 1 个月内只能超过 2 次,或 1 年内只能超过 5 次。超过次数可以累积,因此如果电子货币发行商 1 周内有 2 天超过限制,即使 1 个月内未超过 2 次或 1 年内未超过 5 次,发行商仍然违反了该规则。[①]

三、集中风险之管理

(一) 概述

电子货币发行商向单一或一群相互关联的相对人投资可能面临相当大的风险。为防范这种集中风险,欧盟《电子货币指令》规定,发行商必须纳入集中风险监管体制,而监管不比适用于信用机构的监管宽松。欧盟《集中风险指令》规定了信用机构监管体制的多样化规则,并使用自有资金作为相关参照标准。为与欧盟《集中风险指令》保持一致,英国金融服务局建议发行

---

① Electronic Money Sourcebook Instrument 2002, available at http://www.fsa.gov.uk.

商在以下三种情况下适用集中风险监管体制:(1)"大额风险"是指发行商因一人或紧密相关的相对当事人集团中的每一个成员而承担的所有风险,而且这些风险等于或超过发行商自有资金的 10%;(2)每一单独集中风险超过自有资金的 25%;(3)所有集中风险不得超过自有资金的 800%。

为避免建立过于复杂的监控系统,英国金融服务局建议只考虑所有风险的名义价值而不进行部分豁免,但对于有关信用风险或相对当事人风险看起来很难出现的情况则给予全部豁免。英国金融服务局特别建议全部豁免适用于所有风险权重为零的资产及存入 A 区国家信用机构且到期日等于或少于一年的所有存款,后者允许发行商将其用电子货币交换来的大部分资金以具有流动性的活期存款形式持有,而这些存款可随时应对赎回要求。然而,应当注意的是,不管每项资产的风险有多大,活期存款和合格债务工具的总价值不得超过电子货币发行商自有资金的 20 倍。①

(二)集中风险管理规则

在任何时候,发行商电子货币浮存额的任何大额风险不得超过自有资金的 25%,而所有大额风险不得超过自有资金的 800%。

计算大额风险的一般规则有四个:第一个规则是,如果出现以下情况,另一当事人可能给发行商电子货币浮存额带来损失风险:(1)某项资产是发行商电子货币浮存额的组成部分同时又是另一当事人的债务;或(2)如果发行商变现的资产或资产负债表表外头寸是电子货币浮存额的组成部分但又属于对另一当事人的投资或因其他原因而构成另一当事人的负债;或(3)如果风险与构成发行商电子货币浮存额的投资有关,而且全部或主要归因于另一当事人未能或不能偿还债务或该当事人的状况或前景包括财务状况不佳。第二个规则是,在计算电子货币浮存额风险时应以发行商可能面临的最大损失为准。第三个规则是,每一项目产生的电子货币浮存额风险应单独计算。第四个规则是,某一当事人给电子货币浮存额带来的风险总额是每一项目产生的风险总和。在计算英国金融服务局《电子货币专业手册》之下的浮存额风险大小时,发行商必须将自然产生并已到期的利息和红利包括在内,而发行商电子货币浮存额风险是指与电子货币浮存额有关的风险。

发行商不得将以下资产所面临的风险计入电子货币浮存额的大额风

---

① The Regulation of Electronic Money Issuers, 2001, available at http://www.fsa.gov.uk.

险:(1)在一级或二级资本中必须扣除的请求权或其他资产;(2)已由另一家公司背书的汇票;(3)零风险权重资产;(4)零风险权重资产或公司发行的存款单或大额可转让存单担保的资产;(5)对信用机构享有请求权且到期日等于或少于一年的资产,包括作为合格流动性资产的存款,但以该资产不构成信用机构受到监管的资本组成部分为限。

发行商电子货币浮存额所面临的大额风险包括:(1)如果某人对发行商电子货币浮存额带来的风险等于或大于自有资金的10%,该人给发行商带来的所有风险;(2)如果紧密相关的相对当事人集团中的每一成员给电子货币浮存额带来的风险等于或大于自有资金的10%,每一成员给发行商带来的所有风险。某人和与该人紧密相关的每个人都是紧密相关的相对当事人集团中的一员,而紧密相关是指某人的财务稳健受或可能受他人财务稳健的重大影响,或因为相同因素可能影响所有成员的财务稳健或因为其他原因而导致将他们视为面临相同风险的机构是审慎的。如果因为相同因素而导致每个机构之间存在紧密联系,亦将他们视为紧密相关。如果电子货币发行商已采取所有合理步骤以证明某些当事人并非紧密相关,而且对所有合理步骤均记载并保留了相关内容,在计算电子货币浮存额面临的大额风险时不能认为这些当事人具有紧密关系。但在发行商不再利用上述例外规则,包括电子货币浮存额不再面临那种大额风险后,以上记录的保存期仍应在 3 年以上。相互之间具有紧密关系的人及与任一当事人联系紧密的每一个人都是紧密相关的当事人。

如果电子货币浮存额投资面临的风险由第三方直接并无条件担保,发行商可将其视为担保人承担的风险。如果电子货币浮存额投资面临的风险由第三方以证券的形式质押,发行商在管理集中风险时可将其视为担保人承担的风险,但以下列三种情况允许为限:第一,除非"例外规则"①允许,否则电子货币发行商不得认可担保所带来的利益。第二,发行商不得认可担保所带来的利益,除非有权无条件使用担保或变现担保所产生的收益来偿还构成电子货币浮存额的债务;担保协议在所有相关法域均有法律依据,并在提供担保的当事人违约、清盘、破产或其他类似情况时,给发行商电子货币浮存额投资带来风险的当事人及公司均有权申请强制执行;发行商已从有足够经验的外部律师处获得法律意见书,而意见书表明以上条件均已成

---

① 例外规则是指在计算公司面临的大额投资风险时不得将某些投资计入的规则。

就,发行商亦采取合理步骤以证明符合以上条件。第三,发行商不得认可质押所带来的利益,除非:(1) 质押证券由发行商、同属一个集团的其他成员、给发行商电子货币浮存额带来风险的当事人或紧密相关的相对当事人集团中的任何成员之外的其他人发行;(2) 证券在已获授权或指定投资的交易所上市;(3) 证券市场价格至少是电子货币浮存额所面临风险的200%,但下列情况除外:股票的比例为250%而不是200%;信用机构发行的债券比例为150%而不是200%,但以该债券不是受管制的资本组成部分为限;欧洲经济区国家区域政府或地方当局或多边开发银行发行的债券或政府与公共机构证券的比例为150%而不是200%。此外,发行商在选择投资政策时必须具有连续性,特别是不得在浮存额担保仅符合英国金融服务局《电子货币专业手册》部分规则时将其视为担保人及主债务人的共同风险,亦不得在电子货币浮存额质押仅符合专业手册部分规则时将其视为质押人及主债务人的共同风险。

如果电子货币发行商拟从事的交易涉及应报告的大额风险,或出现应报告而未报告的大额风险,发行商必须通知英国金融服务局。报告要求适用于电子货币浮存额面临的所有风险,即包括豁免限制及不享受豁免限制的浮存额风险。在决定是否承担特定电子货币浮存额风险时,英国金融服务局希望发行商考虑以下事项:(1) 相对当事人的地位;(2) 发行商与相对当事人之间的关系性质;(3) 电子货币浮存额风险担保的性质与范围;(4) 电子货币浮存额风险的到期日;(5) 发行商在这种交易上所具有的专门知识。①

四、流动性风险与利率风险之管理

(一) 流动性风险管理概述

依据第四个准入条件,所有被管制公司均应拥有充足资源,而这包括资产具有充分的流动性以使公司能按时偿还到期债务。就电子货币发行而言,流动性尤其重要,电子货币发行商必须能够满足大部分或所有客户和特约商户在很短的时间提出赎回其持有的电子价值要求,如果对某一发行商丧失信心,就会出现这种情况。作为谨慎管理流动性风险的一般规则,英国金融服务局建议发行商必须使其资产保持与业务性质和规模相适应的流动

---

① Electronic Money Sourcebook Instrument 2002, available at http://www.fsa.gov.uk.

性以便按时偿还到期债务。流动性管理必须考虑到电子货币未偿余额,但也应考虑到所有其他支付要求,例如源于资产负债表表外项目和其他开支的现金流量需求。

在评估公司资产的流动性时,监管者主要关注以下三个方面:公司在正常营业过程中偿还到期债务的能力(业务流动性);公司保持额外流动性以应对意外事件,诸如重要相对当事人或债务人破产的能力(或有流动性);公司在影响广泛的市场危机中存续的能力(市场流动性)。依据业务规模大小,电子货币发行商必须考虑采取一系列策略以应对可能的流动性需求,这些策略包括:持有可以立即使用的现金(包括银行存款)及将资金投向既具有商销性又有高度流动性的资产;确保未来到期资产和到期负债所产生的现金流量匹配;以及借款,但最后一种策略取决于发行商的筹资能力与筹资成本,而后者又取决于发行商在市场中的地位与货币市场的流动性状况。

谨慎管理流动性的一个关键性因素是,发行商用于支撑电子货币未偿余额的所有资产必须具有高度流动性,因此欧盟《电子货币指令》要求这种资产具有充分流动性。英国金融服务局建议,在考虑资产是否具有充分流动性时应满足以下最低标准:资产或债务工具的价格经常有报价;资产或债务工具经常被交易;合理期望出售事宜可在合理时间内完成;可获得的价格不会因出售投资的速度和数量而受到重大影响;投资的流动性至少与 A 区国家中央政府证券的流动性一样;结算按照规定而不是谈判达成的时间表进行。①

在咨询过程中,有人提出,应允许货币市场存款作为一种具有高度流动性的资产,因为如有必要,电子货币发行商履行通知义务后就可取回货币市场存款,还可获得合理回报。英国金融服务局表示,欧盟《电子货币指令》不允许扩大合格资产,因而难将货币市场存款纳入。②

(二)利率风险管理概述

如果将资金投向生息资产,电子货币发行商将面临利率风险,而资产利息与电子货币未偿余额利息不匹配亦会产生利率风险。为控制利率风险而又不要求运用过分繁琐的测量和管理技术,英国金融服务局建议将投资限制在剩余到期日最多一年的固定利率资产及在一年内重新确定利率的浮动

---

① The Regulation of Electronic Money Issuers, 2001, available at http://www.fsa.gov.uk.
② The Regulation of Electronic Money Issuers: Feedback on CP117, 2002, available at http://www.fsa.gov.uk.

利率资产,并禁止对交换电子货币而收受的资金支付利息。对生息资产投资实施限制能保护发行商以免因市场利率下降而带来损失,这样将有助于发行商遵守资产总价值在任何时候均不得少于电子货币未偿余额的要求。

禁止对交换电子货币而收受的资金支付利息能使发行商免于承担资产负债表中的资产利息与负债利息不匹配而带来的利率风险。英国金融服务局认为,该禁令并非限制太严,支付利息是存款而不是支付机制如电子货币的特征,支付利息与电子货币为现金替代物的性质亦很难吻合。英国金融服务局还未接到任何现行或拟议中的电子货币方案已经或正在考虑支付利息的报告。值得注意的是,欧盟《电子货币指令》要求限制市场风险,但现在并未禁止支付利息。①

在咨询过程中,人们提出了各种看法。有人表示,拟议中的规则限制太严,与实施宽松的监管政策不符;还有人表示,原则上同意英国金融服务局的建议,但亦提出两点不同意见:第一,"或任何相似金额"引发人们的担忧。使用电子钱包可能会实行积分奖励或现金奖励,这种促销活动不会产生利率风险,而且,单项奖励金额、奖励总值和促销期间均会受到限制。电子货币发行商将运用周转资金来应付这些开销,因此,措辞应为"将产生利率风险的任何类似金额",或不禁止发行商采取促销措施。第二,由于禁止支付利息,因此应允许发行商不受限制地购买其所需要的固定利率和浮动利率资产以满足审慎管理义务,而且,固定利率资产到期日不得超过一年的规定应在以后检讨以便老练的发行商在获得重要的市场经验且有能力以更娴熟的方式管理利率风险后享有更多的灵活性。

英国金融服务局首先表示不准备修改规则。然而,修正后的《指南》清楚地规定,禁止支付利息并不禁止促销活动,例如有些电子货币在第一次充值后被免费赠送,或通过奖励或积分奖励免费赠送。其次,英国金融服务局指出,禁止支付利息使电子货币发行商免于承担资产利息与负债利息不匹配所带来的风险,但是,生息资产仍可能面临市场利率出现不利变化所产生的风险。在资产的市场价值低于最初成本时,发行商可能无法满足以合格资产全额支撑其所发行电子货币的审慎要求。就固定利率资产而言,发行商只能投资于剩余到期日最多一年的资产;就浮动利率资产而言,发行商只能投资于在一年内重新确定利率的资产,这些规则限制了利率风险。英国

---

① The Regulation of Electronic Money Issuers, 2001, available at http://www.fsa.gov.uk.

金融服务局表示将会检讨其政策,并随着时间的推移获得更多经验后允许发行商享有更多灵活性,目前情况下到期日限制在一年以内比较合适。①

(三) 流动性风险与利率风险管理规则

电子货币发行商必须保持与其业务性质和规模相称的充分流动性资产以便能够偿还到期债务,发行商资产必须保持充分流动性以确保以审慎的方式经营其业务,这包括持有充分流动性资产以偿还电子货币余额及应对诸如资产负债表表外项目所产生的现金流量与其他开支。发行商满足流动性要求可采取多种方式,如持有充足的可立即使用的现金(包括银行存款)或具有商销性的资产,这是偿还电子货币债务的主要方式。发行商可以确保到期资产和负债所产生的未来现金流量合理匹配,发行商还可以借款,但这取决于发行商筹资能力和筹资成本,而后者又取决于发行商在市场上的地位与当时的流动性状况。

管理利率风险无特殊规则,因为英国金融服务局《电子货币专业手册》中有两个规则涉及该风险。禁止支付利息规定在投资活动限制规则中,而合格流动性资产的剩余到期日最多为一年或利率在一年内重新确定规定在集中风险管理规则中。②

五、金融衍生产品

英国金融服务局建议允许电子货币发行商使用原始到期日等于或少于14天的外汇合同及在已获授权或指定投资交易所上市的衍生工具,但受相关规则所确定的每日最大持有量限制,这意味着允许发行商运用低风险的衍生工具以规避电子货币活动所带来的市场风险。然而,发行商只有在符合以下条件时才能订立这种衍生工具合同:(1) 订立合同是审慎的;(2) 在合理规避已确认的市场风险之外发行商再无任何衍生合同负债;(3) 运用衍生工具旨在彻底消除这些风险。③

在咨询过程中,有人要求在规避市场风险问题上享有更大的灵活性,特别是应允许运用到期日在一年以内的合同,亦应允许规避利率风险。继续将衍生工具限制在"彻底消除市场风险"上是不现实的,因而部分消除风险

---

① The Regulation of Electronic Money Issuers: Feedback on CP117, 2002, available at http://www.fsa.gov.uk.
② Electronic Money Sourcebook Instrument 2002, available at http://www.fsa.gov.uk.
③ The Regulation of Electronic Money Issuers, 2001, available at http://www.fsa.gov.uk.

是更为审慎的做法。英国金融服务局表示,规避市场风险的规则均是欧盟《电子货币指令》的相关要求,因此无变动的余地。①

电子货币发行商不得成为衍生合同或准衍生合同当事人或在这种合同中持有头寸,除非符合以下条件:(1) 成为合同当事人的唯一目的(不包括任何不重要的其他目的)是规避发行电子货币或管理电子货币浮存额所产生的市场风险;(2) 成为衍生合同或准衍生合同当事人应尽可能达到以上允许的目的;(3) 衍生合同或准衍生合同应具有充分的流动性;(4) 衍生合同或准衍生合同是与外国货币有关的汇率合同且到期日等于或少于14日,或衍生合同或准衍生合同是在已获授权或指定投资的交易所经常交易的利率合同或汇率合同且相关规则确定了每日最大持有量。②

第五节 电子货币发行商之业务限制和并表监管

英国金融服务局《电子货币专业手册》简化了发行商的资本充足要求规则,但同时增加不适用于银行与建筑社团的控制措施,这些控制包括对电子货币机构可以从事的活动限制。业务限制旨在确保发行商有能力在他人要求时赎回电子货币;而禁止折价发行避免公司承担发行的电子货币少于要求赎回的电子货币所产生的财务风险;禁令亦有助于阻止发行商毫无节制地创造电子货币价值。此外,电子货币发行商作为某一集团的成员可能引起监管机关关注以下三个问题:(1) 由于财务或声誉上的联系,集团中另一实体的损失导致发行商出现财务困难;(2) 资本被重复计算或使用;(3) 为规避监管要求,电子货币业务被记为未获授权的集团成员业务。

一、业务限制和并表监管概述

(一)业务限制概述

发行商可以从事的活动被严格限制在发行电子货币及提供与此紧密相关的服务上。与法律对信用机构的要求相比,欧盟《电子货币指令》对发行商的要求简单得多。电子货币发行商的审慎要求,特别是资本要求并不能

---

① The Regulation of Electronic Money Issuers: Feedback on CP117, 2002, available at http://www.fsa.gov.uk.
② Electronic Money Sourcebook Instrument 2002, available at http://www.fsa.gov.uk.

支撑范围广泛的业务,亦不能应对复杂风险。除发行电子货币外,非银行发行商只能从事以下业务:管理投资;在电子货币工具上存储数据;向股东支付红利;从事与以上活动紧密相关并在正常业务中完成的其他活动;为第三方发行电子货币提供与此紧密相关的运营与其他服务,包括分销第三方的电子货币。但是,发行商不得向任何人发放贷款或授予任何形式的信用,不得向电子货币支付利息,不得折价发行电子货币,亦不得以超过面值的价格赎回电子货币。最后,发行商不得向电子货币机构之外的其他公司投资。①

电子货币业强烈反对英国金融服务局制订的业务限制规则,电子货币业认为超过欧盟《电子货币指令》的限制是不合适的。英国金融服务局表示,最初起草的规则不甚仔细以至于将指令允许的某些活动也排除在外。经修正后的英国金融服务局规则并入指令中的规定,即除发行电子货币外,发行商还可以提供与此紧密相关的金融和非金融服务,诸如通过提供与电子货币发行相关的运营和其他从属性服务来管理电子货币,发行和管理其他支付方式及代表其他企业或公共机构在电子设备上存储数据。②

(二) 并表监管概述

欧盟《电子货币指令》要求发行商接受并表监管。并表监管旨在识别并控制电子货币发行商作为一个集团成员所带来的风险,例如:(1) 由于集团成员之间的财务和/或声誉上的联系,另一成员企业的重大不利事件将给发行商带来财务压力;(2) 发行商的资本由受管制的母公司投入,既作为母公司又作为发行商的风险缓冲;(3) 发行商的资本由金融控股公司投入,而后者是通过债务融资获得这些资金。并表监管是通过合并集团成员之间的财务报表而对发行商适用相关审慎要求。

在电子货币发行商适用并表监管时,需要准确决定的一个问题是采用何种审慎监管体制。英国金融服务局认为,在集团内部唯一受监管的金融活动是发行电子货币时,应建立与此相适应的发行商并表监管体制;与此相反,如果信用机构或投资公司是并表集团成员,行业并表体制并不合适。由于这些企业的金融活动和风险更为复杂,所以不可能在针对发行商的行业体制基础上有效实施并表监管,因此并表监管必须回到针对信用机构或投资公司而建立的审慎体制。然而,如果并表集团包括位于英国或另一个欧

---

① The Regulation of Electronic Money Issuers, 2001, available at http://www.fsa.gov.uk.
② The Regulation of Electronic Money Issuers: Feedback on CP117, 2002, available at http://www.fsa.gov.uk.

盟成员国的信用机构或投资公司,这些集团成员本身要接受并表监管。对信用机构或投资公司实施并表监管已将构成集团一部分的发行商业务包括在内,此时,将发行商并入集团并维持合适的资本以确保信用机构或投资公司遵守并表监管后的自有资金要求即可。

在发行商适用行业并表监管体制时,并表监管的重点是集团所负电子货币债务及支持这些债务的集团资产。自有资金及集中风险要求均应在并表的基础上适用于集团所有电子货币发行业务,而不管其他集团成员企业是否及如何受本国监管,就此,集团并表监管后的自有资金应按其是独立的电子货币发行商来计算。然而,只有在能够自由转让并由非集团成员提供时才能将集团成员企业的自有资金包括在内,而所有自有资金扣除必须在并表的基础上重新计算且不需要考虑在集团成员中的重要持股。而且,在并表的基础上纳入自有资金要求或集中风险要求的所有项目均必须考虑进去,即使有关集团企业并非全资子公司亦是如此,与此同时,不同集团成员之间的风险必须扣除。最后,根据英国《金融服务与市场法》第148节,英国金融服务局有权在发行商的请求下将某些集团企业排除在并表范围以外,但需要满足以下条件:集团企业位于另一国家而该国存在转移信息的法律障碍;就并表监管的目标而言,并入该集团企业不合适或具有误导性。①

二、业务限制规则

发行商不得从事发行电子货币之外的其他业务,但下列业务例外:(1)提供与电子货币发行紧密相关的金融和非金融服务,诸如通过提供与电子货币发行相关的运营和其他从属性服务来管理电子货币,发行和管理其他支付方式;以及(2)代表其他企业或公共机构在其发行的或他人发行的电子货币工具上存储数据。允许的业务还包括分销其他当事人发行的电子货币,但不包括授予任何形式的信用。

发行商不得在电子货币发行过程中或为发行电子货币而授予任何信用。限制业务范围及禁止授信阻止电子货币发行商授予信用,包括禁止发放贷款,但如果某人用支票购买电子货币而发行商未立即收到价款,这并不构成授予信用。而且,发行商不得就其发行的电子货币支付利息或任何其他类似款项,但可以为促销目的而折价发行电子货币。此外,电子货币发行

---

① The Regulation of Electronic Money Issuers, 2001, available at http://www.fsa.gov.uk.

商不得持有其他企业股票,并确保子公司亦不持有其他企业股票,但持有唯一业务是提供与发行或分销电子货币相关的运营或其他从属性活动的公司股票例外,发行商还必须确保子公司是提供与发行或分销电子货币相关的运营或其他从属性活动的公司。

发行商不得以货币价值大于发行价格的方式发行电子货币,但发行商为促销目的可能需要以客户支付价款少于货币价值的方式发行电子货币。例如,发行商可能需要在电子货币第一次充值后赠送给新客户以鼓励其开始使用该产品,或每购买一定数量的电子货币或使用发行商发行的电子货币购买一定数量的货物或服务就赠送一定比例的电子货币。发行商为促销目的可以折价发行电子货币,而且第三方在发行电子货币前向发行商支付的金额可构成发行价格的组成部分,但需要满足以下条件:(1) 向发行商支付的金额构成电子货币价格的一部分或全部;(2) 在发行电子货币时,发行商将该金额作为发行价格的组成部分。发行商承担销售电子货币的成本并不必然意味着折价发行,但是发行商通过分销商发行电子货币并向后者支付佣金则可能构成折价发行。

根据有关原则,电子货币发行商必须以公开和合作的方式处理与监管者的关系,必须向英国金融服务局披露其合理期望的任何事项。如果发行商开展促销活动,必须将促销活动目的与细节告知英国金融服务局。细节包括促销类型、参与的其他企业、电子货币价值与客户支付价款之间的差额及预定促销期间,细节还包括第三方的身份、支付金额和支付时间。发行商还必须告知英国金融服务局有关促销计划的任何变化及拟定计划与实际结果之间的重大差异。[①]

三、并表监管规则

如果电子货币发行商是某一集团的成员,并和该集团的另一成员为姐妹公司,而英国金融服务局制订的并表规则适用于该公司及发行商,发行商必须在任何时候维持适当的资本以便确保在考虑到集团其他成员的资本后,该发行商遵守英国金融服务局的并表规则。如果集团内部此类公司不止一种,并表规则适用于所有公司。

如果电子货币发行商不适用第一种情形,但属于欧洲经济区国家或英

---

① Electronic Money Sourcebook Instrument 2002, available at http://www.fsa.gov.uk.

国并表集团成员,而该集团有一家信用机构或投资公司且与发行商是姐妹公司,发行商必须在任何时候维持适当的资本以便确保在考虑到集团其他成员的资本后,发行商遵守银行并表规则。

如果电子货币发行商不适用第一种和第二种情形,但属于欧洲经济区国家并表集团成员,而另一欧洲经济区国家主管机关无权依据欧盟《银行合并指令》、《电子货币指令》或《资本充足率指令》对该集团实施并表监管,发行商必须在任何时候拥有充足的自有资金,以便确保欧洲经济区集团公司应对风险的自有资金达到或超过自有资金要求。如果发行商不适用以上三种情形,但属于英国并表集团成员,发行商必须在任何时候拥有充足的自有资金以便确保英国集团公司应对风险的自有资金达到或超过自有资金要求。

电子货币发行商属于欧洲经济区国家并表集团成员是指金融控股公司位于欧洲经济区国家内,如果发行商不隶属于任何公司或位于欧洲经济区国家内的金融控股公司,发行商不属于欧洲经济区国家并表集团成员。发行商属于英国并表集团成员指金融控股公司位于英国境内,而如果发行商不隶属于位于英国境内的金融控股公司,则指发行商的金融控股公司不位于英国境内,但如果不隶属于任何公司,发行商不属于英国并表集团成员。发行商在事先通知英国金融服务局的情况下可不并入符合以下条件的公司:一个或一个以上公司的全部资产少于1000万欧元,或发行商全部资产的1%,并以金额小者为准。

如果电子货币发行商属于欧洲经济区并表集团成员,应对风险的自有资金计算规则如下:(1) 欧洲经济区并表集团成员的自有资金按照适用于英国《1985年公司法》之下的预备合并账户原则及英国公认的会计原则计算;(2) 就此,尽管某企业不适用初始资本和自有资金计算规则,但应按该规则计算自有资金;(3) 在计算自有资金时,应按照欧盟《银行合并指令》第37条规定调整;(4) 初始资本和自有资金规则中的扣除规定应在欧洲经济区并表集团内重新计算;(5) 初始资本和自有资金计算规则中的扣除规定不适用于欧洲经济区并表集团成员在另一成员中的重要持股;(6) 必须适用重要持股及自有资金组成限制;(7) 不包括少数股权;(8) 欧洲经济区并表集团主要成员之外的成员资本只有在可以自由转让给其他成员时才能将其自有资金计算在内。

如果电子货币发行商属于欧洲经济区国家并表集团,应对风险的自有资金要求应遵守适用于英国《1985年公司法》之下的预备合并账户原则,具体规则如下:(1)正如单一发行商适用英国金融服务局《电子货币专业手册》财务规则一样,计算发行商自有资金要求的规则必须适用于欧洲经济区国家并表集团;(2)并表必须遵守英国公认的会计原则。

即使欧洲经济区国家并表集团成员不是该集团控股公司的全资子公司,在计算应对风险的自有资金要求时所有项目必须全额计算进去,计算方式不得违反欧盟《银行合并指令》。如果电子货币发行商属于英国集团公司,应对风险的自有资金计算方式与欧洲经济区国家并表集团一致,但欧洲经济区并表集团应替换成英国并表集团。

如果电子货币发行商属于欧洲经济区或英国并表集团成员,自有资金必须在任何时候达到合适水平以确保集团大额风险不超过集团自有资金25%,而且集团大额风险总量不超过集团自有资金800%。集团大额风险必须按照以下规则计算:(1)正如单一发行商适用英国金融服务局《电子货币专业手册》财务规则一样,计算发行商电子货币浮存额大额风险的规则必须适用于欧洲经济区国家并表集团;(2)大额风险计算规则中的除外规定同样适用于欧洲经济区国家并表集团;(3)并表必须遵守英国公认的会计原则。

欧盟《银行合并指令》第52条第3款规定,负责行使并表监管权的主管机关可在某些情况下决定不将作为子公司或参股公司的信用机构、金融机构或提供从属性银行服务的企业纳入并表监管。这些情形包括应纳入并表监管的企业位于第三国而该国存在转移必要信息的法律障碍,或根据负责行使并表监管权的主管机关意见,将这类企业的财务状况纳入并表监管对信用机构的监管目标不合适或具有误导性。如果符合英国《金融服务与市场法》第148节,英国金融服务局的一般政策是同意电子货币发行商所提出的调整并表监管规则的请求以便将上述企业排除在并表监管之外。英国金融服务局《监管指南》第8章——豁免及规则的调整对如何申请调整作了更详细的规定。

总之,并表监管规则建立在英国金融服务局《电子货币专业手册》自有资金规则之上,但如果电子货币发行商不属于某一集团,则不适用并表监管规则。如果发行商属于依据英国金融服务局《审慎监管暂行指南》得接受并表监管的某一集团成员,应根据上述规则对发行商实施并表监管。如果发行商不属于第一种情形但属于拥有信用机构或投资公司的集团成员,则适用银行并表规则,这意味着发行商得接受银行并表要求,而这些要求规定在英国金融服务局《审慎监管暂行指南》中。该指南还规定,如果发行商属于依据欧盟银行或投资服务指令由另一欧洲经济区国家主管机关负责监管的某一集团成员,则并表监管规定不在欧洲经济区集团而在英国集团层面上适用。

如果欧洲经济区集团公司中无信用机构或投资公司,则属于第三种或第四种情形,并表监管规则为此确立了一个特殊的监管体制,此时,评估资本是否充足在集团公司层面上适用持续性自有资金要求。如果适用上述规则,在英国或欧洲经济区并表集团公司层面上亦适用大额风险要求。如果英国金融服务局《电子货币专业手册》的财务规则不能充分应对因发行商作为某一集团成员所带来的风险,集团成员资格对发行商带来的影响或发行商与任何其他当事人的关联关系所产生的风险,英国金融服务局可在审慎监管该公司时将这些当事人考虑进去。例如,可扩大第三种或第四种情形及大额风险相关规定的适用范围以便延伸适用于英国或欧洲经济区并表集团公司外的其他公司。欧洲经济区和英国金融控股公司的定义要求其必须是最高级别的控股公司,在某些情况下,这种控股公司可能不止一个,但不可能认定其中哪一个属于最高级别。结果是,电子货币发行商不属于欧洲经济区或英国金融控股公司的成员,此时,英国金融服务局一般会增加一项要求以便发行商准用经过适当调整后的并表监管规定。①

第六节 电子货币发行商之系统控制制度

英国金融服务局规定的第四个市场准入条件是,电子货币发行商的资源包括管理业务风险的方式必须与从事的受管制活动相适应。第五个市场准入条件规定,发行商必须让英国金融服务局信服,无论从哪一个方面来说都适合发行电子货币,而业务经营原则中的第三个原则亦要求发行商采取合理措施以确保管理人员有效且负责地组织和控制电子货币业务,建立合适的风险管理系统。本节主要探讨如何细化业务经营原则中的第三个原则,确保发行商建立合适的系统控制制度,并对发行电子货币适用第三个原

---

① Electronic Money Sourcebook Instrument 2002, available at http://www.fsa.gov.uk.

则提供一些具体指导以增加确定性。此外,本节还探讨发行商应建立何种制度以遵守第四个和第五个市场准入条件。①

一、欧盟《电子货币指令》之要求

欧盟《电子货币指令》规定,发行商应建立健全审慎的管理、行政和会计程序及充分的内部控制机制以应对面临的财务和非财务风险,包括技术和程序风险以及和提供与电子货币发行业务紧密相关的运营或其他服务的企业合作所带来的风险。英国金融服务局《规则与指南》中的原则声明及任职资格批准行为规范部分和高级管理人员及系统控制部分对以上制度有详细规定。与所有受管制公司一样,银行和非银行发行商均得遵守这些部分中的规定,然而,英国金融服务局拟针对电子货币发行商提出一些特别规则和指南。此外,发行商应建立充分的内部控制制度以确保遵守英国金融服务局《电子货币专业手册》中的规则,特别是遵守审慎要求。②

英国金融服务局规则要求电子货币发行商确保至少有两个自然人在有效地指导其业务,该要求通常被称为"四只眼要求",即至少应有两个自然人有效地经营电子货币业务。遵守该规定有助于公司遵守业务经营原则中的第三个原则,并持续满足第五个市场准入条件,该规定亦反映欧盟《银行合并指令》第 6 条第 1 款的要求,遵守该规则尤其是与发行商是否遵守高级管理人员安排及系统控制制度有关。如果发行商是法人,英国金融服务局希望该自然人是执行董事或被授予执行权并直接向董事会报告的人;如果发行商是合伙,至少应有两名普通合伙人或执行业务的合伙人。

至少应有两个相互独立的人在制订并实施电子货币发行商的业务政策。如果发行商仅指定两个自然人指导其业务,而其中一人仅决定电子货币业务的某些重要方面,英国金融服务局不会认为有两人在有效地经营公司业务。每一个自然人应参与决定所有重要政策,两人应共同决定发展战略与日常政策并监督实施,当然,这并不要求他们每日处理政策的执行问题。然而,该规定要求他们制定发展战略、提供一般性指导及了解如何通过

---

① 2007 年,英国金融服务局修订电子货币手册,明确要求发行商建立充满活力的治理安排,包括职责界定清晰的组织架构,透明且一致的责任规则,辨识、管理、监督和报告风险的有效程序和充足的内部控制机制,包括健全的行政程序和会计程序,上述安排应与发行商的业务性质、规模和复杂程度相称。See FSA Handbook, Release 061, 2007, available at http://www.fsa.gov.uk.

② The Regulation of Electronic Money Issuers, 2001, available at http://www.fsa.gov.uk.

日常政策达到其发展战略并施加一定影响。"四只眼要求"适用于所有发行商,因此,如果发行商是海外公司,英国金融服务局将评估是否至少有两个自然人在有效指导公司业务而不仅仅是英国分公司的业务。在评估发行商系统控制制度是否充足时,英国金融服务局还会考虑英国分公司的管理决定方式。[1]

二、任职资格制度

英国金融服务局要求电子货币发行商全面遵守任职资格制度,简言之,履行发行商某些职责(即"受管制职责")的自然人在任职前需要获得英国金融服务局的批准。英国金融服务局在评估某个自然人是否为履行某一职能的合适人选时将考虑该人是否诚实、正直、有声望、有权利能力与行为能力且财务状况良好。与所有受管制的公司一样,英国金融服务局在运用上述标准时会考虑到是否与职责的重要性及拟从事工作的风险大小相适应。

英国金融服务局认为任职资格制度是关键性监管工具:首先,该制度阻止某些不合适人选占据对电子货币发行商有重大影响的某些职位;其次,该制度要求获准任职的人遵守英国金融服务局《规则与指南》中的原则声明及任职资格批准行为规范部分所确定的某些标准。如果获准任职的人负有个人责任,则可以通过纪律处分如罚款、公开谴责及在严重的情况下撤销批准和发布禁止任职的命令来执行原则声明及任职资格批准行为规范。如果行为是故意的或在任何情况下均低于任职资格制度所确立的行为标准,则可认定个人负有责任。值得指出的是,英国金融服务局《规则与指南》中的任职资格制度和高级管理人员及系统控制要求在许多重要制度上均有交叉。[2]

三、高级管理人员安排

英国金融服务局《规则与指南》中的高级管理人员及系统控制要求部分包括一系列旨在适用于所有授权公司的规则,英国金融服务局要求电子货币发行商适用这些规则。

为遵守业务经营原则和市场准入条件要求,电子货币发行商董事会应有能力控制公司业务,这意味着经营电子货币业务的董事应有合适的技能与经验。对于分配职责及由何人监督系统控制制度的建立与维持,发行商

---

[1] Electronic Money Sourcebook Instrument 2002, available at http://www.fsa.gov.uk.
[2] The Regulation of Electronic Money Issuers, 2001, available at http://www.fsa.gov.uk.

的首席执行官通常拥有最终决定权。然而,如果发行商是一个大型集团的子公司,该责任由被指定管理电子货币业务的其他董事或高级经理承担,公司董事会,特别是非执行董事将负责监督首席执行官的行为表现。

受监管的电子货币发行商有义务采取合理措施以确保董事和高级经理之间职责分配清晰合理,职责分配必须清楚地决定由谁履行何种职责以便公司董事、相关高级经理和决策机构能够充分监督和控制发行商业务及事务。如果合适,这些职责可由两个或两个以上的自然人担任,每一个发行商必须清楚地决定由谁负责重要事项。需要分配的重要职责可能包括财务、技术开发与安全、遵守所有相关法律及英国金融服务局规则与指南和反洗钱报告。

英国金融服务局《高级管理人员安排与系统控制指南》规定,公司有义务采取合理措施以确保董事和高级经理之间职责分配清晰合理,指南要求这种分配应便于公司董事和高级经理充分监督和控制公司业务及事务。指南还要求公司指派一个或一个以上的自然人合理分担职责分配及系统控制制度的建立与维持之监督职责,这两项职责被合称为"分配及监督职责"。

分配及监督职责又是任职资格制度之下的受管制职责。正如英国金融服务局《原则声明及任职资格批准行为规范指南》所述,每一个履行受管制职责的人应:(1)行为诚实;(2)运用适当技能并尽到合理谨慎和勤勉;(3)遵守合适的市场行为标准;(4)以公开和合作的态度处理与英国金融服务局和其他监管者的关系,而且审慎披露后者合理期待的任何信息;(5)采取合理步骤以确保受管制职责中的公司业务得到有效组织和控制;(6)采取合理步骤以确保受管制职责中的公司业务遵守相关要求与监管体制所设定的标准。

分配及监督职责通常由电子货币发行商的首席执行官履行,然而,如果发行商是某一集团成员,该职责可能由负责管理整个集团或有关部分的集团公司董事或高级经理来履行。所有公司,包括电子货币发行商,均应保存为遵守上述规定而进行的职责分配安排记录,保存期为6年。[1]

在咨询过程中,有人提出,对于只聘用少量职员的电子货币发行商而言,上述要求过于严格,因此英国金融服务局应在个案的基础上确定拟任人选是否与其《高级管理人员安排与系统控制指南》的规定相称。而英国金融

---

[1] The Regulation of Electronic Money Issuers, 2001, available at http://www.fsa.gov.uk.

服务局表示,咨询文件清楚地规定,分配及监督职责应当清晰合理,该规定既适用于只有少量职员的小公司又适用于大公司。然而,与复杂的大公司相比,小公司在人员与系统控制上要简单得多且不需要太多资源,管理结构与系统控制必须与发行商试图从事的业务规模和复杂程度相适应。①

四、系统控制规则

英国金融服务局《高级管理人员安排与系统控制指南》要求所有公司,包括电子货币发行商采取合理审慎措施以建立并维持与业务相适应的系统控制制度,这是一个高标准要求,以便公司建立与特定情形相适应的有效系统控制。就某一发行商而言,何谓合适的系统控制制度取决于业务性质、范围和复杂程度,电子货币交易的数量和规模及与运营有关的风险大小。

因此,电子货币发行商在必要时应:(1)核实与其交易的客户身份;(2)运用交易核实方法确保电子货币交易不被撤回或撤销;(3)确保所有系统、数据库和应用设备建立合适的授权控制和进入特权制度;(4)确保采取适当措施以保护电子货币交易数据及所有有关记录和信息的完整性;(5)为所有电子货币交易建立审计追踪制度;(6)确保所有客户和交易信息享有合适的保密水平。

电子货币发行商应建立职责界定清晰的组织架构,而职责应合理分离以减少管理不当和欺诈的发生概率,要求他人履行某种职责或完成某项任务应在合适、有效的法律框架内进行。特别值得一提的是,发行商应建立综合性的、尽职尽责的监管程序以管好外包业务与支持电子货币发行的第三方的从属业务。报告范围应清晰并与电子货币业务的规模、性质与复杂程度相适应,而有关安排与程序以文件形式做适当记载。②

电子货币发行商应采取合理的措施以建立并维持有效的系统控制制度以遵守监管要求和标准并应对利用公司进行金融犯罪所带来的风险。发行商应做适当安排以确保董事会能够运用所有必要的信息去识别、测定、管理并控制引起监管者关注的风险。系统控制制度应能评估每一个公司职员是否合适,这包括评估是否诚实及是否有能力。发行商的业务性质、范围和复杂程度可能决定建立审计委员会是否合适,而审计委员会可能检查发行商

---

① The Regulation of Electronic Money Issuers: Feedback on CP117, 2002, available at http://www.fsa.gov.uk.

② The Regulation of Electronic Money Issuers, 2001, available at http://www.fsa.gov.uk.

的管理程序以确保系统控制制度合理有效;审查管理安排以确保遵守监管体制的要求和标准;并在合适的时候监督内部审计制度。

电子货币发行商的业务性质、范围和复杂程度还可能决定建立内部审计制度是否合适,而内部审计可能适合于监督系统控制制度中的某些部分是否合理有效。发行商应制订营业计划,并经常更新。薪酬制度可能会不断导致发行商遵守监管体制要求和标准的能力与公司职员个人利益之间出现冲突,如果存在冲突,发行商应采取适当的措施加以处理。发行商应做适当安排以确保在出现意外事件时能够继续运作并遵守监管义务。此外,发行商应采取合理的措施以建立并保存监管体制要求和标准所提出的业务和交易记录及会计记录。①

五、电子货币发行商之技术风险

英国金融服务局认为,技术风险是电子货币发行商关注的主要问题之一,对于推出新电子货币产品并刚刚建立起业务根基的公司而言更是如此。金融业之外的发行商亦可能特别关注技术风险,因为不熟悉对于银行发行商是次要问题的监管环境。因此,每一家发行商的董事会和高级管理层都应评估业务的技术风险,制定相关政策并建立充满活力的管理与控制系统以应对所有可以预见的商业风险。英国金融服务局认为,由电子货币发行商的行业协会,即电子货币协会代表成员建立电子货币系统控制标准并定期检讨与更新是比较合适的。

英国金融服务局认为,系统控制的最低标准有助于:(1)确立市场对电子货币业务完整性的信心;(2)预防声誉风险,因为早期破产可能使该幼稚工业陷入困境;(3)阻止未准备在建立合适管理系统上付出时间和努力的公司进入市场;(4)建立共同战线以预防犯罪分子、黑客或其他人滥用电子货币系统。电子货币业拥有详尽的专家经验,所以不宜由英国金融服务局来确定系统控制的技术标准。电子货币业在保护行业声誉上亦有直接利益,因为一两个发行商破产被大量报道后将损害整个行业的声誉,因而最适宜对于技术进步和新威胁迅速做出积极反应。事实上,电子货币发行商行

---

① 监管者关注的风险包括:未经授权创造、转移或赎回电子货币;在发行商发行或交易的电子货币创造、流通或赎回时资金划拨不正确;电子货币损失与系统功能的部分丧失;利用电子货币系统犯罪或损害或滥用金融系统等。See Electronic Money Sourcebook Instrument 2002, available at http://www.fsa.gov.uk.

业协会已建立并正在制订一套系统控制标准，但这种标准不是英国金融服务局监管体制的组成部分。①

在咨询过程中，有人提出对豁免公司亦应采取以上做法。伪造电子货币的风险真实存在，而豁免公司破产亦可能对授权公司的声誉产生间接影响，因此，应鼓励所有电子货币发行商参与制订行业标准的圆桌会议。问题还在于信用机构不是行业协会成员，因而可能存在不公平竞争。英国金融服务局表示，其无权要求豁免公司遵守有关规则与指南，适用于这种公司的唯一规则是信息披露。任何行业圆桌会议或行业协会及其指南只能在自愿的基础上进行，而不能由英国金融服务局采取纪律处分或执行行为。至于公平竞技场问题，英国金融服务局希望发行电子货币的信用机构依据其《高级管理人员与系统控制指南》所采取的风险管理规则与发行商所采取的规则一致，英国金融服务局并不打算对信用机构适用更为宽松的风险管理要求。②

第七节　小规模电子货币发行商

小规模电子货币发行商的风险亦比较小。由于其发行的电子货币用途有限，客户在电子货币卡或计算机存储器中存入的金额非常有限，因此在小规模发行商破产时每一个客户所遭受的损失也非常有限，全面监管的理由就不很充分。此外，每一个小规模发行商所负的电子货币余额相对较少，这种发行商破产对支付工具或系统或货币信心的影响亦非常有限。③ 本节仅探讨小规模电子货币发行商的有关规则。④

---

① The Regulation of Electronic Money Issuers, 2001, available at http://www.fsa.gov.uk.
② The Regulation of Electronic Money Issuers: Feedback on CP117, 2002, available at http://www.fsa.gov.uk.
③ Report on Electronic Money, 1998, available at http://www.ecb.int.
④ 有学者对小规模电子货币发行商制度提出了严厉批评，主要原因在于各国给予豁免的条件不一，导致欧盟统一规则的目标难以实现。See Phoebus Athanassiou & Natalia Mas-Guix, Electronic Money Institutions: Current Trends, Regulatory Issues and Future Prospects, Legal Working Paper Series No. 7, 2008, available at http://www.ecb.int.

一、小规模发行商概述

欧盟《电子货币指令》允许主管机关在某些情况下"豁免"适用有关电子货币发行规定,即对于小规模或地方性发行商豁免适用有关监管规定。2001年英国《金融服务与市场法(受管制业务)命令》对此作了规定,并授权英国金融服务局在相关条件成就时向小规模发行商发放证书以证明其发行电子货币是一种不受管制的活动,因此小规模发行商不属于授权公司。获得小规模发行商的证书必须满足以下条件中的一个或一个以上:(1)发行电子货币所形成的总负债通常不超过500万欧元,决不超过600万欧元;(2)发行商发行的电子货币只提供给与电子货币发行或分销紧密相关的运营或其他从属性服务的子公司或同一集团的其他成员(发行商子公司除外)用作支付手段;(3)接受发行商发行的电子货币作为支付手段的人不超过100人,而他们只在同一住所或其他"有限的当地社区"接受这些电子货币,或他们与发行商有着紧密的财务或商业关系,例如拥有共同营销或分销计划。如果有关当事人位于购物中心、机场、火车站、公共汽车站、大学、理工学院、学校或类似教育机构的校园或不超过4平方公里的区域,可认为是在同一住所或其他有限的当地社区。

获得小规模发行商证书还必须满足一项条件,即存储在电子货币上的价值不得超过150欧元,该限额不适用于特约商户和分销商持有的电子货币价值。获得小规模发行商证书的"适格条件"应保持一定的灵活性,例如4平方公里标准只是法律拟制规定,即在4平方公里内运作的电子货币公司应自动获得小规模发行商证书。然而,如果电子货币公司的运作范围超过4平方公里,公司还是有权向英国金融服务局申请小规模发行商证书,此时,发行商可以主张,虽然地理范围超过4平方公里,但因其他原因还是可以认为电子货币业务是"有限的并具有地方性"。

只准备小规模发行电子货币的任何人可向英国金融服务局申请有关证书,获得小规模发行商证书的任何人并未获得正式授权,亦不认为是从事受管制业务。① 然而,小规模发行商应定期向英国金融服务局报告电子货币发行活动,包括未偿电子货币余额。英国金融服务局在小规模发行商证书的

---

① 不认为是从事受管制业务主要是指获得证书的人可成为小规模电子货币发行商,但信用机构例外,而小规模发行商亦不能享受英国《金融促销命令》第16条所规定的利益。See Electronic Money Sourcebook Instrument 2002, available at http://www.fsa.gov.uk.

申请与发放过程中不收取任何费用。如果英国金融服务局认为小规模发行商不再满足证书发放条件，可以撤销证书。然而，如果违反条件是非故意的、暂时的或微不足道，英国金融服务局可以决定不撤销证书；如果小规模发行商违反信息披露规则，亦可以撤销证书。遭撤销证书处分的小规模发行商可以将此提交英国金融服务与市场法庭处理。此外，小规模发行商还可向英国金融服务局提出撤销证书申请。在申请撤销的同时亦可提出准许从事受管制的电子货币发行业务的许可申请，此时，撤销证书以授予许可为条件。

所有小规模发行商必须每隔6个月向英国金融服务局报告一次业务活动，这些报告必须在有关期限结束后14天内提出。然而，如果小规模发行商违反发放证书的三个条件中的一个或一个以上，必须在每周结束后的2天内提交一次报告。①

在咨询过程中，有人发表了一系列评论，并要求变更获得小规模发行商证书的条件以便让其豁免适用授权电子货币发行商的监管体制。英国金融服务局表示无法评论以上事项，因为这涉及英国《金融服务与市场法（受管制业务）命令》中的规定。英国金融服务局无权通过规则和指南变更这些要求，亦无权以任何形式修改。应注意的是，英国金融服务局在行使上述命令中的授权时已将私人拥有的损害赔偿诉讼权延伸适用于小规模发行商违反规则的行为，重新起草小规模发行商违反获得证书条件的报告规则，并增加使用专业人士证明小规模发行商是否满足证书条件的权力。②

二、小规模发行商证书条件

只有主要办事机构位于英国境内的法人或合伙可申请小规模发行商证书，而个体营业者不得申请，信用机构不得申请小规模发行商证书。如果银行或建筑社团拟在英国《金融服务与市场法》适用范围内从事受管制的电子货币发行业务，必须申请许可证。

如果适格申请人满足英国《金融服务与市场法（受管制业务）命令》第9C条规定的三个段落中的一个或一个以上，英国金融服务局必须发放小规模发行商证书，此处将这些段落称为"条件"。与此类似，命令中将获得小规

---

① The Regulation of Electronic Money Issuers, 2001, available at http://www.fsa.gov.uk.
② The Regulation of Electronic Money Issuers: Feedback on CP117, 2002, available at http://www.fsa.gov.uk.

模发行商证书的人称为"注册机构",而此处称为"小规模电子货币发行商"。命令中的三个条件旨在将证书发放给小规模或地方性发行商:第一个和第二个条件几乎与欧盟《电子货币指令》中的规定一致,第三个条件遵守了指令中的相关规定,但亦增加了一些指南。

如果电子货币存储价值最高不超过 150 欧元,而且电子货币负债总额"通常"不超过 500 万欧元,决不超过 600 万欧元,申请人就满足了第一个条件。由于通常一词未加界定,如何适用该条件取决于每一个案件的具体事实,根据英国金融服务局的意见,应分几个不同时期来计算负债总额。因此,与在一个比较长的时期内有好几次超过 500 万欧元相比,在一个比较短的时期内有好几次超过限制更难满足第一个条件。英国金融服务局认为,虽然严格界定通常一词不可能,但如果电子货币发行商一个月内超过限额的次数低于 5 天且一年内超过限额的次数低于 20 天,并不必然会违反第一个条件。但如果发行商一个月或一年内超过上述限制,人们可能怀疑是否满足第一个条件,因而如果发行电子货币的负债总额超过 500 万欧元,英国金融服务局要求提交"变更报告"。

如果申请人满足第一个条件,发行电子货币的负债总额不超过 1000 万欧元,而且电子货币只提供给与电子货币发行或分销紧密相关的运营或其他从属性服务的子公司或同一集团的其他成员用作支付手段,申请人满足了第二个条件。

如果申请人满足第一个和第二个条件,接受申请人发行的电子货币作为支付手段的人不超过 100 人,而他们只在同一住所或其他有限的当地社区接受这些电子货币,或他们与申请人有着紧密的财务或商业关系,例如拥有共同营销或分销计划,申请人满足了第三个条件。

如果有关当事人位于购物中心,机场,火车站,公共汽车站,大学、理工学院、学校或类似教育机构的校园或不超过 4 平方公里的区域,可认为是在同一住所或其他有限的当地社区。以上例子仅具有说明作用,不应构成同一住所或其他有限的当地社区的限制。如果发行方案之下的电子货币只被位于方圆 4 平方公里内的企业接受,第三个条件成就。然而,如果电子货币方案在两个地区运作,每一个地区只有 1 平方公里,而两者相距 100 公里,则上述说明性例子不包括该方案。如果电子货币方案的地域范围超过 4 平方公里,该方案仍有可能满足第三个条件,但是,只有属于有限的当地社区时才能满足第三个条件。英国金融服务局认为,某一电子货币方案位于某地方当局的疆域之内并不必然满足第三个条件。然而,如果电子货币方案位于某地方当局的疆域之内,该疆域超过4平方公里但超过不多,仍有可能使该方案满足第三个条件。"住所"包括单一建筑,亦包括位于同一校园或地点的一系列建筑,但不包括一个机构分散在几处地点的情况。

如果发行商与接受电子货币的特约商户之间存在紧密的财务或业务关系,仍有可能满足第三个条件,不能仅仅因为有关当事人参与了申请人的电子货币发行方案就认为他们之间存在紧密的财务或业务关系。如果电子货币方案允许市民在支付其他开销的同时支付公共汽车费或地铁乘车费,发行商满足第三个条件的原因有可能是他们之间存在紧密的财务或者业务关系。①

三、小规模发行商证书之申请与撤销

(一) 申请

除英国金融服务局在个案中所作具体指示外,小规模发行商证书申请人必须按照英国金融服务局所要求的信息及提供的表格以书面形式提出申请。小规模发行商申请书必须致英国金融服务局授权咨询部或其成员,邮寄或递交给英国金融服务局,并获取盖有日期的收据或亲手交给授权咨询部成员。在作出决定前,递交小规模发行商申请书的申请人一旦获悉申请书中的信息发生重大变化应立即通知英国金融服务局。

申请书中必须留有一个英国境内地址以向申请人送达英国《金融服务与市场法》要求或授权的任何通知或其他文件。英国金融服务局在决定是否发放证书时可要求申请人提供更多的信息,并必须从收到完整申请书之日起6个月内决定是否发放小规模电子货币发行商证书;如果申请书不完整,在12个月内决定。申请人可以通过书面通知可撤回申请。英国金融服务局在同意发放证书时必须向申请人发送书面通知,而如果准备拒绝申请,应发送警告通知。被拒绝发放证书的申请人可向英国金融服务与市场法庭起诉。

英国《金融服务与市场法(受管制业务)命令》第9I条规定,如果某人不是而自称是小规模电子货币发行商,依据英国《金融服务与市场法》第24节,该行为构成犯罪。如果某人的行为或以其他方式暗示其是而事实上不

---

① Electronic Money Sourcebook Instrument 2002, available at http://www.fsa.gov.uk.

是小规模发行商,亦构成犯罪。

(二) 撤销

如果小规模发行商未满足或自从证书发放之日起未能满足有关条件,或违反英国金融服务局《电子货币专业手册》中有关信息披露的规定,英国金融服务局可撤销小规模发行商证书。如果小规模发行商任何时候都满足上述三个条件,可认定发行商满足有关条件。在决定是否撤销小规模发行商证书时,英国金融服务局将考虑所有相关情况。如果未能遵守相关条件是非故意的、持续时间比较短且性质并不严重,英国金融服务局可能认为撤销证书不太合适。英国金融服务局应考虑违反规则或要求,包括未能披露信息或提交文件的性质和严重性,特别是:(1) 违反规则或未能披露信息是故意还是粗枝大叶;(2) 提供报告、文件或其他信息之延误程度;(3) 向英国金融服务局提供的信息不准确或不充分的严重程度;(4) 小规模发行商是否出现过违反规则或要求的情况;(5) 遵守相关条件的情况。

小规模发行商可向英国金融服务局申请撤销证书,而英国金融服务局必须撤销证书并向小规模发行商发送书面通知,撤销证书必须采用英国金融服务局提供的表格。在撤销小规模发行商证书时还可同时申请从事受管制的电子货币发行业务许可证,或变更现行许可证以便增加电子货币发行业务,此时,小规模发行商可要求撤销证书以发放许可证为条件。[①]

四、小规模发行商之信息披露

小规模发行商必须在每个会计年度及前 6 个月结束后的 10 个营业日内向英国金融服务局提交定期报告。如果小规模发行商不再满足上述三个条件,必须在变化发生后的 2 个营业日内向英国金融服务局提交变更报告,而如果小规模发行商电子货币负债总额超过 500 万欧元,必须在两个营业日内向英国金融服务局提交变更报告。但是,只有在第二个和第三个条件均不能满足时才需要小规模发行商提交变更报告。

在书面通知小规模发行商后,英国金融服务局可要求提供具体信息或文件,英国金融服务局的信息或文件要求必须合理,并有助于决定小规模发行商是否满足上述三个条件中的一个或一个以上。小规模发行商必须在合理时间结束前于指定地点向英国金融服务局提供信息或文件,而后者可要

---

① Electronic Money Sourcebook Instrument 2002, available at http://www.fsa.gov.uk.

求小规模发行商按照指定方式提供信息,核实信息并认证相关文件。英国金融服务局有权要求小规模发行商提供信息和文件以配合执法,还可用书面通知的方式向小规模发行商发送通知,要求信息或文件的提供必须附专家报告。如果相关情况显示小规模发行商可能不符合上述三个条件,英国金融服务局可任命一个或一个以上的合格人员进行调查,而如果自从小规模发行商获得证书以来可能从未满足过以上三个条件中的任何一个,英国金融服务局亦可指定任何合格人员进行调查。

  小规模发行商必须采取合理步骤以确保向英国金融服务局提供的电子货币业务信息准确、完整。如果信息来源于估计,小规模发行商的判断必须建立在合理调查的基础上,而完整指必须包括英国金融服务局合理期待的任何信息。如果小规模发行商知悉或有关信息合理显示,提供给英国金融服务局的信息可能存在错误、具有误导性、不完整或不准确或已发生重大变化,必须立即通知英国金融服务局,而通知必须包括上述情况的细节,提供这种信息的理由及正确的信息。如果因有关信息不可能立即获得,必须尽早提供,英国金融服务局在合适的时候亦可要求小规模发行商提供包含正确信息的文件修正本。而如果小规模发行商无法获取英国金融服务局要求的某些信息,须通知后者提供的信息存在或可能存在局限性。

  如果小规模电子货币发行商违反信息披露规则或英国金融服务局依据有关权力提出的要求,英国金融服务局可向法院申请禁令、归还令及撤销小规模发行商证书。在遵守英国《金融服务与市场法》的要求时,如果某人故意或粗枝大叶地向英国金融服务局提供严重错误或具有误导性的信息,该人的行为构成犯罪,而法人或合伙构成犯罪时可追究官员或有关人员的责任。①

---

① Electronic Money Sourcebook Instrument 2002, available at http://www.fsa.gov.uk.

第七章　网上支付中的电子货币隐私权与反洗钱问题

第一节　电子货币中的隐私权问题

对隐私权的界定,不同国家、持不同观点的学者之间差异很大。简言之,隐私权也就是权利主体在最少的干涉下顺应自己意愿生活的权利。[1] 随着隐私权的不断发展与完善,对于隐私权的定义,也基本分为两个方面的内容,即隐私权的积极意义和消极意义。其中,前者强调个人私生活事务不受公开干扰的权利;后者则强调个人资料的支配控制权,即赋予个人对资料是否被他人收集、处理或利用的权利等。[2]

一、隐私权问题概述

(一) 电子商务中的隐私权问题

隐私权被认为是个人自主发展的至关重要因素,因此构成个人自由的一个重要方面。直到最近,隐私权主要集中在个人生活中的隐私,例如对于性偏好的沉默权

---

[1] 张楚主编:《网络法学》,高等教育出版社2003年版,第153页。
[2] 蒋志培主编:《网络与电子商务法》,法律出版社2001年版,第455页。

及堕胎权。此外,人们普遍担忧的问题是向政府或其他公共机构提供的信息太多,而对商务中的隐私权问题很少关注。

随着20世纪60年代和70年代使用毒品的普通民众数量的增加,商业公司开始对可能成为公司雇员的人甚至在岗雇员进行调查,这引起人们对商务中隐私权问题的关注。而最近,电子监控雇员行为及雇主获取雇员的遗传和医疗记录是发生在商业领域中引起人们普遍担忧的隐私权新问题。

随着互联网及电子商务的发展,隐私权问题在新技术背景下变得更为复杂。新的电子商务技术已大大提高了在线特约商户的能力,使其能更好地收集、监控、锁定、描绘甚至向第三方出售客户个人信息。电话营销活动和垃圾邮件非常烦人,这更引起人们对商务中隐私权问题的关注。

为解决引起社会普遍关注的隐私权问题,经济合作与发展组织、美国和欧盟于20世纪70年代开始广泛讨论以便建立一个隐私权监管框架。这些讨论在经合组织于1980年提出的五项隐私权保护原则指导之下进行,这五项原则是:(1) 通知/了解原则。参与者披露个人信息前,应接到企业有关信息收集做法的通知。(2) 选择/同意原则。参与者应有机会对已收集的个人信息使用表示同意与否,特别是与完成原交易无关的从属性使用,诸如向第三方出售信息表示同意与否。(3) 获取/参与原则。参与者应有权获取有关信息,并应有能力修改其认为不正确的信息。(4) 完整/安全原则。信息收集者应采取合理的步骤以确保数据完整,在用于从属性目的前将数据变成匿名资料,并最终删除数据。(5) 执行/救济原则。应建立相应机制以确保隐私权政策的执行。

为保护隐私权,欧盟决定建立一个正式的监管框架。1995年,欧盟议会通过《数据保护指令》(欧盟第95/46号指令),从而建立起欧盟隐私权法律制度。指令采纳以上五项原则并要求成员国使国内法律符合指令要求,指令规定个人数据处理必须公正、合法,并只在目的特定、清楚且合法的情况下收集数据,禁止个人数据运用于已声明的从属目的之外的任何其他从属目的。存储数据的时间不得长于完成声明目的所需的时间,并只有在获得同意的条件下才能收集数据。每一个成员国对于何谓"同意"可行使自由裁量权。部分国家,如法国要求同意的获得必须明示(选择加入);而英国的立场更为温和,只要顾客有机会选择退出(不同意)个人数据服务于从属目的,默示同意亦有效。① 欧盟指令还要求每一个成员国设立一个独立的政府机构以便监督、实施及执行国内数据保护法律。由于美国无法律保护网站中的隐私权,一般认为,在隐私权立法方面,欧盟因通过具有法律约束力的隐私权标准,因此在隐私权保护及执行上比美国严格得多。

在英国,有关数据保护的立法是 1984 年通过的《数据保护法》,该法于 1998 年做了重大修改以便与欧盟隐私权指令保持一致。英国政府机构中的"信息委员会"负责欧盟指令在国内的监管与执行,所有收集个人数据的企业须在该委员会注册。委员会拥有监督执行英国《数据保护法》的法定权力,并可向注册企业送达"执行通知",要求采取特定步骤遵守该法。该委员会还有权取消注册,禁止向海外转移数据,并对违反该法的当事人提出指控,未注册的当事人亦会受到指控。委员会的行政决定,特别是执行通知可上诉至独立的"英国数据保护法庭"。英国信息委员会近年的财政预算翻了一番多,1997—1998 财政年度的预算为 3,661,690 英镑,而 2001—2002 财政年度的预算增加至 8,244,982 英镑。从 1997—2002 年,英国信息委员会提起 331 件违反隐私权的诉讼案,其中有 277 件胜诉。英国数据保护法庭所确立的先例要求隐私权声明在个人信息收集前以大号字体展示、容易阅读且位置显著。

1995 年是隐私权保护的一个分水岭,欧盟于当年通过隐私权指令,而美国在电子商务领域并未通过一个一般性的隐私权法律。1996 年,恰斯特(TRUSTe)成立,它是一个非营利组织,旨在推动隐私权保护,而美国众多网站自愿展示恰斯特标志以表明遵守了恰斯特所确立的隐私权标准。美国联邦贸易委员会于 1995 年开始举办研讨会以讨论并推动隐私权保护,该委员会还于 1998 年、1999 年和 2000 年通过研究(评估隐私权政策并从事调查)的方式以推动电子商务网站提升隐私权保护水平。每一项研究均表明美国网站隐私权保护的实际水平在提高。尽管 2003 年 11 月有好几个反垃圾邮件法正在审议之中,但到现在为止,美国国会尚未通过任何一般性的隐私权立法。

到 2003 年 11 月为止,在电子商务或互联网领域,美国事实上不存在任何政府监管隐私权的立法,隐私权政策的披露亦无任何法律要求。一旦有

---

① 英国法律要求收集个人数据的企业制订并披露隐私权政策。隐私权政策声明字体大小应合适、容易阅读且充分详细,这样就可以推定读者在知情的情况下表示了同意。声明必须在个人数据首次收集前让顾客了解其内容。

人在某个网站注册或从事交易时披露个人信息,只要不涉及欺诈性行为,对该个人信息的利用无任何法律限制。不要求网站制订隐私权政策,亦不要求将正在收集个人信息的行为告知顾客,更不要求在收集到的个人信息的使用或从属性使用这一问题上向顾客提供表示同意与否的机会。此外,法律不要求电子商务网站必须经过审计程序,亦不要求隐私权政策必须经过独立审核员的确认。[1]

(二) 电子货币中的隐私权问题

随着储值卡系统自动化程度越来越高,不道德的发行商/零售商有可能记载个人的消费习惯,并出售给感兴趣的第三方或留作己用以便提高产品销售量,这种情况在"不脱机"和"脱机"电子货币系统中均非常普遍。在不脱机电子货币系统中,发行商/零售商通过处理交易的终端来收集信息,将储值产品所使用的匿名识别器与持有人名单联系起来,建立数据库并从事数据开发,以便将其作为发行商/特约商户营销努力的补充或出售给第三方,如市场营销公司或征信机构。在脱机型电子货币系统中,侵犯隐私权的威胁依然存在,但只有特约商户有可能侵权。即使不依靠名字而依靠数字来识别持有人,仍有可能从持有人的行为中获得有价值的信息。

现有法律及普通法原则能为顾客提供适当的保护,个人信息不会在未获同意时被披露,但在某些绝对必要的情况下可以例外。因此,没有理由认为被认可金融机构在出售储值产品时不适用这些已有的普通法原则,即金融机构有义务为客户保密,但某些公共政策例外。普通法确认银行有为存款人保密的默示义务,但在法律强制、为了公共利益、为了银行本身利益及客户明示或默示同意的情况下可以披露。

普通法尚未涉及的一个问题是,个人在金融机构毫不知情的情况下攻入计算机网络窃取资料时,金融机构是否应承担责任,而且,此时应适用何种注意标准亦不确定。人们认为侵犯隐私权的责任应由发行商承担以促使其在设计电子货币系统时尊重个人隐私权,该观点具有说服力。此外,考虑到发行商是储值卡收益的主要受益者,应成为承担这些风险的当事人。

最近,随着立法的通过,监管机构采取了一系列措施,某些措施对世界范围内的持有人都会带来很大的利益。考虑到对个人隐私权的威胁,美国

---

[1] Jamal, Maier & Sunder, Enforced Standards Versus Evolution by General Acceptance: A Comparative Study of E-Commerce Privacy Disclosure and Practice in The U.S. and The U.K., 12 *Standards and Norms* (2003), pp. 8—12.

在该问题上行动迟缓,这一点令人遗憾。在加拿大,相关立法已开始实施,但实施机关缺乏提供救济的权力使立法目的难以充分实现。欧盟的做法是迄今为止最为得力的做法,欧盟将隐私权视为一种政治权力并依赖通知原则和同意原则加以保护。事实上,在实施严格标准的同时,这一做法将可能成为提升持有人信心的最成功做法,并最终使储值产品得以普及。

《欧盟隐私权指令》禁止欧洲公司将数据转移到非欧盟国家,除非接受国隐私权保护很充分,这使得采取放任自由政策的美国不得不与欧盟谈判达成一份安全港协议,该协议包含许多遵守欧盟指令的要求。隐私权指令未能解决的一个问题是域外适用效力问题,然而,不可否认的是指令在促使商业企业遵守客户隐私权上是成功的,而且通过提高现有保护标准使得世界范围内的顾客隐私权保护水平得以提升。①

二、欧盟隐私权保护立法

1995 年 10 月,欧盟议会和理事会通过《关于在个人数据处理及自由流动中保护自然人的第 95/46 号指令》。②《指令》旨在保护自然人的基本权利和自由,特别是保护个人数据处理过程中涉及的隐私权。《指令》适用于全部或部分自动化处理的个人数据及构成或拟构成"归档系统"③一部分的非自动化处理个人数据。《指令》规定,个人数据是指与已识别或可识别的自然人有关的任何信息;而可识别的自然人是可直接或间接识别的自然人,特别是参照识别号码或通过生理、心理、精神、经济、文化或社会身份特征加以识别的自然人。《指令》还规定,个人数据处理是指对个人数据实施的管理活动或一系列管理活动(不管是否采用自动化方式),诸如收集、记录、组织、存储、调整或加工、恢复、咨询、使用、通过传送披露、传播或通过其他方式公开、排序或合并、阻止、改写或删除。

《指令》为欧盟成员国确立了隐私权保护的一般规则,为确保个人数据质量,《指令》提出了五项原则:(1) 个人数据处理必须公正、合法;(2) 收集个人数据的目的应具体、明确、合法,并不得以目的不符的方式处理数据;

---

① B. Geva & M. Kianieff, Reimagining E-Money: Its Conceptual Unity with other Retail Payment Systems, 2002, available at http://www.google.com.

② 有关欧盟隐私权保护的整体情况,参见 Christopher Kuner:《欧盟的隐私和数据保护》,温珍奎译,载周汉华主编:《个人信息保护前沿问题研究》,法律出版社 2006 年版,第 26—47 页。

③ 归档系统是指对个人数据进行结构化处理以便根据特定标准可以检索到。结构化处理可采用集中化方式或非集中化方式,而非集中化方式可采用功能或地域等标准。

(3) 个人数据处理必须适当,与其收集数据的目的或进一步处理的目的相关且不能超范围处理数据;(4) 个人数据处理应准确,如有必要,及时更新;并在考虑收集数据目的或进一步处理目的后,应采取所有合理步骤以确保不准确或不完全的数据得以改写或更正;(5) 以能识别数据主体的方式保存数据的时间不能超过完成收集数据目的或进一步处理目的所需的时间。

《指令》规定,数据处理只有符合下列条件之一才合法:(1) 数据主体已毫不含糊地同意处理数据;(2) 为履行数据主体是一方当事人的合同,或为在合同签订前应数据主体要求而采取行动,有必要处理数据;(3) 为履行数据控制人的法律义务而有必要处理数据;(4) 为保护数据主体的重大利益而有必要处理数据;(5) 为完成一项带有公共利益的任务,或为履行数据控制人或数据披露中第三方的官方职责,有必要处理数据;(6) 为数据控制人或数据披露中第三方的合法利益,有必要处理数据,但数据主体依本指令所享有的基本权利和自由而产生的利益更大时不得处理数据。①

《指令》赋予数据主体的权利主要有知情权、控制权、异议权和司法救济权。《指令》规定,在数据控制人或其代表从数据主体本人处收集信息时,必须至少提供以下信息:(1) 数据控制人及其代表的身份;(2) 数据处理目的;(3) 任何其他信息,诸如数据的接受人、问题之回答是自愿性还是强制性及不回答的可能后果,数据主体所享有的数据控制权和更正权。在考虑是否有必要提供其他信息时,以数据收集时的特殊情形及确保数据主体的数据公正处理为标准,而在数据控制人及其代表不是从数据主体本人处收集数据时,必须在记录个人数据时,或如果数据拟披露给第三方,必须在不迟于数据首次披露时向数据主体提供有关信息。

《指令》规定,每一数据主体有权不受限制、经过合理时间间隔并不会过分迟延或付出较大代价地从数据控制人处获知:(1) 是否在处理与其相关的数据,如果是,至少提供数据处理目的、所涉数据类型、数据拟披露给何接受者或何类接受者等信息;(2) 以易懂的形式提供正在处理的数据及来源;(3) 提供自动处理数据时所运用的逻辑,至少提供就数据主体工作表现、信用、可靠性、行为等方面自动评价时所运用的逻辑。指令还规定,如果合适,数据主体应有权对不符合本《指令》规定,特别是对于不完全或不准确的数据进行更正、改写或阻止继续使用。此外,如果已披露的信息被数据主体进

---

① 指令禁止处理以下个人信息:种族、民族、政治立场、宗教或哲学信仰、行业协会资格、健康及性生活。

行了更正、改写或阻止继续使用,则有权要求数据控制人通知第三方,除非通知不可能或需要做太大努力。①

《指令》要求成员国赋予数据主体异议权,除非国内立法有不同规定,数据主体在任何时候都可以合法理由提出异议。异议事项至少包括:(1) 为完成一项带有公共利益的任务,或为履行数据控制人或数据披露中第三方的官方职责而处理数据;(2) 为数据控制人或数据披露中第三方的合法利益而处理数据。如果异议成立,数据控制人不能再处理有关数据。指令还要求数据主体有权免费对数据控制人为直接营销目的而处理与前者相关的数据提出异议,有权在个人数据首次披露给第三方或第三方为直接营销目的而使用数据前免费对这种披露或使用行为提出异议。此外,指令规定,如果对某当事人的个人特征,如工作表现、信用、可靠性、行为等方面依据现有数据自动评估,而该评估会给当事人带来法律后果或严重影响其利益,成员国应赋予当事人异议权。

《指令》要求成员国在不损害行政救济的前提下,对于数据主体依据数据处理法律享有的权利被侵犯时,应规定每一被侵权的当事人享有司法救济权。成员国应规定,任何人因他人非法处理数据或违反数据处理法律而蒙受损失时有权要求数据控制人赔偿损失,但如果数据控制人证明其对造成损失的事件无需承担责任,则可以全部或部分免责。

根据《指令》规定,数据控制人的主要义务有信息披露义务、保密义务、安全义务、通知义务(针对主管机关)等。指令对于个人数据转移至第三国确立了一系条件与程序,并允许存在某些例外。《指令》鼓励成员国行业协会制订行为准则,并要求主管机关审批行为准则。指令要求每一成员国建立或指定个人数据保护的主管机关,赋予足够的权力,并要求欧盟设立保护个人数据处理的工作组以提供相关的咨询意见。此外,指令要求欧盟设立一个委员会以协助采取相应的执行措施,并监督指令在各国的实施。最后,《指令》明确要求各成员国在《指令》通过后3年内使国内法律符合指令的规定。②

---

① 有关数据主体的权利及数据控制人的义务不适用于以下领域:(1) 国家安全;(2) 国防;(3) 公共安全;(4) 预防、调查、侦探和指控刑事犯罪或违反受监管行业的行业道德;(5) 涉及成员国或欧盟的重大经济或金融利益,包括货币、预算和税收等事项;(6) 与第3至第5项事务有关的官方权力行使中的监督、检查或监管活动;(7) 保护数据主体或其他人的权利和自由。

② Directive 95/46/EC of the European Parliament and of the Council of 24 October 1995 on the Protection of Individuals with Regard to the Processing of Personal Data and on the Free Movement of Such Data, 1995, available at http://www.eu.int.

三、英国隐私权保护立法

1998年,英国为使国内法律符合欧盟《数据保护指令》的要求,彻底修正原有法律,从而通过新的《数据保护法》。① 除序言、杂项和附表外,英国《数据保护法》的主要内容体现在数据主体及其他当事人权利、数据控制人之通知、豁免和执行四个部分中。序言界定了一些关键性的概念,并确立了数据保护的八项原则。该法中的"个人敏感数据"指包含下列信息的数据:(1)数据主体所属种族或民族;(2)政治观点;(3)宗教信仰或与此类似的其他信仰;(4)是否为某行业协会成员;(5)生理或精神健康或状态;(6)性生活;(7)违法行为或被指控的违法行为;(8)就其违法行为或被指控的违法行为提起任何程序及进展或法院在这种程序中所作的裁判,而"特殊目的"是指为新闻报道、艺术或文学目的。

数据控制人有义务在处理个人数据时遵守附表1中的八项原则。第一项原则是个人数据处理必须公正、合法,特别是至少应符合附表2中的一项条件,而对于个人敏感数据还必须至少符合附表3中的一项条件。附表2规定了六项条件,它们分别是:(1)数据主体已同意处理;(2)为履行数据主体是一方当事人的合同,或应数据主体的要求以便达成一项协议而采取行动,有必要处理数据;(3)数据控制人为遵守合同义务外的法定义务,有必要处理数据;(4)为保护数据主体的重大利益,有必要处理数据;(5)为执法,或任何人为行使依据任何法律赋予的职责,或王室、王室大臣或政府部门为行使任何职责,或任何人为了公共利益而行使具有公共性质的任何其他职责,有必要处理数据;(6)数据控制或数据披露中的第三方为追求合法利益而有必要处理数据;但在任何特定案件中,如果损害数据主体的权力和自由或合法利益,则不得处理数据。

附表1中的第二项原则是个人数据的获取只能服务于合法的特定目的,而且不得以特定目的不符的方式处理数据;第三项原则是个人数据应与特定目的具有充分关联性,而且不得超越特定目的处理数据;第四项原则是个人数据必须准确,如有必要,及时更新;第五项原则是为任何特定目的处理个人数据的保留时间不得超过完成该目的所需的时间;第六项原则是个人数据的处理应尊重数据主体依照英国《数据保护法》所享有的权利;第七

---

① Data Protection Act 1998, available at http://www.opsi.gov.uk.

项原则是应采取合适的技术和组织措施以防止未获授权或非法处理数据,并避免意外事件对个人数据造成损失、损毁或损害;第八项原则是个人数据不应转移至欧洲经济区之外的国家或地区,除非该国或地区在个人数据处理方面对数据主体的权利和自由保护相当充分。

英国1998年《数据保护法》赋予数据主体较多的权力,概括起来主要有知情权、阻止权、控制权和补偿权等。个人有权了解数据控制人或其代理人是否在处理个人数据,如果是,数据控制人应提供以下信息:(1)该人作为数据主体的个人数据;(2)正在或即将进行的数据处理目的;(3)数据披露或拟披露的接受者或接受者类型。数据控制人有义务以易懂的形式向构成数据主体的个人提供属于个人数据的信息及其知晓的数据来源。如果数据控制人在不披露与另一当事人有关的信息时无法满足数据主体的要求,则无义务披露有关信息,除非另一当事人同意将该信息披露给提出要求的数据主体,或从所有情况来看,在未获另一当事人同意时,满足数据主体的要求是合理的。在考虑未获另一当事人同意的情况下满足数据主体的要求是否合理时,应特别考虑以下因素:数据控制人对另一当事人承担的保密责任;数据控制人为获得另一当事人的同意所采取的步骤;另一当事人是否有能力表示同意;另一当事人是否已明确表示不同意。如果依据上述规定向数据控制人提出请求的任何人向法院申请,而法院认定数据控制人未能遵守上述规定,法院可以命令数据控制人按照请求人的要求行事。

英国《数据保护法》规定,个人有权在任何时候向数据控制人发送书面通知,要求在合理时间内停止或不开始为特定目的或以特定方式处理该个人作为数据主体的资料。个人在书面通知中可提出以下特别理由:数据处理或为某特定目的或以某特定方式处理数据正在或很可能对该人或另一当事人造成重大损害或伤害,而这种损害或伤害无或可能无正当理由。数据控制人必须在接到数据主体的通知后21日内表示已经或准备遵照数据主体的通知行事,或告知数据主体其要求全部或部分不合理。如果发送书面通知的任何人提出申请,而法院认为要求合理或部分合理,但数据控制人未按照通知要求行事,法院可按照其认为合适的方式命令数据控制人采取行动以遵照或部分遵照通知要求。此外,个人有权要求数据控制人停止为直接营销目的而处理其个人数据。

英国《数据保护法》第12条规定,个人有权在任何时候向任何数据控制人发送书面通知,要求数据控制人或其代理人不单纯依据个人数据的自动化处理来决定对其有重大影响的事项,例如评价工作表现、信用或行为。如果当事人未发送通知,而自动化处理决定对其有重大影响,数据控制人应尽快通知当事人并告知决定的理论基础。收到数据控制人通知之日起 21 天内,当事人有权以书面通知的形式要求数据控制人重新考虑其决定或以其他理论作为基础重新决定。数据控制人必须在收到数据主体的通知后 21 日内向该当事人发送书面通知,具体告知其为遵守数据主体的通知而拟采取的步骤。如果数据主体向法院提出申请,而法院认为责任人未能遵守上述规定,法院可以命令责任人重新考虑其决定,或不单纯以个人数据的自动化处理来重新决定。

当事人因数据控制人违反英国《数据保护法》而遭受损失时有权获得补偿,当事人因数据控制人违反该法而蒙受伤害时亦有权获得补偿,但尚需满足下列条件之一:(1)当事人在蒙受伤害的同时亦遭受损失;(2)该违法行为发生在为特殊目的而处理个人数据之中。在当事人提起补偿诉讼时,被告可证明已采取合理审慎措施以避免违法作为抗辩。①

英国 1998 年《数据保护法》规定数据主体享有多项权利,但这些权利的行使大多得依赖数据保护法庭的协助,这是英国数据保护法律的一大特点。另一特点是数据主体对行政机关负有诸多义务,而且在很大程度上隐私权的保护依赖行政执法,因为数据主体是普通客户,隐私权保护所涉及的经济利益往往微不足道。

根据英国《数据保护法》,数据控制人必须在数据保护专员办公室注册,否则禁止其处理数据。数据控制人有义务向数据保护专员发送通知,告知有关事项以便后者登记。登记事项如有变化,数据控制人应及时发送变更通知。数据控制人亦有义务公开某些信息,诸如数据控制人的名称与地址、代表人名称与地址、数据控制人及其代表人正在或拟处理的信息类型及数据主体类型、正在或拟处理个人数据的目的、数据控制人拟或者已披露的数据接受者或接受者类型等等。

在英国,数据保护专员拥有广泛的权力。数据保护专员有权评估数据控制人是否遵守数据保护法律;有权任命数据保护监督员;有权制订通知规章;有权在其认为数据控制人已经或正在违反数据原则时送达"执行通知",

---

① 此外,当事人有权向法院提出申请,要求法院命令数据控制人更正、阻止、改写或删除不准确的数据;有权向数据保护专员提出申请,要求评估数据控制人是否违法,或要求就涉及特殊目的的数据处理案件向当事人提供协助等。

要求纠正;在评估数据控制人是否遵守数据保护法律时,有权送达"信息通知"或"特别信息通知",要求提供信息;有权进入数据控制人现场检查等。而数据保护专员亦有义务促进数据控制人采取良好做法,传播有关信息和知识,推动行业协会制定行动准则以使英国的隐私权保护水平提升到一个新的高度。[1]

四、美国隐私权保护立法及其完善

随着电子货币系统逐渐被主流社会认可,收集并存储在计算机数据库中的金融信息不断增加,因此,如果对进入计算机数据库的权力不加控制,好管闲事的人可能会掌握许多令人难堪和有害的信息。随着新技术的不断发展,信息收集越来越容易,这使得政府、企业和计算机"黑客"更有可能侵犯个人的金融隐私权。对金融隐私权的威胁不应简单地理解为产品的安全措施不够,金融隐私权的最大威胁来自于个人操作信息数据库。由于金融信息容易转移,为使利润最大化且不受管制的数据收集者可能会将个人金融信息出售给不道德的购买者。如果个人金融信息被自由地出售给愿意支付卖方索要价格的任何人,信息滥用的可能性会呈几何倍数增长,因此,虽然信息技术的发展促进了大量个人金融信息的收集、存储及出售,但在电子时代的今天,对隐私权进行广泛保护也就变得越来越重要。[2]

(一)隐私权保护立法现状

1. 司法机关对隐私权的承认

计算机科学和信息技术的迅猛发展相对而言只是最近的事,因此,对金融隐私权的新威胁制订法律上的对策也同样只是最近的事。然而,如果从最近的典型事例开始分析现代隐私权法律,则具有很大的欺骗性。在信息时代的今天,金融隐私权的核心同样是早先个人隐私权赖以建立的政治和社会价值。法院最先认识这些价值的重要性,因而探讨隐私权法律必须从司法机关对隐私权的承认开始。

一般认为,隐私权法律作为一个相对独立的法律体系始于 1890 年萨缪

---

[1] 在英国,有关数据主体的权利及数据控制人的义务不适用于以下领域:国家安全;犯罪和税收;健康、教育和社会工作;新闻、文学和艺术;研究、历史和统计;依法律可由公众获取的信息;法律要求披露的信息或在法律程序中披露的信息;为个人及家庭而处理的信息等。

[2] 除另有注明外,均参见 Bryan Schultz, Electronic Money, Internet Commerce, and the Right to Financial Privacy: A Call for New Federal Guidelines, 67 *University of Cincinnati Law Review* (1999), pp. 786—807.

尔·沃伦（Samuel Warren）和路易斯·布兰代斯（Louis Brandeis）一篇具有重大影响的法律评论文章，该文所倡导的隐私权主要集中在个人阻止新闻界对私人事务的商业利用上所享有的利益。法院依据普通法原则先是承认，然后界定一系列隐私原则，这些原则被一般性地称为"隐私权"。在个案基础之上发展起来的普通法原则为个人提供了侵犯隐私权的诉因，而这些诉因建立在财产法、侵权行为法和合同法之上。然而，尽管一般隐私权的范围在不断扩大，法院最初解释隐私权时只包括导致可确定损害的实际侵权。事实上，随着法院习惯于以这种方式思考，很少有案件解决更为困难的个人自治和信息控制问题。

尽管早在1851年下级法院就认可隐私权是普通法上的权利，但直到20世纪中叶，美国联邦最高法院才开始探讨与隐私权有关的宪法原则问题。随着执法机关运用更具有侵犯性的调查手段，美国最高法院开始面临个人运用自治权与执法机关较量的新情况。美国最高法院一系列裁判始于欧姆斯德（Olmstead）诉美国一案。在欧姆斯德案中，美国最高法院要裁判的问题是，政府窃听电话是否侵犯个人依据反对非法搜查和扣押的宪法第四修正案所享有的权利。由于下级法院判决欧姆斯德因密谋违反美国《国家禁酒法》而构成犯罪，欧姆斯德提出上诉，理由是通过窃听电话来收集犯罪证据侵犯依宪法第四修正案所享有的权利。美国最高法院拒绝上诉理由，认为政府未进行搜查和扣押，原因在于执法机关并未实际入侵欧姆斯德的私人财产，因此，由于未进行搜查和扣押，政府并未违反宪法第四修正案。

尽管在随后的几十年中下级法院遵照该判例行事，但更具有侵犯性的执法调查技术最终使得美国联邦最高法院不得不重新考虑欧姆斯德案所确立的原则。事实上，新调查技术的发展最终使得美国最高法院在具有重大影响的凯茨（Katz）诉美国一案中推翻了欧姆斯德判例。在凯茨案中，美国最高法院要裁判的问题是，执法机关在凯茨经常使用的公用电话亭外部安装电子窃听设备是否违反宪法第四修正案。美国最高法院援用格瑞斯伍德（Griswold）诉康涅狄格州一案所确立的原则（在该案中法院第一次宣布宪法保护隐私权），从而最终认定无正当理由的窃听行为违宪。美国最高法院如此裁判的理由是，侵犯隐私权并不要求实际入侵个人的财产，而只要违反个人对隐私权的"合理期待"即构成侵权。

在凯茨案后，联邦法院都适用对隐私权合理期待的标准。事实上，下级法院将该标准适用于众多声称侵犯隐私权但事实迥异的案件，如利用电视监控、窃听移动电话谈话内容等。然而,联邦法院并未限制可能对隐私权产生合理期待的各种事实。相反,法院利用这个机会将隐私权范围扩至一系列个人活动,包括受宪法保护的个人在结社、政治活动及性关系上享有的隐私权。今天,联邦宪法不仅保护个人在有形财产中的隐私权,而且亦保护在个人通讯、想法及政治理想中的隐私权。然而,尽管法院承认自然人在一系列个人活动中享有隐私权,但对一般隐私权的司法承认仍不适应隐私权保护的整体需要。针对一系列隐私权问题,立法机关通过立法提供法定保护。因此,探讨美国隐私权保护问题必须分析相关立法。

2. 美国1974年《隐私权法》

尽管存在大量涉及个人隐私权的判例,但法院跟不上技术发展的步伐,这些技术为个人信息的收集、传播和使用提供了创新性手段。为从立法上界定个人隐私权,美国国会通过了第一个全国性隐私权保护法律,即1974年《隐私权法》。美国《隐私权法》承认有必要平衡个人在隐私权中的利益与利用计算机簿记系统存储信息的机构利益。从理论上说,美国《隐私权法》适用于所有政府机关处理个人信息的行为,该法通过一系列规定为联邦机构运用簿记系统提出了程序上的要求。更为重要的是,美国《隐私权法》要求联邦机构在《联邦公报》上登记每一个簿记系统,一旦登记,只允许联邦机构保留与履行职责"相关的、必要的"记录。为确保公正对待每一个人,美国《隐私权法》进一步要求保留簿记系统的联邦机构尽最大努力保证记录准确、及时和全面,而且,为减轻人们对向一个联邦机构提供信息会导致所有联邦机构获知该信息的担忧,美国《隐私权法》对联邦机构之间的信息交换规定了详尽的前提条件。就此,未获当事人书面同意,联邦机构一般不得向任何其他人或机构提供保密信息,然而,允许信息交换的情形依然很多,美国《隐私权法》列举的例外就多达11项。

尽管适用范围有限,但美国《隐私权法》对司法判例做了补充。不管涉及何类信息或对个人而言是否重要,美国《隐私权法》均要求联邦机构在使用个人信息时遵循严格的行为指南,因此,美国《隐私权法》试图阻止政府滥用信息。而且,美国《隐私权法》通过提供行政手段使得个人在提起诉讼前就可能阻止政府滥用信息,在邀请公众参与制订政府运用个人信息的行为规则上,美国《隐私权法》亦是独一无二的。然而,美国《隐私权法》的最大贡献或许在于该法默示承认市民和政府之间的联合是脆弱的,这种关系需要一种明示的"公平原则"。

尽管美国《隐私权法》将隐私权适用范围扩至法院从未涉及的领域,但诸多限制所产生的实际问题很快浮出水面。由于适用范围存在巨大缺陷,美国《隐私权法》未能将重要的隐私权原则适用于美国生活的许多领域。实际上,美国《隐私权法》适用范围最明显的缺陷是不适用于金融隐私权,而且,美国《隐私权法》只适用于联邦机构,不适用于众多私人企业如银行、保险公司和信贷公司设立的大量金融簿记,因此,美国《隐私权法》未能解决金融信息滥用问题。

有两个美国联邦最高法院案件能很好地说明《隐私权法》未能保护个人的金融隐私权。在加利福尼亚银行家协会诉舒尔茨(Shultz)案中,有人对美国《银行保密法》是否符合宪法提出挑战。美国《银行保密法》要求银行承担积极义务,对客户金融事务做详细记录。美国最高法院认为,《银行保密法》立法目的并非不合理,因此该法规定的簿记要求并未违反反对非法搜查和扣押的宪法第四修正案。美国最高法院在舒尔茨案中的判决不仅允许扩大记录金融信息的范围,而且事实上强制要求设立这种簿记。

尽管美国联邦最高法院在舒尔茨案中拒绝对宪法原则是否保护金融隐私权这一个更为重要的问题发表看法,但两年后,在美国诉米勒(Miller)案中确实讨论了该问题。在米勒案中,联邦机构代理人发现被告仓库中存有未登记的蒸馏器和未纳税的威士忌酒后,向被告开有账户的两家银行送达传票,要求获得有关金融记录。银行在未通知被告的情况下遵守传票要求,向政府提供了支票、存款条的缩微胶卷及与银行账户有关的其他信息。作为回应措施,被告于审前提出动议,要求阻止这些金融记录的披露,理由是这些记录受隐私权保护。美国最高法院拒绝将宪法保护隐私权原则延伸适用于银行设立的金融记录,因而认定银行客户对这些金融记录并无合理的隐私权期待,理由是客户通过获取银行服务的方式自愿将金融交易信息披露给了银行。所以,客户将金融信息披露给银行后应承担这些记录可能会披露给政府的风险。

3. 美国 1978 年《金融隐私权法》

米勒案在公众和国会中引起强烈不满,作为直接回应措施,美国国会于1978年通过《金融隐私权法》。该法直接调整金融机构将记录披露给联邦政府的行为,因而限制了米勒案的效力。通过一系列程序性规定,美国《金融隐私权法》禁止金融机构向政府提供客户的金融信息,除非属于以下三种情况之一:(1)客户书面同意转移该信息;(2)政府依据有效的传票或搜查令而要求提供信息;(3)政府在特殊情况下提交了书面请求。为在以上三种情况下获取客户金融记录,政府必须遵守美国《金融隐私权法》所规定的程序性要求,并向金融机构提交一份表明遵守法律规定的确认函。除限制政府可以获取个人金融信息的情形外,美国《金融隐私权法》对于已合法获取的个人金融信息在联邦机构之间的交换亦规定了严格的程序性条件。在此问题上,美国《金融隐私权法》禁止金融信息在联邦机构之间转移,除非政府能证明拟接受信息转移的联邦机构对于该金融记录拥有"合法的执法查询权"。

尽管适用范围有限,但美国《金融隐私权法》在其他法律尚未涉及的领域提供了重要的隐私权保护措施。就此,该法并入了一系列程序性规定以防止联邦政府毫无节制地获取消费者的个人金融信息。事实上,美国《金融隐私权法》试图超越法院在米勒案中所提供的宪法保护形式,平衡个人在金融记录中的隐私权利益与政府获取个人金融信息以作为有价值的执法工具中的利益。当然,美国《金融隐私权法》的效力要受到狭窄适用范围和弹性条款的限制,而且,随着现代通讯技术促使电子商务的不断发展,美国《金融隐私权法》的重要性有所下降。

4. 美国1986年《电子通讯隐私权法》

为解决现代通讯技术的发展对隐私权造成的损害,美国国会于1986年通过《电子通讯隐私权法》。20世纪60年代末作为水门丑闻的直接应对措施之一,制订美国《电子通讯隐私法》原本针对政府窃听电话的行为。然而,到了1986年年末,美国国会将反窃听电话以保护隐私权的规定扩大至各种电子通讯。更值得一提的是,美国国会增加了"电子通讯"的定义,并将大多数未使用声波且难以公正地归类为人类声音的通讯方式亦包括在内。此外,美国国会修正了"窃听"定义,将通过耳朵或其他方式获取的电话、电子或口头通讯包括在内。因此,美国《电子通讯隐私权法》第一次保护了众多类型的数据交换,包括金融机构之间金融记录的电子交换及从事互联网交易的当事人之间所交换的大部分信息。

除扩大隐私权保护范围外,美国《电子通讯隐私权法》还对以电子数据库形式存储的信息提供隐私权保护。在此问题上,该法禁止大多数私人接触存储的电子通讯,而政府要获取存储的电子通讯时通常需要持有搜查令,然而,美国《电子通讯隐私权法》所提供的保护通常限于不超过180天的通讯。事实上,政府可以相当容易地获取超过180天的信息,因此,尽管美国

《电子通讯隐私权法》对各种类型的电子交易提供了较强的隐私权保护，但狭窄的适用范围限制了适用于电子货币系统的能力，因而难以解决电子货币所带来的信息滥用问题。①

（二）电子货币适用现行隐私权立法之不足

尽管人们普遍认为有必要采取合适的安全措施以有效保护在互联网上的电子货币交易，但可以适用的制定法和普通法均未能预防可能存在的信息滥用问题。现行联邦立法未直接针对电子货币系统中的隐私权问题，事实上，美国《隐私权法》、《金融隐私权法》和《电子通讯隐私权法》都针对过去发生的隐私权问题。因此，这些适用范围狭窄且操作富有弹性的制定法未能为今天电子市场中存在的隐私权威胁提供充分保护，就此，检讨现行隐私权保护措施之不足时必须考察每一部法律的局限性。

1. 美国 1974 年《隐私权法》

在理论上，美国《隐私权法》限制了政府收集和使用所有个人信息的能力，然而，在实践中，美国《隐私权法》是一部执行效果不好的法律，许多法定豁免严重限制该法的作用。尽管最近的修正提升了保护水平，但美国《隐私权法》所提供的保护因存在众多豁免而被减损，这些豁免和模棱两可的措辞使得政府在私人依据美国《隐私权法》提起的诉讼中几乎都逃脱了责任。结果是，联邦机构在收集、使用和披露个人金融信息时拥有相当大的自由裁量权。

除缺乏足够的保护措施以应对政府信息滥用外，美国《隐私权法》亦缺乏具体禁令以应对私人企业信息滥用。事实上，美国《隐私权法》根本不调整私人企业处理个人信息问题。就此，美国《隐私权法》对于未获授权将电子货币持有人的身份、财务状况或消费习惯披露给第三人的情况未提供任何保护②，而且美国《隐私权法》未涉及因缺乏足够保护电子货币交易安全的措施而产生的隐私权问题。说得更具体一点，美国《隐私权法》不禁止未获授权就进入存储金融信息的数据库，或不禁止从电子货币持有人传送至互联网特约商户的过程中拦截金融信息。因此美国《隐私权法》不仅未解决政府滥用信息问题，亦未能解决私人企业滥用信息问题。

---

① 有关美国隐私权保护的整体情况，还可以参见 Fred Cate：《美国的隐私保护》，苏苗罕译，载周汉华主编：《个人信息保护前沿问题研究》，法律出版社 2006 年版，第 73—100 页。

② Catherine Downey, The High Price of a Cashless Society: Exchanging Privacy Rights for Digital Cash? 14 *John Marshall Journal of Computer & Information Law* (1996), p. 303.

2. 美国 1978 年《金融隐私权法》

尽管美国《金融隐私权法》将隐私权保护范围提升至一个新的高度,但该法的众多不足与美国《隐私权法》如出一辙。与《隐私权法》一样,《金融隐私权法》只适用于联邦机构,这样,美国《金融隐私权法》对于私人企业滥用信息问题未能提供足够的保护。就此,不论要求获取信息的第三方是合法的商业企业或是臭名昭著的窃贼,美国《金融隐私权法》中没有任何条款能阻止数据库经营者将电子货币持有人的身份、财务状况或消费习惯披露给感兴趣的第三方。而且,与美国《隐私权法》一样,《金融隐私权法》未能阻止狡猾的第三方获取存储在计算机数据库中的个人金融信息,或在个人金融信息从电子货币持有人传送至互联网特约商户时拦截该信息。因此,尽管美国《金融隐私权法》旨在将隐私权保护延伸至个人金融信息,但这种保护在实践中大部分是虚幻的。

除未能采取足够的保护措施以应对私人企业的信息滥用外,美国《金融隐私权法》在防止政府滥用信息上亦未能充分保护隐私权。事实上,即使许多豁免不适用,美国《金融隐私权法》也只能向电子货币持有人提供有限的保护。例如,如果政府怀疑某人利用互联网洗钱,只要简单地声称个人金融信息与"合法的执法查询权"有关,就可以迫使电子货币发行商披露这些信息。将这种松弛的标准置入相关环境中就可以看出,美国《金融隐私权法》根本就未提供任何实际性的保护,而是提供了一些可以获取这些信息的弹性程序。

而且,为防止通过这些弹性程序获得的金融信息披露出去,电子货币持有人必须求助于另一组并非重要的程序性规则。就此,美国《金融隐私权法》规定了一组严格的"阻却程序",电子货币持有人通过这些程序可对政府的信息要求提出异议。然而,美国《金融隐私权法》提供的程序并不具有优先效力,难以阻止政府获取个人金融信息。在大多数案件中,对政府提出的信息要求持有异议的电子货币持有人必须在政府已获取个人金融信息后才能在联邦法院提起诉讼。因此,美国《金融隐私权法》显然对于政府无正当理由获取金融信息并不能为个人提供多少保护。

3. 美国《电子通讯隐私权法》

在有关立法中,美国《电子通讯隐私权法》对电子货币持有人提供的保护最大。与美国《隐私权法》和《金融隐私权法》不同的是,美国《电子通讯隐私权法》适用于某些私人企业,亦适用于获取存储中和转移中的信息。然而,尽管适用范围有所扩大,但美国《电子通讯隐私权法》亦只能向电子货币持有人提供有限的保护。尽管该法确实调整存储中和转移中的信息获取,但只适用于"拦截"被转移的金融信息,而且美国《电子通讯隐私权法》并不禁止数据库经营者拦截、使用或披露某一电子通讯,只要该经营者被认定为保护电子货币提供者的权利或财产即可。尽管该规定对于电子货币持有人而言提供了某些隐私权保护,但在决定何时有必要获取信息这一问题上无客观标准,这为信息滥用打开了方便之门。

此外,尽管美国《电子通讯隐私权法》对私主体拦截电子通讯提供了有限保护,但该法对于政府拦截行为所提供的保护实质上非常少。例如,美国《电子通讯隐私权法》允许联邦官员在拦截可能获取联邦重罪证据时寻求获得拦截电子通讯的命令。显然,在政府试图获取电子货币持有人个人金融信息时,该弹性标准给予政府相当大的自由度。就此,美国国会使得政府获取存储的电子通讯比获取其他形式的存储通讯要容易得多。说得更具体一点,即依据美国《电子通讯隐私权法》,政府在获得拦截命令时并不需要遵守更为严格的程序要求。因此,美国《电子通讯隐私权法》在政府是一方当事人的刑事和民事执行程序中对于个人金融信息的使用实际上并未向个人提供多少隐私权保护。事实上,即使政府在获取个人金融信息时未能遵守美国《电子通讯隐私权法》中的弹性程序,对于这种非法获取的电子通讯的使用只需要适用宪法第四条修正案所规定的证据排除规则,而不是为电话和口头通讯所提供的更为广泛的法定保护。尽管宪法第四修正案为非法搜查和扣押获得的信息的使用提供了保护,但这种保护在适用于电子货币持有人的个人金融信息时却因美国联邦最高法院在舒尔茨案和米勒案中所作的判决而大打折扣。实际上,与舒尔茨案和米勒案的判决一样,美国最高法院很有可能会拒绝阻止联邦官员非法获取个人金融信息,理由是电子货币持有人对于自愿向互联网特约商户披露的信息不享有"合理的隐私权期待"。因此,与美国《隐私权法》和《金融隐私法》一样,美国《电子通讯隐私权法》对于互联网上的电子货币交易信息滥用问题只提供了最低限度的隐私权保护。

(三)电子货币中的隐私权保护立法之完善

现行制定法和普通法未能对互联网交易中的信息滥用提供足够保护,这要求制订新的联邦法律以直接解决该问题。为促使互联网发展成为一个有价值的商业媒介,新法律必须考虑电子商务的实际,为互联网上的电子货币交易当事人制订明确的行为规则。实际上,互联网的商业成功可能取决于持有人对于金融交易的匿名性及隐私权保护是否有信心。因此,新法律不仅必须直接适应于电子货币,而且必须将隐私权问题作为优先考虑事项集中规定。

为正确处理互联网交易使用电子货币问题,新法律必须适用范围广泛。就此,必须同时为公共机构和私人企业制订明确的行为指南,而且,不论个人金融信息处于存储状态还是传送状态,新法律必须调整所有信息的收集、使用和披露。此外,与现行立法不同的是,新法律制订的行为指南应适用于各种电子货币系统。公共机构和私人企业通过各种电子货币系统收集、使用和披露个人金融信息的行为均应纳入新法律的适用范围,这样,新法律可以集中规定所有电子货币持有人关注的隐私权问题,并因此促进互联网在商业上的成功。

为充分处理这些隐私权问题,新法律必须确保电子货币持有人身份不被披露。在电子货币持有人身份保密的情况下,试图获取持有人个人金融信息的公共机构和私人企业就缺少利用这些信息的关键性联结因素,因此对于运用加密技术以提升匿名性的做法,新法律必须制订严格的行为指南以防止电子货币持有人身份被披露。然而,必须在运用加密方法以维持电子货币持有人的匿名性与合法的执法活动之间达成适当平衡。随着越来越多的犯罪分子熟悉计算机并了解到运用电子方式犯罪比传统方式具有优越性后,使用计算机、电子货币系统和互联网犯罪的活动将与日俱增,同时,新技术的运用使得执法机关预防重大犯罪的能力大大减弱。因此,为使执法机关能同互联网上的犯罪行为作斗争,调整电子货币持有人隐私权的新法律必须允许政府在某些有限的情况下获知持有人身份,然而,新法律不应并入美国《金融隐私权法》中的"合法的执法查询权"标准。新法律应提高政府获取个人金融信息的标准,将其提升至"合理根据",事实上,合理根据要求应适用于政府查询的所有情形。与遭受侵蚀的合法的执法查询权标准不同,合理根据新标准将要求政府证明在其要求提供的个人信息与调查的非法活动之间存在重大因果关系。如果政府不能举证证明这一点,法律必须阻止政府获取这些个人信息或阻止将其作为刑事诉讼中的证据。因此,与宽松的"合法执法"标准不同,合理根据标准与范围广泛的法定证据排除规则一并使用时将为不知情的电子货币持有人的隐私权提供极为有力的保护。

尽管合理根据标准将大大减少政府滥用信息,新法律也必须应对私人滥用信息问题。就此,新法律应提供广泛保护以应对商业企业、利益集团和其他私人主体未获授权收集、使用和披露电子货币持有人的个人金融信息。说得更具体一点,新法律应要求私人主体披露存储在计算机数据库中的信息性质和使用情况,而且新法律应制订严格的程序性条件,要求数据库经营者向电子货币持有人提供质询、异议和修改所存储信息的机会,这些条件同时应允许电子货币持有人在未明示授权时阻止存储信息披露给第三方。

为确保这些法律规则得到遵守,新法律必须向所有电子货币持有人提供广泛救济,这些救济应包括民事制裁和刑事处分,而处分应适用于所有应承担责任的当事人,不管违法作恶者是政府官员、商业企业、利益集团还是计算机黑客。通过对所有违法作恶者施以严厉的民事制裁和刑事处分,新法律对于各种信息滥用,包括互联网上的各种犯罪活动均能起到重大威慑作用。

第二节 电子货币中的反洗钱问题

持有人可能希望电子货币具有与现金相同的匿名性,但这样将无法追查非法活动中资金的来龙去脉;相反的做法亦是有害的,因为个人活动将经常受到公共机构或私人企业的监视,而私人企业所做记录还有可能用于商业目的。必须将隐私权视为持有人享有的一项政治权利而得到尊重,但与此同时,必须采取措施以确保电子货币不被当成规避现行法律的工具。因此,电子货币监管者必须在顾客隐私权与执法机构反洗钱目标之间权衡。①

一、反洗钱问题概述

传统洗钱通常包括三个阶段:第一,开设一个合法的壳公司并从事合法经营。同时,有大量的现金流入和流出,把通过合法渠道获得的盈利资金和通过非法渠道获得的资金混在一起,将这些钱存入银行或者其他金融机构。第二,通过银行间的资金划拨,将存入银行的钱在不同机构之间转移。转移的次数和机构越多,越难察觉钱的真正来源。最后,在不断转移的过程中,所有的钱最终被转移成合法资金,比如转移成为银行存单,黑钱和合法资金

---

① B. Geva & M. Kianieff, Reimagining E-Money: Its Conceptual Unity with other Retail Payment Systems, 2002, available at http://www.google.com.

融为一体。①

尽管电子货币产品能带来明显的利益,但大多数行业及执法问题专家都认为,现行电子货币方案可能对传统的反洗钱努力造成重大威胁。一般而言,现行电子货币系统的某些内在因素可能使得传统追查资金的来龙去脉及监视洗钱活动的机制变得毫无意义。因此,电子货币系统可能为洗钱者提供一种新方法,使其在瞬间就能将非法资金转移至世界各地,而这种方法几乎不可能被执法机关追查到,这种后果将非常可怕。

由于大多数电子货币系统仍处于发展中,因而其对反洗钱努力的潜在威胁无法穷尽。尽管如此,仍有必要对其中最急迫及已发现的威胁做一些说明,例如,电子货币系统最有可能产生问题的特征之一是具有在个人之间而不仅仅是在个人与特约商户之间转移价值的能力。这一点限制了中央机构如银行收集信息的能力,使得犯罪分子能有效地利用电子货币来洗钱。因此,这一点亦降低了传统交易监控的有效性,原因在于中央机构无法收集必要的信息,难以发现洗钱活动。②

电子货币价值极易转移,这为犯罪分子继续犯罪提供了一种富有吸引力的新工具,因为电子货币允许直接将大笔资金匿名支付给其他国家的个人或公司。例如,犯罪分子可从假账户中提取资金、打入灵通卡,并在其控制的不同公司之间转移若干次。最初的提款将被记载下来,并由持有该提款账户的金融机构报告给有关当局,但从此以后资金的转移将不受任何监督或不会留下任何书面文件。在犯罪分子的最后一个壳公司将卡片上的价值兑换为现金时,再也没办法追查到资金的来源与去向,同样,利用以互联网为基础的电子货币系统洗钱亦难以发现或识别出参与者。

与在个人之间转移价值紧密相关的问题是,在电子货币支付方案中是否还存在中介机构,如果不存在,将会有何影响。根据现行监管体制,美国《银行保密法》第5312条所列举的金融机构在传统反洗钱机制中充当监督者。说得更具体一点,有关交易金额和频率的信息由金融机构收集并提交给执法机构审查;与此相反,脱机型电子货币系统根本不存在银行等中介机构。在资金接受者存入现金前,银行只知道原来提款人的身份,洗钱者不太

---

① Christopher Hoffman, Encrypted Digital Cash Transfers: Why Traditional Money Laundering Controls May Fall without Uniform Cryptography Regulations, 21 *Fordham International Law Journal* (1998), p. 304.

② Security of Electronic Money, 1996, available at http://www.bis.org.

可能会与执法机构合作并披露随后使用该笔资金的每一个人的身份,因此,执法机构不可能追查到涉及该笔资金的交易活动。①

电子货币产品的另一个设计特征是可以存储的金额在技术上不受限制,如果储值卡或计算机硬盘存储数千甚至数百万美元,这将使得犯罪分子轻而易举地将大笔资金匿名支付给世界范围内的任何人。例如,犯罪分子可在衣服口袋中放入一张存有数百万美元的储值卡飞往另一国家,储值卡在外表上与任何其他信用卡并无二致,因而有关当局亦无理由会关注到这张储值卡,这将大大减少使用其他更具危险的工具将资金走私到美国境外的必要性。即使消费者持有的储值卡有金额限制,犯罪分子亦有可能利用为适应零售交易量的需要而具有更高金额限制的特约商户储值卡。实际上,洗钱者可以利用特约商户作为前哨,即使将大量资金存入特约商户终端,也不会引起监管者的怀疑。

最后,正在发展的电子货币系统还使得零售商越来越难以了解客户、难以记录交易情况并难以知晓商业客户的法律组织;与此类似,某些新的电子货币系统要核实具有多年交易经验的当事人身份也极为困难。不同的电子货币系统簿记要求不一,这大大减损了传统执法工具的作用。特别值得一提的是,虽然某些电子货币方案在每次交易时核实当事人的身份,但大多数电子货币系统选择了更便宜的设计方案,只是偶尔或在出现可疑行为时核实。某些发行商甚至采用自动售货机销售储值卡,此时某一储值卡交易可能被追踪到,但持有人的身份将不得而知。一般来说,金融机构所作记录越少,特别是在开立账户时记录越少就越适合于犯罪分子洗钱。

与此类似,在互联网上的电子货币交易数量和速度均有可能令人难以置信,这使得执法机构识别或追踪非法资金极为困难。1997年,洗钱问题金融行动特别工作组指出:

> 一旦电子货币系统得以普及,必然会涉及一部分非法资金。虽然电子货币系统所转移的价值不能与电子划拨系统相提并论,但交易量可能更大。因此,考虑到电子货币中流转的资金量,非法资金可能更难被发现。庞大的交易量及计算机化处理数据的速度均使执法机构难以发现可疑活动。

---

① Laurie Law, How to Make a Mint: The Cryptography of Anonymous Electronic Cash, 46 *American University Law Review*(1997), p.1131.

同时,电子货币系统的这一特点亦使得金融机构记录下数量如此庞大的交易细节或建立报告制度在经济上不具有可行性,这意味着电子货币系统难以建立在传统反洗钱中被证明是有效措施的记录制度和报告制度。①

二、欧盟反洗钱立法

(一) 立法概述

1991 年,欧盟通过第一个《反洗钱指令》,该《指令》于 2001 年被修正;2005 年,欧盟通过了新的《反洗钱和反恐融资指令》,并废除了原反洗钱指令。不过,各成员国只要在 2007 年 12 月 15 日之前实施新指令即可。新指令对"洗钱"进行了广泛界定,建立了客户识别制度、报告制度,要求有关企业做好记录,并建立内部控制程序和培训制度。

洗钱是指故意从事以下行为:(1) 明知财产来源于犯罪活动或参与犯罪活动的行为而侵占或转移财产以隐藏或掩盖财产的非法来源或协助涉嫌犯罪的任何人逃避法律制裁;(2) 明知财产来源于犯罪活动或参与犯罪活动的行为而隐藏或掩盖财产的真实性质、来源、藏匿地点、处置、移动、有关权利或所有权;(3) 在接受财产时明知财产来源于犯罪活动或参与犯罪活动的行为而收购、占有或使用财产;(4) 参与、联合从事、试图从事及协助、教唆、促使与建议从事以上任何行为。《指令》指出,以上行为所要求的明知、故意或目的可从客观事实中推断。此外,即使与财产相关的行为发生在另一成员国或第三国,亦适用新《指令》。

新《指令》禁止信用机构开设匿名账户或存折,现有匿名账户应尽快转为实名制,无论如何应在匿名账户被使用之前识别客户身份。下列情况应识别客户:(1) 建立商业关系;(2) 无论是一笔交易,还是似乎有关联的几笔交易,金额达到或超过 15000 欧元;(3) 不论是否可以豁免或金额是否到达报告门槛,被怀疑洗钱或为恐怖活动融资;(4) 以前获得的客户身份资料的真实性或准确性遭怀疑。

识别客户的措施包括:(1) 依据可靠且独立的来源渠道而获得的文件、数据和信息识别客户并核对身份;(2) 识别受益所有人,采取以风险为基础的合适措施核实身份,以了解信托和类似法律安排之下谁是真正的受益所有人及其所有权和控制结构;(3) 获取商业关系目的和性质的信息;(4) 持

---

① Timothy Ehrlich, To Regulate or Not? Managing the Risks of E-money and its Potential Application in Money Laundering Schemes, 11 *Harvard Jorunal of Law & Technology* (1998), pp. 845—850.

续监督并仔细审查商业关系,以确保了解客户交易情况、利润和资金来源,并确保文件、数据或信息及时更新。信用机构在识别客户时原则上要运用上述所有措施,但可以依据风险大小及客户、商业关系、产品或交易类型只采用部分措施。此时,信用机构应向主管机关证明,就洗钱风险而言,其采取的措施是合适的。

识别客户和受益所有人应在建立商业关系或从事交易之前进行,但是,如果为了不干扰商业业务之正常进行,而且几乎不存在反洗钱风险,则可在商业关系建立之时识别客户。银行账户亦可以先开立,但条件是应采取充分措施以确保客户或其代理人在识别客户之前不从事交易。无法遵守识别客户的措施时,不得通过银行账户进行交易、建立商业关系,而已建立的商业关系应终止,并向各国金融情报局报告。信用机构不仅要识别新客户,而且对现客户亦应在合适的时候考虑其风险大小后重新识别。

当客户为信用或金融机构、上市公司、联名账户之共同受益人、国内公共机构或洗钱风险较小的其他客户时,无需识别,但无论如何也要收集足够的信息以确定是否能满足以上豁免。新《指令》特别指出,如果电子货币工具不能充值且最大存储金额不超过 150 欧元,或可以充值但每一日历年最大交易金额为 2500 欧元,则可以不识别电子货币持有人,但如果持有人在同一日历年赎回金额达到或超过 1000 欧元时,则需要识别。

交易性质使得洗钱风险增加时,信用机构应加强客户识别。识别客户时客户未亲自到场,信用机构应采取具体、充分的措施以应对高风险,譬如采取下列措施:(1)确保有其他文件、数据或信息证明客户的身份;(2)采取补充性措施以核对客户提交的文件,或由信用机构提供确认性证明;(3)确保支付的第一笔款项通过以客户名义在信用机构开立的账户。与第三国相应机构建立往来银行关系时,信用机构应采取以下措施:收集足够的信息;评估往来机构的反洗钱控制措施;在建立往来关系之前获得高级管理人员的批准;以书面文件规定每一机构的责任等。与另一成员国或第三国政治人物从事交易或建立商业关系时,信用机构应采取以下措施:建立以风险为基础的合适程序以决定客户是否为政治人物;与这种客户建立商业关系时应要求高级管理人员批准;采取合适的措施以查明其财富或资金的来源;持续监督这种商业关系。此外,信用机构不得与空壳银行建立或维持往来银行关系,并应采取合适措施以确保不与允许空壳银行使用账户的银行建立或维持往来银行关系。

信用机构可以依赖第三人来识别客户,但最终责任应由信用机构承担。第三人应向信用机构提供信息,一旦后者提出要求,第三人应将识别客户或受益所有人的数据或其他相关文件的复本提交给信用机构。

信用机构应特别注意依其性质很可能涉嫌洗钱的活动,尤其是复杂或异常的大额交易及所有无明显经济效益或不具有合法目的异常交易。信用机构及其董事和雇员应与各国金融情报局充分合作,在其知道、怀疑或有合理根据怀疑正在洗钱或企图洗钱时主动向各国金融情报局报告,而后者提出要求时亦应按照立法所确定的程序立即提供所有必要信息。在信用机构将其知道或怀疑的洗钱活动报告之前,不得进行交易,但如果仅是怀疑洗钱且不交易不可能[①],或不交易可能阻碍识别受益所有人,则交易后应立即向各国金融情报局报告。诚实报告上述信息的信用机构及其董事和雇员不得视为违反合同、法律、监督或行政规定中对信息披露的任何限制,亦不得要求他们承担任何责任。此外,信用机构及其董事和雇员不得将上述信息和正在或可能进行反洗钱或反恐融资调查的信息透露给相关客户或第三人。

信用机构应保存以下文件和信息,以便各国金融情报局或其他主管机关根据国内法调查或分析可能存在的洗钱活动:就识别客户而言,身份证明文件或参考证明文件的复本,保存期自与客户商业关系结束后不少于5年;就商业关系和交易而言,支持性证据和记录,包括依据国内法律为法院程序所接受的原始文件或复本,保存期自交易完成或商业关系结束后不少于5年。信用机构之分支机构或位于第三国的多数控股子公司亦应遵守上述要求。信用机构还应建立合适的制度以确保各国金融情报局提出要求时能快速作出反应,以便后者查明在过去5年中信用机构与某一特定当事人或法人之间是否存在商业关系及这种关系的性质。

信用机构应在识别客户、报告要求、保存记录、内部控制、风险评估、风险管理、守法管理和内部通讯上建立合适的、充分的政策和程序,以防止洗钱或为恐怖活动融资。信用机构应采取合适的措施以使相关雇员了解反洗钱规则,包括持续参加特别培训计划以帮助雇员识别可能与洗钱有关的活

[①] 即指在交易进行过程中信用机构发现可能存在洗钱的情形,但其与客户的交易不可能停止或逆转。

动,并告知其应如何处理这种情况。①

(二) 反洗钱立法在电子货币中的适用

欧盟《电子货币指令》并未直接规定反洗钱规则,而是援用反洗钱指令的规定。在反洗钱规则是否及如何适用于电子货币这一问题上,各成员国做法不一。只有3个成员国报告说,其国内有适用于电子货币工具的反洗钱规则,无论电子货币机构、豁免机构还是银行发行的电子货币工具均一体适用。

在英国,金融服务局在反洗钱问题上采取了一种务实的做法,在将反洗钱联合指导小组制订的指南适用于电子货币时,英国金融服务局尽力使其与电子货币机构和豁免机构洗钱风险相称。在实践中,开立电子货币账户或购买电子货币卡时无需识别客户,但在电子货币被提取/赎回时,或账户交易额超过 5000 英镑时,则需要识别客户,然而,接受电子货币的商家身份必须随时识别。

比利时和法国亦制订了特别规则,具体规定了哪些情况下电子货币卡可以匿名购买或匿名开立电子货币账户,即无需识别客户身份。此时,两国均要求电子货币存储金额不超过 150 欧元,而法国还要求每笔交易不超过 30 欧元。在意大利,匿名电子货币工具的最大存储金额为 500 欧元。

所有其他成员国均称,适用于银行的反洗钱规则同样适用于电子货币机构和豁免机构,这意味着在开立电子货币账户或购买电子货币卡时应确定客户身份,并需要对异常交易进行核查和跟踪。然而,这些规则实际适用的可能性和程度有多大有时并不清楚,特别是在电子货币卡基本上是匿名卡时更是如此。大多数成员国国内尚无电子货币机构或豁免机构,所以没有必要制订具体规则。

尚无电子货币机构的成员国承认,在实践中,务实态度有时比全面而直接地适用所有反洗钱规则更适合于电子货币业。捷克和丹麦主管机构声称,无必要识别电子货币卡客户;在德国,适用于每家电子货币机构的反洗钱规则是通过谈判达成的,而且德国电子货币机构和豁免机构还可以提出豁免适用反洗钱规则的申请。迄今为止,已有 7 家机构提出申请,但尚无一家获准免于适用所有反洗钱规则。

---

① Directive 2005/60/EC of the European Parliament and of the Council of 26 October 2005 on the Prevention of the Use of the Financial System for the Purpose of Money Laundering and Terrorist Financing, available at http://www.google.com.

许多主管机关亦强调欧盟《反洗钱和反恐融资指令》的重要性,因为指令为成员国采取以风险大小为基础适用反洗钱规则提供了法律依据。指令第 10 条允许成员国对于洗钱风险显然很小的产品豁免适用客户识别规则,这包括了电子货币。

然而,部分业内利害关系人亦声称,在确实需要识别客户时,采取何种识别方式才能为主管机关接受,这在不同成员国之间存在一些差异。例如,在英国,某种形式的电子确认即可;而在德国却不可以,荷兰的识别客户要求亦比英国严格。①

三、英国反洗钱立法

英国第一个《反洗钱条例》于 1993 年通过,主要目的在于实施欧盟《反洗钱指令》。条例引入通常称为"了解你的客户"规则,并要求保存交易记录和培训职员。与指令一样,英国条例主要针对金融业。欧盟于 2001 年修改《反洗钱指令》,主要目的在于将货币兑换机构和货币汇兑机构纳入指令。为实施欧盟新指令,英国于 2003 年通过新的《反洗钱条例》并废除旧条例。新条例于 2004 年 3 月开始实施,适用范围包括电子货币机构。此外,英国金融服务局还发布了适用于金融机构的《反洗钱指南》。

(一)英国《反洗钱条例》

《条例》要求有关企业建立身份识别程序、交易记录保存程序和内部报告程序,并要求培训职员。条例适用于以下情形:(1)有关企业和交易相对人建立或同意建立业务关系时;(2)如果是一次性交易,有关企业知道或怀疑交易涉嫌洗钱,或支付金额超过 15000 欧元时;(3)如果是两个或两个以上的一次性交易,而有关企业察觉到(不论是在交易关系开始还是随后)这些交易相互关联且支付总金额超过 15000 欧元时。此时,有关企业必须建立身份识别程序,并做到以下几点:第一,在首次接触后尽可能早的时间内要求相对人就其身份提供令人满意的证件,或采取身份识别程序中为促使相对人证明其身份而规定的具体措施;第二,在相对人未亲自交易时应考虑到更有可能洗钱;第三,当相对人无法提供令人满意的身份证件时,有关企业不得继续维持业务关系或从事一次性交易;第四,当相对人是代他人交易时,有关企业必须采取合理措施以核实该被代理人身份。

---

① Evaluation of the E-money Directive (2000/46/EC): Final Report, 2006, available at http://www.eu.int.

《条例》要求有关企业作好交易记录,交易记录是指与所有交易有关的细节及身份证明,而身份证明是指身份证明复印件,或在何处可以获得身份证明复印件的信息,或在前两者均不可行时再次获得身份证明的信息。交易记录的保存期限如下:(1)有关企业与相对人已建立业务关系时,从业务关系结束之日起至少保存5年;(2)如果是一次性交易或连续几个一次性交易,从该交易或最后一次交易中的所有活动结束之日起至少保存5年;(3)如果是交易细节,从所涉交易中的所有活动结束之日起至少保存5年。

《条例》还要求有关企业建立内部报告程序:(1)有关企业应指定某人(指定官员)接受依条例披露的信息;(2)有关企业中的任何人在业务经营过程中收到的信息或其他事项使其了解到或怀疑或有合理根据了解到或怀疑某人洗钱,必须在收到信息或其他事项后尽快报告给指定官员或英国国家犯罪情报局局长依本条例授权的任何人;(3)在相关信息或其他事项报告给指定官员后,指定官员必须利用企业可以获得的所有相关信息审查决定是否能肯定或怀疑或有合理根据肯定或怀疑某人洗钱;(4)在指定官员作出肯定性决定后,相关信息或其他事项必须报告给英国国家犯罪情报局局长依本条例授权的任何人。[①]

(二) 英国金融服务局《反洗钱指南》[②]

《指南》旨在要求有关企业建立有效的反洗钱机制以减少利用该企业洗钱的机会,指南还要求有关企业确保英国金融服务局批准的人正确履行反洗钱职责。英国金融服务局认为,监管目标有三:提高市场信心及公众意识;保护消费者;减少金融犯罪。减少金融犯罪是本指南最重要的目标,而减少金融犯罪目标的一个方面是减少有关企业被犯罪分子利用为其处置犯罪收益的风险。一个合适而有效的监管体制有助于减少犯罪分子利用有关企业洗钱的机会,通过减少金融界洗钱风险有助于英国金融服务局实现提高市场信心的目标。至于提高公众意识,本指南旨在协助有关企业并通过它们使社会公众更好地了解金融系统为建立有效的反洗钱机制采取了哪些预防措施。如果有关企业能保护自己以避免被犯罪分子利用并记载为此采取的步骤,消费者亦能获得更好的保护。

正因为反洗钱如此重要,指南在细化身份识别程序、交易记录保存程序和内部报告程序的同时,对外部报告程序、职员培训及"反洗钱报告官员"等

[①] The Money Laundering Regulations 2007, available at http://www.opsi.gov.uk.
[②] Handbook for Money Laundering 2005, available at http://www.fsa.gov.uk.

事项作了补充。有关企业必须采取合理步骤以确保任何内部报告由反洗钱报告官员或授权代理人审查,或报告给英国国家犯罪情报局局长授权的任何人。如果审查内部报告及所有可以获得的相关业务信息后,反洗钱报告官员了解到或怀疑或有合理根据了解到或怀疑某人在洗钱,必须立即向英国国家犯罪情报局报告。为此,有关企业应:(1)要求反洗钱报告官员根据所有可以获取或可合理获取的相关信息审查内部报告;(2)允许反洗钱报告官员获取由有关企业掌握并可能与报告有关的任何信息,包括相关业务信息①;(3)确保在反洗钱官员了解到或怀疑或有合理根据了解到或怀疑某人在洗钱时无需经过任何人的同意或批准就可以向英国国家犯罪情报局报告。

《指南》要求有关企业必须采取合理步骤以确保处理或负责处理可能涉及洗钱交易的职员了解以下事项:(1)依据本指南在该企业的职责,包括获取证明客户身份的充足证据、识别并报告了解到或被怀疑的洗钱活动等;(2)反洗钱报告官员或英国国家犯罪情报局局长授权的任何人的身份和职责;(3)与反洗钱有关的法律及本指南;(4)违反反洗钱法律对有关企业及雇员与客户可能造成的影响。有关企业应就以上事项提供信息,使在该企业开始工作并受本《指南》约束的任何职员注意到以上信息,还应使这种职员在工作中随时能够获取以上信息。此外,有关企业必须提供合适的反洗钱培训以使职员能运用反洗钱法律并了解在有关企业中的职责。培训对象为所有处理或负责处理可能涉及洗钱交易的职员,培训的时间间隔应合适以确保每隔 24 个月所有职员均能轮训一次。

《指南》还要求有关企业指定反洗钱报告官员并报英国金融服务局批准。反洗钱报告官员负责监控与反洗钱有关的所有活动,如果合适,有关企业可决定由同一人来履行反洗钱报告官员与英国《反洗钱条例》中的"指定官员"的职责。为使反洗钱报告官员能有效履行职责,有关企业须确保其在企业中拥有足够高的地位及充足的资源,包括充足的时间及可能需要的充足人员②,而"充足资源"应包括在反洗钱报告官员临时不能履行职责时所

---

① 相关业务信息是指:(1)客户或曾经或正代表客户的任何人的财务状况;(2)有关企业已与客户或代表客户的任何人达成的交易特征。

② 反洗钱报告官员可将职责授权企业内其他合适的人来行使。如果企业在不同地方设有大量分支机构,每一分支机构必须有人负责反洗钱报告事宜。反洗钱报告官员可将职责授权给每一分支机构内的合适人选,但应承担最终责任以确保每一分支机构遵守反洗钱法律。

做的安排,并采取合理步骤确保这种安排合适。有关企业还应确保反洗钱官员能监控反洗钱政策的日常运作,并快速回应英国金融服务局提出的任何合理要求。此外,有关企业必须要求反洗钱官员对以下事项负责:(1)接受内部报告;(2)采取合理步骤以获取任何相关业务信息;(3)对外向英国国家犯罪情报局报告洗钱或涉嫌洗钱信息;(4)获取并使用国内及国际决定①;(5)采取合理步骤以建立合适的培训制度并维持其运作;(6)向有关企业高层管理人员提交年度报告。②

四、美国反洗钱立法及其完善

（一）反洗钱立法现状

为预防和发现非法资金的转移,执法部门和监管官员历来依赖作为中介机构的银行及其他金融机构,这些机构被认为提供了"控制点",非法资金一般必须通过它们才能被转移,因而这些机构可以记录交易情况并核实客户身份。③ 在美国,《银行保密法》为这种机制确立了法律框架,该法于1970年获得通过,它要求各类金融机构披露大额现金交易信息。实质上,美国《银行保密法》反洗钱的途径是建立"纸质踪迹"以便调查者能追查非法资金的来源,而且该法规定美国财政部可以发布反洗钱具体条例,并由其负责监督和调查洗钱活动。

美国财政部规定的追查非法资金的主要工具是强制记录和报告要求。《美国法典》第31章第5313节要求金融机构提交现金交易报告,即金额在1万美元以上的任何交易必须报告,该要求适用于银行、证券经纪商、货币汇兑商、支票兑换商及个人。与此类似,个人携入或携出美国的资金在1万美元以上时必须提交现金或货币工具国际转移报告,如果个人在国外开设银行账户且总金额超过1万美元,必须提交外国银行及金融账户报告。最后,《条例》亦要求金融机构在从事应报告交易时或交易完成前核实客户身

---

① 国内及国际决定是指英国政府及所属各部门与洗钱问题金融行动特别工作组就某一国家或地区是否在反洗钱措施上存在严重缺陷所作的决定,是否存在严重缺陷以国际标准或洗钱问题金融行动特别工作组发布的建议为准。

② 年度报告至少包括以下事项:(1)评估本企业遵守本指南的情况;(2)特别表明该年度是否参考了新的国内及国际决定;(3)说明本企业职员提交内部报告的数量,如果合适,说明每一部门职员提交内部报告的数量,而有关企业的高级管理人员应审议该报告,并采取必要措施对报告中提到的不足加以改进。

③ Electronic Money: Consumer Protection, Law Enforcement, Supervisory and Cross Border Issues, 1997, available at http://www.bis.org.

份,金融机构必须核实并记录交易相对人的姓名及住址,如果交易相对人代他人交易,则记录被代理人的身份证件、账户号码及社会保障号码。

除以上要求外,几部法律的通过强化了美国反洗钱机制。1986 年,美国国会通过《洗钱控制法》,该法对美国《银行保密法》做了实质修改并规定对交易进行"战略重组"①为犯罪,后者主要针对第一巡回区联邦上诉法院在美国诉安恩扎罗(Anzalone)案的判决。在该案中,上诉法院认定依据《美国法典》第 18 章第 1001 节,对交易"重组"以规避银行报告不违法。美国《洗钱控制法》还在第 1956 节和第 1957 节规定了两类新的洗钱活动。纳入反洗钱法律框架的法律还有 1984 年通过的美国《贸易及商业报告法》,与其他立法一样,该法要求现金和某些货币交易工具总价值在 1 万美元以上的贸易及商业交易必须向美国国内税务署报告。此外,美国《贸易及商业报告法》要求将相关交易合并计算以防止洗钱者通过战略重组来规避法律,并规定未将此类活动报告给美国国内税务署将导致刑事处分和民事制裁。②

值得一提的是,国会于 2001 年通过《美国爱国者法》。作为 2001 年 9 月 11 日遭受恐怖袭击的回应措施,该法目的之一是提升反洗钱法律和美国《银行保密法》的潜力。该法扩大反洗钱法律之下"金融机构"的定义,纳入数以百计在传统上不属于金融业的机构,因此,数千行业将纳入美国《银行保密法》的适用范围,这包括货币汇兑商、博彩业、支票兑换商、旅行支票和汇票发行商、信用卡公司、珠宝商、房地产代理商和经纪商、汽车和飞机交易商、旅行社及典当行等等。《美国爱国者法》要求上述机构制订内部政策、程序及控制措施,指定反洗钱报告官员,持续培训雇员并进行审计以测试反洗钱计划是否有效。由于该法适用范围广泛,在解释上可能将电子货币发行商纳入。

同时,美国在此问题上采取的法律措施深受其作为 26 个成员之一的洗钱问题金融行动特别工作组的影响,后者是旨在发展和推动反洗钱政策实施的一个国际组织。特别值得一提的是,美国同意并实施了金融行动特别工作组提出的 40 条建议,该建议于 1990 年获得通过,1996 年被修订,在世界范围内确立了反洗钱努力的基本框架。这些建议涵盖了刑事司法系统和行政执法系统,金融系统及金融条例和国际合作,与美国立法中的许多概念

---

① 即将 1 万美元以上的交易分拆为 1 万美元以下的交易以规避报告要求。
② Timothy Ehrlich, To Regulate or Not? Managing the Risks of E-money and its Potential Application in Money Laundering Schemes, 11 *Harvard Journal of Law & Technology*(1998), pp.837—841.

类似,40 条建议要求金融机构建立保存好客户交易记录并核实商业客户身份的法律架构,然而,许多原则甚至超过美国立法,因而为未来的反洗钱立法提供了指南。①

(二)电子货币中的洗钱问题及其解决途径

一般而言,美国联邦政府一直拒绝肯定回答电子货币应适用何法律,尤其是应否适用反洗钱法律。迄今为止,美国联邦政府尚未回答电子货币中的一些基本问题,例如,存储在电子货币中的价值是否为法偿货币或其他形式的货币,并因此接受相应法律的调整?美国联邦政府对于电子货币及其反洗钱问题采取"观望"态度,这种不作为归因于联邦政府认为制订电子货币监管条例为时过早,而储值卡和网上支付技术仍处于幼稚期。因此,许多专家和政府官员认为,在系统性监管电子货币前应让其在无法律限制的自由竞争环境中发展。②

为证明其观点,政府官员和行业专家认为不仅电子货币系统能否在美国普及存在不确定性,而且电子货币是否对潜在洗钱者有吸引力亦不确定。事实上,除少数几家银行在美国几个城市试验外,大多数电子货币尚未进入大量销售时期。或许是因为大多数电子货币产品旨在为顾客提供零售性支付工具(这通常对洗钱者不具有吸引力),迄今为止尚未发现或怀疑美国境内有人利用电子货币洗钱。

事实上,在一个不受美国联邦政府管制的市场中,风险特别大。电子货币生产商有动力为顾客提供价格便宜并具有灵活性的产品。在一个刚刚起步的行业中,如果反洗钱将导致电子货币产品价格昂贵或限制电子货币的用途,开发商根本不会考虑反洗钱问题。例如,尽管随机核实客户身份有可能使洗钱者逃脱制裁,但大多数电子货币提供商可能还是会选择这种机制,原因在于随机核实的成本比核实所有交易的成本要低得多。因此,如果不加管制,电子货币提供商可能正好损害政府监管者运用传统反洗钱法律所创造的安全网。

具有讽刺意味的是,缺乏联邦管制实际上很可能损害电子货币业本身,抵消政府旨在让电子货币不受限制地发展目标。有学者就认为,电子商务

---

① Andres Rueda, The Implications of Strong Encryption Technology on Money Laundering, 12 Alabama Law Journal of Science & Technology(2001), pp.15—16.

② Mark Budnitz, Stored Value Cards and the Consumer: The Need for Regulation, 46 American University Law Review(1997), p.1029.

难以普及的一个障碍就是缺乏可适用的法律基础。① 法律上的不确定性导致电子货币开发商、顾客难以评估、控制并采取合适的措施减少风险。现在,政府的管理非常有限,这有可能导致今天能自由设计电子货币系统的公司在未来洗钱风险出现时不得不为改进系统而付出昂贵代价。例如,允许个人之间转移电子货币价值的公司为在该行业中生存可能最终被迫设计一个中央清算机构。

美国联邦政府应通过国会确立电子货币监管的基本框架,并制订条例指导电子货币系统的设计以应对洗钱问题,条例应并入过去反洗钱的经验。然而,大多数监管措施在某种意义上均有可能被规避,以下建议试图解决不受管制的电子货币市场现在面临的大部分问题。

要求开发商和发行商在电子货币交易中纳入某类中介机构是明智的,这意味着资金在转移时必须经过中介机构,因而可能获得交易记录并可由执法机构检查。公司可以自由决定是通过新技术或传统手段如要求在线核实所有交易来满足这一要求。中介机构至关重要,因为持有人之间相互转移电子货币价值限制了中央机构收集信息的能力,也就减少了交易监督的效率。②

政府应管制电子货币开发商提供不可追踪的现金产品的能力。条例应要求所有电子货币产品均能提供某种途径以便执法机构或监管机关追查交易的来龙去脉,发行商应登记电子货币的持有者身份和地址并提交给中央机构,同时,法律应要求执法机构在获取有关信息前提交搜查证以保护持有人的隐私权。

经验表明,匿名性对侦查洗钱活动带来了非常大的威胁。事实上,在传统反洗钱斗争中,最具有价值的武器是金融机构在从事交易时采用的"了解你的客户"政策,这一点通常使得金融机构能追查交易的来源与去向③,并将犯罪嫌疑人的支付信息披露给执法官员以便后者抓住洗钱者。如果没有这种预防措施,则无法将存款的提取与犯罪分子联系起来,也就无法将犯罪交易中的付款人与受款人联系起来。

---

① Richard Field, Survey of the Year's Developments in Electronic Cash Law and the Laws Affecting Electronic Banking in the United States, 46 *American University Law Review*(1997), p.1020.
② Security of Electronic Money, 1996, available at http://www.bis.org.
③ Laurie Law, How to Make a Mint: The Cryptography of Anonymous Electronic Cash, 46 *American University Law Review*(1997), p.1150.

在资金划拨中,设定严格的金额限制亦是一种有力的遏制洗钱活动的做法。现金交易报告、现金及货币交易工具国际转移报告和外国银行与金融账户报告所设定的报告额为1万美元以上,这在很大程度上使得洗钱者无法通过金融机构轻而易举地转移大笔资金。因此,美国联邦政府对所有以卡片为基础和以软件为基础的储值卡系统实施报告金额限制是明智的,具体金额由行业及执法专家组成的联合委员会决定。通过支付媒介从事的交易金额越低,对犯罪分子的吸引力亦越低,因为犯罪分子倾向于从事大笔现金交易。因而,如果金额限制较低并主要用于小额终端交易,所有电子货币产品对洗钱者的吸引力就会大大降低。

最后,所有电子货币发行商均应接受管制以确保获得必要的监管信息,因为不管政府建立何种监管体制,评估有效性非常重要。就交易记录移交问题,电子货币提供商应与主要监管机构共同确立一个最合理且富有效率的时间安排,这种安排有望减少电子货币的使用与核实之间的时滞,并有助于执法官员尽早发现洗钱活动。①

---

① Timothy Ehrlich, To Regulate or Not? Managing the Risks of E-money and its Potential Application in Money Laundering Schemes, 11 *Harvard Journal of Law & Technology*(1998), pp. 856—859.

第八章 网上支付中的私人电子货币与跨国问题

第一节 私人电子货币的产生及问题

从历史角度来看,货币并非一直由政府垄断发行。在过去,货币曾一度由私人机构即私人银行发行,私人银行所发行的银行券是货币的主要形式。在电子货币产生后,私人银行和电子货币机构成为主要的发行商。本节拟简要介绍货币的历史演进与非国家化理论后,重点研究私人电子货币的产生、营销、存在理由、与政府权力及政府监管之间的关系。

一、货币之历史演进与非国家化理论

(一)历史演进

在古代,用作货币的商品范围比较广,包括牛羊、谷物、小刀、锹铲、贝壳、珠子、青铜、白银和黄金。使用货币的历史记录最早可追溯到4500年前的古伊拉克。大约3500年前,我国已将来自印度洋的贝壳当做货币使用。《圣经》中的一段经文记载白银在创世记时代就已成为一种支付手段,而古土耳其人在公元7世纪以前就开始

使用硬币。

自从出现商品货币后,促使货币进化的动力来自于提高交易效率。如果没有货币,只能进行易货贸易,即双方直接交换商品或服务以达到互利目的。这种交易需要双方或多方的需求正好相符,如果甲拥有苹果而需要谷物,必须找到拥有谷物而需要苹果的人,或者,甲可以从事一系列间接贸易并最终达到以苹果交换谷物的目的。原始社会的商品种类少,易货贸易足以应对,但随着商品的增多,易货贸易越来越不方便且成本昂贵。

商品货币本身的进化受到几个因素的影响,如果某些商品与其他商品相比体积不大而价值更大,更耐磨,更具有同质性并更容易识别,可作为一种实用的支付和价值储藏手段。这些因素倾向于使用贵金属而不是牛羊和谷物,鼓励使用黄金和白银而不是青铜和紫铜,并随着时间的推移而进一步影响黄金和白银作为货币的方式。早期使用商品货币,甚至黄金和白银时都是论重量而不是论数量。硬币被印上重量与纯度标记后就可以论数量,这再一次降低了交易成本。从中世纪到现代,白银成为主导性货币。与白银比,紫铜太重而黄金太轻,难以铸成方便交易的形状和重量。

货币进化的下一个重要阶段是"代表性"纸币的采用。仓储商接受存入的白银和黄金并发行纸质收据,这些收据被当成货币、支付和价值储藏手段流通起来,这些纸币由仓库中的贵金属足额支撑。与笨重的银币或金币相比,纸币携带方便,因而再一次提高了交易效率。仓储商很快发现纸质收据持有人并不会同时提出黄金赎回要求,因此,仓储商可出借黄金,并常常将其转换成纸质票据,而只保留一部分黄金以满足正常的赎回需求,这就是银行业中部分准备金的起源。

人们普遍将现代银行业归功于17世纪的英国金匠,但我国早在7世纪就采用纸币,这比欧洲广泛采用纸币的时间早1000年。中世纪的欧洲开始使用纸币,而且银行业务已有了萌芽,而文艺复兴时期得到了长足发展。纸币及只保留部分准备金的银行业务的普及使得信用得以扩展并支持了经济发展,但伴随贷款而产生的信贷风险亦使银行面临挤兑风潮、流动性危机及破产风险。

在19世纪,许多国家采用"复本位制",允许同时铸造金币和银币,但到19世纪末,许多国家转而采用金本位制,钞票和银行准备金完全由黄金来支撑。巴瑞·恩切格林(Barry Eichengreen)将金本位制描述成当时重要货币事件之一,原因在于1717年英国事实上已"偶然"采用金本位制。艾萨克·牛顿爵士（Sir Isaac Newton）是当时的铸币厂厂长，而根据恩切格林的说法，牛顿在以黄金标明白银的价格时定得太低，无意中使得大多数银币从流通领域中消失。由于英国成为了世界金融中心和商业中心，金本位制也就成为许多试图与英国进行贸易、向英国申请贷款或赶超英国的其他国家的必然选择，并取代了银本位制或复本位制。

1816 年，英国正式采用金本位制；美国于 1873 年事实上采用金本位制，于 1900 年正式采用金本位制。国际金本位制发生在 19 世纪 80 年代到第一次世界大战这一段时间，在此期间主要贸易国家同时采用金本位制。尽管许多国家在第一次世界大战期间放弃金本位制，但部分国家在 20 世纪 20 年代重新采用某种形式的金本位制。经济大萧条给金本位制以沉重打击，从此以后金本位制成为了历史。

恩切格林认为，金本位制的出现反映了特定历史时期的状况。首先，政府优先考虑货币币值及汇率的稳定；其次，政府试图建立一种合适的货币体制以限制政府在控制货币供应量或以其他理由制订货币政策上所拥有的权力，但到第一次世界大战期间时，经济和政治的现代化损害了金本位制的基础。根据恩切格林的说法，部分准备金银行业务暴露金本位制的致命弱点，银行挤兑的威胁及现实使得金融系统不堪一击，并鼓励政府在困难时期充当最后贷款人以向银行提供流动性贷款，然而，这种干预与金本位制不符。

国际金本位制须遵守某些"游戏规则"：第一，必须确定国内货币的黄金含量；第二，中央银行须按此价格买卖黄金；第三，金币可以自由铸造，而且流通中的货币大部分为金币，而其他形式的货币在需要时按固定价格兑换为金币；第四，黄金可以自由地出口。

在金本位制崩溃后，许多国家采用不兑换货币。不兑换货币不具有可兑换性，即意味着不能兑换为任何商品，不兑换货币通过政府命令或法令而获得法偿货币地位。不兑换货币的价值建立在信任的基础之上，特别是人们相信他人在提供货物和服务时将接受其作为偿付手段，而价值亦会保持相对稳定。这种信任的基础之一是有关法律规定不兑换货币是"法偿货币"，可用于缴纳税收及偿付私人债务。

不兑换货币包括钞票及面值超过金属价值的硬币。为战争提供资金的压力迫使政府发行不兑换货币，例如，美国政府在革命战争时期发行大陆币（continentals）及在内战时期发行绿背美钞（greenbacks）。此时，发行不兑换货币经常导致物价飞涨，原因在于政府在很大程度上求助于最容易获得的收入来源,有时甚至是唯一的收入来源,这些经验强调为达到物价稳定而控制货币供应量是多么重要。①

(二)哈耶克及其货币非国家化理论

大约三十年前,奥地利著名的经济学家弗雷德里克·哈耶克(Friedrich Hayek)提出了一个激进主张,即彻底废除政府在提供货币上的垄断权,允许私人企业向公众提供后者喜好的其他交易媒介。哈耶克的主张远远超出19世纪自由银行运动所设定的边界,因为后者仅仅鼓吹银行应拥有按照本位货币的条件发行钞票的权力,而哈耶克所主张是提供货币的市场实行自由化,即私人企业可按照不同的价值标准向公众提供钞票。

哈耶克为私人货币提供了一个简单模型,允许不同机构发行钞票并可以相互竞争,而支票账户可用独有的货币标明价值。每个发行商为货币选择的名称将作为商标受到法律保护以防止未获授权使用,私人货币将以短期贷款的形式向公众提供,并可兑换为其他货币。

每一个发行商将控制其货币供应量,因此货币价值相对于一个多样化的"篮子"或商品组合而言将保持稳定,即在商品价格上涨或下降时,货币价值亦将保持稳定。专门用于某一职业、行业或生活习惯的货币将盯住对这些职业、行业或生活习惯而言非常重要的商品,旨在跨境使用的其他货币将盯住一系列标准化商品的批发价格。

哈耶克偏好盯住像原材料、农产品及标准化的工业品而保持价值稳定的货币。他认为这些商品在固定市场上有交易,交易价格可立即获得,而商品价格,特别是原材料价格敏感,因此有可能在早期就采取行动以阻止商品价格的普遍波动。盯住这些商品的货币最有利于一般经济活动的稳定。

但不论选择何种标准,哈耶克认为发行商对遵守这一特定标准不负有法律义务。这样,发行商可根据变化后的商品价格及公众需求调整篮子中的商品构成,同时,竞争的压力将迫使发行商控制其货币发行量,从而保持币值稳定。金融媒体将充当监督者,提供私人货币的最新信息及每一种货币在何种程度上偏离其宣布的标准的信息。

哈耶克赞成货币发行市场的自由化,因而提出了上述主张。他认为政府垄断货币发行存在几个不利之处:首先,政府实施货币政策导致经济不稳定。政府提供的货币太多不仅导致通货膨胀,而且使生产资金的流向出现

---

① Laurence Meyer, The Future of Money and of Monetary Policy, 2001, available at http://www.federalreserve.gov.

偏差,由此产生失业和经济萧条等问题。其次,好的货币与良法一样,发行商的决定不应对特定集团或个人产生不利或有利影响。由民主政府控制的中央银行不可能保持这种中立,因为政府建立在特别利益集团之上,因此,政治不可避免地会侵蚀货币政策。最后,政府在货币上所拥有的权力对政治决定产生扭曲作用。为减轻入不敷出的压力,政府可能会制订新的计划,要求在国民生产总值中占有越来越大的份额并实行权力集中。此外,如果政府需要更多收入来支撑更多计划,可运用通货膨胀法迫使民众缴纳更多税收而无需通过新的立法。

与此同时,哈耶克认为,只要允许几个不同货币发行商在政府不加干预的情况下竞争,总会有一个或一个以上的发行商发现维持币值稳定具有竞争优势,而币值稳定将为商业提供更为稳定的条件。此外,竞争能确定公众愿意持有货币的最大数量,而与政府有意识地制订货币供应计划相比,竞争亦能更准确地确定货币供应的最佳数量,货币发行市场的自由化将遏制通货膨胀并扭转政府权力集中的趋势。[①]

二、私人电子货币之产生与营销

(一) 世界性电子货币之产生

1997 年,美国克林顿政府发布了一项政策说明文件,即《全球电子商务框架》,该文件提出了五项原则[②],而这些原则反映了两个基本认识:首先,私人企业应在互联网发展中起主导作用,政府应紧跟并提供支持,但不得制造障碍,这种做法是互联网本身使然。根据克林顿总统的说法,互联网取得爆炸性成功部分归功于分散性质和自下而上的管理传统。其次,互联网是一个独一无二的市场,因为它是世界性的。考虑到这一点,支撑互联网商业交易的法律框架在不同州、不同国家应保持一致,这样,不管买方或卖方居住在哪个国家,可预见的结果具有一致性。考虑到以上两点,电子商务可能要求私营企业提供面向全球市场的货币,在本书中,此种货币被称为"世界性私人电子货币"。

---

① Kerry Macintosh, How to Encourage Global Electronic Commerce: The Case for Private Currencies on the Internet, 11 *Harvard Journal of Law & Technology* (1998), pp.740—745.
② 这五项原则包括:(1) 私营企业应在电子商务发展中起主导作用;(2) 政府应避免对电子商务的不当干预;(3) 如果需要政府干预,目的应是以预定的"最低限度主义"来支持和推行与电子商务相协调的、简化的法律环境;(4) 政府必须承认互联网的特殊性质;(5) 应以全球为基础促进互联网电子商务。

1. 基本模式

假设名为"自由市场"的公司决定发行一种电子货币,并以"哈耶克"命名以纪念这位著名的经济学家。自由市场公司可将货币设计为数字化"本票",即向顾客支付一个或一个以上哈耶克的电子化允诺。① 为挫败可能的伪造者,哈耶克上载有公司的电子签名,并可从一台计算机或存储器转移至另一台计算机或存储器,但无法复制。自由市场公司亦可能申请注册商标以保护在哈耶克上所拥有的财产权。自由市场公司将向互联网使用人发行哈耶克以换取政府货币、证券或其他具有价值的物品,公司的利润来源于顾客购买或交换哈耶克所支付的手续费及流通中的哈耶克所产生的铸币税。

自由市场公司将控制哈耶克的数量以使其价值相对于商品篮子或物价指数保持稳定。自由市场公司也许会选择能反映整个市场上商品和/或服务价格变动的篮子或指数,这种通用型货币的用处及流通范围最广,在互联网之外可以使用,而如果采用智能卡技术,在互联网上亦能使用。然而,由于哈耶克主要用于互联网交易,自由市场公司亦可能会选择特别反映在互联网上出售的商品和服务价格变动的篮子或指数,这种货币亦可能为"通用型",因为能在整个网络市场上流通。

自由市场公司还可能选择"更窄的"篮子或指数以便哈耶克盯住互联网商务中的某一子市场上货物或服务的价格,这种货币将只在相关子市场中流通。子市场中的贸易商可使用这种货币来比较价格而无需调查相关市场信息,例如,假定一月份只需花费10个哈耶克的信息服务到三月份突然涨到20个哈耶克。哈耶克在子市场中的购买力并未发生变化,因此,买方会知道是信息服务而不是子市场中的某一事件导致价格上涨100%。

自由市场公司将雇用工程师和计算机专家对哈耶克及其支撑软件或硬件进行技术设计,并可能设计出两种不同的货币。自由市场公司所设计的软件可能允许顾客通过互联网将哈耶克从一台计算机硬盘转移至另一台计算机硬盘。这种产品设计不需要专门硬件,而自由市场公司无需在一个以上的国家保持物理存在就能在世界范围内运营。

自由市场公司还可利用智能卡技术来设计货币,例如,蒙得克斯公司发行了抗干扰芯片卡以便持卡人能将存储的价值直接从一个持卡人转移给另一个持卡人。自由市场公司可将哈耶克装入智能卡中进行销售,然后,顾客

---

① 因此,哈耶克不仅充当记账单位,而且亦作为交易媒介,并通过数字化票据充当独立的基础货币。

就可运用配有读卡器的计算机并通过互联网将货币转移给其他人。这种设计将会增加成本,顾客和特约商户必须购买读卡器,而自由市场公司将不得不在多个国家分销和维护智能卡;然而,这种系统具有重要优点,顾客亦可将哈耶克带进"真实世界",并在装配有读卡器的商店购物。

2. 竞争因素

基本模式只说明了一家公司和一种货币,然而,从理论上说,不受管制的市场上将存在众多公司和货币,它们相互竞争以争取互联网使用人接受其发行的货币。只有最稳定且效率最高的货币会在竞争中胜出,顾客很快会放弃价值不稳定的货币,而流通领域受到严格限制的货币亦会很快被抛弃。为避免一种私人货币兑换成另一种私人货币的成本,顾客将转向占有更多市场份额且普及程度更高的货币,全球电子市场将最终拥有合适数量的通用型货币。除此之外,还可能存在大量只在相应子市场中使用的私人货币。

通用型货币所产生的效率是否导致只有一种世界性私人电子货币能生存?如果存在自然垄断,货币竞争就不会持久。然而,有人批评政府垄断货币发行权并指出,如果不存在自由竞争,不可能知道货币发行是否真的属于自然垄断行业。世界性私人电子货币亦存在同样的问题,即使减少交易成本的压力倾向于一个占主导地位的货币,但其他市场力量,特别是顾客渴望币值稳定的要求将限制这种倾向。如果哈耶克占据主导地位以至于自由市场公司能自由地贬值货币,将会出现何种情况?顾客将放弃哈耶克,转而采用价值更为稳定的电子货币,这样,市场在交易效率和币值稳定上能达到有效平衡。①

(二) 世界性电子货币之营销

和任何新产品一样,世界性电子货币将面临营销挑战,私人公司必须向潜在顾客证明货币价值稳定且安全稳健。

1. 自愿披露

为使人们相信其货币,私人公司可以运用的第一个方法是自愿披露。丹尼尔·凯恩(Daniel Klein)教授认为,如果信息不足并导致交易无法完成,允诺人应提供信息,而如果其素质高,则有动力自愿提供大量信息。因此,私人公司在宣传其货币的最佳特征时拥有充足动力,例如,自由市场公司可

---

① Kerry Macintosh, How to Encourage Global Electronic Commerce: The Case for Private Currencies on the Internet, 11 *Harvard Journal of Law & Technology* (1998), pp. 744—750.

发布广告,说明哈耶克盯住特定商品篮子或价格指数,自由市场公司还可强调承诺按最低价值赎回哈耶克。

在哈耶克发行一段时间后,自由市场公司的广告可包括证明哈耶克价值稳定的统计数据。通过比较哈耶克与美元及其他货币的购买力,自由市场公司可以鼓励顾客采用哈耶克而不是稳定性更差的政府货币。当然,潜在顾客可能怀疑自由市场公司的广告可能存在偏见或具有误导性,而自由市场公司亦可能雇用或鼓励独立的财务顾问或咨询公司调查哈耶克,并以书面形式在报章杂志及网络媒体发布相关报告。自由市场公司在这些独立报告完成时可将其结果纳入广告中。

2. 财务稳健

凯恩教授注意到,试图建立信誉的公司特别强调可以信赖的一些特征,如公司规模和存续时间;与此同时,以财务稳健著称的公司倾向于在广告中说明其成功和稳健并以此吸引更多顾客。因此,世界性电子货币发行商有很强的动力维持并披露资产净值、审慎且多样化的投资组合及足以应对赎回要求的流动性资产,所有这些努力均旨在使潜在顾客相信其货币可以信赖。十国集团最近发布的一份报告建议,电子货币提供商亦有动力降低产品不被顾客接纳或损害其声誉及商业可行性的风险。电子货币发行商可能采取审慎的投资和流动性管理技术并持有信用风险和市场风险较低的资产,如短期政府债券。①

3. 消除恶性通货膨胀

私人公司可通过合同手段消除恶性通货膨胀风险以增加公众对电子货币的信任。正如以上所述,哈耶克认为竞争压力迫使货币发行商将币值维持在已宣布的商品价格水准上,并认为发行商在遵守该标准时无需从法律上承诺。与此同时,公共货币和私人货币之间的竞争使得公司在维持电子货币币值稳定上具有各自的利益。缺少稳定性时,没有人愿意使用这种货币,而如果没有足够的利润,公司无法生存。

然而,在哈耶克《货币的非国家化》出版后,其他学者指出,如果突如其来的恶性通货膨胀所获得的一次性利润大于继续营业的现值,发行商可能故意大幅度使货币贬值。有些学者建议以具有强制执行力的回购条款来解决此问题,即电子货币发行商负有按照固定的资产比例赎回其货币的合同

---

① Electronic Money: Consumer Protection, Law Enforcement, Supervisory and Cross Border Issues, 1997, available at http://www.bis.org.

义务,而且发行商无法扩大资产的供应。

例如,自由市场公司可能与顾客达成一致,至少按照商品篮子中某一比例赎回哈耶克。为方便起见,并不要求顾客接受作为货币基础的商品本身,而是以更具有流动性的资产来赎回,包括但不限于政府货币。通过这种策略,自由市场公司能增加顾客对币值稳定的信任度,然而,信任度增加的同时灵活性却在降低。由于负有至少按照商品篮子中的某一固定比例赎回哈耶克,自由市场公司不能再改变篮子中的商品构成。

假设自由市场公司承诺至少按某一价值赎回哈耶克,顾客想了解能否兑现,而在评估能否执行时,顾客会考虑自由市场公司的资产价值。自由市场公司可通过持有价值较大的各种资产来应对无法预料的市场波动,并增加顾客信心,还可从行政官员处获得担保或购买保险以应对赎回货币所产生的或有债务,并进一步增加顾客的信心。

在评估能否执行时,顾客亦可能认为自由市场公司的营业地关系重大,顾客希望自由市场公司及其资产位于一个政府稳定且司法系统按照法律规则办事的国家。而且,正如资产的多样化有利于应对无法预料的市场波动一样,管辖权的多重选择亦可能有利于应对无法预料的政治事件。自由市场公司将业务和/或资产置于几个而不是一个国家就可以达到上述目的,这种做法有助于减轻顾客在某一法院会偏向自由市场公司或其公民这一问题上的忧虑。

4. 联合

世界性电子货币和一种新发明差不多,虽然这种货币能为全球电子商务带来许多重大利益,但货币的新颖性,特别是未用美元或为人们所熟悉的其他货币单位标明面值,可能在潜在顾客之间产生一种不信任感。某些公司,如美国运通公司和托马斯·库克公司已提供金融产品且获得人们的普遍接纳与信任。一个刚起步的无名公司可将货币发明出售给一家著名公司,如美国运通公司。私人货币发行商还可作为美国运通公司或在金融行业享有声誉的其他公司的子公司来经营业务。

5. 小结

概而言之,私人公司可运用广告计划、雄厚的资金、赎回承诺及公司声誉来确立顾客对世界性电子货币的信心。何种公司最有可能成功地运用上述四种策略?首先,已拥有合适的资产组合和良好声誉的金融服务公司可能会主导整个市场。自由市场公司可能演变为类似于万事达公司、美国运通公司的公司或附属于这些金融大公司的子公司。对于广泛流通的通用型货币而言,这种营销策略特别有效,因为需要有更多资金及更好的声誉以让顾客相信这种货币能被赎回。随着时间的推移,公众对于世界性电子货币越来越放心,小公司和新公司进入该市场的机会将增加,这些公司可能成功地营销某种货币,即盯住某一指数并只在有关子市场中流通的货币。虽然资金和声誉均有限,但仍足以在相关子市场中建立起顾客对其货币的信心。①

（三）社区型电子货币之产生

作为一个全球性的通讯网络,互联网允许个人跨越地理和国家边界自由结社,因此,网络中已开始形成一些社区原型。在这种互联网社区,"思想"具有最高地位,个人在结社时无需考虑种族、民族、国籍、性别、年龄或残疾等特征。有些社区以具有共同爱好作为基础,而更多社区强调共同的政治、哲学、科学、艺术和道德信仰。

由于互联网是一个电子环境,社区型商务的发展需要应用电子支付手段,因此,可用储值卡、电子现金及以美元或其他政府货币标价的电子方法支付。然而,还有一种更为激进的选择,即私人可以开发、发行并使用仅在社区流通的电子货币。

当地交换贸易计划(local exchange trades schemes)是一种小规模易货交易系统,在美国及国外都很流行。在英国,大约有 2 万人参与 250 个当地交换贸易计划,这些贸易计划成员相互交换技术和服务,赚取并花销价值通常与英镑等值但有着奇特名字的点数。易货服务从社区服务如烹饪、油漆和理发,到专业服务如法律服务和会计服务,应有尽有。交易机制很简单,新参与者支付名义费用后将收到一本支票簿以用于支付服务费和记载交易情况,参与者还将定期获得一份更新后的其他参与者拟提供的技术和服务名单。支票签发后将交给会计,由其向参与者寄送定期对账单,而交易情况记录在中央计算机中。

美国 38 个州社区有类似以时间单位来衡量服务价值的易货交易系统。以纽约州为基地的一个很流行的易货系统使用"伊特哈克小时（Ithaca Hours）",并将其印制成带有水印和其他防伪特征的纸质票据。使用纸质票据可直接交易而无需中央计算机,一个伊特哈克小时价值 10 美元。一份名

---

① Kerry Macintosh, How to Encourage Global Electronic Commerce: The Case for Private Currencies on the Internet, 11 *Harvard Journal of Law & Technology*(1998), pp. 751—754.

为《伊特哈克货币》的双月刊报纸专门发布货物或服务的需求广告以便参与者及时了解有关信息。

如何将当地交换贸易计划移植到互联网上？假设一个互联网社区想以易货方式交换信息、技术和服务。当然，只要社区成员有送货渠道，亦可进行货物贸易。首先，社区需要建立一个私人网站以便成员发布并搜寻需求广告；其次，社区需要创造自己的电子货币或"网络单位"。

网络单位的发行和管理有两种方式：第一种方法需要中央计算机或簿记员。买方向计算机或簿记员发送经过数字签名的电子信息，其中包含买方身份及向货物或服务卖方支付特定数量网络单位的命令。卖方可使用这些网络单位从互联网社区另一成员处购买服务；同时，为偿还债务，原来的买方将提供服务以获得网络单位，社区成员可选择对这些交易及其记录加密或不加密。

社区成员能否利用这种中央系统而背负大量债务？现实世界中的当地交换贸易计划未能解决该问题，债务余额无需支付利息，而拖欠债务亦不会受到处罚。一个当地交换贸易计划参与者说"有些人负债高达1000个单位，我们无可奈何，这只得凭良心。"然而，互联网社区是位于网络上的自愿团体，可能执行更严格的规则。一旦加入社区，新成员必须同意不得超过一定数量的债务，否则开除，并将其作为合同的一部分，或者互联网社区对成员负债设定限额。

货币管理的第二种方法可以模仿伊特哈克小时方案。通过使用纸质票据，伊特哈克小时消除簿记成本并阻止受占便宜的人背负大量债务。同样，互联网社区可使用承诺向顾客支付一个或一个以上网络单位的数字化本票。为防止伪造，网络单位必须有发行机构的数字签名并确保可在计算机或存储器之间转移但无法复制。与伊特哈克小时一样，互联网社区将向愿意提供货物或服务以换取网络单位的每一个成员发行一定数量的网络单位。一旦交易开始，成员之间可使用软件来转移网络单位并存储在计算机硬盘上。或者，社区向成员发行载有网络单位的计算机芯片卡，而成员可使用带有读卡器的计算机在互联网上转移网络单位。

上述两种方法中的网络单位如何标价？部分英国当地交换贸易计划宣称一个货币单位等于1英镑。与此类似，互联网社区可将网络单位与美元或其他政府货币挂钩。然而，正如以上所述，跨国社区喜欢使用以政府货币之外的其他价值单位标价的货币，为此，互联网社区将使用在线目录或其他价格信息来帮助成员了解货物和服务使用新货币的价值。只要经过足够长时间及持续性使用,社区成员将对网络单位的价值形成独立认识,此时,网络单位的价值将独立于美元或其他货币。

网络单位能以政府货币或黄金、证券、商品或其他资产赎回吗?答案取决于网络单位的目的。如果目的是为成员提供经济支持,社区可能选择不可赎回的网络单位。另一方面,社区可能仅仅想确立一种归属感或促进跨国贸易,那么,社区可规定政府货币或外界的其他资产就能赎回网络单位,然而,这样做要求社区建立充足的储备资金或资产组合以确保满足赎回要求。①

三、私人电子货币之存在理由

(一) 世界性电子货币

学者们认为货币有三种功能:首先,货币是一种交易媒介,它使贸易脱离了物物交易阶段;其次,货币是一种记账单位,它能衡量财富的多少;最后,货币能充当一种价值储藏手段以备将来之需。② 在互联网环境中,世界性电子货币比以政府货币为基础的电子货币能更好地履行上述三种功能。

1. 交易媒介

在真实世界中,买卖双方可能相距遥远。互联网为这些买方和卖方在虚拟世界中提供了一个独一无二的交易机会,互联网为互不认识的人且在许多情况下亦不知道其实际位置的人提供交易机会。当然,互联网买方或卖方可能使用以本国货币标明面值的电子支付系统来完成交易,但交易当事人不仅需要承担使用不同记账单位标价而产生的谈判成本,还可能要承担外汇兑换手续费。例如,假设一个美国人拟购买日本卖方提供的信息服务,除非日本卖方愿意接受美元,否则美国买方须向银行或其他金融机构支付服务费以将美元兑换成日元。从经济学的角度而言,兑换手续费是一种交易成本,它使交易价格上升而效率降低。

与此相反,世界性电子货币能大幅度降低外汇兑换手续费。例如,每个顾客只需要支付兑换手续费一次就能从自由市场公司获得哈耶克,此后,在

---

① Kerry Macintosh, How to Encourage Global Electronic Commerce: The Case for Private Currencies on the Internet, 11 *Harvard Journal of Law & Technology*(1998), pp.788—792.
② Brian Smith & Ramsey Wilson, How Best to Guide the Evolution of Electronic Currency Law, 46 *American University Law Review*(1997), p.1105.

网络市场中从事交易使用哈耶克即可。因此,美国买方可能从前次交易中获得了哈耶克,并可用这些哈耶克向日本卖方购买信息服务,然后,日本卖方可用这些哈耶克从法国制造商处购买电子产品。随着交易成本的降低,国际交易成本亦会下降而效率将会提高。戴恩·利奇(Dan Lynch)指出,数字化货币的理想形式是无国籍货币或为所有国家使用的货币,具有无限兑换能力且与地方性货币兑换时不存在成本或不方便之处。

正如前文所述,市场上会存在一些相互竞争的货币,此时,世界范围内的顾客不仅会接受哈耶克,亦会使用其他电子交易媒介。顾客可能发现不时需要将哈耶克兑换成其他世界性电子货币,然而,市场约束将确保这种货币不会超过一个合适的数量。如果交易成本太高,顾客将把普及程度不高且价格较贵的货币兑换为广泛流通且成本低廉的货币。

今天,世界性电子货币特别重要,原因在于人们预计大部分互联网商务是微型交易和微型支付。评论家预计未来的互联网顾客仅需支付几便士就能阅读一篇新闻报道、浏览一张照片或玩一个游戏,但如果每次微型交易顾客均得支付外汇兑换手续费,这种交易是不经济的。顾客避免此问题的方法是,大量购买世界性电子货币并一次性支付兑换手续费,然后用该货币向世界范围内的众多零售商购买信息服务。

考虑到使用共同的交易媒介具有效率,有人可能会提出,在政府货币如美元同样能充当世界性交易媒介时,为什么顾客偏爱世界性私人电子货币?然而,顾客偏爱世界性电子货币的原因在于其不仅可以成为有效率的交易媒介,而且是在政治上保持中立的记账单位及稳定的价值储藏手段。

此外,即使美元在整个市场上能成为有效率的交易媒介,顾客在互联网子市场中交易时还是可能选择私人货币。例如,自由市场公司可以选择发行一种专门货币,并盯住互联网子市场中的商品或服务组成的篮子或指数。由于这种货币能消化生产成本的升降,顾客无需了解相关市场变化就可以对商品进行比较。以美元或任何其他货币为基础的电子货币价值取决于市场状况和/或政治事件,因此无法提供这种信息优势。通过联络世界范围内具有共同贸易利益的当事人,互联网可能产生必要的基础以支持多种私人货币,而每一种货币在其子市场中充当共同的交易媒介。

2. 记账单位

为了充当一种有效率的记账单位,货币必须采用十进位制且容易分割,货币还得提供一种凭直觉就能理解的财富衡量标准,否则,顾客必须花费时间和金钱才能确定货币及其记账单位的含义。以标准不太明确的记账单位表示的价值必须"转换"成熟悉的计账单位表示的价值。今天,世界范围内存在成百上千种国家货币,而每一种货币均确立了自己的记账单位,因此,全球电子商务交易可能得使用成百上千种记账单位。即使使用计算机在某种程度上可以降低因货币兑换所产生的交易成本,这种状况还是效率低下。

然而,私人电子货币的出现将改善这种状况。正如以上所述,竞争将使全球电子商务市场只会出现数量有限的通用型货币,这些主导性货币是跨国性记账单位,因而无需转换或计算就能理解和使用。在电子商务子市场中,私人电子货币同样能充当记账单位,并以少量私人货币取代成百上千个记账单位。如果私人货币不存在,某些商业或政治大国所使用的记账单位可能成为事实上的世界标准。例如,许多国家的民众已了解如何使用美元来衡量商品和服务的价值,然而,使用任何国家的记账单位在政治上和心理上均会产生非常敏感的问题。

戴维·约翰逊教授和戴维·波斯特(Post)教授指出,在民主社会中,法律的合法性来源于被统治者的同意。因此,一国法律只能在其境内执行,但是,互联网参与者可能位于世界范围内的任何地方。没有任何国家或在某一地理范围内的民众能宣称在管理互联网上比其他国家或民众更为合法,由于种种原因,约翰逊和波斯特认为网络世界应受制于自身规则而不是属地法。

与此同时,只有在顾客承认货币合法时,货币才可能有效充当记账单位,任何国家的公民都有可能认为本国货币最合法。在民主社会中,政府货币是法偿货币这一事实加强了其声誉,传统、民族沙文主义及熟悉程度更进一步强化了本国货币的合法性。

近来,欧洲政治事件说明公民反对"外国"货币,许多英国公民反对欧元,认为欧元威胁到英国的主权独立。这种反对带来有反德国色彩,而卡通漫画将英国政治家描绘成德国总理科尔的傀儡,并推测英国未来的货币将印上科尔而不是女王的头像。

与取代欧盟成员国货币的欧元不一样,以美元标明面值的电子货币并不会取代与之竞争的货币,因而民族感情问题不会表现得如此强烈。然而,在全球市场中,没有任何国家或地区货币比其他国家或地区货币更为合法,因此,以美元标明面值的货币不仅为众多顾客不熟悉,而且可能视为一种文化帝国主义,特别是在美元事实上成为整个网络市场上的标准时更是如此。

与此相反,私人货币的发行和管理无任何政府干预,而面值亦非使用国家货币,这将消除贸易上的政治和心理障碍。私人货币是第一个政治中立的记账单位,贸易商应拥有选择私人货币作为记账单位的机会,并且私人货币的地位不得低于成为主导性货币的美元或任何其他货币。

3. 价值储藏手段

世界性电子货币第三个也是最后一个优势最明显,这种货币比政府货币或以政府货币标明面值的货币更稳定,因而更适宜充当价值储藏手段。

正如以上所述,哈耶克认为保持币值稳定的发行商更有竞争优势,例如,自由市场公司只有在货币价值稳定且潜在顾客放心时才有可能生存。如果哈耶克价值将受到通货膨胀的影响,卖方不会接受哈耶克,同样,未能保持币值稳定的发行商将很快受到市场约束的制裁,因为牢骚满腹的顾客将会停止使用该货币。

与此相反,政府控制了国家货币。例如,美国通过联邦储备委员会操纵货币供应量,而美联储认为维持币值稳定并非唯一的经济目标。勒维斯·所罗门(Lewis Solomon)教授就此解释道:

> 联邦政府或多或少能自由地印制大量货币以弥补赤字或服务于其他目的,例如在债权人和债务人之间重新分配收入和财富或作为减少失业的一种手段。除了要考虑公众在多大程度上可以忍受国内通货膨胀或美元对外国货币的贬值外,美国政府事实上可以对本国货币供应量采取任何行动。

因此,许多美国人失望地看到在过去的几十年中美元并不总是稳定的价值储藏手段,而且,由于美国已成为债务大国,如果政府允许通货膨胀侵蚀债务,人们完全有理由担心美元的未来价值。任何以美元标明面值并以固定数量美元赎回的私人货币将面临同样的问题,这种平行货币将随着美元及其经济表现的波动而波动。

可以认为,民主社会中的公民在享受好处的同时有义务忍受不快,例如,即使货币供应量增加将导致通货膨胀,但亦能刺激经济并减少失业。如果公民不同意这种做法,可以选举新的官员和代表,而后者可以重新任命负责货币政策的中央银行和其他机构成员。

然而,上述原理并不适用于愿意参与全球电子商务的人。例如,位于埃及的买方或卖方并不能从美国增加的就业中获得好处,但如果其财富使用以美元为面值的电子货币储藏,在美元贬值时肯定要遭受损失,而且,位于埃及的买方或卖方亦无影响美国货币政策的合理方法。显然,没有任何以国家货币为基础的私人货币能为每个顾客提供参与国家政治和货币政策并从中受益的机会。此外,考虑到欧洲国家在建立欧洲货币联盟上所遇到的经济和政治困难,联合国或者任何其他形式的国际组织在为整个地球建立一种官方电子货币上很可能难以成功。

世界性电子货币由私人公司发行、标价和管理,并反应市场力量而不是狭隘自利的政府政策及其所代表的各种特殊利益。因此,发行商有强烈的经济动力保持货币稳定,这使得该货币成为更好的价值储藏手段,而且,每个顾客均有机会通过市场选择来影响公司的决定,这使得该货币更为民主。由于以上原因,顾客在拥有选择权时将选择私人发行、标价和管理的货币而不是国家货币。①

(二)社区型电子货币

互联网社区拥有私人货币具有两个优势:首先,假设业余天文学者决定在世界范围内建立一个互联网社区以交换观察资料、图像、设备、文章及建议。尽管这些天文学者可能免费交换资料和信息,但亦可能对其他物品收费。然而,天文学者在交易前必须了解物品的价值,如果用不同货币标价,将导致混乱。由于社区的跨国性质,天文学者需要共同交易媒介,最好使用在政治上保持中立的单位标价。解决方案之一是使用世界性电子货币,如哈耶克作为共同交易媒介,这种方案的好处是社区交易所赚哈耶克亦可在社区之外使用。

或者,天文学者可设计并使用一种仅在其社区流通的电子货币。与哈耶克一样,社区型电子货币将充当共同交易媒介以提高跨国贸易效率,在线目录和价格单将帮助天文学者了解新货币的价值;然而,与哈耶克不一样,社区型电子货币能带来特殊社会利益。就互联网社区而言,社会联系尤其重要,因为这种社区通常缺乏处在同一物理位置而产生的友爱。贸易有助于在天文学者之间建立紧密关系,社区型电子货币能强化这种联系,因为其传递了一种有别于他人的一种身份。从这个意义上说,社区型电子货币与已在互联网上出现的私人语言或虚构语言具有相同作用,而且,通过提供一种政治上中立的单位,社区型电子货币消除了国家或政治沙文主义对社区联系所造成的损害。

---

① Kerry Macintosh, How to Encourage Global Electronic Commerce: The Case for Private Currencies on the Internet, 11 *Harvard Journal of Law & Technology* (1998), pp. 755—764.

其次，假设动物权利倡导者拟在世界范围内建立互联网社区以提供一个能分享并探讨其信仰和宣传计划的平台。再进一步假设至少部分倡导者因其信仰在就业和市场交易中受到嘲讽、轻视和歧视，找不到工作的倡导者因能为其他倡导者工作而获益，无法购买到必要商品或服务的倡导者因能与其他倡导者进行贸易而获益。当然，社区成员可使用任何共同交易媒介进行贸易，然而，如果不可赎回的电子货币仅限于社区成员使用，这将进一步鼓励这种贸易并可作为成员表达团结一致的方式。①

四、私人电子货币与政府权力

正如以上所述，哈耶克认为货币发行市场的自由化不仅能遏制通货膨胀、资金的不当配置及其他不良经济后果，而且还能阻止政府权力的集中。与此同时，正因为可能出现世界性电子货币，人们已开始推测政府有可能在税收、消费、货币贬值及操纵货币等事项上丧失大部分权力。

该问题是一个重要问题，目前，自由市场公司一类的企业很可能在发行货币时不会违反美国联邦法律。美国宪法仅禁止各州发行货币，但不禁止私人发行货币。直接禁止发行私人货币的法律不多且在内战期间获得通过，而起草时并未考虑到电子货币问题，因此，私人公司很可能通过适当安排就能避免适用这些古老的法律。迄今为止，美国政府对通过立法以限制世界性电子货币的发行并不感兴趣。事实上，克林顿报告不仅反映政府容忍，而且鼓励能给互联网市场带来益处的私人创新，然而，如果美国认为世界性电子货币威胁到政府权力，美国可能和其他国家一起制订新的法律予以禁止。

不幸的是，这种禁令说明政府反应过度：第一，世界性电子货币并不会使货币的日常管理过分复杂化。美联储成员已认识到储值卡、电子现金及类似产品不会威胁到美联储的运营，这些产品价值总和太小不足以使货币总量的计算复杂化。与此类似，旨在互联网上使用的世界性电子货币需要花费很长一段时间才能在整个货币供应量中占有足够的份额并对货币管理产生重大影响。

第二，世界性电子货币对政府通过货币政策达到其经济目标不会产生重大影响。全球资本市场使投资者有可能将一种货币资产转换成以更为稳

---

① Kerry Macintosh, How to Encourage Global Electronic Commerce: The Case for Private Currencies on the Internet, 11 *Harvard Journal of Law & Technology*(1998), pp. 792—794.

定的货币标价的资产,因此,全球资本市场的存在实际上使得国家货币之间亦存在竞争。所以,政府在通过货币政策达到其经济目标上已面临限制,例如,导致通货膨胀的政策将遇到市场阻力,投资者的资金会流出该国,而债券市场要求有更高的收益率,因而这些降低了政府预期的经济恢复速度。比政府货币稳定得多的世界性电子货币将带来新的、不同寻常的竞争威胁,然而,投资者不太可能会彻底放弃以熟悉并值得信赖的政府货币标价的资产。世界性电子货币更有可能带来竞争,特别是在开放式网络如互联网市场上,但同时给各国政府实施货币政策留下了足够的空间。

尤其重要的是,许多经济学家认为运用通货膨胀来刺激经济增长是目光短浅的政策并可能适得其反,而物价稳定是更佳的投资和发展环境。如果上述观点成立,世界性电子货币为全球电子商务市场提供了一种价值更稳定的货币,这将支持而不是损害政府政策。

第三,尽管偶尔有人做相反预测,但世界性电子货币不会严重威胁政府权力。根据哈耶克的观点,政府控制货币供应量等于鼓励超支并导致政治权力的集中,然而,只有在国家不仅容忍私人货币而且放弃货币主权时(这又不太可能)才能彻底消除这些问题。仅仅存在可供选择的其他货币并不能废除货币主权,因而不可能使政治权力大量下放。

世界性电子货币对政府特权的最大损害是导致政府铸币税的流失。持有美元的人事实上向美国政府发放了一笔无息贷款,1994年,全部美元顾客向政府发放的无息贷款总值接近200亿美元。旅行支票、储值卡及类似产品能将政府铸币税收入转移给私人公司,世界性电子货币在广泛流通时亦可能产生相同的效果。

到目前为止,由于储值卡对铸币税的影响尚不确定,因而美联储采取等待和观望的态度,只建议美国国会关注事态的发展。[1] 世界性电子货币尚未发行并投入流通,只能估计其影响,这导致预测政府的反应为日过早。然而,美国政府或任何其他政府可能最终发现,防止铸币税流失的最好方法是维持货币稳定,并使公众乐于接受政府货币。[2]

---

[1] Gary Lorenz, Electronic Stored Value Payment Systems, Market Position, and Regulatory Issues, 46 *American University Law Review*(1997), p.1177.

[2] Kerry Macintosh, How to Encourage Global Electronic Commerce: The Case for Private Currencies on the Internet, 11 *Harvard Journal of Law & Technology*(1998), pp.764—768.

五、私人电子货币与政府监管

（一）世界性电子货币

假设美国和其他国家接受世界性电子货币将使互联网商务获益而不会严重损害政府权力的观点，并因此允许这种货币存在。那么，还有一个问题需要解决，即政府应在何种程度上及采用何种方式管理发行世界性电子货币的公司？此处仅集中探讨对私人公司发行、标价和管理其货币构成严重挑战的一个问题，即发行世界性电子货币是否构成"银行业务"？该问题的答案至关重要。如果答案是肯定的，众多联邦和各州银行法律和条例将使自由市场公司及其竞争对手很难甚至不可能进入货币发行市场。

1. 银行业务之界定

现代银行业务主要包括两类活动，即接受活期存款并发放商业性贷款。① 发行世界性电子货币并不涉及上述业务，例如，自由市场公司要求哈耶克接受者按照商品篮子中某一比例支付对价，哈耶克发行后，自由市场公司必须提供现行兑换率。顾客可用美元、证券或自由市场公司同意的任何价值形式支付。

由此可见，自由市场公司并未向顾客发放商业贷款，而是数字化钞票的持有者向自由市场公司发放贷款，自由市场公司亦未接受活期存款。一般而言，活期存款账户为个人账户，价值受存款和提款的影响，客户可使用支票、自动柜员机卡、存折或其他类似工具从这些账户中提款。与此相反，尽管自由市场公司在发行哈耶克时接受对价，但并未开立属于个人消费者的账户。这样做毫无意义，因为顾客并不会签发支票或采用其他方式从这些账户中提款，而是购买一种货币以便在个人之间永远流通，并不必然会向自由市场公司提出赎回或兑换要求，顾客亦不会要求自由市场公司承诺支付一笔固定金额。虽然自由市场公司将兑换哈耶克，但兑换比例将随货币价值变化而变化。即使自由市场公司同意按照某一购买价格兑换，兑换价值不是一笔固定金额而仅仅是一笔最低金额。

具有讽刺性意味的是，自由市场公司的业务在19世纪很可能被认定为银行业务，因为那时的州银行和国民银行都发行自己的货币。1872年，美国联邦最高法院对银行业务发表了以下看法：

---

① Henry Perritt, Legal and Technological Infrastructures for Electronic Payment Systems, 22 *Rutgers Computer & Technology Law Journal*(1996), p.34.

银行业务最初仅包括接受存款并保管金条、金银器皿及类似财物以便存款人在合适的时候将之取用,但随着业务的发展,银行开始贴现票据并以抵押、质押或其他担保为基础发放贷款,而后来发行自己的银行券以作为流通货币和交易媒介并取代黄金和白银。现代银行经常履行两种甚至所有三种功能,但如果禁止银行履行一种以上的功能,这种银行仍是最严格意义上的商业银行。

与此类似,1863 年通过并仍然有效的美国《国民银行法》规定,国民银行可行使银行业务的必要权力,包括获取、发行并流通银行券。然而,从 1935 年最后一张国民银行券退出流通时起,美国联邦储备系统垄断了货币发行,银行业务亦不再包含银行券的发行和流通。

总之,尽管 19 世纪的普通银行业务包含货币发行,但今天的银行业务已不再包含货币发行,这不是因为银行券与存款在经济学上有何区别,而是因为货币发行已被政府垄断。考虑到现有监管体制并未涉及私人货币问题,盲目适用整个监管体制将使世界性电子货币不具有可操作性,甚至不可能发行。

2. 防止挤兑和恐慌

即使自由市场公司和其他世界性电子货币发行商不是从事银行业务,还有两个问题未解决,即发行这种货币是否会产生与银行业务相同的政策问题?如果是,某种形式的政府监管是否是处理这些问题的最佳方法?

经常被强调的一个银行监管理由是防止挤兑和恐慌。根据挤兑经典描述,在存款人对于某一银行的清偿能力丧失信心时,提款细流很快会演变成提款洪流,一旦银行可立即获得的现金用完,银行不得不倒闭。银行倒闭将在金融业内产生焦虑甚至恐慌,因为存款人可能在无任何理由的情况下挤兑其他银行。最终,如果提款数量巨大,银行清偿能力将受到威胁,而存款人的存款将受到损害。此外,大量银行倒闭可能扰乱货币供应并导致支付清算系统运转失灵。①

随着时间的推移,银行法律和条例规定了几个防止挤兑的办法。例如,阻止银行倒闭的政策在发放银行执照时起了重要作用,美国货币监理署签发联邦银行执照时可以行使自由裁量权,但必须考虑与清偿能力有关的几

---

① Macey & Miller, *Banking Law and Regulation*, 2nd Edition, Aspen Law & Business, 1997, pp. 54—55.

个因素,譬如拟设银行的未来赢利能力、资本结构、管理及历史与现状。美国联邦存款保险公司将挤兑和恐慌最小化,因为公司向存款人保证,即使银行倒闭,存款人的钱仍然是安全的,而且,万一发生挤兑,联邦银行条例将影响降至最小,因为条例要求银行在交易账户中保有一定比例的准备金。

世界性电子货币可能会产生某些政策问题,但程度要轻得多。例如,假设谣传自由市场公司面临财务困难,接着,顾客开始要求将哈耶克按照担保的最低价值兑换或赎回。如果自由市场公司确实没有足够的流动性资产满足这些要求,就可能丧失清偿能力,然而,对一个公司的挤兑不会引起恐慌。哈耶克是独立发行、管理和标价的货币,与任何其他货币均不同,并在政府货币和银行的传统网络之外。竞争性私人货币和政府货币的顾客没有理由认为自由市场公司的财务问题会导致其他独立的公司或整个金融系统出现问题,尤其值得一提的是,存款人有充分理由相信联邦政府承保的美元存款是安全的。

然而,不熟悉世界性电子货币的立法者和监管者可能通过新的法律要求自由市场公司和其他发行商接受银行法律和条例的管辖,如要求其接受监管、缴纳准备金及投保。不幸的是,这样只有银行才能发行世界性电子货币。

立法者和监管者还可以各州管制旅行支票和货币汇兑商的法律为模式来制定法律或颁布条例。例如,向美国运通公司发放执照的州要求旅行支票未付余额有100%的流动性工具作为支撑,这包括现金、国库券或AAA级公司债券。与此类似,法律经常要求美国西联公司等货币汇兑商设立准备金,只作授权投资,提交经过审计的年度报告,遵守所有者及运营者的资格限制并对债券建立分类账。

然而,在立法者和监管者采取行动前,有必要考虑市场本身能否提供类似保护,除非世界性电子货币发行商采取步骤以确保顾客对其货币有信心,否则无发展业务的机会。保有充足的流动性资产以满足赎回要求、建立信誉并披露信息可能有助于减少客户忧虑、挤兑及损失并避免发行商倒闭,自愿购买私人保险亦有助于保护世界性电子货币持有人。

而且,有几个理由支持市场方案而不是监管政策解决问题。首先,克林顿报告就承认,压制性和僵化条例可能对电子支付系统的发展有害。现行法律和条例针对以美元和其他官方货币为基础的支付工具;与此相反,世界性电子货币的发行、管理和标价均独立于官方货币。盲目地将现行法律或条例适用于这种新颖且独一无二的货币可能会阻碍甚至窒息其发展，如果在市场有机会发展应对上述风险的最有效方案前专门为世界性电子货币制订法律或条例，这种法律或条例亦可能具有破坏性。

其次，克林顿报告已认识到，各州及各国为互联网商业交易制订的任何法律框架应适用一致的规则。一个金融大国，如美国过早地采取管制措施可能鼓励其他国家效仿，并导致法律要求不一而无公司能遵守，一旦发生这种情况，"世界性"电子货币永远不会产生。然而，与国内政府不一样，互联网市场具有国际性，因此，市场本身最有可能产生某些一致做法以保护顾客，并使一种世界性货币能正常运作。

最后，没有必要匆忙制订或适用法律和条例，因为世界性电子货币在可预见的将来对顾客或经济均不会构成重大威胁。旨在互联网上使用的货币仅占货币供应总量的一小部分，在发展早期更是如此，在货币发行公司运作失常、不稳定或因丧失清偿能力而无法赎回货币时，顾客可能偶尔会遭受损失。然而，顾客可通过保险、提起合同违约之诉或在破产诉讼中主张权利而获得救济。与此类似，由于世界性电子货币仅在互联网上运用，挤兑或破产对整个经济的影响将最小化，因此，政府可监督货币的发展并认定市场本身能否提供充足措施以解决私人公司的安全与稳健问题。

同时，美国可采取鼓励世界性电子货币发展的步骤。正如以上所述，世界性电子货币发展的最大威胁之一是各国法律要求不一。为解决这个问题，立法者可通过新法来废除过时的法律，而行政管理者可发布意见以澄清现有法律和条例的适用范围。例如，美国在内战时期通过几项禁止私人发行货币的法律，尽管公司可通过适当的安排规避这些法律，但这些法律的有效时间超过原定目的，因而应废除。除废除旧法外，国会还可制订新法并使其效力优先于禁止私人发行货币的州法。此外，还可鼓励美联储、美国联邦存款保险公司及类似机构发布意见，并承认发行世界性电子货币并不构成现行法律和条例之下的"银行业务"。鼓励其他国家采取类似立法行动和行政行为以消除世界性电子货币跨境使用的障碍。

当然，一个一个地废除过时或不相关的法律耗费时日，美国国会可运用更简便的办法，即通过专门法律以授权私人公司发行世界性电子货币。这种立法在效力上优先于任何禁止世界性电子货币发行的联邦或州法律，对银行法律和条例不适用于世界性电子货币进行澄清，并优先于州货币汇兑商法律，因为后者可能对发行世界性电子货币提出不同的要求。为确保幼稚工业获取经验,美国国会可授权一家联邦机构监督若干年并要求提交报告,如果发现安全和稳健问题,美国国会可考虑通过合适的立法或监管措施。

最终,放任自由政策不仅为美国亦会为其他国家所采用,习惯法或示范法将为世界性电子货币的授权发行和使用提供必要的、一致的规范。如果美国政府在鼓励全球电子商务上严肃认真,美国应运用对国际社会的影响力以启动上述立法项目。①

(二)社区型电子货币

任何将具有相同思想的人聚集起来的组织均能增加组织内外的获利机会。尽管一个互联网社区微不足道,但成千上万个社区就会拥有几百万成员,这大大增加电子商务的辐射范围和总金额,因此,社区型电子货币能促进电子商务的发展并使整个社会受益。

而且,社区型电子货币不会损害现行政策目标,即使加在一起,这种货币总值太小不足以使货币供应量的管理复杂化。还有,考虑到流通领域有限,社区型电子货币不会对美元构成严重威胁,因而既不会威胁货币政策,也不会侵蚀政治权力。因此,如果美国政府真正对鼓励电子商务感兴趣,应建立一种允许社区型电子货币出现的法律环境。

值得庆幸的是,法律环境对社区型电子货币有利。根据勒维斯·所罗门教授的看法,联邦法律限制私人铸造金属硬币,但并不禁止发行仅在当地交换贸易计划所在社区流通的纸币。可以推定,联邦法律允许发行仅在互联网社区流通的电子货币,但不幸的是,五十个州中各不相同的法律可能限制社区型电子货币的使用与流通。为消除这些障碍,美国国会可通过明确授权发行社区型电子货币的法律,并使其效力优先于与此相反的州法。在国际层面,美国可提出一个条约或示范法以承认这种货币的作用和合法性。

美国联邦或州监管者可能将互联网社区中的贷方余额定性为"存款",并要求其适用全部银行法律和条例,但这是一个不明智的决定,因为社区型电子货币不会对这些法律和条例背后的政策问题造成严重影响。的确,一个或一个以上的社区型电子货币因管理不当而失败会导致一些不幸的参与者损失部分贷方余额,但考虑到其流通范围有限及独特性质,社区型电子货币不太可能会引起金融恐慌或威胁整个支付系统。因此,美联储等监管者

---

① Kerry Macintosh, How to Encourage Global Electronic Commerce: The Case for Private Currencies on the Internet, 11 *Harvard Journal of Law & Technology*(1998), pp.769—778.

不仅要承认现有银行法律和条例不适用于社区型电子货币,而且还应努力使外国监管者亦接受这种观点。①

第二节　电子货币中的跨国问题

迄今为止,主要电子货币方案尚不能存储多种货币,亦未允许持有人跨境使用,然而,几个著名电子货币计划的所有权已国际化,并希望持有人在不同国家使用电子货币。例如,储值卡的多种货币功能在国外旅行时非常有用,而部分电子货币产品可能通过互联网用于向其他国家购买货物和服务。本节准备介绍国际清算银行和欧盟中央银行对网上支付中的跨国问题的一些看法并研究解决跨国问题之政策选择。

一、国际清算银行之观点

电子货币之跨国使用可能存在两种基本模式。首先,持有人可能使用国内机构发行的预付卡向外国特约商户支付,如支付旅行价款或通过计算机网络购买货物,此时,持有人和发行商可能位于一个国家,而商人及其金融机构可能位于另一国家。虽然交易发生在不同法域时持有人所拥有的法律权利不同,但其他跨国支付方法如信用卡和旅行支票亦会产生相同的问题。

其次,一国发行商可能向他国持有人发行以持有人所在国货币标明面值的电子货币,并用于向国内或国外特约商户支付。虽然国际清算银行认识到跨国银行活动如跨国存款已存在多年,但第二种模式可能产生更为复杂的问题。与传统跨国活动一样,跨国发行电子货币可能难以适用国内法律和条例,在持有人保护领域更是如此,或产生管辖权不明确问题。结果,部分国家可能关注电子货币发行商将在监管最不严格的国家设立公司或建立相关设施的问题,并可能导致"监管套利"。

就卡基电子货币产品而言,发行商不太可能完全在一国境外实施其电子货币系统,原因在于分销卡基产品、维护终端的正常运行及使持有人和特

---

① Kerry Macintosh, How to Encourage Global Electronic Commerce: The Case for Private Currencies on the Internet, 11 *Harvard Journal of Law & Technology*(1998), pp.794—796.

约商户接受电子货币均需要发行商建立实际机构和相关基础设施。① 与此相反,在开放式计算机网络上使用的某些电子货币产品不要求持有人或特约商户装配专门硬件或发行商设立实际机构。然而,不论哪一种情况,与早已建立、声誉卓著并为居民熟悉的机构及可直接进入该国银行间支付结算系统的机构相比,离岸发行商可能在商业上处于劣势。

不同国家之间的政策差异可能对电子货币的发展产生负面影响。国际清算银行的分析表明,即使十国集团在许多重要政策目标上能达到一致,但各国所采用的方法可谓五花八门。考虑到监管方式和市场发展存在诸多不确定因素,很难判断这些差异是否会阻碍电子货币的发展。而管辖权或持有人保护法律的适用或电子货币产品合同的执行均存在不确定性,这阻碍电子货币的跨境使用。各国法律不一有可能阻碍或阻止电子货币方案的跨境运营,例如,法律禁止跨境传送个人资料就会出现上述问题。

如果在多个国家同时运营的电子货币能够向其他国家个人匿名支付大笔金额,这会吸引犯罪分子并成为金融犯罪工具。虽然十国集团成员国反洗钱规定高度一致,但就调查或起诉特定犯罪活动而言,可能会产生管辖权不明确问题。②

二、欧盟中央银行之观点

从法律的角度来看,跨国使用电子货币可能产生一系列复杂规则以规范不同当事人之间的合同关系,跨国电子货币方案可能影响国内法律和条例的适用,并导致争议出现时管辖法院难以确定。就在几个国家同时运营的多币种电子钱包方案而言,法律问题更为复杂并更难确保电子货币合同会在所有相关国家得到执行。如果电子货币方案有多个发行商,每一种货币均由货币所属国境内机构发行,这会产生特殊问题,如不同破产法如何适用及一旦其中一个发行商破产如何在不同发行商之间分配风险,而且,跨国电子货币方案的实施可能导致犯罪活动增加,因为调查和起诉可疑活动更为困难。

从审慎监管角度来看,令人关注的问题与通过电讯网络跨国提供电子货币有关,这种方案不需要发行商在电子货币提供国设立机构。除提供传

---

① 即使与当地公司签订协议更实际,但这也会产生额外成本并为监管提供依据。
② Electronic Money: Consumer Protection, Law Enforcement, Supervisory and Cross Border Issues, 1997, available at http://www.bis.org.

统银行服务外,越来越多的机构利用这种网络如互联网提供电子货币,这种机构不仅包括传统信用机构,还包括仅存在于网络上的机构。使用这种电子网络使得监管者很难判断某一活动是否与监管者所在国有紧密关系,电子货币发行商可在一国注册成立,在另一个国家处理数据并在第三国招揽客户。此外,在计算机网络中使用的电子货币比要求在发行国实际制作的其他支付工具更容易跨国流通,而这种货币中的一部分已经全球化,然而,电子钱包方案亦可能跨国流通。如果电子货币方案有多个发行商且都位于不同国家,每个发行商均应接受所在国监管机构之监管,因此,这些监管机构需要紧密合作。

这些问题与位于监管环境更为宽松的第三国电子货币发行商具有更多的关联性,因为存在利用电子货币达到非法目的可能。在这种背景下,欧盟中央银行强调需要研究,亦需要与其他国际组织合作以决定是否及如何阻止未能满足最低要求的欧盟境外机构通过电讯网络向欧盟市场提供电子货币产品。[①]

三、解决跨国问题之政策选择

现有国际组织已开始讨论上述问题,最近的趋势是建立国际合作渠道以为评估跨国问题及其他特殊问题提供平台。例如,国际清算银行支付和结算系统委员会已针对零售性和批发性支付系统问题进行了一系列研究、信息分享及政策协调,而十国集团中央银行行长们亦要求其持续性监管电子货币的发展动态。

尽管许多现有零售性支付工具,包括旅行支票、信用卡和自动柜员机卡经常被持有人在发行国境外使用,但从历史上看并不强调消费者保护政策亦要进行广泛的国际合作。而且,电子货币跨国使用可能会强调一些众所周知的法律问题和管辖权问题,而这些问题并非仅存在于电子货币跨国使用之中。因此,随着技术的创新有必要进一步广泛探讨消费者政策问题及其应对措施[②],有关当局和私人发行商一起讨论电子货币系统的技术安全措施亦有助于在电子货币业和监管当局之间形成共同认识。

洗钱问题金融行动特别工作组为反洗钱国际合作提供了一个良好的平

---

① Report on Electronic Money, 1998, available at http://www.ecb.int.
② 例如,经合组织的一个委员会正在研究远程使用信用卡出现争议或"扣回"时持卡人在各成员国所享有的救济有何差异。

台。无论在十国集团之内还是之外,执法机构、银行监管者和其他当局对于持续交换与电子货币产品有关的犯罪信息及合作监控电子货币系统的发展特别感兴趣。

  迄今为止,十国集团成员国中许多电子货币方案的拟订发行商是银行机构或主要由银行控股的机构,考虑到这一点,巴塞尔银行监管委员会亦开始讨论电子货币和电子银行带来的监管问题和跨国问题。跨国电子货币发行商主要是信用机构,而其监管者之间的协调可能在现有国际组织中进行。十国集团就银行监管所达成的协议体现了合作原则,例如并表监管、母国和东道国监管者之间的责任划分、监管者之间的信息交换,这些都可适用于发行电子货币的信用机构。银行监管者正在检讨这些做法在何种程度上对其管辖之下的电子货币发行商带来好处,而且,监管者有必要与他国监管者分享所有权和运营均已国际化的电子货币方案信息以充分了解因发行机构位于特定国家而产生的跨国责任问题。[①]

---

 ① Electronic Money: Consumer Protection, Law Enforcement, Supervisory and Cross Border Issues, 1997, available at http://www.bis.org.

第九章　我国网上支付法律制度中的若干问题

第一节　完善我国银行卡法律制度的若干构想*

在我国,网上支付交易主要使用银行卡,特别是借记卡,此外,还有少量交易直接使用存折。① 但是,目前国内还没有专门的法律对银行卡参与方进行规范,各方的权利、义务尚不明确,对不法行为也缺乏明确与有效的约束。适用于银行卡的规范仅有中国人民银行于1999年颁布的《银行卡业务管理办法》。虽然该行政规章规定了银行卡当事人之间的职责,但立法的效力层次不高,对消费者保护得很不够。② 有必要指出的是,中国人民银行于2005年发布《电子支付指引(第一号)》以规范包括网上支付在内的电子支付。虽然银行卡网上支付显然属

---

* 在互联网上与在专用网络上使用银行卡并无本质差异,因此无需针对互联网上使用银行卡制订特别规则。事实上,英国、美国、澳大利亚等国对于银行卡在互联网上使用就沿用已有法律和条例,因而本节仅探讨我国银行卡法律制度之完善。

① 例如,中国工商银行《个人网上银行交易规则》第1条第3款规定,拥有中国工商银行活期存折的消费者,无须注册即具备网上银行存折的交易资格。

② 钟志勇:《网上支付中的消费者保护问题》,载《经济法学·劳动法学》2002年第8期。

于该指引所界定的电子支付,但该指引不具有法律效力。本节首先简要介绍银行卡在我国的发展,然后重点研究银行卡中的责任承担规则、信息披露制度与错误处理程序及信用卡中的两个特殊问题,并提出完善我国银行卡法律制度的若干构想。

一、银行卡在我国的发展

在我国,银行卡业务起步较晚。20 世纪 70 年代,国际信用卡已进入普及阶段,而我国由于历史原因还没有一家银行和机构发行信用卡。1978年,我国对外实行改革开放政策,许多外商与港澳同胞、海外侨胞纷纷来国内投资、经商或旅游观光,他们在带来资金的同时,也带来了先进的支付方式——信用卡。

为适应改革发展形势的需要,1979 年中国银行广东省分行与香港东亚银行签订协议,开始代理外国信用卡业务,信用卡从此进入我国。1985 年 6 月,中国银行珠海分行发行第一张信用卡——中银卡,开辟了我国信用卡的先河;1986 年 6 月,中国银行北京分行发行第一张全国流通的信用卡——长城卡,同年 10 月,中国银行在全国各分行发行长城卡。1987 年,中国工商银行广州市分行发行红棉卡。1987 年 7 月与 10 月,中国银行分别加入两大国际信用卡组织——万事达和维萨国际组织,成为它们的会员银行。此后,交通银行、中国建设银行、中国工商银行、中国农业银行也分别加入万事达和维萨国际组织。

我国国内银行在成为这些国际信用卡组织的会员后,也相应发行了万事达卡和维萨卡。1988 年 6 月与 9 月,中国银行分别发行外汇长城万事达卡与人民币长城维萨卡;1990 年 5 月,中国建设银行发行万事达卡;同年 10 月,中国工商银行发行人民币牡丹万事达卡和人民币牡丹维萨卡;1991 年 2 月,中国农业银行发行人民币金穗万事达卡;1991 年 3 月,中国建设银行发行维萨卡;1993 年 6 月与 1994 年 8 月,交通银行分别发行太平洋维萨卡与太平洋万事达卡;1994 年,中国农业银行发行人民币金穗维萨卡。

1993 年,我国"金卡工程"开始启动,各发卡机构抓住政策有利时机,加大了信用卡营销力度,发卡量迅猛增长;1994 年 7 月,中国银行在海口市推出第一个银行智能卡系统,标志着智能卡开始在我国出现;1997 年 10 月,由中国人民银行牵头的金卡工程银行卡信息交换总中心成立,为实现银行卡跨行异地交易奠定了基础;1999 年 4 月,上海银行卡网络与万事达国际组织联网;1999年9月,全国正式成立银行卡工作领导小组,加强对银行卡工作的组织与协调;2001年9月末,已有11家全国性商业银行与16个城市中心实现与中心联网运行,初步形成了一个全国性的银行卡跨银行、跨地区信息交换网络。

2002年1月,中国工商银行、中国农业银行、中国银行、中国建设银行、交通银行、招商银行等商业银行与邮政储蓄部门联合起来,率先在北京、上海、广州、杭州、深圳等五城市推出带有"银联"标识的银行卡。2002年3月,中国银联股份公司正式成立,首期发起股东85家,注册资本16.5亿元。中国银联股份公司的成立是中国金卡工程的一个重要里程碑,必将进一步改善我国银行卡的受理环境,推动银行卡向产业化方向发展。①

2005年,银行卡的发卡规模和交易规模持续增加,联网通用目标基本实现,用卡环境明显改善。持卡消费初具规模,银行卡支付功能不断完善,产业链条初步形成,银行卡支付网络开始参与全球支付体系。截至2005年6月,发卡机构超过160家,发卡量8.75亿张。2005年1—6月,全国银行卡交易额为24.06万亿元;北京、上海、广州、深圳等经济发达城市持卡消费额占社会商品零售总额的比例已达30%,接近发达国家水平。银行卡已成为我国个人使用最为广泛的非现金支付工具。此外,网上支付等创新支付工具和方式也不断涌现,2005年上半年,我国网上支付总交易额超过50万亿元。②

近年来,我国银行卡业务快速发展,发卡量大幅上升,受理环境明显改善,银行卡联网通用的目标已基本实现,由多元化市场主体构成的银行卡产业链初步形成。但总体上看,银行卡产业尚处于初级阶段,还存在着整体规划不够、法规建设滞后、产业扶持政策缺位、受理市场不规范等深层次问题。为促进银行卡产业快速健康发展,中国人民银行等九部门于2005年联合发布《关于促进银行卡产业发展的若干意见》(以下简称《意见》)③,全面系统地提出了促进银行卡产业发展的政策措施,明确了银行卡发展的指导思想、原则、目标和工作重点。

---

① 张炜主编:《个人金融业务与法律风险控制》,法律出版社2004年版,第120—121页。
② 《中国支付体系建设取得重要进展》,http://www.pbc.gov.cn/xinwen/index.asp?keyword=中国支付体系建设取得重要进展,2006年8月9日访问。
③ 《关于促进银行卡产业发展的若干意见》,http://www.pbc.gov.cn/detail.asp?col=100&ID=1472&keyword=关于促进银行卡产业发展的若干意见,2006年7月28日访问。

《意见》针对当前银行卡业务管理存在法律层次低、法律制度不完善的问题,要求相关部门尽快起草完成《银行卡条例》,并报国务院审批,为银行卡市场各参与主体提供基本的法律保障。《意见》针对当前银行卡发展中受理市场发展缓慢这一主要问题,为加快市场发展步伐,改善用卡环境,明确提出要将完善用卡环境、推动银行卡普及应用作为当前银行卡产业发展的核心工作。《意见》提出,至2008年,年营业额在100万以上的商户受理银行卡的比例达到60%左右,在大中城市重点商务区和商业街区、星级饭店、重点旅游景区要全部可以受理银行卡。全国大中城市持卡消费额占社会消费零售总额比例达到30%左右,全国跨行交易成功率达到96%以上。

二、银行卡责任承担规则之完善

(一) 银行卡责任规则之比较

我国尚未对银行卡在互联网上使用制订特别规则,在解释上,网上银行卡适用现有规范,即《银行卡业务管理办法》(以下简称《办法》),另外,中国人民银行《电子支付指引(第一号)》亦可参照适用。《办法》第56条第1款规定,银行卡申请表、领用合约是发卡银行向银行卡持卡人提供的明确双方权责的契约性文件,持卡人签字,即表示接受其中各项约定,而《办法》第54条第2项明确要求持卡人遵守银行卡章程及合约。

《办法》第53条第4项规定,借记卡的挂失手续办妥后,持卡人不再承担相应卡账户资金变动的责任,司法机关、仲裁机关另有判决的除外。根据以上规定,如果借记卡遗失或被盗,持卡人承担挂失手续办妥前的全部责任,这意味着持卡人对借记卡挂失手续办妥前的未获授权使用承担"无过错责任"。《办法》第52条第5项授权发卡银行在章程或协议中规定挂失责任,而第52条第6项要求发卡银行在有关卡的章程或使用说明中向持卡人说明密码的重要性及丢失的责任。由此可见,信用卡发卡银行可在章程或协议中自由地"约定"挂失责任及丢失密码的责任,法律无任何限制。

我国《电子支付指引(第一号)》第41条规定,由于银行保管、使用不当,导致客户资料信息被泄露或篡改的,银行应采取有效措施防止因此造成客户损失,并及时通知和协助客户补救;第45条规定,非资金所有人盗取他人存取工具发出电子支付指令,并且其身份认证和交易授权通过发起行的安全程序的,发起行应积极配合客户查找原因,尽量减少客户损失;指引第44条还要求客户妥善保管、使用电子支付交易存取工具。由此可见,不论是银行还是客户原因导致未获授权使用,银行均不承担责任,客户承担了所有电子支付风险,指引对其责任无任何限制,而客户责任建立在"无过错责任"之上。此外,指引第42条规定,因银行自身系统、内控制度或为其提供服务的第三方服务机构的原因,造成电子支付指令无法按约定时间传递、传递不完整或被篡改,并造成客户损失的,银行应按约定予以赔偿。但如果银行未在合同中"约定"赔偿,则无需赔偿,这是一种授权条款,实践中恐怕很少有银行会为自己"约定"赔偿责任。①

中国银行在银行卡章程或协议中约定的持卡人责任主要有无过错责任和过错责任两种。例如,中国银行《长城人民币信用卡章程》第13条规定,长城卡如遇丢失或被盗,持卡人应立即到附近的中国银行分支行办理书面挂失手续,挂失之前及挂失次日24小时内,所造成的挂失卡风险损失仍由持卡人承担。②依据中国银行现行规定,挂失手续办妥之前、办妥之后当天和次日发生的未获授权损失均由信用卡持卡人承担,这说明中国银行信用卡持卡人的责任建立在"无过错责任"之上。尤其值得注意的是,挂失手续办妥之后不能立即生效,办妥之后当天和次日的全部损失仍由持卡人承担。此外,该章程第5条规定,个人卡自递交"注销卡申请书"之日起45天内,仍应继续承担被注销卡产生的债务或风险损失。该条涉及信用卡持卡人的合同后义务,但由此产生的责任亦建立在"无过错责任"之上。

中国银行《长城人民币信用卡领用合约(个人卡)》第11条规定,长城卡在自动提款机上的所有交易,不论是否获得持卡人的授权,持卡人均须对所有后果负责。中国银行《长城国际卡"网上信用卡服务"用户条款》第2条规定,持卡人必须妥善保管网上信用卡服务的个人密码及用户名称,并对使用该密码及用户名称所进行的所有活动负全部责任;第3条强调,持卡人在发现个人密码及用户名称被非法使用或发生其他违反安全性规定(包括遗失密码)的情况时,应立即以电话或书面的形式通知中国银行,否则,在任何情况下,中国银行都不会对持卡人因未能遵守此点而产生的任何损毁或

---

① 单笔支付金额和每日累计支付金额限制有助于减少客户损失。中国人民银行《电子支付指引(第一号)》第25条第2款规定,银行通过互联网为个人客户办理电子支付业务,除采用数字证书、电子签名等安全认证方式外,单笔金额不应超过1000元人民币,每日累计金额不应超过5000元人民币。

② 中国银行《长城国际信用卡申领合约(个人卡)》第6条允许电话挂失,但要求持卡人在30日内补办书面挂失手续,并不要求持卡人承担挂失手续办妥次日发生的损失。与长城人民币信用卡持卡人相比,这是对长城国际信用卡持卡人的优待。

损失承担责任,一切损失由持卡人负责;而第4条更是规定,在持卡人通知(包括电话通知或书面通知)中国银行之前,由于个人密码及用户名称被盗用而引发的一切后果均由持卡人承担。根据以上规定,不论持卡人是否有过错均须承担责任,这种责任建立在"无过错责任"之上。在自动提款机上,特别是在互联网上使用银行卡存在很大的安全风险,而以上规定将安全风险全部转嫁给持卡人,持卡人唯一可以补救的措施是及时通知中国银行以避免损失扩大。

中国银行在银行卡章程和协议中还规定,持卡人有保管义务、通知义务、对账单审查义务、签名义务,禁止转借、转让、出租银行卡及一切违反章程的行为。一旦违反这些义务即认定持卡人存在"过错",并承担由此产生的"过错责任"。例如,中国银行《长城电子借记卡章程》第6条规定,持卡人须妥善保管借记卡,不得将本人密码泄露给他人,否则因此产生的风险及损失由持卡人本人承担,而中国银行《长城人民币信用卡章程》第8条有类似规定。中国银行《长城国际信用卡申领合约(个人卡)》第5条第10项亦规定,持卡人必须妥善保管密码,不得将密码告知他人或供他人使用。

中国银行《长城国际信用卡申领合约(个人卡)》规定,持卡人在申请表中所填写的内容有所变更时,须立即通知中国银行,否则,中国银行不承担由此引起的任何延误或损失。中国银行《长城电子借记卡章程》第7条和《长城人民币信用卡章程》第14条有类似规定,但均未提及责任承担问题;而《长城国际卡"网上信用卡服务"用户条款》第5条强调,持卡人的电子邮件地址如有任何变更,应立即通知中国银行,否则,由此引起的任何延误或损失均由持卡人负责。由此可见,持卡人对于个人资料变更负有通知义务。

中国银行《长城电子借记卡章程》、《长城人民币信用卡章程》未涉及对账单审查义务,但是,中国银行《长城人民币信用卡领用合约(个人卡)》第11条规定,持卡人对对账单内容有疑问时,应在制单日后的15天内向中国银行提出查询,否则即视为对账单正确无误。虽然中国银行《长城国际信用卡申领合约(个人卡)》第5条第3项和《长城国际卡"网上信用卡服务"用户条款》第6条规定的异议期间均为60天,但仍有细微差异。前者规定为"寄出月结单后60天内",而后者规定为"月结单日期起60天内",似乎应理解为从"制单日"起算。

中国银行《长城人民币信用卡领用合约(个人卡)》第4条规定,持卡人领取长城卡时,应立即在长城卡背面签名栏内签上与本人身份证件相同的姓名,否则,因此造成的风险损失由持卡人承担。该条涉及信用卡持卡人的签名义务。该《领用合约》第 8 条规定,持卡人因转借、转让长城卡、租借其账户或违反《中国银行长城人民币信用卡章程》及个人卡使用规定而产生的一切后果均由持卡人负责。该条禁止持卡人出租、转让、转借信用卡及一切违反章程的行为。

有必说明的是,中国银行《长城国际信用卡申领合约(个人卡)》第 5 条第 2 项规定,除非持卡人能够提供有效、真实的相反证明,所有记录即视为持卡人使用国际卡的记录,持卡人应承担由此产生的欠款。该规定表明,举证责任由持卡人而不是中国银行承担。

与此同时,中国银行在《领用合约》和《章程》中约定了众多责任豁免,在网上使用信用卡时尤其如此。中国银行《长城国际信用卡申领合约(个人卡)》第 5 条第 10 项规定,如因不可控制的原因导致系统故障造成国际卡不能使用或使用不畅,中国银行不负责承担由此产生的损失和费用。而中国银行《长城国际卡"网上信用卡服务"用户条款》第 13 条规定,中国银行对第三人提供的资料及其他互联网网址或其内容概不负责,对于持卡人因此而导致的任何损毁或损失概不直接或间接承担义务或责任;第 16 条规定,任何情况下,中国银行不会对未能传输的资料、删除资料、未能传送或未能储存持卡人发出的信息承担任何责任或法律责任。①

英国《银行业守则》规定,在持卡人的信用卡遗失或被盗或有人获悉密码通知银行前,对于信用卡被盗用所造成的损失,持卡人最多承担 50 英镑的责任。在持卡人无需亲临现场就能完成的交易中,即远程交易中,如果有人未获持卡人授权而使用其信用卡,持卡人无需承担任何责任。如果持卡人使用借记卡"未能尽到合理注意"②并由此导致了损失,持卡人可能要承担责任,而信用卡中无此规则。不过,如果持卡人的行为不构成重大过失,持卡人无需承担责任。根据以上规定,英国持卡人对于信用卡未获授权使用需要承担"无过错责任"但享有"责任限制";远程使用信用卡无需承担任何责任,即"无责任"。借记卡持卡人原则上亦享有"责任限制",但如果持

---

① 其他银行,如中国工商银行、中国建设银行、中国农业银行的规定基本上与中国银行的规定相同,具体规定可参见其他银行所制定的借记卡或信用卡章程、领用合约和网上银行交易规则等。

② 持卡人应尽的合理注意有:不将支票簿和借记卡放在一起;不允许任何人使用卡、密码、口令或其他安全信息;应谨慎选择新密码;牢记安全信息;不将安全信息写在纸上或记录下来;采取合理步骤确保信用卡安全;保证信用卡收据安全并谨慎处理;不将账户细节或安全信息透露给任何人。

卡人存在过错,则不享有责任限制。

依据美国《信贷诚实法》和美联储 Z 条例,消费者对未获授权使用信用卡负责必须满足下列条件:(1) 消费者已接受信用卡;(2) 责任不超过 50 美元;(3) 发卡机构就潜在责任向消费者发出过说明通知;(4) 发卡机构向消费者说明了在信用卡丢失或被盗窃时通知发卡机构的方法;(5) 未获授权的使用发生在消费者就信用卡丢失或被盗通知发卡机构前;(6) 发卡机构提供了一种技术方法,依该方法消费者可确认其就是已获授权使用该卡之人。如果消费者声称一项收费未获授权,发卡机构有责任证明以上每项条件均已满足。由此可见,美国消费者对于信用卡未获授权使用需要承担"无过错责任"但享有"责任限制",而且,一旦发生争议,举证责任由发卡机构而不是消费者承担。

美国《电子资金划拨法》及美联储 E 条例规定,消费者对借记卡未获授权使用的责任限制应分为三种情形且分段计算:第一,如果消费者在获悉借记卡遗失或被盗之日起 2 个营业日内通知发卡机构,责任限额为 50 美元;第二,如果消费者在获悉借记卡遗失或被盗之日起 2 个营业日内未通知发卡机构,责任限额为 500 美元;第三,如果消费者在发卡机构将定期对账单传送之日起 60 天内未报告未获授权的电子资金划拨,则无责任限制。根据以上规定,消费者对借记卡未获授权使用原则上需要承担"无过错责任"但享有"责任限制",不过,在例外情况下不享有"责任限制"。美国《电子资金划拨法》和美联储 E 条例还规定,发卡机构对下列原因导致消费者蒙受的所有损失承担责任:第一,未遵照消费者的指示并依据合同条款及时地、准确地划拨资金①;第二,未能完成电子资金划拨的原因在于消费者账户中资金不足,但该问题起因于发卡机构未能按照合同条款将资金贷记消费者账户;第三,未遵照消费者的指示并依据合同条款停止预先授权划拨。发卡机构的免责事由有:不可抗力,或已尽合理注意并采取相应措施,但仍无法控制的其他情况;消费者已知道电子设备发生技术故障,但是,免责事由仅适用于第一种和第二种情形。

澳大利亚《电子资金划拨行为法》规定,如果发卡银行能证明持卡人的

---

① 但以下情形除外:消费者账户资金不足;资金受法律程序或其他限制而无法划拨;划拨超过双方达成的信用限额;电子终端无足够现金而无法完成交易;或美联储条例规定的其他情形。

欺诈或疏忽①是损失发生原因,或在知晓支付工具发生滥用、遗失或被窃或密码的安全性遭破坏后不合理的迟延通知是损失原因,持卡人应承担通知发卡银行前发生的损失。如果持卡人不存在欺诈或疏忽或不合理的迟延通知且未获授权交易需要密码,持卡人最多承担 150 澳元的责任。在决定持卡人应否承担责任时,须考虑所有合理证据,包括所有发生的交易之合理解释。以上规定说明澳大利亚在银行卡责任承担问题上未对借记卡和信用卡做出不同规定,而是统一适用相同规则。如果持卡人不存在疏忽或未有不合理的迟延通知行为,持卡人需要承担"无过错责任"但享有"责任限制",然而,如果持卡人存在过错,则不享有"责任限制"。

我国香港《银行营运守则》规定②,如果持卡人并无任何欺诈或严重疏忽行为③,并在发现信用卡遗失或被窃后尽快通知发卡银行,持卡人对这类信用卡损失承担的责任应以发卡银行指明的金额为限,而有关限额不应超过 500 港元。如果持卡人在对账单寄发之日起 60 天内未报告未获授权交易,发卡银行有权认为对账单正确无误。由此可见,如果持卡人并无严重疏忽行为或迟延通知,持卡人需要承担"无过错责任"但享有"责任限制",不过,如果持卡人存在过错或在对账单寄发之日起 60 天内未报告,则不享有"责任限制"。此外,香港与澳大利亚一样在银行卡责任承担问题上未对借记卡和信用卡作出不同的规定。

我国台湾地区"信用卡定型化契约范本"规定,办理挂失手续前,持卡人被盗用的自负额不得超过新台币 3000 元,但有下列情形之一者,消费者免负担自负额:(1)于办理挂失手续时起前 24 小时后被盗用者;(2)冒用者的签名以肉眼即可辨识或以善良管理人之注意而可辨识与消费者的签名不相同者;(3)消费者于二年内未有失卡记录者。持卡人有下列情形之一,而且发卡银行能证明已尽善良管理人的注意义务者,被盗用的自负额不适用前项约定:(1)持卡人得知信用卡遗失或被盗窃等情形而怠于立即通知,或

---

① 消费者有疏忽是指:(1)自愿向他人泄露密码;(2)将密码记载于支付工具外部;(3)将所有密码记载于一件物品上且未采取保护措施,或记载在易于同时遗失或被窃的数件物品上;(4)发卡银行特别提醒后,仍选择代表自己生日的数字或姓名首字母作为密码;(5)极其粗心的行为导致未能保护所有密码的安全。
② Code of Banking Practice, 2005, available at http://www.hkab.org.hk.
③ 发卡机构尤其应告知消费者:(1)应毁灭印有密码的文件;(2)不应让任何人使用其银行卡或密码;(3)绝对不可在银行卡上或经常放在一起或附近的物品上记载密码;及(4)不应直接写下或记下密码而不加掩藏。如果消费者违反以上警告,似可以理解为"严重疏忽"。

自当期缴款截止日起已逾20天仍未通知者;(2)持卡人未在信用卡上签名致第三人冒用者;(3)持卡人于办理挂失手续后,未提出发卡银行请求的文件、拒绝协助调查或有其他违反诚信原则的行为。根据以上规定,如果持卡人不存在过错,持卡人需要承担"无过错责任"但享有"责任限制",不过,如果持卡人存在过错,则不享有"责任限制"。

(二) 我国银行卡责任规则之完善路径

总的说来,我国银行卡立法的效力层次不高,对消费者保护得很不够,行政规章仅对借记卡丢失或被盗用有规定,而且也让持卡人承担挂失前的全部风险。中国人民银行《电子支付指引(第一号)》的规定相同,而且更不合理的规定是,因银行过错而导致持卡人损失,银行只有止损义务、通知义务和协助义务,无赔偿义务。中国银行制定的格式合同更是让持卡人承担信用卡挂失前、挂失当天及次日的全部风险,不公平性昭然若揭。究其原因,部门立法难免有部门保护倾向,而格式合同也难免会出现不公平条款。在我国,存折或印章遗失或被盗,储户要承担挂失前的全部风险。① 借记卡不能透支,和储蓄相似,要持卡人承担挂失前的风险似乎是理所当然的,很少有人会提出异议。至于像中国银行信用卡协议中的不公平条款,持卡人也只能接受。看来,我国银行卡领域内的消费者保护立法还有很长一段路要走。

民事责任归责原则主要有过错责任、推定过错责任、无过错责任和公平责任。如果银行卡支付适用过错责任,并由持卡人举证金融机构有过错,由于银行卡支付基本上是小额支付,持卡人无动力起诉金融机构。即使举证责任转移由金融机构承担,如果仍要持卡人主动起诉,考虑到要缴纳诉讼费、律师费,持卡人个人亦要投入时间和精力,持卡人仍有可能无动力提起诉讼。再假设法律规定持卡人胜诉后,可能获得诉讼费、律师费和必要补偿,法院审理案件的成本可能超过诉讼收益。对整个社会而言,这种制度设计仍将无效率。如果法律规定持卡人一旦提出银行卡支付未获授权,金融机构就有义务更正错误,金融机构就必须通过诉讼来主张该项支付已获持卡人授权。这种制度设计虽然解决了持卡人提起诉讼动力不足的问题,但同样基于成本效益考虑,金融机构可能不会起诉持卡人,而且还可能产生持卡人的道德风险问题。金融机构很可能通过提高收费的方式将风险转嫁给

---

① 中国人民银行《储蓄管理条例》第31条;《中国人民银行关于执行〈储蓄管理条例〉的若干规定》第37条。

全体持卡人,或通过保险将风险转嫁给保险公司。即使金融机构起诉持卡人,诉讼收益与金融机构、持卡人及法院在这种案件中所耗去的成本相比将是微不足道的。不论金融机构为经济目的,为讨一个说法,还是为其他目的,这种诉讼对于整个社会而言不宜鼓励。

如果银行卡支付适用推定过错责任,首先要解决的问题是推定金融机构还是持卡人存在过错。如果持卡人或金融机构存在明显过失,推定其存在过错未尝不可,但是,如果持卡人或金融机构的过错不明显,要证明哪一方存在过错成本巨大,而且,哪一方要证明对方存在过错都不容易甚至不可能,这导致持卡人或金融机构主张权利的动力不足。更何况在某些情况下,持卡人或金融机构均不存在过错,如第三人入侵银行卡支付系统,适用推定过错责任无法解决此时产生损失的责任承担问题。即使能解决推定谁存在过错问题,只能起到举证责任转移的效果,推定过错责任亦难以解决持卡人或金融机构起诉动力问题,当事人过错证明问题,当事人及法院诉讼成本问题,诉讼成本大于诉讼收益问题。因此,适用过错推定责任对于整个社会而言仍然是无效率的制度设计。

如果银行卡支付适用公平责任,首先需要有持卡人或金融机构提起诉讼。然而,由于银行卡支付基本上小额支付,不论最初损失是由持卡人或金融机构承担,他们提起诉讼的动力都不足。即使有持卡人或金融机构起诉,法院需要考虑何谓"公平",这需要法院作大量事实调查并综合考虑各种因素,由此导致法院诉讼成本巨大。因而即使适用公平责任,也难以解决持卡人或金融机构主张权利的动力,更难以解决当事人及法院需要花费较多诉讼成本的问题,这种制度设计对于整个社会而言还是无效率的规则。

如果银行卡支付适用无过错责任,即严格责任,首先要解决的问题是由谁承担严格责任。由金融机构承担严格责任可强而有力地保护消费者,但如果持卡人不承担任何责任,恐怕会放纵持卡人的疏忽行为。如果由持卡人承担严格责任,无论从法理上,还是从促进经济发展,达到最高经济效率来说,绝对不合适。我国银行卡持卡人在报失前要承担全部损失,这意味着持卡人承担"严格责任",但这只是现行行政规章和发卡银行的规定,这些规定体现在发卡银行制订的格式合同中,属于一种格式免责条款。

从其他国家或地区法律规定来看,银行卡持卡人一般承担"无过错责任"但同时享有"责任限制"。就信用卡而言,英国、美国、澳大利亚等国家,以及我国香港和台湾等地区均规定持卡人需要承担无过错责任,但同时享有责任限制。英美两国不考虑信用卡持卡人是否有过错一律适用享有责任限制的无过错责任,但是,澳大利亚、我国香港和台湾地区的法律规定,如果持卡人存在过错,则不享有责任限制,这意味着持卡人此时需要承担"过错责任"。然而,正如以上所述,银行卡支付适用过错责任会产生种种问题,这是一种无效率的制度设计。因此,我国信用卡支付责任规则不宜借鉴这些国家或地区的规定而在例外情况下适用过错责任。

值得一提的是,英国持卡人在远程使用信用卡时不需要承担任何责任,这亦是欧盟《远程货物销售指令》的要求,说明在所有欧盟国家都是如此。该制度设计富有效率,所有损失由金融机构承担,此时不会产生任何争议,也无需通过诉讼来解决损失分担问题。然而,金融机构肯定会将损失以提高收费的形式转嫁给持卡人,或以投保的形式转嫁给保险公司,这样,持卡人最终仍需承担部分损失。最大的问题在于,如果持卡人不承担任何责任,恐怕必然放纵持卡人的疏忽行为,并导致消费者保护过度。远程使用信用卡,特别是通过开放式网络如互联网使用信用卡风险很大,由金融机构承担所有风险意味着其必须为持卡人的粗枝大叶行为"埋单",因此,我国信用卡支付责任规则不宜借鉴英国及欧盟的此项规定。

就借记卡而言,英国、澳大利亚和我国香港地区法律规定基本一致。如果持卡人不存在过错,则需要承担"无过错责任"但享有"责任限制"。然而,如果持卡人存在过错,则不享有责任限制,但是,美国法律规定有所不同。持卡人获悉借记卡遗失或被盗之日起2个营业日内通知发卡机构享有50美元责任限制,未在此期间通知享有500美元责任限制,但在对账单传送之日起60天内未报告未获授权的电子资金划拨,则无责任限制。[①] 该规则过于复杂,不宜借鉴,而且,如果持卡人要在对账单传送之日起60天内报告,则必须审查对账单,这意味着持卡人有义务审查对账单。不过,对持卡人课以对账单审查义务并不一定合适,英国、澳大利亚借记卡持卡人无此义务,而英国、美国和澳大利亚信用卡持卡人亦无此义务。[②] 持卡人审查对账单的真实动机可能不是旨在避免责任,而是为保持账户可用,或审查是否存在应由金融机构承担责任的错误。笔者以为,无论从保护消费者权益角度,

---

① 我国香港地区《银行营运守则》规定,如果消费者在对账单寄发之日起60天内未报告未获授权交易,发卡银行有权认为对账单正确无误。这说明香港银行卡消费者有义务审查对账单。

② 我国台湾地区"信用卡定型化契约范本"规定,责任限制不适用于自当期缴款截止日起已逾20天仍未通知发卡银行者。因此,我国台湾地区信用卡消费者有审查对账单的义务。

还是从成本与效益角度,在银行卡法律制度中,不宜确立持卡人负有对账单审查义务。

值得探讨的问题,借记卡要不要保留持卡人有过错时无责任限制这个例外。英国、澳大利亚、我国香港和台湾地区均承认这个例外,但美国不承认。这个例外实质上适用了民法中的过错责任原则,但正如以上所述,银行卡支付适用过错责任会带来种种问题,因此,笔者认为银行卡支付中不宜保留这个例外。这一来,借记卡支付责任规则与信用卡支付责任规则都适用享有责任限制的无过错责任,即"限额责任",这是一种行之有效的制度设计。持卡人需要承担一定责任以促使其保持必要的谨慎,而金融机构需要承担限额以上的责任,亦可促使其谨慎处理持卡人的支付指令,为其研发更好的技术以防止欺诈提供动力。

英国、澳大利亚和我国香港地区在银行卡法律制度上采用合并立法体制,而且澳大利亚和我国香港地区在具体规则上亦未对借记卡和信用卡做出区分。在美国,银行卡法律制度采用分别立法体制,并且信用卡持卡人享有的责任限制较低,而借记卡持卡人区分不同情况分别享有 50 美元、500 美元责任限制或无责任限制。

有美国学者就指出:第一,以功能不同为据而区分信用卡和借记卡,理由并不很充分。两者具有类似功能,而分担损失风险亦具有相同目标,即促使各方采取符合成本效益原则的预防措施;第二,在一个信用卡只为具有经济优势地位的人拥有的社会,区分信用卡和借记卡可能产生社会成本和政治成本;第三,由于可以推定信用卡和借记卡持卡人之间在社会地位和经济地位上存在差异,大多数国家的借记卡使用人很可能是不太老练的持卡人,因此在出现欺诈等情况时更需要获得救济与保护。①

笔者认为,分别立法体制不利于降低立法成本,导致相关规则不统一,并在持卡人中间产生混乱。更为重要的是,从保护消费者权益角度而言,借记卡一旦发生风险,持卡人蒙受的损失并不见得比信用卡风险小,因而,我国不宜借鉴分别立法体制,亦不宜为借记卡和信用卡制订不同的规则。笔者建议,我国《银行卡条例》,甚至未来银行卡法律继续采用现行行政规章中的合并立法体制,并为借记卡和信用卡制订相同的责任规则。由于信用卡和借记卡直接与持卡人账户相连,对于持卡人来说,风险比较大,设立相对

---

① Arnold Rosenberg, Better Than Cash? Consumer Protection and the Global Debit Card Deluge, 2005, available at http://www.ssrn.com.

比较低的责任限额比较合适。就我国目前情况而言,笔者认为,银行卡未获授权使用时持卡人承担责任限额在 1000 元内比较合适。

以上仅涉及未获授权使用银行卡时持卡人应承担的责任,而未涉及发卡银行未或未及时按照持卡人指令支付时银行应承担的责任。第一种情况为错误地从持卡人账户中划走资金,而第二种情况涉及持卡人因发卡银行未或未及时支付所蒙受的损害。第一种情况容易确定损失金额,但第二种情况要确定持卡人蒙受的直接和间接损害非常不容易,由此产生的证明成本亦很高。在英国、美国、澳大利亚及我国香港地区法律规定中,只有美国对借记卡未或未及时支付规定了发卡银行的责任,而且银行只对已证实的实际损害负责。尽管金融机构在最初防止损失发生时当然处于最佳位置,但在避免因最初错误而产生的可能影响深远的间接损害时并未处于最佳位置。因此,最有效率的规则应让金融机构承担所有损失直到某一限额为止,而让持卡人承担超过该限额的异常损失。这种责任建立在有责任限制的无过错责任之上,不过由发卡银行而不是持卡人享有责任限制。笔者建议,以发卡银行收取的手续费为基准,建立两倍赔偿比较合适,这样既可以促使银行采取必要的审慎措施,又不使支付系统负担过重。为获得该法定损害赔偿额,持卡人必须提出请求并证明存在损害,但不需要证明损失的具体金额,而要求持卡人承担起诉成本足以阻止没有遭受损失的持卡人获取不当得利。①

另外,中国人民银行于 2001 年发布实施的《网上银行业务管理暂行办法》第 14 条和第 21 条要求银行遵守消费者权益保护等方面的法律、法规、规章,要求银行以适当的方式向持卡人说明和公开各种网上银行业务品种的交易规则,要求银行在持卡人申请某一项网上银行业务品种时,向持卡人说明该品种的交易风险及其在具体交易中的权利与义务。该暂行办法要求银行遵守消费者权益保护法律,但我国尚无任何法律、法规对持卡人在互联网上使用银行卡提供保护。

有学者指出,若第三方欺诈或假冒付款人名义,只要银行能证明其在安全程序上是合理可靠的,名义付款人需对无权支付命令承担责任。② 尽管有学者认为,在价值取向上,有关法制应注意对消费者,尤其是个人消费者的

---

① 至于未及时支付的问题,法律可规定发卡银行应在"合理时间"内支付,否则,可认定为未支付并适用两倍手续费的赔偿标准。
② 蒋志培主编:《网络与电子商务法》,法律出版社 2001 年版,第 419—420 页。

保护,但又认为法律分配风险时应向银行作倾向性的保护。① 这些学者对消费者保护问题并未给予足够的注意。实践中,中国银行规定,对于因电子安全证书及密码丢失或被他人盗用造成的一切损失均由持卡人承担,对于因密码泄露所造成的电子钱包被窃及其他损失均由持卡人承担。② 电子钱包软件由中国银行提供,电子安全证书由中国银行发放,但中国银行不承担任何责任,这是极不公平的。

如何平衡银行与持卡人的利益是一个需要仔细考虑的问题。网上支付的最大风险是安全风险,尽管有了安全电子协议与安全套接层协议,但谁也无法保证黑客或罪犯不能从网上截获有关支付信息。有的计算机专家就指出,没有完美的计算机安全,安全不是一个目标而是一个追求过程。③ 持卡人的力量是渺小的,机构的力量是强大的,让持卡人承担全部风险反而会使电子商务及网上支付举步维艰,安全技术得不到迅速发展,而相关保险业务亦无法发展起来。因为,如果持卡人认为网上支付是不安全的,或会给自己带来无法预料的损失,就不会或少从事网上交易或网上支付,因此,明智的做法是让银行及商家承担因未获授权交易而产生的大部分甚至全部风险。

(三)完善我国银行卡责任规则之具体建议

从长期目标来看,我国银行卡责任规则应建立在有责任限制的无过错责任之上,银行卡未获授权使用时持卡人承担的责任应限制在 1000 元以内,发卡银行未或未及时支付时承担的责任应限制在两倍手续费以内。④

从中期目标来看,我国银行卡责任规则应兼采无过错责任和过错责任。无过错责任应设立限制,而责任限制与长期目标中的责任限制一致。如果持卡人存在过错,则不享有责任限制,但应由银行举证证明持卡人有过错。除举证责任由发卡银行承担外,关键在于确认哪些情况下持卡人有过错。银行卡遗失或被盗或密码泄露不见得就能认定持卡人存在过错,因为任何持卡人无法保证银行卡或密码绝对安全。英国、澳大利亚和我国香港特别行政区主要将因持卡人不慎而导致密码泄露认定其存在过错,但我国台湾

---

① 王心艳、李金泽:《完善我国网上银行业务有关法制的思考》,载《法学》2001 年第 4 期。
② 中国银行《电子安全证书使用条款》第 4 条;《电子钱包注意事项》第 3 条。
③ Randy Gainer, A Cyberspace Perspective: Allocating the Risk of Loss for Bankcard Fraud on the Internet, 15 *John Marshall Journal of Computer & Information Law* (1996), p.44.
④ 美国消费者使用银行卡享有责任限制,而借记卡发卡银行未按时支付时须对已经证实的实际损害负责,这说明美国基本上采用此做法。

地区规定有所不同。① 笔者建议,发生下列情况可认定持卡人存在过错:(1)因行为不慎而导致密码泄露者;(2)未在信用卡上签名导致第三人冒用者;(3)出租、转让、转借银行卡者;(4)银行卡遗失或被盗后怠于通知者;(5)办理挂失手续后,未提出发卡银行请求的文件、拒绝协助调查或有其他违反诚信原则者。此外,还可以确认持卡人有义务审查对账单并报告未获授权交易,并规定对账单传送之日起60天内仍未报告者,发卡银行有权认为账单正确无误。②

从近期目标来看,由法院运用我国《合同法》和《消费者权益保护法》来解释银行卡章程、使用规定及领用合约中的格式条款,对部分条款作限制解释,并宣布部分条款无效。③ 例如,一些银行规定,对于电话挂失只协助防范,不承担任何责任。其实,电话挂失与书面挂失在本质上都是当事人要求挂失的明确意思表示,因此,只要银行接到挂失请求,就负有立即止付、确保持卡人财产安全的义务。中国银行要求个人卡自递交"注销卡申请书"之日起45天内,仍应继续承担被注销卡产生的债务或风险损失。该条明显加重了持卡人的责任,属于银行单方面制订的不公平规定,旨在将不合理风险转嫁给持卡人。中国银行规定,违反章程及个人卡使用规定而产生的一切后果均由持卡人负责。中国银行要求持卡人承担一切责任显然是不公平的,因为中国银行可能也存在过错,如未履行信息披露义务或告知义务。中国银行还强调,任何情况下都不会对未能传输或删除资料、未能传送或储存信息承担任何责任。这明显属于中国银行制订的免除其责任的"霸王条款"。以上规定因违反我国《合同法》和《消费者权益保护法》,法院应宣布这些条款无效。

中国银行声称不承担因不可控制的原因导致系统故障所产生的损失和费用,还有的银行在用卡协议中更明确地规定,对因设备、供电、通讯或自然灾害等不可抗力因素造成银行卡交易不成功,银行不承担任何经济和法律

---

① 持卡人不享有责任限制的情形有:(1)怠于通知或逾期仍未通知者;(2)未在信用卡上签名致第三人冒用者;(3)未提出银行请求的文件、拒绝协助调查或有其他违反诚信原则的行为。

② 也有学者认为,如果银行与持卡人之间约定使用"安全程序",以持卡人名义签发的支付命令只要通过安全认证,无论支付命令是否授权,银行都无需承担责任。参见丁洁:《网上银行服务协议中免责条款的法律效力分析》,http://www.chinaeclaw.com/readArticle.asp? id = 2548,2006 年 7 月 30 日访问。

③ 参见钟志勇著:《跨国银行总行与海外分行法律关系论》,中国方正出版社 2005 年版,第 161—162 页。

责任。系统故障能否包括黑客侵袭系统、病毒植入系统所导致的故障及供电系统、通讯系统故障,或能否将以上事件纳入不可抗力?笔者认为,不可将其归入不可抗力范畴,原因在于,其一,银行开展网上业务时就应当预见有可能会出现黑客、计算机病毒侵袭系统造成系统故障的情况;其二,计算机病毒有发作规律和周期可循,甚至人们已经开发出相应的应急措施和解决方案,所以银行可以避免和克服此种情况;其三,根据我国《网上银行业务管理暂行办法》第18和第19条,网上银行应实施有效的措施,并且定期测试网络系统、业务操作系统,防止网上银行业务交易系统被计算机病毒侵袭和黑客侵入。因此,银行有法定义务采取防范措施避免此类情况的发生,而且实践证明,只要建立有效的安全防护系统,并定期维护是可避免黑客及病毒入侵的。

就供电系统中断而言,银行在停电前一般都能从供电公司获得停电信息,对何时停电是可以预见的,所以并不属于不可抗力范畴,而且银行一般都有必备的应急发电设备,即使供电商未事先通知而临时停电,银行也应能保证交易的顺利进行。所以,如果银行未能及时起用应急发电设备而导致持卡人财产损失,银行应承担相应责任。至于通讯故障问题,根据合同的相对性原则,债务人(银行)应先向债权人(持卡人)负责,然后才能向第三人(网络服务商)求偿,而不得以第三人造成损害,自己无过错而要求免责。再者从网上银行业务自身固有特点来看,其交易的每一个环节都涉及服务器、软件及互联网等先进技术,如果要求持卡人证明网络服务商的过错,十分困难甚至是不可能的,从保护消费者权益角度来看,应先由银行承担责任。

就我国网上银行实践来看,多数商业银行都将电子讯息错误作为免责事由之一,要求持卡人对自己发出的任何交易指令承担责任。而国外一般规定错误的支付命令所造成的损失由发送人承担,但也有例外,即如果发送人与接收银行约定使用检测错误复本、支付命令中的错误或不一致的程序,而且接收银行使用该程序查出或本应查出错误复本、错误或不一致,那么发送人不对错误的电子讯息负责,此点值得我国借鉴。① 有的服务协议约定,如果接收到的指令不明、存在乱码、不完整或缺乏必要的信息,银行没有正确执行时可不承担任何责任。笔者认为这有违公平原则,原因在于:其一,服务协议约定持卡人在发现错误后有义务通知银行,而银行却无相应的通

---

① 丁洁:《网上银行服务协议中免责条款的法律效力分析》,http://www.chinaeclaw.com/readArticle.asp? id=2548,2006年7月30日访问。

知义务,这显然造成银行与持卡人权利义务不平等;其二,根据我国《合同法》第60条,当事人应当遵循诚信原则,根据合同的性质、目的及交易习惯履行通知、协助、保密等义务,所以,银行在接收到瑕疵电子讯息时应负有通知义务。笔者认为,法院在解释网上支付合同时应要求银行履行通知义务,否则因此导致持卡人遭受损失时,银行应承担相应的赔偿责任。①

三、银行卡信息披露制度之完善

我国《银行卡业务管理办法》第52条规定,发卡银行应向申请人提供有关银行卡的使用说明资料,包括章程、使用说明及收费标准;而第15条规定,发卡银行各类银行卡章程应载明下列事项:卡的名称、种类、功能、用途;卡的发行对象、申领条件、申领手续;卡的使用范围及使用方法;卡的账户适用利率,面向持卡人的收费项目及标准②;发卡银行、持卡人及其他有关当事人的权利、义务等;第52条要求发卡银行按月向持卡人提供对账单,但下列情况例外:(1)已向持卡人提供存折或其他交易记录;(2)自上一份月对账单后,没有进行任何交易,账户没有任何未偿还余额;(3)已与持卡人另行商定;第52条还规定,发卡银行向持卡人提供的银行卡对账单应列出以下内容:交易金额、账户余额;交易金额记入有关账户或自有关账户扣除的日期;交易日期与类别;交易记录号码;作为支付对象的商户名称或代号;查询或报告不符账务的地址或电话号码。此外,第52条还要求发卡银行在章程或使用说明中向持卡人说明密码的重要性及丢失的责任。由此可见,行政规章要求发卡银行履行的信息披露义务主要涉及初始披露和持续性披露,并对初始披露中的章程条款及持续性披露中的对账单内容作出了规定。③

中国银行《长城人民币信用卡领用合约(个人卡)》第14条规定,长城卡章程一经修改公布,不论持卡人是否得到通知,修改后的该章程即为有

---

① 有关银行卡风险责任的归属,还可以参见张德芬著:《小额电子资金划拨法研究》,郑州大学出版社2006年版,第94—122页。
② 在我国,有关银行卡的部分收费项目及标准已由行政规章规定,而银行卡章程一般也将此纳入。参见我国《银行卡业务管理办法》第18—27条及银行卡章程和领用合约中的相关规定。
③ 中国人民银行《电子支付指引(第一号)》第8条规定,办理电子支付业务的银行应公开披露以下信息:"(一)银行名称、营业地址及联系方式;(二)客户办理电子支付业务的条件;(三)所提供的电子支付业务品种、操作程序和收费标准等;(四)电子支付交易品种可能存在的全部风险,包括该品种的操作风险、未采取的安全措施、无法采取安全措施的安全漏洞等;(五)客户使用电子支付交易品种可能产生的风险;(六)提醒客户妥善保管、使用或授权他人使用电子支付交易存取工具(如卡、密码、密钥、电子签名制作数据等)的警示性信息;(七)争议及差错处理方式。"

效,并对持卡人有约束力。但是,中国银行《长城国际信用卡申领合约(个人卡)》第 13 条规定,中国银行可修改本合约和有关收费标准,并提前 15 天向社会"公示",而中国银行《长城国际卡"网上信用卡服务"用户条款》第 7 条规定中国银行有权变更合同,并提前 30 天通过电子邮件通知持卡人或在网上信用卡服务网址上公布。根据以上规定,中国银行在章程修正时无需通知持卡人,或只需提前公示,至多以电子邮件形式通知。此外,中国银行《长城人民币信用卡领用合约(个人卡)》第 12 条还规定,持卡人不再更换新卡时应在信用卡期满前一个月以书面方式通知中国银行,否则将视同继续用卡并收取新换卡的年费。①

相比之下,英国规定了比较详细的信息披露规则。英国《银行业守则》规定了银行卡初始披露内容及形式、利率、日常收费信息披露,并特别强调在收费增加或引入新的收费项目时,至少提前 30 日个别通知持卡人,而扣除利息或收费前,至少提前 14 日通知。如果合同条款的修正对持卡人不利,至少提前 30 日个别通知。从通知之日起 60 天内,持卡人无需通知就可转换或关闭账户,而且不必付出额外的利息或费用。至于合同条款的其他修改,金融机构可立即做出并在 30 天内通知。此外,守则要求金融机构至少每 3 个月提供一次对账单,但拥有存折的账户可不提供。

美国对银行卡信息披露规定得更为详尽,美国《信贷诚实法》和美联储 Z 条例将信用卡披露规则分为初始披露、定期披露和持续性披露,并对信息披露内容及形式做出了规范。初始披露主要涉及合同条款、年利率、年费或其他费用的披露,而定期披露主要涉及定期对账单及其内容;持续性披露涉及账单错误处理程序至少每一日历年披露一次,而需要披露的合同条款有变化或最低还款额有增加时,发卡机构应至少修正生效前 15 日书面通知持卡人,至于其他情况,修正生效前通知即可。如果信用卡续期收取年费,应邮寄或传送书面续期通知,并允许持卡人自通知之日起 30 天内终止合同而无需缴纳任何费用。此外,如果发卡机构准备更换承保信用卡账户的保险人,至少应提前 30 日书面通知。

美国《电子资金划拨法》及《美联储 E 条例》将借记卡信息披露规则分为初始披露、实时披露、定期披露、条款修正时的披露,并规定了民事责任。初始披露主要规定披露事项,而美联储还制订了初始披露的示范条款;实时

---

① 中国银行《长城国际信用卡申领合约(个人卡)》第 11 条有类似规定。

披露指金融机构在持卡人发动电子资金划拨时应提供电子终端收据并包含相关信息;定期披露主要规定对账单事项,并要求金融机构对有资金划入或划出的账户应每月提供一次对账单;条款修正时的披露要求金融机构在做出对持卡人不利的修正,包括承担的费用增加或责任增加,可利用的电子资金划拨类型减少,划拨频率或金额受到更多限制时,至少在修正条款生效前21日通知持卡人,至于其他情况,不需要提前通知。美国《电子资金划拨法》还规定,除未获授权和错误外,未遵守该法有关消费者规定的任何金融机构应承担由此给消费者带来的损失,赔偿金额最低为100美元,最高为1000美元,此外,胜诉方还可获得诉讼费及由法院确定的合理律师费。①

澳大利亚对银行卡信息披露规定得亦比较详尽,《电子资金划拨行为法》将披露分为初始披露、实时披露、定期披露和条款修正时的披露。初始披露涉及披露事项并要求发卡银行向持卡人提供电子资金划拨服务条款;实时披露要求发卡银行必须确保向持卡人提供收据并包含相关内容;定期披露主要规定对账单事项,并要求发卡银行对有资金划出或划入的账户应至少每6个月提供一次对账单。② 如果发卡银行拟修改下列条款:(1) 对银行卡的使用或申领副卡或补办银行卡收费或增加费用;(2) 增加持卡人在电子资金划拨中承担损失的义务;(3) 针对银行卡、账户和电子设备施加、取消或调整日常性交易限制,发卡银行应至少在变更生效前20日向持卡人发送书面通知,至于其他情况,变更生效前通知即可。

我国香港和台湾地区对银行卡信息披露规定得比较简略。中国香港《银行营运守则》③要求发卡银行提供一份章则及条款,并备有有关使用银行卡的一般说明资料,而这些资料应包括12项内容。发卡银行应向持卡人提供载有相关资料的交易记录,并按月提供对账单,除非:(1) 已提供存折或其他交易记录;(2) 自上一份对账单后,没有任何交易,账户亦没有任何未偿还余额;或(3) 已与持卡人另行商定。

我国台湾地区"信用卡定型化契约范本"第20条规定,下列事项如有变

---

① 美国《电子资金划拨法》规定:金融机构不对善意的错误负责;也不对善意地遵守美联储制定的规则、条例及解释的任何作为或不作为负责;不对善意地遵守经美联储正式授权的官员或雇员按程序所做解释或批准的任何作为或不作为负责;也不对因使用美联储颁布的示范条款而未能以适当形式进行披露承担责任。
② 如果某一存款账户可以手动更新,或账户余额和账户活动可通过电子手段获知且无需付费,则可以不受6个月提供一次对账单的限制。
③ Code of Banking Practice, 2005, available at http://www.hkab.org.hk.

更,应于变更前60日书面通知:(1)增加收取之年费、手续费及提高利率、变更利息计算方式及增加可能负担的一切费用;(2)信用卡发生遗失、被窃等情形或灭失时,通知发卡银行的方式;(3)持卡人对他人无权使用信用卡后发生的权利义务关系;(4)有关信用卡交易账款疑义的处理程序。

通过比较,我们发现我国银行卡信息披露制度不太完善,主要有三个问题:第一,未涉及实时披露规则。借鉴美国和澳大利亚法律规定,我国法律亦应要求发卡银行提供纸质或电子收据,并规定收据应包含的具体事项。

第二,未涉及条款修正时的披露规则。许多银行在银行卡章程中规定,本章程一经修改,无须事先通知持卡人,立即生效,并强调无论持卡人是否知悉,均具约束力。这种条款属于"霸王条款":首先,按照我国《合同法》的有关规定,合同订立后,非经当事人协商一致,任何一方无权擅自变更合同;其次,我国《消费者权益保护法》规定,持卡人作为消费者,有权利知道所接受服务的真实内容;最后,银行卡格式条款的修改除因国家有关法律法规或金融管理规章有新的强制性规定之外,其他新章程若持卡人不接受,银行无权强迫其接受。根据上述国家或地区的做法,我国法律应要求发卡银行在持卡人承担的费用或责任增加时至少提前30天通知,并允许持卡人在通知之日起60天内转换或关闭账户,而且不必付出额外的利息或费用,至于其他情况,修正生效时通知即可。

第三,未建立信息披露民事责任。在民事诉讼中,要解决的问题有赔偿额、诉讼形式及诉讼动力等。借鉴美国做法,违反信息披露制度的金融机构对持卡人个人赔偿额确定在100—1000元比较合适。在诉讼形式问题上,应鼓励采用代表人诉讼制度。法律还可规定胜诉方可获得诉讼费和合理律师费以部分解决起诉动力不足的问题。不过,就目前情况而言,在我国建立银行卡信息披露民事责任的难度很大。

此外,中国银行在信用卡续期收取年费时要求持卡人通知是不合理,因为持卡人具有选择权。① 如果持卡人未通知发卡银行表达其继续使用意愿,信用卡期满时不能再制发新卡。因此,借鉴美国做法,此时发卡银行应邮寄或传送书面续期通知,并允许持卡人自通知之日起30天内终止合同而无需缴纳任何费用。

---

① 中国银行《长城人民币信用卡领用合约(个人卡)》第12条;《长城国际信用卡申领合约(个人卡)》第11条。

四、银行卡错误处理程序之完善

我国《银行卡业务管理办法》第52条第2项规定,发卡银行对持卡人关于账务情况的查询和改正要求应当在30天内给予答复。该《办法》对银行卡错误处理程序规定得非常简单,而中国银行未在银行卡章程及领用合约中做出任何规定。

英国《银行业守则》规定,接到申诉之日起5天内,银行将向持卡人发出书面确认函;4周内,银行将最终处理结果通知持卡人,或对需要延长处理时间做出解释;如果银行未在4周内将最终处理结果告知持卡人,则在8周内告知。可见,英国对银行卡错误处理程序亦规定得比较简单,但美国和澳大利亚规定得非常详细。

美国《信贷诚实法》和《美联储Z条例》首先界定了信用卡账单错误:(1)对账单载明的交易项目非消费者或拥有消费者明示授权、默示授权或表见代理权的人所为;(2)对账单上载明的项目未确认交易者身份;(3)对账单上载明的货物或服务未被消费者及其指定人接受,或未发送给他们;(4)发卡机构未能在对账单上正确贷记一笔支付款;(5)对账单上有因发卡机构统计失误而出现的错误等。然后,美联储Z条例对错误处理提出了明确的时间要求,发卡机构应在收到账单错误通知之日起30天内通知,除非在此期间内错误已获解决;并应在两个账务周期,最长不超过90日内解决此问题。① 最后,如果发卡机构认定确实发生了错误,应更正错误;如果未发生错误,应向消费者邮寄或传送解释函,而如果消费者提出要求,应提供书面证据复本。

美国《电子资金划拨法》和《美联储E条例》界定了借记卡错误类型。错误是指:(1)未获授权的电子资金划拨;(2)对或从消费者账户不正确地划入或划出资金;(3)定期对账单漏载电子资金划拨;(4)金融机构在电子资金划拨时出现计算或簿记错误;(5)消费者从电子终端获取的金额不对等。金融机构对借记卡错误须在10个营业日内完成调查,3个营业日内报告结果;如不能完成,可在45个营业日内完成,但必须在收到通知之日起10个营业日内重新贷记消费者账户并在2个营业日内通知消费者;调查完成

---

① 发卡机构不得因消费者未支付争议金额而直接或间接向任何人就消费者信用状况作出或威胁作出不利报告,或将争议金额或争议账户报告为拖欠金额或拖欠账户。

后 3 个营业日内报告,如确有错误,在错误认定后 1 个营业日内更正。① 此外,如果金融机构未做善意调查或在认定未发生错误时无合理根据,或明知调查所获取的证据不能合理地得出结论,而故意地做出错误不存在的结论,消费者有权获得 3 倍赔偿。

澳大利亚《电子资金划拨行为法》规定,发卡银行应在服务条款中约定,将根据持卡人请求于提供的文件中告知正式投诉程序。在接到投诉后 21 日内,发卡银行应完成调查并以书面方式将结果告知持卡人,或书面告知完成调查需要更多信息。除非有例外,否则发卡银行应在接到投诉后 60 日内完成调查。② 一旦完成调查,发卡银行应迅速将调查结果和理由通知持卡人。除非投诉以完全有利于持卡人的结果解决,否则应告知如何与发卡银行所隶属的外部争端解决机构联系的细节。如果发卡银行不属于某一系统,应包括如何与消费者事务部门和管辖消费者诉讼的小额诉讼法庭联系的细节。

相比之下,我国银行卡错误处理程序主要不足有:第一,未对错误进行法律界定。借鉴美国立法,我国应将以下情形认定为错误:(1) 未获授权电子资金划拨;(2) 对或从持卡人账户进行了不正确的电子资金划入或划出;(3) 定期对账单漏载电子资金划拨;(4) 金融机构在电子资金划拨时出现了计算错误或簿记错误;(5) 持卡人从电子终端获取的金额不对等。第二,错误处理程序太简单,仅规定了一个时间限制。美国借记卡错误处理程序过于复杂,而英国和澳大利亚银行卡及美国信用卡错误处理程序比较合适。我国银行卡错误处理宜规定为,发卡机构应在接到投诉之日起 30 天内完成调查,最长不得超过 90 天。如果借记卡错误在 30 天内未完成调查,应重新贷记持卡人账户;而持卡人在信用卡错误未解决的期间有权不支付发卡银行垫款及相关费用。第三,对未做善意调查或在认定未发生错误时无合理根据或故意认定错误不存在的情况未规定民事责任。笔者认为,此时亦可借鉴美国立法,规定持卡人可索取 3 倍赔偿。银行卡支付中小额支付居多,提起诉讼的动力不足,所以 3 倍赔偿可以部分解决起诉动力问题,而笔者以

---

① 如果消费者第一次将资金存入账户后 30 日内发生错误,金融机构可在 20 个营业日内完成调查。如果涉及州外划拨,销售点划拨,在账户第一次存入资金后 30 日内发生划拨,金融机构可在 90 日内完成调查。

② 如果发卡银行不能在 60 日内处理完毕,须告知持卡人延期理由,每 2 个月提供一次关于投诉处理的进展情况,并详细告知预计可以作出决定的时间。

为,3倍赔偿更主要的目标在于威慑发卡银行,以促使其认真负责地进行调查。

五、信用卡特殊问题之处理

信用卡中的特殊问题主要指抗辩权及必要费用偿还请求权。抗辩权指持卡人在买卖合同中享有对特约商户的抗辩可向发卡银行主张的权利。法律一旦承认该权利,持卡人无需支付争议金额。有些学者认为,信用卡只是代替现金的支付工具,功能并未超过现金,而一般人以现金交易时,只和商店接触,所以纵然以信用卡消费而与特约商户因商品本身品质发生争议,应与发卡银行无关。① 我国《银行卡业务管理办法》第54条第4项规定,持卡人不得以和商户发生纠纷为由拒绝支付所欠银行款项。中国银行《长城人民币信用卡领用合约(个人卡)》第9条和《长城国际信用卡申领合约(个人卡)》第10条有类似规定;而中国台湾地区《信用卡定型化契约范本》第11条亦规定,持卡人如与特约商店就有关商品或服务之品质、数量、金额,应向特约商店寻求解决,不得以此作为向发卡银行拒缴应付账款之抗辩。

但是,有的学者认为,特约商户由发卡银行选择,是发卡银行的代理人,所以代理人的产品或服务出现问题,发卡银行当然要负责,而且发卡银行监督及控制产品或服务品质的能力亦比持卡人强,所以应赋予持卡人拒付权。英国、美国、德国等国的主张均偏向后者,如英国规定,如果持卡人有权对货物供应商主张虚假陈述或违约,持卡人对关联贷款人有同样的权利,而关联贷款人指提供信用的贷款人和货物或服务供应商是同一人或他们之间有某种业务上的联系。②

美国规定,抗辩权必须满足以下条件:第一,为解决与特约商户之间的争议,消费者已善意地做过努力;第二,导致消费者提出请求或抗辩的财产或服务价值超过50美元,而且争议交易发生地与消费者指定的有效通讯地址位于同一州,或如果不在同一州,争议交易地距离有效通讯地不超过100英里。如果存在以下情形,不适用第二个条件:(1)特约商户与发卡银行为同一人;(2)发卡银行直接或间接控制特约商户;(3)第三人直接或间接控制特约商户,亦直接或间接控制发卡银行;(4)特约商户直接或间接控制发卡银行;(5)特约商户是发卡银行产品或服务的特许经营商;(6)特约商户

---

① 李凌燕著:《消费信用法律问题研究》,法律出版社2000年版,第113页。
② 参见覃有土、邓娟闰:《论信用卡消费者的抗辩权》,载《法学》2000年第7期,第37页。

的争议交易订单是通过邮件方式招揽来的,而发卡银行制作或参与了该招揽邮件。①

德国在《消费者信贷法》以前,借助民法的一般条款和有关不公平合同的立法,对在法律上相互独立、在经济上紧密联系的消费买卖合同和借贷合同,认定为在法律上具有从属性与相互依存关系,买受人有权向出卖人主张之抗辩事由亦可对抗贷款人。至于经济上紧密联系之认定,依德国实务见解,如出卖人与贷款银行有长期合作关系,贷款银行经由出卖人介绍,或有交付贷款表格予出卖人之情形,或银行将贷款金额直接拨付给出卖人清偿价金等均被视为具有经济上同一性之客观关联因素。1991年,为将《欧共体消费信用指令》转化为国内法,德国颁布实施了《消费者信贷法》。该法第9条规定,如果贷款人在准备或订立信贷合同时需要出卖人的参与,即可推定存在经济上的整体性。对于这种联合行为,持卡人有权以买卖合同所生的抗辩来对抗出卖人,则有权拒绝偿还信贷,这些规定准用于为支付服务费而给予的信贷。

上述两种见解均有一定的合理性,前者从信用卡交易的顺畅及安全来考虑,后者从保护持卡人利益来考虑,但现代西方各国法律明确规定关联信用交易的债务人即持卡人因消费合同而产生的抗辩和索赔请求均能对最后的债权人即直接或间接提供融资的贷方提出。信用卡交易也不例外,这不仅是消费者保护运动的直接结果,也表明现代法律从形式正义到实质正义、从抽象正义到具体正义的价值取向转变。随着我国市场经济进入买方市场,信用消费将日益普及,关联性消费信用交易将大量出现。如果不对处于弱势的信用消费者予以特殊保护,不仅与保护公民经济民主权利之现代思潮格格不入,也不利于我国消费信用业的健康发展。我国《银行业务管理办法》禁止持卡人提出抗辩与世界立法潮流背道而驰,明显带有行业保护主义色彩。②

笔者认为这种行业保护不必要且有害,因为根据我国金融机构的经济实力及其对企业经营者的强大影响力,接受债务人的抗辩权制约完全不会妨碍其业务之正常发展,反之则会损害持卡人利用信用卡的积极性。

发卡银行处理委托事宜而支出的必要费用,持卡人应予以返还,此即发卡银行的必要费用偿还请求权,但是,为处理委托人指示所支出的费用才是

---

① Truth in Lending Act and Regulation Z, available on http://www.federalreserve.gov.
② 参见覃有土、邓娟闰:《论信用卡消费者的抗辩权》,载《法学》2000年第7期,第58页。

必要费用。在信用卡合同中,以签账单上是否有持卡人的签名为准。如果持卡人对于偿还垫款有争议时,发卡银行应举证该笔款项是依持卡人指示所为,否则无必要费用偿还请求权,冒用风险原则上须由发卡银行承担。如果发卡银行不考虑以监督特约商户审查签账单上签名与信用卡上的签名是否相符,或通过保险来分散风险,而将冒用风险以格式化条款的方式强加于持卡人,持卡人在信用卡冒用风险上须承担"无过错责任"。这与民法的基本原则"过错责任"有所违背,即属发卡银行以格式化条款的方式强加于持卡人,属违反平等互惠原则之不合理的危险转嫁,依我国《消费者权益保护法》第24条①和《合同法》第398条②应为无效条款。当然,为使持卡人保持必要的谨慎,有必要让持卡人承担部分责任,这再次说明信用卡持卡人应承担限额以内的责任,而发卡银行应承担大部分责任。

此外,发卡银行是否有权不经通知而取消信用卡持卡人的资格并指示特约商户收回?我国《银行业务管理办法》第51条第3项、中国银行《长城人民币信用卡章程》第16条均规定,发卡银行在持卡人违反章程时有权取消持卡资格。③ 在国外,受到该种待遇的持卡人表示不满,部分持卡人起诉要求赔偿遭遇尴尬甚至心脏病突发而产生的间接损害。由于几乎可以肯定在信用卡取消条款上市场存在失灵,因此应制定法律规则来处理这些案件而不是继续允许合同规定无需通知就可收回信用卡。为这些情形制定规则,人们必须承认持卡人受到损害,即使认为扣留只涉及持卡人的信用卡而不涉及心脏,但扣留通常导致不方便和尴尬。尽管这种损害看起来不大,而且难以用金钱来衡量,但持卡人获取信用卡是为了方便,甚至还有某种地位感。金融机构有权取消持卡人的信用卡,但如果不存在欺诈,金融机构在行使合同权利时应提前通知而不是等到使用信用卡购物时。④ 所以,笔者认为信用卡法律应要求发卡银行在取消持卡人持卡资格时邮寄或发送通知。

---

① 我国《消费者权益保护法》第24条规定:"经营者不得以格式合同、通知、声明、店堂告示等方式作出对消费者不公平、不合理的规定或减轻、免除其损害消费者权益应当承担的民事责任。格式合同、通知、声明、店堂告示等含有前款所列内容的,其内容无效。"
② 我国《合同法》第398条规定,委托人应当预付处理委托事务的费用。受托人为处理委托事务垫付的必要费用,委托人应当偿还该费用及其利息。
③ 中国银行《长城国际信用卡申领合约(个人卡)》第9条规定有所不同,发卡银行在持卡人资信发生重大变化时享有取消权,而持卡人有权在收到通知后15日内提出异议。
④ Robert Cooter & Edward Rubin, A Theory of Loss Allocation for Consumer Payments, 66 *Texas Law Review* (1987), p.120.

第二节 建立我国电子货币法律制度的若干构想

我国尚无法律、法规或规章专门规范电子货币。中国人民银行于2005年10月26日表示,已经着手研究虚拟电子货币、非银行支付服务组织的电子支付业务规范等问题①,但有关规定到目前为止尚未出台。本节拟探讨我国电子货币立法之理论问题、电子货币界定、发行商资格、电子货币法律关系中的特殊问题、消费者保护、监管问题、隐私权和反洗钱等问题,以期对我国未来电子货币立法有所裨益。

一、电子货币立法之理论问题

(一)立法的必要性

电子货币立法的必要性可以从应然和实然两个角度进行探讨。从应然角度主要是从理论上探讨电子货币立法有无必要;从实然角度主要是实际考察各国有无电子货币立法或有无可以适用于电子货币的现有法律。

1. 应然分析

在理论上,发行电子货币可能涉及货币政策、支付系统有效运行及对支付工具的信心、保护客户和特约商户、金融市场的稳定、避免被犯罪分子利用和市场失灵等问题。②

电子货币的发展与货币政策问题息息相关,原因在于需要维持物价稳定,亦需要保持货币的记账单位功能。如果只是将钞票或活期存款转换为电子货币,则不会改变货币供应量,亦不会影响物价稳定,然而,如果凭信用发行,私人发行商有可能会提供额外的电子货币。如果缺少监管,某些电子货币产品可能会快速普及并影响到市场对发行商的信心,而不同发行商的电子货币产品将以不同兑换率进行交易。因此,需要维护货币的记账单位功能是要求电子货币赎回的另一个理由。

---

① 《中国人民银行有关负责人就〈电子支付指引(第一号)〉答记者问》,http://www.pbc.gov.cn/detail.asp?col=100&ID=1634&keyword=中国人民银行有关负责人就〈电子支付指引(第一号)〉答记者问,2006年12月30日访问。

② 欧盟中央银行认为,立法还有两个特殊目标,即促进系统相互兼容和提供担保、保险或损失分担方案。

另一个基本问题是,电子货币的发展不应影响支付系统的平稳运行。技术的进步使电子货币支付媒介增进了效率,然而,只有采取充分的预防措施以保证电子货币是一种所有人都接受的可靠产品才能获得这种好处。此外,电子货币方案的潜在增长可能会导致银行提供传统支付方法的能力下降。一个主要发行商的破产可能降低人们对电子货币的信心,而此时可能难以立即转向使用更为传统的支付方法。

电子货币在发行商资产负债表上属于负债项目,是客户的资产,可用于支付目的。与银行存款的价值一样,如果发行商债务超过资产价值,电子货币的价值可能会降低甚至分文不值。所以,如果投资政策不够稳健,就会损害发行商的财务稳健。发行商的问题更有可能起因于流动性困难而不是信用风险,由于电子货币发行在经济上相当于吸收存款,因而有理由要求发行商接受审慎监管。此外,如果经济行为主体错误地认为中央银行可能会从财务上支持电子货币发行商以维持公众对货币的信心,中央银行将遭遇道德风险。

由于客户无法准确评价银行信誉,因而在信任危机发生前,客户可能过分相信银行;而发生信任危机后,客户又可能反应过度,导致银行挤兑。银行挤兑不是单个存款人亦不是单个存款吸收机构的问题,而是有可能造成系统风险甚至最终影响整个经济的问题,所以,避免系统风险并保护金融市场的稳定一直是监管机构关注的问题。由于电子价值在经济学上与银行存款类似,因此如果电子货币得以普及,没有理由怀疑会产生同样的问题。

操作风险管理不当及缺乏技术安全均会使电子货币易于伪造并遭到欺诈,伪造的电子货币无相应资产来支持,因而发行商财务稳健将遭受威胁。犯罪分子利用电子货币的另一目的是洗钱和逃税,如果电子货币方案能匿名转移大笔资金,这种犯罪活动将大为增加。事实上,不排除市场力量本身可能会培育出对洗钱更有"吸引力"的电子货币方案,例如,交易具有匿名性、允许客户之间直接转移价值及个人交易不具有追踪性的电子货币方案。

在实施旨在促进财务稳健的措施时,电子货币发行商的市场动力不足。虽然发行商有避免破产的商业利益,但同时受制于股东要求获得更高回报并降低成本等因素,这导致投资政策和安全措施不够稳健。因此,有必要监管以减少因市场动力不足而带来的破产。①

---

① 欧盟中央银行认为,立法的最低要求有:审慎监管;坚实而透明的法律安排;技术安全;防止犯罪分子滥用电子货币;货币统计报告;可赎回性;准备金要求。

2. 实然分析

在实践中,有的国家专门针对电子货币进行了立法,有的国家将现有法律适用于电子货币,还有的国家或地区对电子货币之一的储值卡进行了规范。2000年,欧盟通过了《电子货币指令》,而各成员国已将指令转变为国内立法。虽然美国联邦政府迄今为止未颁布任何针对电子货币的法律,但各州《货币汇兑商法》或《货币服务法》可以适用于非银行电子货币发行商。2001年,澳大利亚通过了《电子资金划拨行为法》,其中对电子货币之一的储值卡作出了规范。同年,我国台湾地区也发布了"银行发行现金储值卡许可及管理办法";而我国香港地区早在1997年就通过了《银行业条例》修正案并将储值卡纳入其中。我国内地于1999年发布的《银行卡业务管理办法》亦对储值卡做出了初步规范。

欧盟《电子货币指令》的主要规定有:(1)电子货币指持有人拥有的一种货币价值请求权,它存储在电子工具上,收受的资金不少于已发行的货币价值,并被发行商之外的其他企业接受为支付方式;(2)电子货币持有人可以要求发行商平价赎回;(3)电子货币机构的初始资本不得低于100万欧元,而自有资金亦不得低于该数目;(4)电子货币机构的投资应不少于未偿电子货币总额,并只能投资于流动性充分的低风险资产;(5)成员国可以允许主管机关对小规模电子货币机构豁免适用指令之部分或全部规定。

尽管美国各州立法存在差异,但均要求货币汇兑商必须拥有执照才能营业。货币汇兑商一般得遵守下列程序和要求:第一,向州银行部或金融监管局提交正式申请,并提供有关材料;第二,大多数州要求货币汇兑商必须拥有一定的最低净资产,通常在25,000—150,000美元之间。此外,申请人必须提交保证金或其他类似担保,金额一般为10万美元左右;第三,货币汇兑商拥有的合法投资在任何时候均不得低于已发行支付工具的未偿余额;第四,持有执照的货币汇兑商每年应向监管机关提交报告1—4次。

澳大利亚《电子资金划拨行为法》是规范消费性电子资金划拨的主要法律,涉及储值卡的主要规则有:在发送通知之前的损失由消费者承担;发行商应向消费者提供适用于储值卡的服务条款,该条款应清楚明白并保证遵守本法要求;储值卡可以赎回。

在我国香港地区,监管卡基电子货币或"多用途储值卡"发行的法律框架是《银行业条例》。要点如下:(1)完全牌照银行发行普遍接受的多用途储值卡时视为已获批准;(2)主要目的是发行多用途储值卡的特定目的机构可依据香港《银行业条例》申请成为吸收存款公司;(3)当某一储值卡使用有限且对支付系统和存款人而言风险较小时,香港金融管理局可宣布其不是多用途储值卡;(4)依据香港《银行业条例》,由发卡人提供货物或服务的单一用途卡不需批准。

我国台湾地区于 2001 年发布"银行发行现金储值卡许可及管理办法",主要规定有:第一,现金储值卡是指发卡人以电子、磁力或光学形式储存金钱价值,持卡人得以所储存金钱价值之全部或一部交换货物或劳务,作为多用途之支付使用者;第二,非银行不得发行现金储值卡;第三,银行发行现金储值卡预先吸收款项为收受存款之行为;第四,每一单张现金储值卡之储存金额上限为新台币 1 万元;第五,持卡人有权要求用中央银行发行之等值货币赎回;第六,现金储值卡之交易,不得为持卡人卡片对持卡人卡片之资金移转。①

我国大陆《银行卡业务管理办法》对储值卡的主要规定有:(1)储值卡为发卡银行根据持卡人要求将其资金转至卡内储存,交易时直接从卡内扣款的预付钱包式借记卡;(2)卡内的币值不计付利息;(3)面值或卡内币值不得超过 1000 元人民币;(4)发卡银行对储值卡可不予挂失。根据中国人民银行于 2005 年发布《电子支付指引(第一号)》第 41 条和第 45 条,不论是银行还是客户原因导致未获授权使用,银行均不承担责任;而指引第 42 条规定,因银行或第三方原因,造成指令无法执行而产生损失的,银行应按约定予以赔偿。②

稍加比较就可发现,我国目前存在的主要问题有:第一,尚无任何法律、法规或规章对电子货币作出专门规定;第二,未为非银行发行电子货币提供法律依据;第三,未规定电子货币是否可以赎回;第四,未明确是否可以成为豁免机构;第五,未明确消费者权益保护规则等。在我国,由于严格禁止发行代币券③,发行电子货币是一个更为敏感的问题,相信没有人会对电子货

---

① 此外,银行应履行以下信息披露义务:持卡人之权利义务;遭冒用、变造或伪造之权利义务关系;遗失、被窃或灭失时,通知发行银行之方式与双方之权利义务;使用方式、终止及余额赎回方式;发行抛弃式储值卡应标明有效期间及回收作业;向持卡人收取手续费及可能负担之一切费用,并应以浅显文字辅以实例具体说明;交易账款疑义之处理程序等。

② 我国《电子支付指引(第一号)》第 25 条第 2 款规定,通过互联网为个人办理电子支付业务,除采用安全认证方式外,单笔金额不应超过 1000 元人民币,每日累计金额不应超过 5000 元人民币。

③ 参见《中国人民银行法》第 20 条、第 45 条;我国《人民币管理条例》第 29 条。

币立法的必要性提出异议。

（二）立法宗旨

借鉴欧盟及其成员国的经验，笔者认为可以确立以下四项立法宗旨：

1. 明确相关法律要求并促进电子商务的发展

由于我国尚无任何法律、法规或规章对电子货币作出专门规定，因此无法解决以下一系列问题：何为电子货币？非银行能否发行电子货币？非银行发行电子货币是否可以豁免监管？发行电子货币的非银行发行商业务是否应有限制？发行电子货币的非银行所进行的投资是否应有限制？电子货币是否可以赎回？等等。专门立法能确立"非银行电子货币发行机构"的法律地位，界定电子货币的含义，并建立审慎监管框架。因此，电子货币专门立法能带来法律上的确定性，以鼓励新人进入市场、鼓励竞争并促进电子商务的发展。

2. 避免阻碍技术创新

从长远来看，电子货币有可能在很大程度上取代现金，而以服务器或软件为基础的电子货币正在成为不断增长的互联网电子商务的支付工具，然而，严格的技术规则可能阻碍创新并限制竞争。因此，我国电子货币的立法有必要提供一个协助电子货币的充分发展，特别是避免阻碍技术创新的监管架构。立法应采用技术中立的法律框架，即并不规定技术细节，界定电子货币时亦只要求货币价值"存储在电子设备上"。立法应适用于所有电子货币而不管使用了何种技术，而且并不事先判断或排除适用未来可能出现的任何形式的电子货币。

3. 在发行电子货币的不同机构之间构建一个公平的竞技场

电子货币立法必须最大程度地在不同机构之间构建一个公平的竞技场，同时亦不能负担太重以至于阻碍新行业的发展，以确保有更多机构能为持有人利益而展开公平竞争。为确保公平竞争，银行适用的监管制度，如授权、资本要求等，亦应以"合适的方式"适用于非银行电子货币机构，此时，"合适"意味着应与发行电子货币的特殊风险相称。与吸收存款相比，这种风险在大多数情况下要小得多，因此，我国电子货币立法应为非银行电子货币机构设计了"更具有针对性"且"负担更少"的审慎监管规则。

4. 确保发行商财务稳健

我国电子货币立法应确保发行商财务稳健，并因此维护消费者的利益。可以考虑的规定有：非银行电子货币机构的业务范围限于发行电子货币并从事与此紧密相关的服务,而且不得提供任何形式的信用;投资限于确保金融债务在任何时候均有充分流动的低风险资产进行支撑;必须平价赎回电子货币并不得收取超过执行赎回操作的费用。

二、电子货币的界定问题

国际清算银行最早对电子货币下定义。1996 年,国际清算银行在《电子货币之安全》的研究报告中将电子货币分为两类,即储值产品和存取产品,几乎囊括所有电子化支付手段。但是,国际清算银行随后在《发展电子货币对中央银行的影响》中修正了原定义并指出,电子货币产品是指"储值型"或"预付型"产品,而持有人可使用的资金或价值存储在电子设备上。电子货币主要包括两类:一种是卡基电子货币,货币价值被存储在含有计算机芯片的塑料卡中;另一种是以网络或软件为基础的电子货币,货币价值被存储在计算机或软件中。国际清算银行于 1997 年在《电子货币之消费者保护问题、执法问题、监管问题和跨国问题》中进一步指出,电子货币包括多用途预付卡及在互联网上使用的预付型或储值型支付机制。国际清算银行于 2004 年在《电子货币、网络支付和移动支付发展状况之调查报告》中发表了电子货币最新定义,即持有人可以拥有存储在电子设备上的资金或价值并运用于多种场合的一种储值产品或预付型产品。

1998 年,欧盟中央银行《电子货币报告》将电子货币定义为一种可以存储货币价值且广泛用于向发行商之外的其他人支付而不必然开设银行账户的预付型电子工具。电子货币与所谓存取产品不同,后者通常允许顾客使用电话或计算机及相应软件进入存款账户,并通过互联网或其他电讯网络转移存款。① 电子货币与银行活期存款亦不同,电子货币中的资金只能通过一种特殊的支付工具转移,该工具本身就代表购买力,而活期存款可通过多种支付工具,如支票、支付令等来转移。

2000 年,欧盟《电子货币指令》将电子货币定义为持有人拥有的一种货币价值请求权,它存储在电子工具上,收取的资金不少于已发行的货币价值,并被发行商之外的其他企业接受为支付方式。这是世界上关于电子货币的第一个法定定义。

依据欧盟《〈电子货币指令〉之最终评估报告》,成员国在将电子货币定

---

① 笔者认为,存取产品的典型形式有信用卡、借记卡等,而且这些产品与持卡人银行账户相连。

义转化为国内立法时改动最大的条款是指令中的第二项标准,即"收取的资金不少于已发行的货币价值"。13 个成员国修改定义和/或重新加入实体性条款以堵塞指令中所谓的漏洞,然而,无证据显示,这实践中有什么不同,因为显然没有一个电子货币方案试图利用该漏洞。对定义所做的其他修改主要是为了进行澄清。一个有趣的例子是爱沙尼亚,其立法要求接受支付的第三方必须与顾客有直接的债权债务关系。部分成员国对电子钱包实施最大金额限制,在限制金额较低并且执法严格时,很可能对市场发展产生影响。上述国家中至少有一家公司正在考虑到其他地方申请电子货币机构执照,原因之一是金额限制太严厉。此外,发行电子货币不构成吸收存款这一点取得了广泛共识。

英国财政部在《实施〈电子货币指令〉之咨询文件》中提出,不可能对电子货币详加界定以便涵盖各种可能开发出来的方案,因而建议直接援用欧盟指令对电子货币所做界定。然而,英国财政部建议删除第二个标准,即"收取的资金不少于已发行的货币价值",因为这导致指令对电子货币的界定存在漏洞。第二个标准隐含电子货币价值"折价发行"时,即发行价值大于所接受的资金时,就不是指令所界定的电子货币。但人们亦担心全部删除第二个标准将导致电子货币产品不再有"预付"要求,这会扩大电子货币定义的适用范围。① 英国财政部的本意并非如此,因此"收受资金后发行"一词被重新加入电子货币定义之中。

英国金融服务局发布的《电子货币发行商之监管》文件基本上采用英国财政部对电子货币的界定,并表示准备制定禁止折价发行电子货币的规则。2002 年,英国金融服务局公布《应受监管的电子货币发行活动范围指南》。2005 年,有关指南被合并为一个文件,即《监管范围指南》。指南将电子货币定义为,持有人拥有的一种货币价值请求权,它存储在电子工具上,收受资金后发行,并被发行商之外的其他企业接受为支付方式。

澳大利亚只界定了存储价值和存储工具,而我国香港、台湾地区及我国内地仅对电子货币形式之一的储值卡进行了界定。例如,我国台湾地区"银行发行现金储值卡许可及管理办法"第 3 条规定,现金储值卡指发卡人以电子、磁力或光学形式储存金钱价值,持卡人得以所储存金钱价值之全部或一部交换货物或劳务,作为多用途之支付使用者。

---

① Implementation of the Electronic Money Directive: A Response to Consultation, 2002, available at http://www.hm-treasury.gov.uk.

我国内地《银行卡业务管理办法》第 10 条规定,储值卡是发卡银行根据持卡人要求将其资金转至卡内储存,交易时直接从卡内扣款的预付钱包式借记卡。由此可见,我国强调储值卡直接从卡内扣款而与持有人银行账户无关,并强调储值卡必须预付。但是,将储值卡作为借记卡的一种并不合适,因为借记卡通常与持卡人银行账户相连。

概而言之,国际清算银行将货币价值存储在电子设备上、具有多种用途及储值型或预付型作为定义电子货币的三个基本要素。欧盟认为电子货币具有四个要素,即货币价值请求权、存储在电子工具上、收取的资金不少于已发行的货币价值及被发行商之外的其他企业接受为支付方式,而英国对欧盟定义只作了部分修改,将"收取的资金不少于已发行的货币价值"改为"收受资金后发行"。

笔者建议,我国未来立法可以采纳英国的做法,将电子货币界定为持有人拥有的一种货币价值请求权,它存储在电子工具上,收受资金后发行,并被发行商之外的其他企业接受为支付工具。

首先,我国未来立法应明确采用"四要素"说。某一产品要成为电子货币产品的第一个因素是,持有人应对发行商拥有一种"货币价值请求权",因而如何辨认电子货币发行商很重要;第二个因素是货币价值必须存储在"电子工具"上,电子工具使用磁条这一事实并不妨碍成为电子货币定义之下的电子工具;第三个因素是必须在"收受资金后发行",这意味着电子货币是一种预付型产品。[①] 与提供信贷的信用卡不同,电子货币顾客须事先支付价款;第四个因素是必须存在"发行商之外的其他企业"接受电子货币,这意味着持有人能够使用电子货币从发行商之外的其他企业处购得货物和服务。

其次,我国的未来立法应明确区分电子货币与存取产品如借记卡、信用卡等与银行账户相连的电子工具。存取产品是允许持有人通过电子通讯手段获取传统支付服务的产品,其典型代表方式为银行卡。例如,使用标准个人计算机及计算机网络如互联网进行信用卡支付,或发送指令以便在银行账户之间划拨资金。这些方案的重大创新之处在于通讯方式,譬如使用计算机网络而不是亲自去银行分支机构办理。

再次,我国未来立法应区分电子货币与存款。以账户为基础的货币价值可成为电子货币,但并非所有以电子方式记入账户的货币价值都会成为

---

① 英国金融服务局《电子货币专业手册》禁止折价发行电子货币,但如果他人支付差价则可以例外,这为电子货币促销消除了法律障碍。另外,发行商承担发行费用不构成折价发行。

电子货币。在区分电子货币和存款时,以下因素非常重要:第一,电子货币是一种纯粹的电子产品。如果存储货币价值的账户可使用非电子手段进入,则为存款。第二,如果某一产品被设计成只能用于支付有限金额且不作为储蓄方法,这些特征指向的是电子货币。相关特征还包括允许货币价值存留账户的时间、不利因素及是否支付利息等。第三,如果账户除拥有作为一种支付手段所必需的特征外还具有其他特征,如透支、直接借记,则不可能是电子货币。因此,存款涉及创立债权债务关系,而接受资金的人存储该货币价值以备日后偿还;与此相反,电子货币涉及支付手段的购买。

最后,就目前状况而言,我国不宜将移动支付、公交智能卡纳入电子货币。可能存在争议的是电子代金券,由于我国严格禁止代币券,恐怕难以允许电子代金券的存在。① 传统电子支付方式如银行之间的大额资金划拨系统、直接转账系统、自动清算所、直接借记系统及信用卡支付的新方式或家居银行系统均不属于电子货币。此外,通常使用传统磁条技术的单一用途的预付卡亦不属于电子货币。

三、电子货币发行商资格问题

要解决电子货币发行商资格问题,首先必须弄清电子货币与货币、存款之间的关系,电子货币的法律性质。电子货币显然不是法偿货币,但是否为"货币"?有人反对将电子货币视为货币,第一个理由是,电子货币并无不同的计价标准。第二个理由是,电子货币支付不具有匿名性。其实,计价标准和匿名性均不是构成货币的根本要求。首先,计价标准可能存在于货币本身之外,即货币应标明价值,但可参照货币之外的标准来认定;其次,从历史上看,从硬币到纸币的转换过程本身导致部分匿名性丧失,因为支付交易当事人可通过号码来辨别每一张钞票并记载下来。第三个反对理由是,电子货币可能导致中央银行在市场上的运作与金融债权的创设与交易失去关联性,然而,即使这种情况成为现实,该反对理由亦未讨论可能存在的货币转型。在该过程中,货币由主要是中央银行债务转变为任何值得信赖的发行商债务,例如,这种发行商可能是电话公司,其发行的电话卡也可用于从其他零售商处购买货物和服务。最后,第四个反对理由是电子货币不是法偿货币。然而,并非所有货币均是法偿货币,从历史上来看,银行券在成为法

---

① 我国《网上支付指引(第一号)》第 2 条第 2 款将电子支付分为网上支付、电话支付、移动支付、销售点终端交易、自动柜员机交易和其他电子支付,但并不意味这些支付方式均使电子货币。

偿货币之前就成为了货币,而将历史上的私人银行券发行与电子货币发行进行类比具有很大的吸引力。

电子货币与存款的关系在理论与实践上可能存在背离。根据英国《银行法》,存款有两个要件:吸收存款和吸收存款业务。电子货币是否属于吸收存款?即发行商和持有人在出售和购买电子货币时,是否约定了条件,规定在持有人提出要求时或双方同意的时间赎回?电子货币实际上都赋予购买人赎回权,因此,电子货币应构成存款。发行电子货币的机构是否是在从事吸收存款业务?即吸收来的资金是否用于贷款或向自己的其他业务提供资金?虽然电子货币机构不得发放贷款,但可以投资,因此满足了第二个条件。然而,英国和其他欧盟成员国为了避免电子货币机构适用传统银行法律,亦为了使得非银行可以成为电子货币发行机构,均认定发行电子货币不构成吸收存款。①

但是,欧盟的立场并不具有说服力,而且,人们难以看出吸收存款是债权债务关系而电子货币的存储价值则不然。换言之,针对电子货币发行商的请求权与针对任何其他债务人的请求权有何差异?这并不是说电子货币的发行仅限于银行或存款吸收机构,然而,可能更为合适的做法是承认电子货币机构是"特殊目的"银行而不是引进一个概念扭曲的体制。不应忘记的是,发行银行券曾经是银行业务的基石之一,因此,发行电子货币并非与吸收存款有本质差异,这有助于将银行与支付法律适用于电子货币的发行与支付。笔者认为,银行监管法律原则上不宜适用于电子货币机构,原因在于后者风险小得多,因此应建立负担"更轻"的监管体制或监管规则,但这并不意味着所有银行法律不能适用,部分银行监管法律及支付领域中的私法可以适用于电子货币机构及电子货币。

目前,电子货币不是一种新的法偿货币,不是本票,而是一种新的支付机制。从根本上说,电子货币的运作是通过向受款人支付的方式来清偿付款人所欠受款人的债务,与此同时清偿发行商所欠付款人的债务,但在收单机构与受款人之间产生新的债权债务关系。

电子货币流通的程度不同,对于构成法偿货币的钞票和硬币的影响亦不同。为保证中央银行发行法偿货币的地位,措施之一就是由中央银行自

---

① 美国联邦存款保险公司认为,如果购买储值卡的资金被特约商户从银行划走前一直保留在客户账户中,该笔资金能够成为存款保险标的,但该意见仅回答了储值卡资金能否成为存款保险标的这一问题。

己发行电子货币。中央银行发行电子货币可采取以下两种方式：一种是中央银行自己发行电子货币，同时也允许私人机构发行电子货币；另一种是中央银行将电子货币发行完全掌握在自己手中，这样的电子货币就成为完全的法偿货币。

就第一种方式而言，中央银行作为电子货币发行商同私人机构竞争，存在明显的不公平，这种带有牟利性的活动同中央银行的职能亦有冲突，因此这种方式是不可取的。不过，这种方式也不是不可能存在，例如19世纪中叶美国政府发行的"绿背钞票"和各家私人银行发行的银行券同时存在，直到1933年，美联储发行的钞票才成为唯一流通的法偿货币。

就第二种方式而言，已有新加坡宣布于2008年前将电子货币纳入法偿货币范围，但赞成与反对的声音此起彼伏。赞成者认为，将电子货币纳入法偿货币范围的好处在于减少处理现金的社会成本，遏制地下经济的发展，并提高电子货币的竞争力；反对者认为将电子货币纳入法偿货币范围会产生大笔制度转换成本，将某些社会弱势群体排除在法偿电子货币外，政府过度干预经济、侵犯隐私权并可能破坏人们已形成的某种安全感等问题。①

欧盟于1994年发布的《预付价值卡》研究报告指出，存储在电子钱包中的资金应视为存款，因而只能由银行来处理。欧盟的主要理由在于可以维护小额支付系统的安全，有利于中央银行和被监管银行之间沟通信息，同时，代表电子货币的资金同银行存款没有本质区别。此外，电子货币还可以利用现有的银行清算系统。4年后，欧盟中央银行在《电子货币报告》中更明确地指出，为避免改变货币政策和银行业务的现有制度环境，有必要将电子货币发行限制在信用机构上。同时，欧盟中央银行亦认为有必要修正欧盟《第一银行协调指令》，以便将所有电子货币发行商纳入"信用机构"定义之中。这将为所有电子货币发行商提供一个公平竞争的环境，并确保每个发行商受到合适的审慎监管。事实上，根据欧盟现有规定，发行电子货币的机构分为银行和非银行机构。

2001年，英国金融服务局在《电子货币发行商之监管》咨询文件中明确指出，"电子货币发行商"一词仅指非银行发行机构，银行可依据欧盟《银行合并指令》的条件在获得英国金融服务局的批准后发行电子货币。

美国是目前反对将电子货币的发行权限制在银行手中的最主要国家。

---

① L. Hove, Making Electronic Money Legal Tender: Pros & Cons, 2003, available at http://www.yahoo.com.

限制电子货币发行主体容易限制竞争,而电子货币作为技术创新的产物,需要不断创新,竞争是创新的一个保证。此外,美国反对限制电子货币发行机构还有两个重要原因:第一,美国智能卡的发展远远落后于欧洲国家;第二,美国的非银行机构能够得到比较有效的监管。同欧洲不一样,美国非银行机构发行电子货币带来的风险可通过有效监管来解决。首先,同银行有联系的非银行机构可根据联系程度由银行监管机构来加以监管。如果某一个非银行机构是银行控股公司的下属公司,其活动由美联储监管。如果非银行机构是银行的经营性子公司,该子公司的活动将受到母银行监管机构的监管。同时,如果非银行机构向银行提供有关服务,该机构提供服务必须受到有关银行管理机构的监管和检查。此外,如果某一非银行机构是银行控制的公司,银行监管机构可通过监管和控制母公司来影响非银行机构。其次,如果非银行机构同银行没有联系,可适用各州的《货币汇兑商法》或《货币服务法》来监管。在美国,如果某一非银行机构从事旅行支票的发行或资金汇兑等业务,必须得到所在州的批准。如果非银行机构同银行没有联系,而又从事电子货币业务,这些州法也可作为监管依据。

由此可见,电子货币发行机构的选择取决于一系列因素。不仅涉及法律规定本身,而且还要考虑到电子货币的发展状况和本国监管体制。

由于我国《银行卡业务管理办法》将储值卡作为借记卡之一,而借记卡又属于银行卡之一,因而储值卡发行机构仅限于银行。目前,我国银行开办的网上支付业务主要建立在银行卡基础之上,而且,从现行法律规定来看,支付系统仍然是以银行为核心,支付工具的发行主体主要仍限于银行。我国1997年发布的《支付结算办法》第6条规定,银行是支付结算和资金清算的中介机构,未经中国人民银行批准的非银行金融机构和其他单位不得作为中介机构经营支付结算业务,但法律、行政法规另有规定的除外。因此,银行是支付结算的中介机构,非银行机构一般而言不能作为支付结算的中介机构。这意味着电子货币作为一种支付工具,发行电子货币也应由银行作为主体,非银行机构不能作为发行人,但是,法律也并没有完全禁止非银行机构发行电子货币,因为法律、行政法规另有规定的可以例外。从政策角度考虑,笔者认为我国宜采取以银行作为电子货币发行主体,但留有适当余地的做法。

第一,现行银行法体系比较严格,但同时又具有灵活性,可以比较容易地将银行法体系适用于电子货币发行主体。由于我国银行在整个金融体系中仍然占有主导地位,有关银行的法律法规体系相对而言比较完善,对银行的监管经验也比对其他非银行机构的监管经验更为丰富。将现有银行法体系适用于电子货币发行主体,将有助于支付系统的稳定。部分西方国家银行法对银行的定义都限于吸收存款和发放贷款,因而在面临确定电子货币发行商资格问题时,为将其纳入银行体系,都尽可能地将电子货币业务认定为属于吸收存款行为,在此基础上将电子货币发行主体认定为只能由银行承担。但是,我国《商业银行法》第2条将银行界定为吸收公众存款、发放贷款、办理结算等业务的企业法人。根据支付结算的定义及银行作为支付中介机构的要求,也很容易认定银行具有发行电子货币的权利。

第二,由于我国法律为非银行主体作为电子货币发行商留有余地,监管机构可以考虑在适当的时候,允许非银行机构发行电子货币。时机是否成熟取决于我国信息和通讯产业的发展程度和中央银行的监管能力。可以采取的办法包括像欧盟一样,允许信息产业企业同银行合作、联合开发;或像美国一样,个案审批,但要求与银行进行合作或股权投资;或部分采用英国做法,专门针对银行之外的电子货币发行商建立相应规则。在英国,非银行电子货币发行商在其经营的业务上受到严格限制,这些机构只能经营与电子货币发行紧密相关的金融和非金融业务。这些业务包括与电子货币运营和其他功能紧密相关的电子货币管理、存储数据等,这意味着拟自己发行电子货币的任何商业机构必须通过独立的子公司来发行,以便在电子货币发行与其他业务之间建立"防火墙",而且,发行电子货币的子公司不得再建立子公司。当然,与电子货币发行紧密相关的管理事务和会计事务可由母公司来完成,作为严格限制商业活动的缓冲措施,非银行电子货币发行商受到的监管应比银行宽松。

四、电子货币法律关系中的特殊问题

电子货币法律关系中的特殊问题主要有电子货币之产生与法律适用、转移时间与终结性、权利异议与伪造电子货币中的权利问题、赎回义务等。笔者认为,我国在未来电子货币立法中应尽可能针对这些特殊问题确立相应的私法规则。

从发行商的角度来看,电子货币的产生就是其义务的产生。存储在电

子货币中,当一方使用电子货币时所转让的无形义务为"存储义务"。① 一般而言,存储义务成立时间为持有人使用货币交换电子货币的时间。持有人可使用现金从发行商或其代理人处购买电子货币,或用现金从自动售货机中购买储值卡,亦可通过自动柜员机或网络将自己账户上的资金转移至储值卡中或转移给电子货币发行商。关于存储义务成立的时间有两个例外:第一,表见代理,即如果发行商的代理人以某种方式销售电子货币,并使持有人相信此人是电子货币发行商的代理人,发行商仍负有赎回义务。第二,技术故障。由于技术上的故障使得持有人没有支付对价而获得电子货币,而发行商亦无法阻止存储义务的转让或向持有人追偿,电子货币发行商仍负有赎回义务。②

美国《统一商法典》第 3 编适用于传统支付工具如支票、汇票和本票;第 4 编适用于通过银行系统托收支票和其他支付工具;第 4A 编适用于批发性电子资金划拨。美国《电子资金划拨法》及《美联储 E 条例》适用于消费者从银行账户中划入或划出资金时所发动零售性电子资金划拨;而美国《信贷诚实法》及《美联储 Z 条例》适用于信用卡。因此,现代支付法律无法适用于电子货币。然而,该结论忽略了一个早已确立的法律体系,即银行券流通法律,其要旨是,转让银行券将产生最终清偿已发生债务或同时发生债务的效力,无论银行券转让行为发生在银行破产之前还是之后均是如此。③

我国《票据法》显然只适用于纸质票据,中国人民银行《支付结算办法》适用于票据、信用卡和汇兑、托收承付、委托收款等,即使经过适当解释后亦恐怕难以适用于电子货币。我国《银行卡业务管理办法》对电子货币形式之一的储值卡作了规定,主要有:(1)储值卡为发卡银行根据持卡人要求将其资金转至卡内储存,交易时直接从卡内扣款的预付钱包式借记卡;(2)卡内的币值不计付利息;(3)面值或卡内币值不得超过 1000 元人民币;(4)发卡银行对储值卡可不予挂失。但将储值卡作为借记卡的一种并不合适,因为借记卡通常与持卡人银行账户相连。

中国人民银行于 2005 年发布的《电子支付指引(第一号)》将其界定为

---

① 唐应茂著:《电子货币与法律》,法律出版社 2002 年版,第 65—67 页。
② 此外,义务人的识别亦很重要。如果出现争议,法院很可能判定储值卡上的任何机构承担责任,理由是他们为没有披露身份的被代理人,代理人和被代理人应承担连带责任。
③ James Rogers, The New Old Law of Electronic Money, 58 *SMU Law Review* (2005), pp. 1293—1294.

单位、个人直接或授权他人通过电子终端发出支付指令,实现货币支付与资金转移的行为。该指引按电子支付指令发起方式将其分为网上支付、电话支付、移动支付、销售点终端交易、自动柜员机交易和其他电子支付,并特别指出境内银行业金融机构开展电子支付业务适用本指引。因此,中国人民银行《电子支付指引(第一号)》可以适用于电子货币。但是,该指引不仅不具有针对性,主要是管理规则,而且还存在许多不太合适的规定。例如,因银行或第三方原因,造成电子支付指令无法按约定时间传递、传递不完整或被篡改,并造成客户损失的,银行应按"约定"予以赔偿;因银行保管、使用不当,导致客户资料信息被泄露或篡改的,并造成客户损失,银行不承担责任;所有未获授权使用电子支付而产生的损失由客户承担。此外,我国亦无银行券流通法律规则。所以,我国电子货币法律适用问题更突出。

可喜的是,中国人民银行于 2005 年 10 月 26 日表示,已经着手研究虚拟电子货币、非银行支付服务组织的电子支付业务规范等问题。① 不过,中国人民银行立法难以摆脱部门立法的局限性,而且亦不太适宜于规定私法规则。考虑欧盟通过了《电子货币指令》,而美国可以适用银行券流通法律规则或由法院创制新判例,我国宜由国务院制订《电子货币条例》,以解决法律适用问题。

电子货币转移时间有主观规则和客观规则两种,但两者可能并没有多大的区别,因为资金通过电子网络瞬间就可以到达对方。但考虑到电子货币的技术特性,货币传输过程中如果出现故障,可能会出现持有人的储值卡或计算机上显示资金已划拨,而特约商户的终端却没有显示收到相应金额。这种情况在使用以计算机为基础的电子货币,或使用储值卡并透过互联网从事远程交易时就会显得比较突出。此时,适用哪一种规则直接关系到双方责任的分担。比较而言,以特约商户收到资金的时间为准的主观规则更为合理,建议我国未来电子货币立法采用主观规则。

同电子货币特点最为相近的是本票,因为电子货币从特性来看是替代现金的支付工具,但同时又是私人机构发行的支付工具,这两个特点同本票都非常类似,因此,本票的终结性规则应适用于电子货币交易。电子货币转移完成的后果是持有人的金钱义务终止,即持有人和特约商户之间的义务

---

① 《中国人民银行有关负责人就〈电子支付指引(第一号)〉答记者问》,http://www.pbc.gov.cn/detail.asp?col=100&ID=1634&keyword=中国人民银行有关负责人就〈电子支付指引(第一号)〉答记者问,2006 年 12 月 30 日访问。

解除。如果出现意外情况,如电子货币发行商在此期间破产,特约商户只能承担由此造成的损失,而不能再向持有人追索。现代卖方或债权人可以接受的支付形式有多种,如现金、支票、信用卡、借记卡、电子资金划拨或其他形式,每一种支付形式的方便程度、费用和风险均不同。卖方或债权人接受电子货币是因为方便或商业上具有合理性,并因此未坚持使用其他支付方式。考虑到这种情况,我国未来立法亦可以确定,如果选择电子货币作为交易媒介,必须承担发行商破产的风险。

假设在某一阶段,电子货币未经权利人同意就转让给了另一个人,因此,转让人可能要求撤销交易并追回电子货币。还有,权利人可能自愿转让,但他人在转让人持有电子货币时获得了质权或其他利益,并试图向受让人主张这些权利,此时,有人可能对受让人持有的电子货币提出异议。如果受让人接受电子货币时支付了对价且不知道存在权利争议,权利人提出异议肯定会失败,除非能够证明受让人持有的电子货币与转让人先前持有的电子货币是"同一货币",但这一点非常难以证明,即使成功地证明,一般认为不得向支付了对价且不知情的受让人提出异议,相信我国法院亦会适用该规则。

电子货币可能被伪造,例如持有人可能增加电子货币面值或转让复制的假电子货币并保留真电子货币。① 这些似乎是新技术带来的新问题,但19世纪的银行券亦经常被伪造。基本规则早已确立,即使用伪造银行券不构成有效付款。如果未能及时对转让人提起诉讼或因疏忽未能在转让时发现伪造,则丧失权利。如果安全措施不充分导致发行银行赎回伪造的电子货币,则发行银行不得追偿。如果当事人选择电子货币,并在电子货币系统采取足够的安全措施后接受电子货币支付,有关伪造银行券判例规则中的勤勉原则禁止事后主张电子货币系伪造。上述规则具有合理性,因此我国未来立法亦可确立伪造电子货币原则上不构成有效付款,但如果权利人不及时主张或有疏忽,则丧失权利。

欧盟委员会《电子货币指令》草案将电子货币是否可以赎回的问题留给了发行商与使用者之间的合同,美国《货币汇兑商法》亦如此。但欧盟中央银行《电子货币报告》坚持认为,电子货币的可赎回性是最低要求,在持有人提出要求时,发行商负有以中央银行货币平价赎回电子货币的法律义务。

---

① James Rogers, The New Old Law of Electronic Money, 58 *SMU Law Review*(2005), pp.1300—1302.

如果发行商只有义务赎回零售商而拒绝赎回持有人持有的电子货币,在发行商出现财务问题时,零售商只会接受折扣后的电子货币。此时,私人货币的交易媒介功能和价值储藏功能与公众要求货币具有的计价标准功能出现背离,而且,如果电子货币不与中央银行货币紧密相连,发行商可能会无限制地发行电子货币,这将产生通货膨胀的压力。因此,必须从法律上要求电子货币以平价赎回。在欧盟中央银行的坚持下,赎回义务最终被纳入《电子货币指令》。

欧盟成员国均实施了指令规定的赎回义务,然而,在3个成员国中,最低赎回额10欧元被进一步调低。受此影响的唯一一家电子货币机构称,降低最低赎回额负担太重,并导致额外损失。此外,波兰将可赎回性纳入了电子货币定义当中,这可能有利于哪些与电子货币类似,但资金又不具有赎回性的方案生存,因为可以不受指令管制框架的约束。①

为了避免电子货币影响货币政策,维护货币充当经济交易价值尺度的功能及维护持有人对电子货币的信心,我国也应要求电子货币发行商负有赎回义务。电子货币赎回时的收费不得收取超过执行赎回操作的费用,最高不超过10元。

五、电子货币中的消费者保护问题

消费者保护问题主要涉及责任承担规则、信息披露制度和错误处理程序。英国金融服务局在《电子货币发行商之监管》中提出,发行商应对消费者所持有的电子钱包金额加以限制,不得超过250英镑。设立限制的原因是,一旦发行商破产,消费者不仅不受"金融服务补偿方案"②的保护,而且还面临电子货币实际损失的风险。发行商确定电子货币限额后,消费者的最大损失得到了控制。最高限制的确立需要平衡以下两个因素:一方面,不对消费者的自由做过多限制;另一方面,亦应尽量反映一个谨慎消费者在钱包中存放现金的数量。因此,金额限制强调电子货币是硬币和钞票的替代物,而且是一种小额支付机制。

---

① Evaluation of the E-money Directive (2000/46/EC): Final Report, 2006, available at http://www.eu.int.

② 金融服务补偿方案是在有关当事人不能或可能无法偿还债务时补偿债权人的一种方案。消费者在任何时刻都不太可能持有大量电子货币,因此英国并未将电子货币发行商纳入金融服务补偿方案。

许多人对电子货币限额提出批评,认为限额不公平且起不到应有作用。就保护消费者而言,和实物货币一样,消费者一旦丢失电子钱包应自担风险。消费者最适宜处理电子钱包意外损失事件,因为与谨慎消费者在保护实物钱包时已采取的措施一样,只要在电子钱包中存入有限资金且小心看管即可。电子钱包限额应由消费者和电子货币发行商个别谈判来确定,而发行商破产风险最适宜通过在资本、流动性及投资等方面制订审慎规则来解决。欧洲大陆现金交易的平均价值较大,因此英国设立如此低的电子钱包限额无助于在欧洲全境建立一个公平的竞技场。不管怎样,许多欧盟成员国并未建议设立电子货币限额;欧盟《电子货币指令》规定电子货币用于支付"有限金额",但并不意味着仅用于"小额"支付;最后,电子货币限额将超越欧盟《电子货币指令》的规定。

英国金融服务局认为,电子货币限额旨在保护消费者,控制因发行商破产和电子货币或访问电子钱包的工具遗失、被盗、损毁或系统失灵而产生的双重损失。设立电子货币限额可向消费者发出信号,持有电子货币的风险比持有实物货币的风险要大,原因在于发行商可能破产。设立电子货币限额和要求发行商披露风险均提醒消费者注意风险,并使其在是否使用电子货币问题上能作出一个明智的决定。电子货币限额亦强化了以下认识:电子货币旨在替代硬币和钞票,并作为一种支付有限金额的零售性支付方式。不过,英国金融服务局最终同意将电子货币限额调高至 1000 英镑。[①] 英国除建立限额外并未明确责任承担规则,所以实际上消费者需要承担未获授权所有损失。[②]

澳大利亚《电子资金划拨法》未为储值卡设立金额限制,而要求消费者承担通知发卡机构之前发生的未获授权使用损失;我国台湾地区"银行发行现金储值卡许可及管理办法"第 11 条规定,每张现金储值卡之储存金额上限为新台币 10000 元;我国大陆《银行卡业务管理办法》第 37 条规定,储值卡的面值或卡内币值不得超过 1000 元人民币,而该《办法》第 52 条第 4 项规定,发卡银行对储值卡和 IC 卡内的电子钱包可不予挂失。由此可见,一

---

① 电子货币限额有例外。在以下情况下可超过 1000 英镑:第一,电子货币在发生损失、失灵、被盗或遭受损害时,不会给消费者带来任何损失;第二,发行商有能力阻止任何电子货币的使用;第三,拥有电子货币的当事人身份、拥有数量、拥有赎回权的当事人身份及拥有数量,均由发行商所做记录来决定。

② The Regulation of Electronic Money Issuers: Feedback on CP117, 2002, available at http://www.fsa.gov.uk.

旦储值卡遗失或被盗,我国消费者要承担全部损失。

为了保护消费者并限制其损失,我国未来对电子货币的立法应继续采取英国而不是欧盟其他成员国的做法,并将电子货币限额定为1000元。如果电子货币发生未获授权使用或发行商破产,1000元即为消费者的最大损失。该规则明确具体,无需考虑当事人的过错及相关背景事实,也无需法院裁判,因而符合成本效益原则。

为保护消费者并提高电子货币的信心,英国电子货币立法建立了比较完善的信息披露制度,这些规定都值得我国借鉴。英国《电子货币专业手册》要求发行商披露赎回权及其他信息,赎回权应披露以下信息:赎回费用类型和金额;赎回权行使的方式;赎回权限制;电子货币的有效期,而其他信息包括:(1)电子货币消费者及发行商应承担的风险及责任;(2)购买、使用或持有电子货币的其他重大风险;(3)消费者不受"金融服务补偿方案"的保护;(4)在发行商无法偿还时有无补偿消费者的安排;(5)与电子货币发行商联系的通讯地址。此外,还应披露以下信息:可利用的其他申诉及救济渠道;采取救济的程序。①

至于电子货币错误处理程序,英国和澳大利亚都适用有关银行卡的规定,我国亦可采用这种做法,适用经完善后的银行卡错误处理程序。

六、电子货币监管问题

（一）基本问题

电子货币业务并未产生新的风险类型,但发行商和监管者都有可能不熟悉电子货币风险产生方式及其影响。目前,电子货币业务面临的主要风险有操作风险、声誉风险和法律风险。操作风险主要有安全风险、系统设计、实施和维护风险和客户操作不当带来的风险。监管者希望发行商建立相关程序使管理层采取适当措施应对现有风险及新风险。风险管理程序包括三个基本要素,即风险评估、风险控制和风险监督。风险管理与控制主要涉及安全政策与措施、协调内部通讯、评估电子货币产品、业务外包、信息披露与客户教育、应急计划。因此,电子货币发行商通过自身努力可以消除或减少部分风险。

欧盟中央银行不仅认为有必要通过立法来监管电子货币,而且在《电子

---

① 澳大利亚《电子资金划拨行为法》对储值卡信息披露制订了更为详尽的规则,包括服务条款及变更的披露,亦包括收费、有效期、赎回、报失、责任承担等信息的披露。

货币报告》中进一步提出,在电子货币发展初期实施监管能产生积极影响。因为监管有助于减少电子货币方案的失败,而后者会损害客户和特约商户对该支付工具的信心。而且,如果在大量电子货币产品已发展起来后才设计监管框架,则可能要求电子货币产品作重大修改或对当事人带来重大限制,由此产生的成本可能威胁到这些电子货币产品的生存。此外,电子货币方案开发越早,缺乏监管而产生的风险就越大,因为电子货币产品成形后,往往难以改变。

在我国,中国人民银行认为有必要制订针对卡基电子货币和网上支付的规章。事实上,中国人民银行于2005年发布《电子支付指引(第一号)》的同时表示,已经着手研究虚拟电子货币、非银行支付服务组织的电子支付业务规范等问题。

我国应建立何种监管体制是一个值得探讨的重大问题。大多数欧盟成员国并未为电子货币机构建立一套独立的规则,并倾向于要求其遵守适用于传统信用机构的所有规则。此体制不足之处在于针对性不强,而且对电子货币机构而言可能太严厉。与此相反,英国金融服务局为电子货币发行商制订了专业手册。电子货币机构必须遵守的一系列规则包括审慎经营规则均可以在手册中找到,这在很大程度上是由于主管机关和电子货币业持续对话的结果,并被认为对监管者和行业本身均有利。

从我国目前信用卡、储值卡只允许银行发行来看,未来电子货币发行主体将主要是银行,非银行金融机构甚至非金融机构仅有可能以个案批准的形式获准发行电子货币。因此,目前看来,专门针对非银行电子货币发行商制订一套监管规则的可能性不大。然而,针对电子货币机构的特殊问题制订某些具有针对性的规则完全有可能,也应该这样做。如果未来我国电子货币业发展良好,存在一些电子货币机构,甚或成立了自己的行业协会,则亦不排除制订专业监管手册的可能性。

另一个值得探讨的重大问题是我国是否应建立豁免体制。欧盟《电子货币指令》规定,符合下列条件之一的电子货币机构豁免适用指令之部分或全部规定:(1)未偿电子货币余额通常不超过500万并从不超过600万欧元;(2)电子货币只被子公司、母公司或姐妹公司所接受;(3)电子货币只被为数不多的企业接受,而它们有同一住所或位于有限的区域内或与发行机构有紧密的财务或商业上的关系。此外,基础合同必须规定,电子货币中的最大存储金额不得超过150欧元。

豁免体制的实施在欧盟成员国中差异很大,这不仅体现在豁免条件和授予豁免的程序上,而且还体现在可以豁免适用的规定上,甚至还有6个成员国未建立豁免体制。运用得最广泛的豁免条件是浮存额限制,未采纳该条件或降低门槛很可能实质性减少了小规模电子货币方案对豁免体制的利用,而它们可能又不符合接受机构或地理限制这两个豁免条件。至于豁免程序,自动授予豁免似乎会导致豁免的广泛使用。然而,英国和捷克的豁免机构相当多,这表明,如果申请程序非常简单快捷,正式申请程序并不必然构成利用豁免的障碍。在欧盟现有72家豁免机构中,66家位于无条件地豁免适用指令及相关立法所有规定的国家。与此同时,在监管机关个案决定豁免适用哪些规定的国家中,迄今为止还没有一家机构获得豁免,这种程序很可能导致豁免申请程序耗费时日、不具有可预测性。①

在我国,行政权力非常强大,行政机关可能也不太习惯于某些电子货币机构不接受监管,但是,为培育一个市场,必须对某些电子货币机构采取"不作为"态度。因此,笔者以为,我国亦应建立豁免体制,明确豁免条件,并要求豁免机构提交报告。对于豁免机构不能严加监管,但亦不能完全放任自由。虽然自动豁免可能导致豁免的广泛使用,但不利于监管机构及时了解情况。我国可以借鉴英国经验,建立一种非常简单快捷的申请程序,并不允许监管机关行使自由裁量权。至于是否豁免未来电子货币专门立法中的所有规定,我国宜规定豁免适用所有规定,当然,提交报告和信息披露除外。

(二) 资本要求

英国金融服务局在《电子货币发行商之监管》中建议遵守欧盟《电子货币指令》的要求,即要求每一个电子货币发行商的初始资本至少有100万欧元。一旦开始营业,发行商必须确保自有资金在任何时候等于或高于100万欧元。总体而言,几乎所有欧盟成员国一字不差地采纳了指令中的初始资本和持续性自有资金要求。唯一变化是初始资本,有3个成员国将其提高到100万欧元以上,如法国220万欧元、希腊为300万欧元。大多数业内利害关系人认为,指令要求100万欧元初始资本太高。尽管没有证据直接支持以上观点,但更高的初始资本很可能阻碍潜在申请人进入电子货币市场。这在希腊尤其如此,因为初始资本须以现金形式存入希腊银行,使得其

---

① Evaluation of the E-money Directive (2000/46/EC): Final Report, 2006, available at http://www.eu.int.

更像担保。① 根据欧盟经验,我国将电子货币机构初始资本定为100万元比较合适。考虑到美国未对货币汇兑商提出自有资金要求,我国亦可不提。

（三）浮存额管理

有关浮存额管理规则,我国可以借鉴英国的做法。浮存额指发行商发行电子货币收取而又未用于赎回的资金。欧盟《电子货币指令》规定,发行商拥有的投资额不得少于未付电子货币债务。赎回要求可能变化很大,而电子货币发行商可能在很短的时间内面临大量赎回要求,因此,浮存额投资必须严格限制在具有充分流动性而风险又低的高质量资产上。

如果电子货币未偿余额以一种货币作为记账单位,而投资资产以另一种货币作为记账单位,则可能产生货币不匹配问题。为减少这种不匹配所带来的风险,英国《电子货币专业手册》以发行商的自有资金金额为基础限制净敞口头寸。除非发行商自有资金超过电子货币未偿余额的3％,否则原则上不允许发行商持有外汇风险资产。

欧盟《电子货币指令》规定,发行商必须纳入集中风险监管体制,而监管不比适用于信用机构的监管宽松。而谨慎管理流动性的一个关键性因素是,发行商用于支撑电子货币未偿余额的所有资产必须具有高度流动性。不过,有关集中风险和流动性风险均可适用传统银行规则。英国《电子货币专业手册》禁止支付利息,因此电子货币发行商无利率风险。

英国《电子货币专业手册》规定,发行商不得签订金融衍生合同,除非:(1)唯一目的是规避电子货币市场风险;(2)合同应具有充分的流动性;(3)汇率合同且到期日等于或少于14日,或合同是在交易所交易的利率合同或汇率合同且确定了每日最大持有量。

（四）业务限制

英国《电子货币专业手册》并入欧盟指令中的规定,即除发行电子货币外,发行商还可以提供与此紧密相关的金融和非金融服务,诸如通过提供与电子货币发行相关的运营和其他从属性服务来管理电子货币,发行和管理其他支付方式及代表其他企业或公共机构在电子设备上存储数据。我国未来立法亦只应允许非银行发行商从事电子货币发行、提供与此紧密相关的金融和非金融服务、数据存储业务,但是,我国宜保留一"兜底条款",以便主管机关认为合适时增加新的业务,如通过电子手段传送的非金融服务等。

---

① Evaluation of the E-money Directive (2000/46/EC): Final Report, 2006, available at http://www.eu.int.

（五）并表监管

英国金融服务局在《电子货币发行商之监管》中提出，在集团内部唯一受监管的金融活动是发行电子货币时，应建立与此相适应的发行商并表监管体制，重点是集团所负电子货币债务及支持这些债务的集团资产。如果信用机构是并表集团成员，并表监管必须回到针对信用机构而建立的审慎体制，适用一般信用机构并表规则即可。英国经验告诉我们，如果电子货币发行商为银行集团成员，适用银行并表规则；如果发行商为其他集团成员，则应关注集团内有多少资产支持电子货币债务。

（六）系统控制制度

欧盟《电子货币指令》规定，发行商应建立健全审慎的管理、行政和会计程序及充分的内部控制机制。英国《电子货币专业手册》要求发行商确保至少有两个自然人在有效地指导其业务；全面遵守任职资格制度；董事会应有控制能力；公司有义务采取合理措施以确保董事和高级经理之间职责分配清晰合理。不过，这些规则亦是银行必须适用的规则，因此我国未来电子货币立法无需单独规定，适用银行规则即可。

电子货币发行商在必要时应：（1）核实与其交易的客户身份；（2）运用交易核实方法确保电子货币交易不被撤回或撤销；（3）确保所有系统、数据库和应用设备建立合适的授权控制和进入特权制度；（4）确保采取适当措施以保护电子货币交易数据及所有有关记录和信息的完整性；（5）为所有电子货币交易建立审计追踪制度；（6）确保所有客户和交易信息享有合适的保密水平。以上规则主要是为应对技术风险而确立，监管者不宜过多介入。我国未来电子货币立法无需详细规定以上事项，应留给行业协会制订相关标准或措施。在行业协会成立之前，监管者委托独立的中介机构对申请人进行评估即可。

（七）小规模发行商

我国亦应建立豁免体制，因而应允许小规模发行商不受管制地发行电子货币。小规模发行商须满足下列条件之一：（1）电子货币未偿余额不超过500万；（2）电子货币只被关联企业接受；（3）电子货币只被拥有同一住所或有限的当地社区的人接受。此外，根据欧盟《电子货币指令》，小规模发行商还得满足一个条件，即电子货币中的最大存储金额不得超过150欧元，但是，欧盟成员国的受访者声称豁免机构电子钱包的最大存储金额限制构成了一项主要负担,甚至对部分规模非常小的方案而言亦是如此。① 因此,我国未来立法时,可以适当调高,要求小规模发行商发行的电子货币最大存储金额不得超过300元。

小规模发行商应定期向我国主管机关报告电子货币发行活动,包括未偿电子货币余额,报告次数以每年2次为宜。我国主管机关在小规模发行商证书的申请与发放过程中可以不收取任何费用,至多收取证书工本费。如果主管机关认为小规模发行商不再满足证书发放条件,可以撤销证书。然而,如果违反条件是非故意的、暂时的或微不足道,主管机关可以决定不撤销证书。如果小规模发行商违反信息披露规则,亦可以撤销证书。

七、电子货币中的隐私权问题

欧盟1995年《隐私权保护指令》规定了指令适用范围并界定了个人数据。为确保个人数据质量,指令提出了五项原则,而且还规定数据处理只有符合一定条件才合法。指令赋予数据主体的权利主要有知情权、控制权、异议权和司法救济权。指令规定,数据控制人必须提供必要信息,数据主体应有权对不符合本指令规定,特别是对于不完全或不准确的数据进行更正、改写或阻止继续使用。指令要求成员国赋予数据主体异议权并规定了异议事项。指令要求成员国在不损害行政救济的前提下,对于数据主体依据数据处理法律享有的权利被侵犯时,应规定每一被侵权的当事人享有司法救济权。根据指令规定,数据控制人的主要义务有信息披露义务、保密义务、安全义务、通知义务等。

英国1998年《数据保护法》界定了一些关键性的概念如个人敏感数据等,并确立了数据保护的八项原则。该法赋予数据主体较多的权力,概括起来主要有知情权、阻止权、控制权和补偿权等。个人有权了解数据控制人是否在处理个人数据,有权要求数据控制人在合理时间内停止或不开始为特定目的或以特定方式处理该个人作为数据主体的资料。个人有权在任何时候要求数据控制人不单纯依据自动化处理来决定对其有重大影响的事项,例如评价工作表现、信用或行为,当事人因数据控制人违法而遭受损失时有权获得补偿。该法规定数据主体享有多项权利,但这些权利的行使大多得依赖数据保护法庭的协助,这是英国数据保护法律的一大特点。另一特点

---

① Evaluation of the E-money Directive (2000/46/EC): Final Report, 2006, available at http://www.eu.int.

是数据主体对行政机关负有诸多义务,而且在很大程度上隐私权的保护依赖行政执法。例如,数据控制人必须在数据保护专员办公室注册,否则禁止其处理数据,而数据保护专员拥有广泛的权力。

美国法院承认自然人在一系列个人活动中享有隐私权,但对一般隐私权的司法承认仍不适应隐私权保护的整体需要。为从立法上界定个人隐私权,美国国会通过了第一个全国性隐私权保护法律,即 1974 年《隐私权法》。美国《隐私权法》通过一系列规定为联邦机构运用簿记系统提出了程序上的要求。为直接调整金融机构将记录披露给联邦政府的行为,美国国会于 1978 年通过《金融隐私权法》。该法仅允许政府在三种情况下获取顾客金融记录,而且必须遵守程序性要求并向金融机构提交一份表明遵守法律规定的确认函。此外,美国国会于 1986 年通过《电子通讯隐私权法》,并将反窃听电话以保护隐私权的规定扩大至各种电子通讯,但是,现行联邦立法未直接针对电子货币系统中的隐私权问题。因此,这些适用范围狭窄且操作富有弹性的制定法未能为今天电子市场中存在的隐私权威胁提供充分保护。①

在我国台湾地区,1995 年通过了"计算机处理个人数据保护法",该法主要规范公务机关和非公务机关的数据处理行为,并赋予受害人以损害赔偿救济权。该法第 4 条还规定,当事人有查询及请求阅览、请求制给复本、请求补充或更正、请求停止计算机处理及利用和请求删除的权利,并且不得预先抛弃或特约限制。

在我国内地,对隐私权的真正保护始于 20 世纪 80 年代初。在最高人民法院的司法解释出台之前,总体特点是:法律零散、保护途径间接,对隐私权的保护条款散见于我国《宪法》、《民法通则》等部门法之中。② 但是,目前对公民隐私权益的民事法律保护主要还是来自最高人民法院的司法解释,如《关于贯彻执行〈中华人民共和国民法通则〉若干问题的意见(试行)》、《关于审理名誉权案件若干问题的解答》、《关于确定民事侵权精神损害赔偿责任若干问题的解释》等。前两项司法解释,将侵害他人隐私的行为认定为是侵害他人名誉权的一种行为;而后一项司法解释将隐私作为一项独立

---

① Bryan Schultz, Electronic Money, Internet Commerce, and the Right to Financial Privacy: A Call for New Federal Guidelines, 67 *University of Cincinnati Law Review* (1999), pp. 799—800.

② 例如,我国《宪法》第 38 条规定,公民人格尊严不受侵犯。而人格尊严包括名誉、姓名、肖像和隐私等内容。

的人格利益,不失为立法的一种进步,然而,该解释仍未从法律上确立隐私权作为一项独立民事权利的地位。①

目前,我国尚无专门的银行保密法或金融隐私权保护法,也没有数据资料隐私权保护方面的法律法规。然而,我国《商业银行法》第29条规定了为储户保密的原则,该法第53条还规定,商业银行工作人员不得泄露其在任职期间知悉的国家秘密、商业秘密,这里的商业秘密,应包括存款或其他有关的秘密信息。对于商业银行保密的内容,学者认为应包括存款人的姓名、住址、工作单位、存款来源、金额、支取情况、预留印鉴式样等。②我国《商业银行法》第73条还规定了银行违反保密义务时应承担的民事法律责任。由于电子货币与存款有密切联系,隐私权保护可能援引商业银行为储户保密这一规定。此外,我国《银行卡业务管理办法》第52条亦规定,发卡银行对持卡人的资信资料负有保密的责任,而该规定适用于储值卡。

关于个人储蓄存款,目前可以查询、冻结、扣划的部门有6个:法院、检察院、公安局、安全局、海关和税务机构。③ 上述机关查询、冻结和扣划个人存款的条件一般都可笼统概括为执行公务的需要,但从具体程序来看,我国有关法律的规定不十分详细。相对而言,司法解释《关于查询、冻结、扣划企事业单位、机关、团体银行存款的通知》规定得比较具体。就查询而言,该通知的规定主要有:第一,查询单位和个人必须提供有关的法律文件和证明,包括经过银行行长或有关负责人签字的县级以上法院、检察院、公安局签发的"协助查询存款通知书",查询人本人的工作证或执行公务证;第二,查询要求由银行专人接待,对原件不能借走,需要的资料可以抄录、复制或照相,并经过银行盖章;第三,查询单位对于银行提供的情况和资料负有保密义务。

概言之,我国对顾客隐私权的保护还需要进一步完善。就电子货币中的隐私权来说,主要潜在问题有:第一,现有保密义务的规定均只针对银行。如果非银行机构甚至非金融机构成为电子货币发行商,应考虑如何修改现行基于银行的保密规则,使其能够扩大适用,或颁布专门的数据库保护法律,统一适用于所有从事或涉及隐私权的机构。第二,现有法律基本上未涉

---

① 谈李荣著:《金融隐私权与信息披露的冲突与制衡》,中国金融出版社2004年版,第189—190页。
② 强力著:《金融法》,法律出版社1997年版,第205页。
③ 吴志攀著:《金融法概论》(第4版),北京大学出版社2000年版,第53—55页。

及持有人应享有的权利,如知情权、控制权、阻止权等。这与我国立法尚未真正做到以权利为本位有关,也与我国金融立法以管理规范、强制性规范或公法规范为主有关。第三,现有保密义务的规定侧重于公共机构获得信息的权利,缺乏被保护对象——持有人的救济手段的规定。持有人的救济手段包括申请撤销有关机构的决定,制止即将发生的侵害,排除现存的侵害,请求宣告某项侵权行为违法,请求赔偿等。

我国金融隐私权,特别是电子货币中的隐私权制度应从以下三个方面加以完善①:第一,明确规定金融隐私权保护的内容及例外情形。金融隐私权保护的内容包括银行等机构对顾客相关交易记录的信息,涉及交易人的姓名、地址、身份证明、账号及支付人、支付金额、支付日期和受益人等信息。法律应明确银行等机构对客户信息如何利用和流通,包括哪些部门及人员有权收集必要的客户个人资料,资料的利用应在规定的目的范围内,银行等机构如何采取适当的措施以避免非法的信息披露。法律还应明确对客户信息的收集、储存、传播、处理和利用的实体规则和程序规则。

第二,明确规定客户应有保护个人资料的权利,包括知情权、修改权和索赔权等。法律应明确规定客户对其个人资料享有的知情权,如知悉资料收集人身份、收集目的、使用方式、资料转移的可能性、资料保管等情况;是否将资料提供给第三方、提供哪些资料、对资料如何使用等限制情况。客户还有查阅、修改个人资料的权利,法律还应采取措施保障客户能够及时知道其个人资料的存在及内容以便要求修正。此外,客户应有在资料被非法或不正当使用时的赔偿请求权。

第三,明确责任条款。对客户权利遭到侵害时的救济途径、资料收集人未按照所申明的目的使用、不当泄露资料甚至出售给第三方所应承担的法律责任等予以明确。明确银行等金融机构及其工作人员未尽金融隐私保护义务时应承担的法律责任,包括责任内容、处罚、赔偿标准等,对侵害金融隐私权的不法行为者追究民事责任甚至刑事责任。

八、电子货币中的反洗钱问题

1991 年,欧盟通过第一个《反洗钱指令》,该指令于 2001 年被修正。2005 年,欧盟通过了新的《反洗钱和反恐融资指令》,并废除了原反洗钱指

---

① 谈李荣著:《金融隐私权与信息披露的冲突与制衡》,中国金融出版社 2004 年版,第 195—197 页。

令。欧盟反洗钱立法对洗钱进行了广泛界定，建立了客户识别制度、报告制度，要求有关企业做好记录，并建立内部控制程序和培训制度。

为实施欧盟指令，英国于2003年通过新的《反洗钱条例》。新条例于2004年开始实施，适用范围包括电子货币机构。条例要求有关企业建立身份识别程序、交易记录保存程序和内部报告程序，并要求培训职员。此外，英国金融服务局还发布了适用于金融机构的《反洗钱指南》。指南在细化身份识别程序、交易记录保存程序和内部报告程序的同时，对外部报告程序、职员培训及反洗钱报告官员等事项做了补充。

在美国，1970年《银行保密法》要求各类金融机构披露大额现金交易信息，而美国财政部规定的追查非法资金的主要工具是强制记录和报告要求。1986年，美国国会通过《洗钱控制法》，对美国《银行保密法》做了实质性修改并规定对交易进行"战略重组"为犯罪。纳入反洗钱法律框架的法律还有1984年通过的美国《贸易及商业报告法》。与其他立法一样，该法要求现金和某些货币交易工具总价值在1万美元以上的贸易及商业交易必须向美国国内税务署报告。值得一提的是，美国国会于2001年通过《美国爱国者法》，该法扩大反洗钱法律之下"金融机构"的定义，纳入数以百计在传统上不属于金融业的机构。

为防止利用金融机构从事洗钱活动，中国人民银行于2002年通过了《金融机构反洗钱规定》（以下简称《规定》）。随后，中国人民银行又发布了《人民币大额和可疑支付交易报告管理办法》和《金融机构大额和可疑外汇资金交易报告管理办法》，从而建构了中国人民银行反洗钱三大规章。①

2006年，《中华人民共和国反洗钱法》获得通过，并已于2007年1月1日开始实施。该法中的"反洗钱"是指为了预防通过各种方式掩饰、隐瞒毒品犯罪、黑社会性质的组织犯罪、恐怖活动犯罪、走私犯罪、贪污贿赂犯罪、破坏金融管理秩序犯罪、金融诈骗犯罪等犯罪所得及其收益的来源和性质的洗钱活动，依照本法规定采取相关措施的行为。该法要求在境内设立的金融机构和按照规定应当履行反洗钱义务的特定非金融机构，应当依法采取预防、监控措施，建立健全客户身份识别制度、客户身份资料和交易记录保存制度、大额交易和可疑交易报告制度，履行反洗钱义务。该法所称金融

---

① 我国《刑法》第191条规定了洗钱罪。此外，我国《现金管理暂行条例》、《个人存款账户实名制规定》、《银行账户管理办法》、《境内外汇账户管理规定》、《境外外汇账户管理规定》、《大额现金支付登记备案规定》等金融法规或规章中亦有关于反洗钱的规定。

机构,是指依法设立的从事金融业务的政策性银行、商业银行、信用合作社、邮政储汇机构、信托投资公司、证券公司、期货经纪公司、保险公司及主管部门确定并公布的从事金融业务的其他机构。

我国《反洗钱法》要求金融机构按照规定建立客户身份识别制度,金融机构在与客户建立业务关系或者为客户提供规定金额以上的现金汇款、现钞兑换、票据兑付等一次性金融服务时,应当要求客户出示真实有效的身份证件或者其他身份证明文件,进行核对并登记。客户由他人代理办理业务的,金融机构应当同时对代理人和被代理人的身份证件或者其他身份证明文件进行核对并登记。与客户建立人身保险、信托等业务关系,合同的受益人不是客户本人的,金融机构还应当对受益人的身份证件或者其他身份证明文件进行核对并登记。金融机构不得为身份不明的客户提供服务或者与其进行交易,不得为客户开立匿名账户或假名账户。金融机构对先前获得的客户身份资料的真实性、有效性或者完整性有疑问的,应当重新识别客户身份。金融机构通过第三方识别客户身份的,应当确保第三方已经采取符合本法要求的客户身份识别措施;第三方未采取符合本法要求的客户身份识别措施的,由该金融机构承担未履行客户身份识别义务的责任。

我国《反洗钱法》要求金融机构按照规定建立客户身份资料和交易记录保存制度。在业务关系存续期间,客户身份资料发生变更的,应当及时更新客户身份资料。客户身份资料在业务关系结束后、客户交易信息在交易结束后,应当至少保存五年。金融机构破产和解散时,应当将客户身份资料和客户交易信息移交有关部门指定的机构。

我国《反洗钱法》还要求金融机构按照规定执行大额交易和可疑交易报告制度。金融机构办理的单笔交易或在规定期限内的累计交易超过规定金额或发现可疑交易的,应当及时向反洗钱信息中心报告。①

对于电子货币中的反洗钱问题而言,将反洗钱法律适用于电子货币能解决大部问题,但是,笔者建议采取下列措施以应对电子货币中的特殊问题:第一,要求发行商在电子货币交易中纳入某类中介机构。这意味着资金在转移时必须经过中介机构,因而可能获得交易记录并可由执法机构检查;第二,要求所有电子货币产品均能提供某种途径以便执法机构追查交易的来龙去脉,例如发行商应登记电子货币的持有者身份和地址,即识别客户身

---

① 参见俞光远主编:《中华人民共和国反洗钱法释义》,中国金融出版社2006年版。

份。借鉴欧盟做法,如果电子货币工具不能充值且最大存储金额不超过300元,或可以充值但每一日历年最大交易金额为5000元,则可以不识别持有人;第三,设定严格的金额限制,譬如电子货币最大存储金额为1000元。通过支付媒介从事的交易金额越低,对犯罪分子的吸引力亦越低,因为犯罪分子倾向于从事大笔现金交易;第四,所有电子货币发行商均应提交报告以确保获得必要的监管信息,因为不管政府建立何种监管体制,评估有效性非常重要。

主要参考文献

一、著作类

1. 李爱君著:《电子货币法律问题研究》,知识产权出版社 2008 年版。
2. 王远均著:《网络银行监管法律制度研究》,法律出版社 2008 年版。
3. 齐爱民、崔聪聪著:《电子金融法研究》,北京大学出版社 2007 年版。
4. 陈健著:《电子支付法研究》,中国政法大学出版社 2006 年版。
5. 张德芬著:《小额电子资金划拨法研究》,郑州大学出版社 2006 年版。
6. 余素梅著:《网上银行业务安全的法律保障机制研究》,武汉大学出版社 2006 年版。
7. 张素华著:《网络银行风险监管法律问题研究》,武汉大学出版社 2004 年版。
8. 李凌燕著:《消费信用法律问题研究》,法律出版社 2000 年版。
9. 唐应茂著:《电子货币与法律》,法律出版社 2002 年版。
10. 王蜀黔著:《电子支付法律问题研究》,武汉大学出版社 2005 年版。
11. 刘颖著:《电子资金划拨法律问题研究》,法律出版社 2001 年版。
12. 杨淑文著:《新型契约与消费者保护法》,中国政法大学出版社 2002 年版。

13. 张楚主编:《电子商务法》(第 2 版),中国人民大学出版社 2007 年版。
14. 张楚著:《电子商务法初论》,中国政法大学出版社 2000 年版。
15. 张楚主编:《网络法学》,高等教育出版社 2003 年版。
16. 李双元、王海浪著:《电子商务法若干问题研究》,北京大学出版社 2003 年版。
17. 蒋志培主编:《网络与电子商务法》,法律出版社 2001 年版。
18. 高富平主编:《网络对社会的挑战与立法政策选择:电子商务立法研究报告》,法律出版社 2004 年版。
19. 周汉华主编:《个人信息保护前沿问题研究》,法律出版社 2006 年版。
20. 俞光远主编:《中华人民共和国反洗钱法释义》,中国金融出版社 2006 年版。
21. 谈李荣著:《金融隐私权与信息披露的冲突与制衡》,中国金融出版社 2004 年版。
22. 钟志勇:《跨国银行总行与海外分行法律关系论》,中国方正出版社 2005 年版。
23. 张炜主编:《个人金融业务与法律风险控制》,法律出版社 2004 年版。
24. 吴志攀著:《金融法概论》(第 4 版),北京大学出版社 2000 年版。
25. 强力著:《金融法》,法律出版社 1997 年版。
26. 张卓其主编:《电子银行》,高等教育出版社 2002 年版。
27. 谢康、肖静华编:《网络银行》,长春出版社 2000 年版。
28. 杨坚争、杨晨光著:《电子商务基础与应用》(第 3 版),西安电子科技大学出版社 2001 年版。
29. 方美琪主编:《电子商务概论》,清华大学出版社 1999 年版。
30. 李重九编著:《电子商务教程》,浦东电子出版社 2000 年版。
31. 王春和编著:《网络贸易》,河北人民出版社 2000 年版。
32. 唐旭:《金融理论前沿课题》,中国金融出版社 1999 年版。
33. 〔美〕简·温·本杰明·赖特著:《电子商务法》(第 4 版),张楚等译,北京邮电大学出版社 2002 年版。
34. Macey & Miller, *Banking Law and Regulation*, 2nd Edition, Aspen Law & Business, 1997.

二、论文类

1. 覃有土、邓娟闰:《论信用卡消费者的抗辩权》,载《法学》2000 年第 7 期。
2. 陈俐茹:《论信用卡交易制度及其法律关系》,载《比较法研究》2004 年第 5 期。
3. 张德芬:《电子货币交易的法律关系及法律规制》,载《法学》2006 年第 4 期。
4. 张庆麟:《电子货币的法律性质初探》,载《武汉大学学报(社会科学版)》2001 年第 5 期。
5. 侯向磊:《电子支付法律问题研究》,武汉大学法学院 2003 年博士论文。
6. 周晓刚:《消费性电子资金划拨基本法律问题研究》,载张平主编:《网络法律评论》第 3 卷,法律出版社 2003 年版。

7. 王心艳、李金泽:《完善我国网上银行业务有关法制的思考》,载《法学》2001年第4期。
8. 钟志勇:《网上支付中的消费者保护问题》,载《经济法学·劳动法学》2002年第8期。
9. 黄建水、尹猛:《第三方网上支付法律问题及其对策研究》,载《河南政法管理干部学院学报》2007年第6期。
10. 姚雪娇:《网上支付付款中间人相关法律问题研究》,吉林大学法学院2007年硕士学位论文。
11. Phoebus Athanassiou & Natalia Mas-Guix, Electronic Money Institutions: Current Trends, Regulatory Issues and Future Prospects, *Legal Working Paper Series* No. 7, 2008, available at http://www.ecb.int.
12. Robert Cooter & Edward Rubin, A Theory of Loss Allocation for Consumer Payments, *66 Texas Law Review* (1987).
13. Arnold Rosenberg, Better Than Cash? Consumer Protection and the Global Debit Card Deluge, 2005, available at http://www.ssrn.com.
14. Randy Gainer, A Cyberspace Perspective: Allocating the Risk of Loss for Bankcard Fraud on the Internet, 15 *John Marshall Journal of Computer & Information Law* (1996).
15. James Rogers, The New Old Law of Electronic Money, *58 SMU Law Review* (2005).
16. Serge Lanskoy, The Legal Nature of Electronic Money, 2000, available at http://www.yahoo.com.
17. B. Geva & M. Kianieff, Reimagining E-Money: Its Conceptual Unity with other Retail Payment Systems, 2002, available at http://www.google.com.
18. L. Hove, Making Electronic Money Legal Tender: Pros & Cons, 2003, available at http://www.yahoo.com.
19. David Oedel, Why Regulate Cybermoney? *46 American University Law Review* (1997).
20. Catherine Wilson, Banking on the Net: Extending Bank Regulation to Electronic Money and beyond, *30 Creighton Law Review* (1997).
21. Henry Perritt, Legal and Technological Infrastructure for Electronic Payment Systems, *22 Rutgers Computer & Technology Law Journal* (1996).
22. Jamal, Maier & Sunder, Enforced Standards Versus Evolution by General Acceptance: A Comparative Study of E-Commerce Privacy Disclosure and Practice in The U.S. and The U.K., *12 Standards and Norms* (2003).
23. Bryan Schultz, Electronic Money, Internet Commerce, and the Right to Financial Privacy: A Call for New Federal Guidelines, *67 University of Cincinnati Law Review* (1999).
24. Catherine Downey, The High Price of a Cashless Society: Exchanging Privacy Rights for Digital Cash? *14 John Marshall Journal of Computer & Information Law* (1996).
25. Timothy Ehrlich, To Regulate or Not? Managing the Risks of E-money and its Potential

Application in Money Laundering Schemes, *11 Harvard Journal of Law & Technology* (1998).

26. Christopher Hoffman, Encrypted Digital Cash Transfers: Why Traditional Money Laundering Controls May Fall without Uniform Cryptography Regulations, *21 Fordham International Law Journal* (1998).
27. Laurie Law, How to Make a Mint: The Cryptography of Anonymous Electronic Cash, *46 American University Law Review* (1997).
28. Andres Rueda, The Implications of Strong Encryption Technology on Money Laundering, *12 Albama Law Journal of Science & Technology* (2001).
29. Mark Budnitz, Stored Value Cards and the Consumer: The Need for Regulation, *46 American University Law Review* (1997).
30. Richard Field, Survey of the Year's Developments in Electronic Cash Law and the Laws Affecting Electronic Banking in the United States, *46 American University Law Review* (1997).
31. Laurence Meyer, The Future of Money and of Monetary Policy, 2001, available at http://www.frb.gov.
32. Kerry Macintosh, How to Encourage Global Electronic Commerce: The Case for Private Currencies on the Internet, *11 Harvard Journal of Law & Technology* (1998).
33. J. Konvisser, Coins, Notes and Bits: The Case for Legal Tender on the Internet, *10 Harvard Journal of Law & Technology* (1997).
34. Brian Smith & Ramsey Wilson, How Best to Guide the Evolution of Electronic Currency Law, *46 American University Law Review* (1997).
35. Gary Lorenz, Electronic Stored Value Payment Systems, Market Position, and Regulatory Issues, *46 American University Law Review* (1997).

三、资料类

1. European Commission, Commission Staff Working Document on the Review of the E-Money Directive (2000/46/EC), 2006.
2. European Commission, Evaluation of the E-money Directive (2000/46/EC): Final Report, 2006.
3. European Commission, Directive 2005/60/EC of the European Parliament and of the Council of 26 October 2005 on the Prevention of the Use of the Financial System for the Purpose of Money Laundering and Terrorist Financing.
4. European Commission, Directive 2000/46/EC of the European Parliament and of the Council of 18 September 2000 on the Taking up, Pursuit of and Prudential Supervision of the Business of Electronic Money Institutions.

5. European Commission, Directive 95/46/EC of the European Parliament and of the Council of 24 October 1995 on the Protection of Individuals with Regard to the Processing of Personal Data and on the Free Movement of Such Data, 1995.
6. Bank for International Settlements, Survey of Developments in Electronic Money and Internet and Mobile Payments, 2004.
7. Bank for International Settlements, Risk Management for Electronic Banking and Electronic Money Activities, 1998.
8. Bank for International Settlements, Electronic Money: Consumer Protection, Law Enforcement, Supervisory and Cross Border Issues, 1997.
9. Bank for International Settlements, Security of Electronic Money, 1996.
10. Bank for International Settlements, Implications for Central Banks of the Development of Electronic Money, 1996.
11. European Central Bank, Electronic Money System Security Objectives, 2003.
12. European Central Bank, Report on Electronic Money, 1998.
13. United Kingdom, Data Protection Act 1998.
14. United Kingdom, The Money Laundering Regulations 2003.
15. Financial Services Authority, FSA Handbook, Release 061, 2007.
16. Financial Services Authority, FSA Handbook, Release 055, 2006.
17. Financial Services Authority, Perimeter Guidance Instrument, 2005.
18. Financial Services Authority, Handbook for Money Laundering 2005.
19. Financial Services Authority, Electronic Money: Perimeter Guidance, 2003.
20. Financial Services Authority, Electronic Money Sourcebook Instrument 2002.
21. Financial Services Authority, The Regulation of Electronic Money Issuers: Feedback on CP117, 2002.
22. Financial Services Authority, The Regulation of Electronic Money Issuers, 2001.
23. Her Majesty's Treasury, Implementation of the Electronic Money Directive: A Response to Consultation, 2002.
24. Her Majesty's Treasury, Implementation of the Electronic Money Directive: A Consultation Document, 2001.
25. British Bankers' Association, The Banking Code and Its Guidance for Subscribers, 2008.
26. United States, Truth in Lending Act, 1974.
27. United States, Electronic Fund Transfer Act, 1978.
28. Federal Reserve Board, Regulation E; Regulation Z.
29. Federal Reserve Board, Report to the Congress on the Application of the Electronic Fund Transfer Act to Electronic Stored-value Products, 1997.
30. Federal Deposit Insurance Corporation, General Counsel's Opinion No. 8: Stored Value

Cards, 1996.
31. Federal Deposit Insurance Corporation, Proposed Rule on Determining When Funds Underlying Stored Value Cards Qualify as "Deposits", 2004.
32. Australian Securities and Investments Commission, Electronic Fund Transfer Code of Conduct, 2002.
33. Hong Kong Bankers' Association, Code of Banking Practice, 2005.

四、参考网站

1. 谷歌网站 http://www.google.com。
2. 雅虎网站 http://www.yahoo.com。
3. 中国人民银行网站 http://www.pbc.gov.cn。
4. 香港银行公会网站 http://www.hkab.org.hk。
5. 国际清算银行网站 http://www.bis.org。
6. 欧盟网站 http://www.eu.int。
7. 欧盟中央银行网站 http://www.ecb.int。
8. 英国财政部网站 http://www.hm-treasury.gov.uk。
9. 英国金融服务局网站 http://www.fsa.gov.uk。
10. 英国公共服务信息局 http://www.opsi.gov.uk。
11. 英国银行家协会网站 http://www.bba.org.uk。
12. 美国联邦储备委员会网站 http://www.frb.gov。
13. 美国联邦存款保险公司网站 http://www.fdic.gov。
14. 澳大利亚证券与投资委员会网站 http://www.asic.gov.au。
15. 美国社会科学研究网 http://www.ssrn.com。

后 记

(一)

《网上支付中的法律问题研究》是我在中南大学商学院管理科学与工程博士后流动站期间，在漆多俊教授指导下完成的研究报告。该报告亦是中国法学会2003年重点资助课题及中南大学文理基金资助课题的最终成果。

在厦门大学法学院攻读博士学位期间，我完成了一篇题为《网上支付中的消费者保护问题》的论文，发表在《国际贸易问题》2002年第5期上，而中国人民大学复印资料《经济法学》2002年第8期全文转载了该文。此文是本人研究网上支付中的法律问题的开端。2003年，我申请进入中南大学商学院博士后流动站从事法学研究，在征得漆多俊教授同意后，我以《网上支付中的法律问题研究》作为博士后研究课题。

2003年6月进站后，我开始搜集资料并把注意力放在美国的资料上。同年7月，我返回厦门大学搜集了部分英文资料，主要是美国银行卡立法，美联储发布的条例、解释和示范性条款与有关电子货币的法律评论文章。资料打印出来后，将近1000页，我花了整整一个学期才读完这些资料,但收获不大。

2004年8月,我发现国际清算银行发表了一系列有关电子货币的研究报告,而欧盟及英国不仅发布了研究报告、立法咨询报告,而且还通过了相关立法,这些资料均可以从网上下载。至于英国、澳大利亚等国家,以及中国香港和台湾等地区有关银行卡的"立法"资料亦可以从网上下载。这些资料提供了课题研究的基本资料,但绝大部分是英文,打印出来近2000页,我花了一个多学期才读完。2005年3月,我开始构思提纲,用去了整整一个月时间。同年4月,我终于动笔开始写作。

2005年6月,我开始担任中南大学法学院院长助理,在此期间,妻子正好有了身孕且反应较大,我只好护送她回岳父母家。暑假期间,我在炎热的天气里坚持写作。假期生活很单调,亦很辛苦,而每天与妻子的通话是我最大的安慰。一个多月下来,我完成近20万字的书稿写作。新学期伊始,由于教学、科研及行政工作的拖累,直到11月底,我才勉强完成了初稿,但我心里仍忐忑不安,期待能得到专家们的批评和指正。

我在博士后流动站从事课题研究期间,曾得到各方面的大力支持和帮助。感谢中南大学商学院管理科学与工程博士后流动站的全体指导老师和人事处博士后管理办公室全体工作人员所提供的帮助。尤其感谢我的合作指导老师漆多俊教授,他治学严谨的工作态度使我受益匪浅。感谢人事处博士后管理办公室许宏武主任、周元敏老师的鼎力支持。感谢中南大学商学院院长陈晓红教授及法学院全体老师给予的帮助与支持。感谢父亲钟文魁及母亲石乐台的养育之恩。虽然父母均是农民,文化水平不高,但还经常问及我博士后研究报告的进展情况。感谢岳父彭英明和岳母喻泽珍在我困难时所提供的帮助。最后感谢妻子彭朝霞及我们的宝宝,她们是我永远前行的精神支柱!

(二)

博士后出站报告会后,我一直想找一个时间好好消化吸收各位专家的意见,以便做进一步修改。欧盟公布了《〈电子货币指令〉之最终评估报告》,报告对指令几年来的实施情况做了实证分析与调查,这使我多少获得了一些实务资料。研究报告修改幅度达1/3以上,不但合并、删除了两章,而且更加突出了法律问题的研究。例如，突出了电子货币的法律适用、权利异议、伪造电子货币中的权利、赎回义务等问题的研究。虽然我自认为做博士后研究报告比做博士论文还认真，花的时间亦更多，但还是惶恐不安，生怕错误百出、论述没有深度。只有这次我才深深感到学术追求永无止境，因此真诚地欢迎各位读者批评指正！

（三）

2007年，本研究报告的部分内容已分别在两家法学类核心期刊上发表，中国人民大学复印报刊资料也转载了这两篇文章。为了确保资料最新，我再次利用暑假时间对本研究报告做了一次全面更新。修订工作比较艰难，也比较艰辛。尽管本人付出了很大努力，但总觉得本书仍有不少不足之处，热切盼望各位同行、各位读者赐教！

最后感谢北京大学出版社，感谢李燕芬编辑为本书顺利出版所做的辛苦工作！

钟志勇
2009年2月26日于英雄城南昌